337 ff
Wirkung des „weißen" Wissen
(Einwirkung) auf die Seele des M.
Notwendigkeit der Heimkehr
Sich verwandeln
nicht die Umwelt wandeln müssen

250 Ratsversammlung 6 Älteste
+ Malidoma + Vater
Bruch mit der Tradition
Neue Sonne

266 "R.Delpunkt"

Diederichs Gelbe Reihe

Malidoma Patrice Somé

VOM GEIST AFRIKAS

Das Leben eines
afrikanischen Schamanen

Aus dem Englischen von
Konrad Dietzfelbinger

Diederichs Gelbe Reihe

Die Originalausgabe erschien 1994 unter dem Titel
Of Water and the Spirit
bei Jeremy P. Tarcher/Putnam Books, New York.

Bibliografische Information der Deutschen Bibliothek

Die Deutsche Bibliothek verzeichnet diese Publikation in der
Deutschen Nationalbibliografie; detaillierte bibliografische
Daten sind im Internet unter http://dnb.ddb.de abrufbar.

© Malidoma Somé 1994
© der deutschen Ausgabe Heinrich Hugendubel Verlag,
Kreuzlingen/München 2004
Alle Rechte vorbehalten

Umschlaggestaltung: Die Werkstatt München / Weiss ·
Zembsch, unter Verwendung eines Fotos von
Karen Miller Photography
Produktion: Ortrud Müller
Satz: Fotosatz Otto Gutfreund GmbH, Darmstadt
Druck und Bindung: GGP Media, Pößneck
Printed in Germany

ISBN 3-89631-434-3

Inhalt

Einführung	7
Langsames Wachstum	27
Abschied eines Großvaters	62
Großvaters Begräbnis	93
Ein plötzliches Lebwohl	121
In der Welt des Weißen Mannes	132
Beginn in Nansi	145
Rebellion	159
Neues Erwachen	165
Der lange Marsch	178
Nach Hause	192
Ein harter Anfang	203
Wiedereingewöhnung	224
Die Versammlung am Erdheiligtum	241
Die erste Nacht im Einweihungscamp	255
Ein Versuch zu sehen	272
Die Welt des Feuers und das Lied der Sterne	284
In den Armen der grünen Herrin	294
Die Rückkehr zur Quelle	305
Die Öffnung des Tors	316
Durch das Lichtloch	328
Die Welt am Grund des Teichs	341
Begräbnisse, Lektionen und Reisen	354
Reise in die Unterwelt	368

Ein Auftrag in der Unterwelt 379
Rückkehr aus der Unterwelt 385
Festliche Heimkehr 398
Epilog: Angst vor dem Zurück 409

**EDITORISCHE NOTIZ ZU DEN BEGRIFFEN
»HEILIGTUM« UND »WAHRSAGEN«**

»Heiligtum«: Die Stammesvölker sehen die Natur als ihre ursprüngliche Heimat an, die die Weisheit des ganzen Kosmos enthält. Unter dem Begriff »Heiligtum« sind heilige Schreine zu verstehen. Dies sind frei gestaltete Orte in der Natur, die jedem Individuum und der Gemeinschaft erlauben, eigene Gefühle, Visionen und Wünsche denjenigen Geistern oder Ahnen mit der Bitte um Hilfe zu übergeben, die in einem Schrein verkörpert sind. Der Dagarakosmologie folgend sind Schreine den Elementen und den mit ihnen verbundenen menschlichen Gaben geweiht (Feuer: Vision und Verbindung mit den Ahnen; Wasser: Friede und Versöhnung, Verbindung mit der Welt des Geistes; Erde: Nahrung, Fürsorge und Heimkommen; Mineral: Geschichten erzählen und Ideen verbreiten; Natur: die Gesetze hinter den Erscheinungen erkennen und nutzen).

»Wahrsagen«: Viele traditionelle Kulturen haben ausgeklügelte Systeme geschaffen, um in die ungeformte Welt dessen, was noch kommt, zu schauen. Die Dagara aus Westafrika verfügen über eine komplexe Methode der Divination (Orakelbefragung). Sie ermöglicht Intuition, ist heilig und hat Tiefe. Zweck der Orakelbefragung ist die Wahrnehmung der Muster der Welt und ihrer Schnittpunkte mit dem Geist, soweit sie auf unser Leben bezogen sind. Indem wir die Fähigkeit kultivieren, zu sehen, wie die Dinge zusammenhängen, lernen wir, den Sinn scheinbar zufälliger Bewegungen der Welt um uns zu erkennen und das neu gewonnene Lernen so zu verinnerlichen, dass es dem größeren Guten dient. Divination ist ein Weg, unser Bewusstsein auf das *Sprechen* auszurichten, mit dem sich die »andere Welt« an uns wendet, und unser Leben auf eine Weise zu gestalten, die es uns erlaubt, uns in Übereinstimmung mit Natur und Geist zu bewegen. Malidoma Somé lehrt die westafrikanische Kaurimuscheldivination.

Einführung

Mein Name ist Malidoma. Das heißt ungefähr: »Sei Freund dem Fremden und dem Feind«.

Nach dem Glauben der Dagara tritt jeder Mensch mit einer bestimmten Aufgabe ins Dasein. Deshalb sind manche Namen programmatisch. Namen kennzeichnen die Aufgabe ihres Trägers und erinnern schon das Kind an die späteren Lebenspflichten. Es ist also im Namen eines Menschen bereits die ihm aufgetragene Lebensaufgabe enthalten. Mein Name enthält folgende Botschaft: Ich bin hier im Westen, um der Welt, soweit es in meinen Kräften steht, von meinem Volk zu erzählen und umgekehrt meinem Volk die in dieser Welt erworbenen Kenntnisse weiterzugeben. Die Ältesten meines Volkes sind davon überzeugt, daß der Westen ebenso gefährdet ist wie die Stammeskulturen, die er im Namen des Kolonialismus so dezimiert hat. Es unterliegt keinem Zweifel, daß in diesem geschichtlichen Augenblick die westliche Kultur seelisch schwer erkrankt ist. Der Westen wendet sich zunehmend von spirituellen Werten ab. Die Umwelt und der Schutz natürlicher Ressourcen sind ihm völlig gleichgültig geworden. Die Gewalt in den Städten mit ihrer Armut, ihren Drogensüchtigen und Kriminellen, die wachsende Arbeitslosigkeit, das ökonomische Ungleichgewicht und zunehmende Intoleranz gegenüber Farbigen und anderen Kulturen – all diese Tendenzen werden, falls man sie nicht in den Griff bekommt, in einer schrecklichen Selbstvernichtung enden. Angesichts dieses Chaos auf der Erde ist die einzige Hoffnung, die uns bleibt, Selbstveränderung. Sollten wir als einzelne keine neuen Wege der Völkerverständigung finden, Wege, die tief in Herz und Seele einschneiden und sie verwandeln, werden sich sowohl die Stammeskulturen als auch die westliche Zivilisation zunehmend auflösen.

Wir werden mit Schrecken bemerken, daß all die Wunder der Technik, all die vielen philosophischen »Ismen« und alle Planungen globaler Institutionen gegen diesen Trend machtlos sind.

Zehn Jahre habe ich mich mit diesem Buch herumgeplagt. Zehn Jahre Kampf gegen Unsicherheit, Ungewißheit, Zögern und Gott weiß welche tief verwurzelte Komplexe. Das größte Problem war, einen geeigneten Erzählstil zu finden. Als ich vor zehn Jahren in die Vereinigten Staaten kam, konnte ich kein Englisch, obwohl ich in meiner Jugend in der Jesuitenschule einige Jahre Englisch gehabt hatte. Zwar habe ich mir alle Mühe gegeben, diese Sprache zu erlernen, doch fiel mir dieses Buch immer noch sehr schwer. Eins meiner Hauptprobleme war, daß das, worüber ich hier spreche, sich sozusagen nicht auf Englisch ereignet hat. Es ereignete sich in einer Sprache, die eine ganz andere Auffassung von Wirklichkeit besitzt. Gewöhnlich läuft es auf eine Vergewaltigung hinaus, wenn man von einer Kultur in eine andere übersetzt. Das moderne amerikanische Englisch, das mir recht brauchbar erscheint, wenn es um schnelle Geschäfte und die Aufregungen einer Konsumgesellschaft geht, versagt kläglich, sobald die Weltanschauung eines Menschen aus einem anderen Kulturkreis gefragt ist. Seit den ersten Notizen für dieses Buch bis zum letzten Federstrich bewegte ich mich auf der steinigen Straße des Dolmetschers und versuchte Bedeutungen von einer Sprache in eine andere zu transponieren und von einer Wirklichkeit in eine andere – ein Prozeß, der diese Bedeutungen unweigerlich denaturiert und verfälscht.

Es war also ein schwerer Kampf, Ihnen diese Geschichte zu erzählen. Es ist im wesentlichen die Geschichte meiner Initiation in zwei unterschiedliche, ja gegensätzliche Kulturen.

Ich wurde Anfang der fünfziger Jahre in Burkina Faso in Westafrika geboren, damals von der französischen Kolonialverwaltung als »Obervolta« bezeichnet. Die Franzosen waren Anfang dieses Jahrhunderts in mein Land eingedrungen. Meine Eltern haben das Datum meiner Geburt nicht aufgeschrieben und sind sich unklar über den exakten Zeitpunkt, aber aus meinen Papieren geht hervor, daß ich 1956 geboren wurde.

Im Alter von vier Jahren wurde ich meiner Kindheit und meiner Eltern beraubt. Ein mit meinem Vater befreundeter französischer Jesuitenmissionar kidnappte mich buchstäblich auf der Schwelle unseres Hauses. Die Jesuiten versuchten damals eine »Eingeborenen-Missionstruppe« aufzustellen mit dem Ziel, ein Volk zu bekehren, das der kolonialen Unterdrückung und damit auch ihrer ideologischen Botschaft längst überdrüssig geworden war. Die folgenden fünfzehn Jahre verbrachte ich in einem Internat, weit weg von meiner Familie, und wurde gezwungen, Kenntnisse über die Wirklichkeit des weißen Mannes zu sammeln, u. a. in Geschichte, Geographie, Anatomie, Mathematik und Literatur. Zusammen mit diesen Fächern wurde mir eine gute Dosis Christentum verabreicht, mit seinem leidenschaftlich zornigen Gott, der jeden Gläubigen zwingt, in dauernder Furcht vor ihm zu leben.

Im Alter von zwanzig riß ich aus und ging zu meinem Volk zurück, mußte aber feststellen, daß ich nicht mehr in die Stammesgemeinschaft paßte. Ich riskierte mein Leben und unterzog mich der Dagara-Initiation, um wieder in mein Volk aufgenommen zu werden. Während dieses wochenlangen Rituals wurde ich, so gut es ging, in die mir angestammte Wirklichkeit reintegriert. Aber niemals konnte ich die Spuren meiner westlichen Ausbildung abstreifen. Ich bin also ein Bürger zweier Welten und versuche in beiden zu Hause zu sein – gewiß keine leichte Aufgabe.

Als ich zweiundzwanzig war, kamen die Ältesten meines Stammes zu mir und forderten mich auf, in die Welt des Weißen Mannes zurückzukehren und ihnen mitzuteilen, was ich während meiner Initiation über unsere spirituellen Traditionen erfahren hatte. Die Initiation hatte mich von Wirrnis, Hilflosigkeit und Schmerz befreit und eine Tür aufgestoßen. Ich verstand jetzt, welcher Zusammenhang zwischen meinem individuellen Lebensziel und dem Willen meiner Vorfahren bestand. Ich begriff die geheiligte Beziehung zwischen kleinen Kindern und alten Menschen, zwischen Vätern und erwachsenen Söhnen, zwischen Müttern und Töchtern. Ich erkannte vor allem auch, weshalb mein Volk eine solche Achtung vor dem Alter besitzt und warum eine solide, intakte Gemeinschaft für den einzelnen notwendig ist, wenn dieser seine Identität aufrechterhalten und seinem Leben Sinn und Ziel geben will. Diese Erfahrung war mein Ausgangspunkt.

Meine Vorfahren hatten den französischen Kolonialismus und die westliche Kultur als Faktoren erlebt, die traditionelle Lebensstile gewaltsam auslöschten. Ihre eigene Jugend war ihnen gestohlen worden, vergebens hatten sie gegen die Übergriffe der Eindringlinge angekämpft. In diesen Jahren, in denen mein Volk verzweifelt versuchte, Verständnis für ein anderes Volk aufzubringen, das immer nur gegen die natürliche Ordnung der Dinge zu handeln schien und Chaos, Tod und Verderben um sich verbreitete, wurde das Gefühl der Menschen, zu einer Gemeinschaft zu gehören, in deren Rahmen sich das Stammesleben entfalten konnte, weitgehend entwurzelt. Diese Fremden hatten offenbar nicht die geringste Achtung vor dem Leben, vor der Überlieferung, vor dem Land selbst. Zuerst konnten meine Ältesten gar nicht glauben, ein Volk, das so viel Leid und Tod über andere Menschen brachte, sei überhaupt zur Achtung vor sich selbst imstande. Nur zu bald wurde ihnen klar, daß der weiße Mann nichts anderes wollte als die völlige Zerstörung ihrer Kultur, ja ihres Lebens.

Einige Angehörige meines Volkes waren jedoch der Ansicht, am besten wehre man sich, indem man sich mit dem weißen Mann befreunde. Sie hofften dadurch zu erfahren, was eigentlich in den Köpfen der Weißen vorging und was sie durch ihr Eindringen in das angestammte Land anderer Menschen erreichen wollten. Aber nicht alle Angehörigen meines Volkes waren zu engeren Kontakten mit den Weißen bereit. Manche Dorfbewohner, die es vorzogen, die Dinge ausschließlich aus der Stammesperspektive zu betrachten, gelangten zur Überzeugung, der weiße Mann müsse, um spirituell dermaßen krank zu werden, seinen eigenen Vorfahren etwas Schreckliches angetan haben. Andere, die über Militarismus, Imperialismus und Kolonialismus Bescheid wußten, kamen zu dem Schluß, der weiße Mann sei hierher gekommen und habe sich fremdes Land angeeignet, weil er sein eigenes zerstört habe. Aber trotz aller Anstrengungen meines Volkes blieben die Weißen dabei, in Scharen bei uns einzufallen. Sie blieben dabei, vollkommen willkürlich vorzugehen, und sie blieben auch dabei, uns immer mehr Land, Glauben und Leben zu rauben.

Viele Jahre später erkennt meine Generation mit Schrecken, daß ihr die Ironie des Schicksals grausam mitgespielt hat. Es ist plötzlich Mode geworden, traditionelle Gesellschaften, ihre Weltanschauung und ihren Lebensstil zu verteidigen. Doch während die westliche Welt noch heftig darüber diskutiert, was eigentlich unter »Bewahrung« einer Kultur zu verstehen ist, sind sich die Stammesgesellschaften bewußt, daß der Kampf bereits verloren ist. Es scheint mir auf der Hand zu liegen, daß eine Kultur, die davon spricht, eine andere Kultur »bewahren« zu müssen, diese Kultur bereits auf die Liste der gefährdeten Arten gesetzt hat. Und dann finden sich auch Puristen auf beiden Seiten, die darauf Wert legen, die indigenen Kulturen müßten »genauso bleiben, wie sie waren«. Doch für viele Kulturen, einschließlich der Dagara, geht es nicht mehr nur um eine »Bewahrung«, sondern um das nackte Überleben in der einen oder anderen Form. Die Besonderheiten unserer Kultur sind längst von den sogenannten Modernisierungsbestrebungen eingeebnet worden. Meine Rolle sehe ich jetzt darin, Informationen in beide Richtungen zu liefern, Brücke und Kanal zu sein. Ich habe eingewilligt, Wanderer zwischen den Welten zu sein, und versuche, eine Art Gleichgewicht zu erzeugen.

Die Geschichte, die ich in diesem Buch erzähle, liegt mir sehr am Herzen. Sie liegt mir am Herzen, weil sie enthält, was ich selbst, meine Vorfahren, mein Stamm, mein Leben ist. Es ist eine sehr komplizierte Geschichte, die zu erzählen mir Qualen bereitet hat, aber erzählen mußte ich sie. Nur so konnte ich meine Aufgabe erfüllen, »Freund dem Fremden und dem Feind« zu werden. Es ist nicht die erste Aufgabe, die mir meine Vorfahren übertragen haben, noch wird es die letzte sein.

Meine erste »Hausaufgabe« nach der Initiation ins Stammesleben bestand darin, mich an einer Universität zu immatrikulieren. Das gelang mir ohne Schwierigkeiten, da ich mit dem besonderen Wissen der Initiation ausgerüstet war. Ich hatte auch etwas in meiner Tasche – einen kleinen Talisman. Es war ein birnenförmiger Beutel mit einem Stein aus der Unterwelt darin und anderen geheimen, in der Wildnis gesammelten Sachen. Es ist in meinem Dorf zwar üblich, Talismane zu tragen, weil sie große Kraft besitzen und ihren Besitzer schützen. Trotzdem haben die Leute Angst vor ihnen. Jeder Dagara weiß, daß »starke« Gegenstände gefährlich sind. Je nach dem Willen ihres Besitzers, haben solche Dinge die Macht, zu nützen oder zu schaden. Deshalb werden Talismane mit Respekt und Vorsicht behandelt. Mein Beutel war solide genäht, fest zugebunden und so dekoriert, daß er möglichst häßlich aussah und Schrecken einjagte. Diese Objekte werden immer so angefertigt, daß sie möglichst häßlich und schrecklich aussehen, vielleicht damit ihre Übernatürlichkeit noch mehr betont wird. Meine Erfahrungen mit der anderen Welt haben mich gelehrt, daß alles, was von jener auf diese Seite gelangt, selten schön ist. Was geistige Kraft besitzt, muß wohl einfach scheußlich aussehen und schlecht riechen, um wirksam zu sein. Mein Talisman erfüllte diese Voraussetzungen ganz gewiß. Am einen Ende des birnenförmigen Beutels war eine Strähne eigentümlichen Tierhaares befestigt.

Die Regierung des Landes, das damals Obervolta hieß, besaß eine Schule mit Namen Centre d'Études Supérieures, deren Anforderungen in etwa einem vierjährigen Universitätsbesuch im Westen entsprachen. Sie war vor einigen Jahren von französischen Kolonialbeamten errichtet worden, die jetzt schon wieder abgezogen sind, und sollte die jüngst unabhängig gewordenen Länder Afrikas auf ihrem Weg in die Selbständigkeit begleiten. Dem territorialen Kolonialismus folgte eine Periode des Neokolonialismus, der die Form bilateraler Kooperation, Wirtschaftsförderung und Expertenunterstützung in den jeweiligen Ressorts der neuen Regierung annahm. Die Hochschule war also nichts anderes als eines der vielen Gesichter dieses neuen Kolonialismus, der doch nur das Ziel hat, den unabhängig gewordenen Ländern das Gefühl einzupflanzen, sie seien dem Westen zu Dank verpflichtet. Es ist sehr wichtig zu begreifen, daß das moderne Afrika, so wie es jetzt ist, nicht nach dem Willen seiner einheimischen Führer existiert, sondern nach dem Willen der Mächte, die es unter sich aufgeteilt haben.

Alle Studenten in dem Zentrum waren Stipendiaten, und jedes Jahr meldeten sich zahllose Bewerber um die wenigen verfügbaren Plätze. Wer sich einen ergatterte, dessen Eltern gehörten entweder zur wohlhabenden Schicht oder hatten irgendwelche Beziehungen. Die Politiker gaben der Stipendienverwaltung einfach Anweisung, die begehrten Pfründe ihren Verwandten oder Kindern zuzuschanzen. Reiche Leute ohne politischen Einfluß bestachen die Behörden, doch auch die Reichen hatten nicht immer Erfolg, denn wenn einmal die »politischen« Stipendien verteilt waren, blieben nur sehr wenige für den großen Rest der Bewerber übrig.

Auch in dem Jahr, in dem ich mich bewarb, war es nicht anders. Ich hatte mein Bewerbungsformular ausgefüllt und wußte genau, daß ich keine Chance hatte, über die Kartei hinauszukommen. Doch ebenso war mir auch bewußt, daß mir meine Stammesältesten Instruktionen gegeben hatten, wie ich mich bewerben sollte, obwohl sie keinen Einblick in die Verhältnisse hatten. Wie, so fragte ich mich erstaunt, konnten diese Menschen, nur mit ihrem Leben im Dorf vertraut, wissen, wie man sich in der Stadt Vorteile verschafft? Doch hatte ich das Gefühl, ein Versuch könnte nicht schaden. Was hatte ich schon zu verlieren? Zu meiner größten Überraschung wurde ich zu einem Vorstellungsgespräch eingeladen, in dem ich erfuhr, daß ich nicht nur aufgenommen war, sondern auch auf der Stelle ein volles Stipendium erhalten sollte. Ich kann Ihnen nicht im einzelnen erklären, wie mein Talisman wirkte, denn ich möchte diese Waffe nicht gerne abstumpfen. Doch auch heute noch hilft er mir, wenn ich in großen Sälen sprechen soll. Auch wenn mich auf verschlungenen Wegen Einladungen erreichen, habe ich immer das Gefühl, ich komme schon dorthin, wo ich hinkommen soll und sage auch immer das, was im gegebenen Moment notwendig ist.

Vier Jahre verbrachte ich an dieser Hochschule, aus der später die Staatsuniversität wurde. Ich verließ sie wieder mit einem Magister in Soziologie, Literatur und Sprachwissenschaft sowie einer Promotion in Weltliteratur. Ich wußte immer noch nicht, weshalb ich eigentlich dort gewesen war. Dem System war es gleichgültig, ob man etwas lernte oder nicht. Es beruhte nur darauf, daß man sich das Gedächtnis mit dem Stoff, mit dem einen die Professoren fütterten, vollstopfte und ihn wiederkäute. Sie lasen ihn von vorbereiteten Skripten mit gelangweilter, schläfriger Stimme ab, ja waren manchmal sogar betrunken. Vieles von dem, was sie sagten, war schlicht unverständlich. Der einzige Grund, dort zu bleiben, war die Notwendigkeit für die meisten von uns, ihre drückende soziale und wirtschaftliche Situation zu ändern. Man brauchte uns nicht erst zu sagen, daß eine gute Ausbildung nach westlichem Muster der Schlüssel für gute westliche Jobs und ein bequemes Leben war.

Die meisten Studenten mußten hart arbeiten, um gute Leistungen zu erzielen. Aber als einem Initiierten fiel es mir leicht, meine Abschlüsse zu machen. Ich schwänzte einen Großteil der Vorlesungen, sorgte nur dafür, daß ich bei den Examina präsent war – und schon hatte ich meine Diplome in der Tasche. Die Antworten auf die Examensfragen sah ich meist in der Aura der Lehrer, die dauernd durch die Prüfungsräume patrouillierten. Ich mußte diese Antworten nur rasch niederschreiben, bevor einer von ihnen bemerkte, wie seltsam ich ihn anstarrte.

Während meines zweiten Hochschuljahres wurden die Lehrer doch auf mich aufmerksam. Es wurde immer schwerer, Vorlesungen zu schwänzen. Wenn mich ein Professor aufrief, eine Frage zu beantworten, suchte ich die Antwort wieder instinktiv in seiner Aura, wie während der Prüfungen. Für mich war das wie die Aufforderung, in einem offenen Buch zu lesen. Die Methode funktionierte so gut, daß mich eines Tages ein Lehrer mißtrauisch anschaute und fragte: »Können Sie Gedanken lesen?« Natürlich sagte ich »nein«. Wir lebten in einer modernen Welt, in der so etwas unmöglich ist.

Mein Talisman arbeitete weiter für mich. Ich erhielt ein Stipendium an der Sorbonne, wo ich mir ein D. E. A. (Diplôme d'Études Approfondies) in politischer Wissenschaft erwarb. Dann vervollständigte ich meine Ausbildung an der Brandeis-Universität und schloß mit dem Dr. phil. in Literatur ab. Ich erzähle Ihnen all dies nicht, um Eindruck zu schinden, sondern um Ihnen zu zeigen, daß, was ich als Initiierter gelernt habe, auch in der Realität des Westens, zumindest für mich, funktioniert.

Es blieb mir nichts anderes übrig, als mich anschließend in die Vereinigten Staaten zu begeben. Frankreich erinnerte mich an zu viel Negatives. Tagtäglich wurde ich durch tausend Einzelheiten darauf aufmerksam gemacht, daß Afrika sein Blut gegeben hatte, nur damit Frankreich und das französische Volk so leben konnten, wie sie lebten. Das rebellische Temperament des Parisers steckte an. Ich fühlte mich gereizt und nervös, ja hegte sogar Mordgedanken. Der Afrikaner war zu einer Pest geworden. Er machte den Franzosen ein schlechtes Gewissen. Das steigerte mein Rassenbewußtsein aber noch mehr, was mich zu gefährlichen Unternehmungen verleitete. So fuhr ich z. B. schwarz mit der Metro und aß ohne zu bezahlen in Supermärkten. In die Vereinigten Staaten kam ich, kurz nachdem es mir mein Mentor in einer unserer zahlreichen Orakelsitzungen, die wir bei meinem ersten Aufenthalt im Dorf abhielten, vorausgesagt hatte. Er sagte, ich würde das große Meer überqueren und in ein fremdes Land kommen, um dort zu tun, was ich tun mußte. Auch hierher brachte mich ein Stipendium. Es ist der Weg, auf dem die meisten Schwarz-Afrikaner ins Herz der zivilisierten Welt gelangen.

Während meines Aufenthalts im Westen bin ich mit einem interessanten Paradox konfrontiert worden. Die Leute suchen meine Bekanntschaft nicht, weil ich ein gebildeter Mann bin, sondern weil meine Stammestracht eine besondere Wirkung auf sie ausübt. Sie knüpft den Kontakt. Die Gespräche beginnen immer damit, daß jemand sagt: »Eine schöne Tracht! Woher kommen Sie?«

Ich antworte dann und sage: »Burkina Faso.« Darauf höre ich unweigerlich: »Was?« oder »Wo ist denn das?«

Manchmal komme ich mir wie eine wandernde Reklame vor. Aber diese Gespräche geben mir immer Stoff zum Nachdenken. Ich verstehe meine eigene Kultur besser, wenn ich sie mit anderen vergleiche. Paradoxerweise habe ich im Westen mehr Möglichkeiten, Afrikaner zu sein, als in Afrika. In meinem Land trägt ein Mann mit so vielen Diplomen wie ich westliche Kleidung und versucht, sich als Kosmopolit zu geben. Er möchte um alles in der Welt nicht daran erinnert werden, woher er kommt oder was er hinter sich gelassen hat. Er hat allem »Aberglauben« den Rücken gekehrt und sich dem »Fortschritt« verschrieben.

Hier im Westen aber habe ich viel Zeit für Kontemplation und spirituelle Arbeit und noch viel mehr Zeit, die Dinge des Geistes mit anderen zu pflegen. Lebte ich noch in meinem Dorf in Afrika, würde fast jeder freie Augenblick damit draufgehen, daß ich mir meinen Lebensunterhalt aus dem erschöpften Boden kratzte, der alles ist, was uns der Kolonialismus übriggelassen hat. Von den 600 amerikanischen Dollar, die ich alljährlich meiner Familie schicke, können sie und viele andere ein ganzes Jahr lang leben. Meine Angehörigen fehlen mir zwar, und ich würde sie gerne öfter sehen, aber ich weiß, daß ich hier besser für sie sorgen kann, als wenn ich zurückkehren und eine Hacke schwingen würde – selbst wenn mir die Ältesten diese Option offengehalten hätten.

In dieser Gesellschaft offen sein Afrikanertum zu leben, bringt auch amüsante und spannende Momente mit sich. Wenn ich z. B. zu Konferenzen fahre, trage ich immer meinen Medizinbeutel bei mir. Ich habe immer Angst, ihn ins Gepäck zu stecken, weil er da leicht verlorengehen könnte – ein schrecklicher Gedanke! Denn ohne ihn und die Zaubersachen darin wäre ich nicht in der Lage, die vielen hundert Prophezeiungen, die ich alljährlich durchführe, zu bewältigen.

Das erstemal, als ich mit meinem Medizinbeutel auf einen Flughafen kam, wurde mir, als ich mich dem Röntgenapparat näherte, klar, daß ich meinen Medizinbeutel unmöglich röntgen lassen konnte. Ich wollte einfach nicht, daß man meine Medizin sah. Wenn ich das zuließ, würde ich den Posten den seltsamen Inhalt erklären müssen. Das wäre ganz entsetzlich, um nicht Schlimmeres zu sagen. Außerdem war ich mir nicht so sicher, was dieses moderne Technikmonster mit meiner Medizin anstellen würde.

Der Posten fragte mich, ob ich Filme in dem Beutel hätte. Ich sagte »nein«, aber es sei etwas ebenso Empfindliches. Das gab den Ausschlag. Mißtrauisch bis in die Fingerspitzen schüttete der Sicherheitsbeamte den Inhalt des Beutels auf den Tisch. Er machte große Augen und fragte: »Was zum Teufel ist das?« Andere Beamte kamen hinzu und starrten erstaunt auf den Inhalt meines Medizinbeutels. Einer von ihnen, ein Schwarzer, bemerkte: »Das ist Voodoo-Zeug«, und befahl, alles zu röntgen, während er einen Talisman in die Hand nahm und das verdächtige Ding beäugte.

Ich stand da und wünschte, ich hätte meinen Beutel doch im Gepäck verstaut. Dann wäre es nicht zu diesem Unglück gekommen. Doch konnte ich mich eben unmöglich von meiner Medizin trennen. Inzwischen hatte sich schon ein kleiner Auflauf um uns gebildet. Mein Herz schlug heftig, meine Medizin war öffentlich geworden. Schnell packte ich alles zurück in den Beutel und legte ihn auf das Röntgenlaufband. Mein Talisman erschien auf dem Bildschirm! Der Beamte stoppte das Band, starrte die Sachen eine Ewigkeit lang an und ließ dann das Band weiterlaufen. Erleichtert nahm ich den Beutel am anderen Ende wieder an mich. Von da an sann ich darauf, wie ich diese peinlichen Momente vermeiden könnte.

Von Tag zu Tag werden wir mehr in eine globale Gemeinschaft eingebunden. Die Entfernungen zwischen den Ländern schrumpfen, und wir müssen all unseren Verstand zusammennehmen, um zu erkennen, daß die Kulturen anderer Völker anders sind als die unsere. Wir müssen uns eingestehen, daß es mehr als eine Version der »Realität« gibt. Um überhaupt existieren zu können, braucht eine Kultur die ihr eigentümliche Version dessen, was real ist. Und was ich Ihnen in diesem Buch mitteilen möchte, ist nur eine der endlosen Variationen der Realität.

In der Kultur meines Volkes, der Dagara, besitzen wir kein Wort für das Übernatürliche. Am nächsten kommt diesem Begriff noch unser Wort »Yielbongura«, »das Ding, das vom Wissen nicht gegessen werden kann«. Das Wort besagt, daß Leben und Kraft bestimmter Dinge auf ihrem Widerstand gegen das kategorisierende Wissen beruhen, das die Menschen heute allem überstülpen. In der Realität des Westens existiert eine deutliche Kluft zwischen dem geistigen und dem materiellen, dem religiösen und dem profanen Leben. Eine solche Vorstellung ist den Dagara fremd. Für uns ist, wie für viele andere Stammeskulturen auch, das Übernatürliche Bestandteil des Alltags. Für einen Dagara ist das Materielle nur das Form gewordene Spirituelle. Das Profane ist Religion auf niederer Ebene – ein Ort der trägen Ruhe im Vergleich zur Hochspannung des religiösen und spirituellen Lebens. Denn im Reich des Heiligen zu leben ist aufregend und schrecklich zugleich. Es ist unbedingt notwendig, immer wieder einmal Pause zu machen.

In der Dagara-Welt unterscheidet man auch nicht zwischen Realität und Imagination. Für uns besteht die engste Beziehung zwischen Gedanke und Wirklichkeit. Sich etwas vorzustellen, also die Gedanken stark darauf zu konzentrieren, kann dieses Etwas auch ins Dasein rufen. Menschen z. B., die das Leben pessimistisch betrachten und immer das Schlimmste erwarten, erzeugen diese Realität im allgemeinen auch. Menschen dagegen, die erwarten, daß ihnen alle Dinge zum Besten dienen, erleben die Welt meist auch so. Im Reich des Heiligen reicht dieser Zusammenhang sogar noch weiter. Denn was ist Magie anderes, als die Fähigkeit, Gedanken und Energien so zu konzentrieren, daß sich Ergebnisse auf der sichtbaren Ebene einstellen? Die Weltanschauung der Dagara ist umfassend. Kann sich jemand etwas vorstellen, so besteht zumindest die Möglichkeit, daß es auch ins Dasein tritt.

Der Mensch des Westens vergißt in der Regel, daß nicht nur die Stammeskulturen nichtwestlichen Realitätsauffassungen zutiefst verpflichtet sind. Auch in einer hochindustriellen Gesellschaft wie Japan wird auf die Verbindung zu den Ahnen größter Wert gelegt. Als der neue japanische Kaiser inthronisiert wurde, registrierten viele westliche Führer verblüfft, daß er – das war Teil der Zeremonie! – in den Tempel ging und mit seinen Vorfahren sprach. Was ist der Grund dafür, daß die moderne Welt keinen Kontakt zu ihren Vorfahren pflegt und ihre Vergangenheit nicht erträgt?

Es ist meine feste Überzeugung, daß die Unrast, die den modernen Menschen umtreibt, ihre Wurzeln in einer gestörten Beziehung zu den Vorfahren hat. In vielen nichtwestlichen Kulturen stehen die Ahnen mit der Welt der Lebenden in innigster und absolut lebensnotwendiger Beziehung. Sie halten sich immer bereit, um Rat, Belehrung und Kraft zu geben. Sie bilden einen Weg zwischen dieser Welt und der künftigen. Und am wichtigsten – ja am paradoxesten – ist, daß sie die Richtlinien für ein erfülltes Leben verkörpern – für alles, was wertvoll im Leben ist. Aus einer ungleichgewichtigen Beziehung zwischen den Lebenden und den Toten kann nur Chaos entstehen. Wenn ein Mensch meiner Kultur die Nachkommen der Westler, die in unsere Länder eingedrungen sind, näher ins Auge faßt, so sieht er nur Menschen, die sich ihrer Vorfahren schämen müssen. Es waren Mörder und Räuber, nur als Pioniere des Fortschritts verkleidet. Daß die Kultur solcher Menschen krank sein muß, liegt auf der Hand. Die Dagara glauben, daß es im Falle eines solchen Ungleichgewichtes die Pflicht der Lebenden ist, die Vorfahren zu heilen. Werden die Vorfahren nicht geheilt, wird ihre kranke Energie die Seelen der Menschen, die die Pflicht hätten, ihnen zu helfen, heimsuchen. Nicht alle Menschen des Westens haben ein solch ungesundes Verhältnis zu ihren Vorfahren. Aber für jene, bei denen es so ist, haben die Dagara ein Modell parat, wie man die Vorfahren heilt und dadurch sich selbst.

Die Welt wird immer kleiner. Menschen aus verschiedenen Realitäten können Vorteil daraus ziehen. Sie können voneinander lernen und sich gegenseitig akzeptieren. Die Aufgabe, vor der die moderne Welt steht, ist, die Welt zu einem großen Ganzen zu machen, in dem viele unterschiedliche Elemente friedlich koexistieren. Die Achtung vor der Eigenart des anderen entsteht nur vor dem Hintergrund dieser Vision.

Das erstemal präsentierte ich das in diesem Buch enthaltene Material auf einer Konferenz in Virginia für multikulturelle Beziehungen. Ich wollte sehen, welche Aspekte der Initiationserfahrungen sich in Worte kleiden ließen, und wie diese Informationen von den Zuhörern aufgenommen wurden. Ich hatte auch schon Initiationsberichte anderer Leute gehört, doch klangen ihre Schilderungen ganz anders als die meinigen. Bei manchen war die Initiation offenbar nur eine harmlose Formalität, ungefährlich und mit Garantieschein: Alle Teilnehmer würden am Ende mit heiler Haut davonkommen. Bei den Dagara dagegen ist Initiation ein riskantes Unternehmen, das tödlich ausgehen kann. Aber es lag mir nichts daran, Leute, die vielleicht andere Vorstellungen darüber hatten, unnötig aufzuregen. War es nicht meine Aufgabe, »Freund dem Fremden« zu werden? Auch wollte ich nicht den Eindruck erwecken, Initiation wäre etwas völlig Unerreichbares. Mein Wunsch war, mich gleichgewichtig an Herz und Kopf des modernen Menschen zu wenden. Doch bei dieser bunt zusammengewürfelten Schar gegensätzlichster Farben und Kulturen, die zusammengekommen war, um Mittel und Wege zu finden, wie man die Kluft zwischen den Völkern überbrücken und einander begegnen könnte, lag eher Krisenstimmung in der Luft als friedliches Gewährenlassen.

Am Tag meines Referats war der Saal gesteckt voll mit rührigen Angehörigen akademischer Berufe, die sich eine ganze Woche freigemacht hatten, um an dieser Konferenz teilnehmen zu können. Sie waren mit den höchsten Erwartungen gekommen. Als ich mit meiner Geschichte begann, wußte ich nicht, was lauter war: der Klang meiner Stimme, das Klopfen meines Herzens oder das schrecklich dröhnende Schweigen im Zuschauerraum. Bilder meiner Initiation stürzten auf mich ein, als ob jemand hinter mir stünde und sie mir auf bunten Ansichtskarten übergäbe. Ich brauchte sie nur zu ergreifen und weiterzureichen. Bald vergaß ich mein laut pochendes Herz, dann die lauschende Menge, dann mich selbst. Während ich mich durch die Landschaft meiner Initiation bewegte, bemerkte ich, daß sich viele Episoden fast dem bewußten Zugriff entzogen, nicht weil ich mich nur undeutlich an sie erinnerte, sondern weil sie Teil des Unsagbaren waren.

Als ich geendet hatte, geschah etwas, womit ich niemals gerechnet hätte, etwas, auf das ich nicht vorbereitet war. Hundertzwanzig Menschen spendeten stehend Ovationen – Menschen europäischer, afrikanischer, orientalischer, indianischer und weißamerikanischer Abstammung. Die Intensität ihrer Reaktionen drang in jeden Winkel meines Bewußtseins, meines Körpers und meines Herzens und trieb mir fast die Tränen in die Augen. Ich mußte hart kämpfen, um nicht zu weinen, während das Klatschen eine Ewigkeit zu dauern schien.

Ich weiß nicht mehr, wie ich mich von dieser Reaktion erholte. Ich konnte mich nur noch fragen, was wohl der Grund für diesen überwältigenden Beifall sein mochte. Welche Kraft in diesen Menschen hatte meine Worte über Initiation so vollkommen verstanden, daß sie darauf reagierten, als wäre es etwas ihnen völlig Vertrautes? Es waren keine einfachen Menschen, im Gegenteil, intellektuell hochstehende, hochgebildete Individuen – Psychologen, Therapeuten, Anthropologen, Mythenforscher, Ärzte, Soziologen, Anwälte und wer weiß was noch. Aber sie alle zeigten dieselbe Reaktion.

Ich brauchte mehr als eine Woche, um mich von dieser

Schilderung meiner Lebensgeschichte zu erholen. Leute kamen zu mir und fragten mich, ob ich eine Niederschrift hätte und sie sie haben könnten. Lange war ich im Zweifel gewesen, ob es mir gelingen würde, das Unsagbare zu sagen. Jetzt hatte ich meine Antwort. Zumindest Teile konnten gesagt werden, und ich wußte jetzt, wo und wie ich anfangen mußte.

Seitdem habe ich die Geschichte meiner Initiation viele Male erzählt. Die Antwort war immer die gleiche. Das hat mir Mut gemacht, mehr Informationen über Älteste, Jugend, Medizin, Heilung und das Stammesleben der Dagara zu vermitteln, zu dem mir meine Initiation Zugang gewährte.

Eine dieser Begebenheiten war die Begräbniszeremonie meines Großvaters. Auch sie wird in diesem Buch beschrieben. Ich berichtete einmal auf einer Konferenz darüber, ließ aber viele komplizierte magische Details aus. Ich war kaum überrascht, daß auch diese Geschichte über Menschen der westlichen Kultur Macht besaß und ihnen unter die Haut ging.

Von da an habe ich mit Unterstützung vieler Förderer eine Form des Dagara-Begräbnisrituals für Amerikaner entwickelt. Menschen der westlichen Kultur zuzusehen, wie sie an einem Begräbnisritual nach Dagara-Art teilnahmen, war ebenso aufregend für mich, wie es meine Initiationsgeschichte für sie gewesen sein muß. Ich war sehr froh, daß die Ältesten meines Dorfes nicht dabei waren. Sie hätten gedacht, ich wolle nur eine große Show abziehen. Doch etwas bei diesem Vorgang – vielleicht war es die große Aufrichtigkeit, mit der über hundert Menschen über den Toten trauerten – rührte mich zu Tränen. Für sie und andere, die noch mehr wissen wollten, habe ich all meine Kraft zusammengenommen, um dieses Buch zu schreiben. Ich schreibe auch für jeden alten Menschen dieser Gesellschaft, der sich verlassen und schon zum alten Eisen geworfen fühlt, und für all die jungen Leute, die nach einem

Ziel suchen und sich nach einem Segen, von heiligen alten Händen erteilt, sehnen. Diese beiden Menschengruppen müssen unbedingt wieder zueinanderfinden. Vielleicht führt sie dieses Buch zusammen. Ihre unausgesprochene Hilfe gibt mir den Mut, deutlich und unverhüllt zu sprechen.

Es ist Zeit für die Afrikaner, ungescheut ihre Stimme im spirituellen und magischen Chor der Völker zu erheben. Überall erscheinen von Natives verfaßte Bücher über Stammeskulturen. Aber Bücher über die tiefe Spiritualität und das Gemeinschaftsleben afrikanischer Stammesgesellschaften sind immer noch Domäne der Spezialisten: fremder Anthropologen oder einheimischer, ihrem Stamm entfremdeter Anthropologen, Ethnographen und Soziologen. Das ist die direkte Folge von 500 Jahren Ausplünderung des afrikanischen Kontinents durch die Europäer. Wer noch nicht wissen sollte, was Kolonialismus den Kolonisierten antun kann, besorge sich Frantz Fanons »Black Skin«, »White Masks« und »The Wretched of the Earth«. Das wäre ein guter Anfang, die Bildungslücken zu beseitigen. Danach würde ich vorschlagen, mit Chinweizus »The West and the Rest of Us« fortzufahren. Man wird durch diese Bücher ein gutes Bild vermittelt bekommen, was es bedeutet, im Kampf der Nationen und Kulturen auf der Verliererseite zu stehen. Die heimlichen Komplexe, die der Kolonialismus in den Herzen und Seelen der Kolonisierten erzeugt hat, üben immer noch ihre Herrschaft im Hinterhof der modernen Welt, der Dritten Welt, aus. Es stimmt einfach nicht, daß Afrika nur das ist, was postmoderne Spezialisten uns glauben machen wollen. Die Gewalt im modernen Afrika geht teilweise von Führern aus, die ebenso gewaltsam erzogen worden sind wie ich. Ich weiß nicht, ob ein Mensch, der in einer Atmosphäre des Terrors aufwächst und dann eine Führungsposition einnimmt, noch Sinn für Milde haben kann. Ich glaube, ohne die stärkenden Erfahrungen, die mir die Ältesten im Dorf meiner Geburt vermittelten, wäre ich nicht der Mensch, der ich heute bin.

Ein Bürger zweier Welten zu sein, ist nicht einfach. Ständig muß ich gegen die Depressionen ankämpfen, die Exil und Heimatlosigkeit hervorrufen. Meine Diplome halfen mir bei der Bewältigung des Exilproblems in keiner Weise, sie verstärkten es nur noch. Das beste Diplom, das ich besitze, ist jenes, das mir meine Ältesten ausgestellt haben. Es steht auch nicht etwa nur auf einem Papier – es ist in mich eingepflanzt, und auch von daher fühle ich mich im Exil. Dieses Gefühl hat nichts mit Geographie zu tun, denn ich fühle mich in Afrika nicht anders. In manchen Gegenden dort kann ich meine afrikanische Tracht nicht anlegen, ohne den Eindruck zu erwecken, ich wolle bewußt Anstoß erregen. Denn jeder versucht dort unbedingt so westlich wie möglich auszusehen. In vielen Kreisen erwartet man von einem Afrikaner mit Doktortitel einen Zweireiher und die dazu passende Krawatte, nicht ein peinlich wirkendes Gewand aus dem Dorf. Und so kommt es gar nicht selten vor, daß ich, wenn ich den Westen verlasse, auf einem Pariser Flughafen, wo ich auf den Anschlußflug warte, ein Cowboygewand oder eine Krawatte trage und »Frenglisch« spreche. Denn ein Amerikaner, ob schwarz oder weiß, wird dort besser behandelt als ein Schwarz-Afrikaner.

Wegen des Gefühls, im Exil zu leben, muß ich darauf achten, wohin ich gehe und was ich tue. Jedes Jahr muß ich unbedingt meine Ältesten zu Hause sehen. Nicht um sie zu besuchen, sondern um gereinigt zu werden. Nach mehreren Jahren dieser Praxis habe ich begriffen, daß ein Aufenthalt im Westen fast so ist, wie wenn man sich in hochradioaktiver Umgebung befände. Ohne diese periodische Reinigung könnte ich nicht leben. Aus Gesprächen mit Menschen dieser Gesellschaft habe ich auch den Eindruck gewonnen, daß eine große Anzahl von ihnen, obwohl im

Westen geboren und aufgewachsen, ebenfalls dieses Gefühl des Exils empfindet und daß ich sogar noch besser dran bin als sie, weil ich doch immerhin Älteste habe, zu denen ich gehen und bei denen ich für die Zeit der Reinigung sicher aufgehoben bin. Aber manchmal frage ich mich doch, wie lange das noch so weitergeht.

Entfremdung ist eines der vielen Gesichter des modernen Lebens. Das Heilmittel ist Gespräch und Gemeinschaft – ein neuer Sinn für Gemeinsamkeit. Öffnen wir uns füreinander, nehmen wir uns den Druck des Alleinseins und des Exils, der auf uns lastet. Ich erzähle meine Geschichte hier mit dem Wunsch, allen, die sie mit neuen Hoffnungen lesen und nach eigenen Antworten suchen, damit zu helfen.

Langsames Wachstum

Die Geschichte, die ich Ihnen hier erzählen will, entspringt einem Ort tief in mir selbst, einem Ort, der alles umfaßt, was ich unwiderruflich verloren habe – aber vielleicht auch den Gewinn hinter dem Verlust. Manche Menschen vergessen ihre Vergangenheit, um weiterleben zu können, andere erinnern sich aus demselben Grund. Wenn Kulturen mit gegensätzlichen Weltanschauungen aufeinanderstoßen, sind die Opfer des Zusammenbruchs oft Kinder. Auch meine Kindheit war wie die vieler schwarzer Kinder des afrikanischen Kontinentes kurz, viel zu kurz, um überhaupt den Namen Kindheit zu verdienen. Vielleicht ist das der Grund, weshalb sie sich meinem Gedächtnis so tief eingeprägt hat. Das Exil schafft die idealen Bedingungen für eine Inventur im Warenhaus der Vergangenheit.

Als Kind faszinierten mich zwei Menschen meiner Familie besonders: meine Mutter und mein Großvater. Meine Mutter liebte ich, weil sie mich liebte. Zwar zürnte sie mir manchmal wegen meiner unersättlichen Gier, doch besorgte sie mir auch alles, um was ich sie bat. Wenn sie zum Dorfmarkt ging, um ihr Getreide zu verkaufen, wußte ich, sie kam bestimmt mit ein paar Kleinigkeiten zurück, Kuchen, europäischem Brot oder sogar einem second hand-Kleidungsstück.

Jeder Markttag war also ein besonderer Tag für mich, ein Tag der gespanntesten Erwartung. Bis ich drei Jahre alt war, trug mich meine Mutter auf ihrem Rücken festgebunden, wo sie gerade ging und stand, ob sie Holz sammelte, Ähren auflas oder einfach auf dem Feld arbeitete. Ich hatte es gern, so eng an sie gedrückt zu sein, zuzusehen, wie sie Holz sammelte und es singend auf ihrem Kopf nach Hause trug. Sie liebte Musik über alles. Die Natur war für sie ein einziger Gesang. Wenn sie weite Wege wanderte, sang sie mir immer etwas vor. Und die Geschichte, die sie sich dabei ausdachte, sollte mir die Reise verkürzen. Meist handelte sie von einem unglücklichen Mädchen oder einer unglücklichen Frau, häufig einem Waisenkind.

Eine, an die ich mich besonders gut erinnere, ging über ein Mädchen namens Kula, deren Mutter starb und sie mit einer kleinen Schwester, Naab, zurückließ. Kula sollte Naab zu ihrer Tante bringen. Sie befahl ihrer Sklavin Woor zu packen, während sie sich selbst für die Reise wie eine Königin anzog. Sie legte goldene Halsketten, Ringe und Perlen an. Woor, praktischer veranlagt als ihre leichtsinnige Herrin, nahm eine große Menge Wasser mit und natürlich ihre persönlichen Habseligkeiten.

Unterwegs wurde Naab, die kleine Schwester auf dem Rücken Woors, durstig und bat um Wasser. Die einzige, die Wasser dabei hatte, war Woor. Aber sie wollte es nicht umsonst hergeben. Zur Bezahlung verlangte sie einen goldenen Ring.

Der Tag war schrecklich heiß und staubig. Es dauerte nicht lange, und Naab jammerte aufs neue und wollte Wasser. Kula bettelte Woor wieder an, und diesmal gab sie ihre goldenen Ohrringe für das Wasser. Das ging so fort, bis das Sklavenmädchen wie eine Königin gekleidet war und Kula, all ihres Schmucks beraubt, einer Sklavin glich. Als Naab das nächstemal um Wasser bettelte, hatte ihre Schwester nichts mehr, was sie dafür hergeben konnte. Woor schlug vor, als Gegenleistung könnte ja sie selbst das Kind tragen.

Schließlich kamen die drei Mädchen beim Haus der Tante an, die sie begrüßte und das Sklavenmädchen für ihre Nichte, die Nichte aber für das Sklavenmädchen hielt. Das Sklavenmädchen wurde gut behandelt und herzlich im warmen Haus aufgenommen, während die Nichte Sklavendienste verrichten mußte und ausgeschickt wurde, die Felder gegen wilde Tiere zu bewachen.

Die Tage zogen dahin. Die Königin-Sklavin sang die Geschichte ihres Unglücks, um die Vögel und Tiere von den Feldern zu verscheuchen. Eine singende Stimme auf dem Feld hält Eindringlinge fern. Aber als Kula so ihr Leid in die Welt hinaussang, rührten die Klagemelodien die Herzen der geflügelten und vierbeinigen Geschöpfe. Eines Tages kamen auch Kontombili, die Geister der Unterwelt, vorbei und hörten Kulas Gesang. Sie blieben stehen und lauschten der klagenden Stimme, die da im hohen Gras, hoch wie stets am Ende der Regenzeit, an- und abschwoll. Als das Mädchen einmal Pause machte, um Atem zu schöpfen, näherten sich die Kontombili und baten es, sein Lied noch einmal zu singen.

Nachdem Kula geendet hatte, fragten sie: »Ist das eine wahre Geschichte?« Und sie erwiderte: »Ich singe nur, was ich weiß.«

Die Kontombili sagten: »Geh nach Hause, kleine Herrin. Deine Not hat ein Ende. Die Augen deiner Tante werden geöffnet werden, und sie wird wissen, wer du bist.«

Kula ging nach Hause. Es geschah, wie die Kontombili versprochen hatten. Die Tante erkannte Kula sofort als ihre wahre Nichte. Sie gab ihr die schönen Kleider und den Schmuck zurück und stellte ihr das Schlafzimmer zur Verfügung, wo Woor, die unrechtmäßige Herrin, geschlafen hatte. Doch Kula hatte während ihrer Zeit als Sklavin wahre Demut gelernt. Sie brachte es nicht fertig, solche Not sogleich mit ungeheurem Luxus und Reichtum zu vertauschen. Daher fragte sie, ob sie nicht weiter im Sklavenzimmer bleiben und die Reste von den Mahlzeiten der Reichen essen dürfte. Die bestürzte, traurige und verwirrte Tante konnte sich nur noch für ihre schlechte Behandlung entschuldigen.

Inzwischen war das wirkliche Sklavenmädchen ausgeschickt worden, die Felder gegen die wilden Tiere zu bewachen. Sie konnte nicht singen, also setzte sie sich und schrie sich heiser, wenn Vögel auf die Felder flogen. Jetzt kam eine andere Schar Kontombili vorbei, die von dem Bauernmädchen und ihrem herrlichen Gesang gehört hatten.

Sie baten sie, ihnen etwas vorzusingen. »Wir haben gehört, daß deine Stimme die Leute zu Tränen rührt. Bitte sing uns das Lied vor, das du jeden Tag singst.«

Ohne zu wissen, mit wem sie sprach, gab Woor grob zu Antwort: »Worüber sprecht ihr da eigentlich? Ich weiß von keinem Lied und singe es auch niemandem vor.« Dann hustete sie grauslich und dachte, das würde diesen Geschöpfen schon Beine machen. Für die empfindlichen Ohren der Kontombili waren diese Geräusche wie der Gestank von Erbrochenem.

Angeekelt und verblüfft baten sie Woor noch einmal um ein wirkliches Lied. Aber das Mädchen antwortete auf die höfliche Bitte nur mit weiteren Grobheiten und ließ sie einfach stehen. Die Kontombili, die dachten, das Mädchen habe sie betrogen, wurden so zornig, daß sie es in Stein verwandelten.

Niemals gefielen mir die Schlüsse der Geschichten meiner Mutter. Immer wurde jemand in irgend etwas verwandelt. Wenn eine Geschichte zu Ende zu gehen drohte, bevor wir zu Hause waren, spann sie sie geschickt aus. Die Geschichte von Woor und Kula hörte ich viele Male, aber jedesmal war eine Kleinigkeit anders. Manchmal schilderte meine Mutter Kulas Leben noch elender und erbärmlicher als früher. Vielleicht hatte sie erraten, daß es mir mißfiel, daß die falsche Königin in Stein verwandelt wurde, und wollte auf diese Weise die Strafe besser rechtfertigen. Einmal ließ sie die kleine Königin nicht einmal die Krumen vom Tische der Reichen essen, sondern mit dem Hund Hundemahlzeit halten.

»Aber, Mama«, protestierte ich, »neulich hat sie es nicht so gemacht, sie aß nur die Reste.«

»Ja«, antwortete meine Mutter, »aber wenn sie essen muß, was der Hund frißt, freut sie sich um so mehr, wenn sie wieder Königin wird, und du kannst dich noch mehr darüber freuen, daß die böse Sklavin stirbt.«

Wenn hier jemand denken sollte, daß im Dagara-Land Hunde Hundefutter bekommen, so möge er wissen, daß dort Hunde menschliche Exkremente fressen.

Die Melodien, die meine Mutter sang, waren immer schön, aber da ihre Stimme dabei zitterte, fragte ich mich manchmal, ob sie vielleicht traurig war. Ich war damals noch zu jung, um auf den Gedanken zu kommen, ihr Leben und ihre Ehe seien nicht so glücklich, wie es mir schien, und an ihrem Herzen nage ein geheimer Kummer.

Es gefiel mir gut, auf ihrem Rücken zu hängen. Doch daß ich nicht sehen konnte, wohin wir gingen, war mir gar nicht recht. Ich war noch so klein, daß ich ihr nicht über die Schulter gucken konnte. Meist legte sie mir auch ein Tuch über den Kopf und hoffte, ich würde einschlafen. Die Wanderungen in die Savanne waren also nicht so vergnüglich wie die zurück nach Hause. Waren wir aber einmal an der Stelle angelangt, wo sie Holz sammelte, ließ sie mich frei. Wie ein Wilder rannte ich dann herum, als müßte ich mich für die lange Zeit der Bewegungslosigkeit entschädigen. Aber manchmal befahl sie mir dann zurückzukommen, oder zeigte mir irgend etwas. Das ist so ein Trick der Mütter, ihre Kinder in Reichweite zu halten.

Kinder lernen, indem sie den Erwachsenen bei der Arbeit zusehen und sie nachahmen. Mit Hilfe der Erwachsenen erwerben sie sich alle Fähigkeiten, die sie brauchen, um später ihre Pflichten zu erfüllen. Holz sammeln ist typische Frauenarbeit, aber auch die Arbeit kleiner Jungen. Wer seiner Mutter trockenes Holz bringt, beweist ihr dadurch seine Liebe.

Mit größtem Vergnügen jagte ich Ratten, Schlangen, Kaninchen, praktisch alles, was sich bewegte. Es sah zwar so aus, als ob Mutter meiner Wildheit die Zügel schießen ließ, doch rief sie mich immer gerade dann zurück, wenn ich von heißestem Jagdfieber gepackt war – und genau in dem Augenblick, wo mein Opfer in höchster Gefahr schwebte.

Eines Tages passierte etwas sehr Merkwürdiges. Während ich wie ein Wahnsinniger herumtollte, stolperte ich über ein Kaninchen. Es schoß aus seinem Versteck hervor, und eine wilde Jagd begann. Um sich in Sicherheit zu bringen, rannte das Tier auf ein kleines Wäldchen zu. Ich freute mich, als ich das sah, weil ich dort oft Baumfrüchte gepflückt hatte und jeden Winkel kannte. Ich war schneller, und wir kamen fast gleichzeitig dort an. Da mußte ich langsamer laufen, um nicht gegen einen Baum zu rennen, aber das kleine Kaninchen brauchte keine Rücksicht zu nehmen und verschwand im Gebüsch wie ein Pfeil im Butterfaß.

Vorsichtig folgte ich ihm, um es aufzuspüren. Ein Nachteil für mich war das hohe Gras. Ich mußte mir mühsam meinen Weg bahnen, während das kleine Kaninchen leicht hindurchschlüpfte. Ich drückte den ersten Grasbüschel zur Seite, das Kaninchen war nicht darunter. Dann untersuchte ich eine andere Ecke des Gebüschs, wo, wie ich wußte, ein Tier sein Lager hatte. Es war ein Erdloch in einem kleinen Hügel, die Öffnung mit Gras verstopft und das Innere mit weichem Stroh gefüllt. Ich beseitigte das Gras und wollte mich schon auf das arme Kaninchen stürzen, als ich jählings innehielt, wie vom Blitz getroffen.

Wo ich auf ein Kaninchen zu stoßen erwartete, befand sich ein winziger alter Mann, so klein wie das Kaninchen selbst. Er saß auf einem fast unsichtbaren Stuhl und hielt eine winzige Blechbüchse in der rechten Hand. Seinen Kopf bedeckte leuchtendweißes Haar, so hell, daß es schon unnatürlich wirkte. Der Bart war lang, genauso weiß und reichte ihm fast bis zur Brust. Auch trug er den üblichen Dagaramantel, ebenfalls weiß.

Rings um ihn war ein Leuchten, ein ringförmiger Schein wie von einem hellen Regenbogen, ein rundes Fenster oder ein Tor in eine andere Wirklichkeit. Sein Körper füllte dieses Tor fast ganz aus, doch konnte ich sehen, daß sich dahinter eine ungeheure Welt auftat.

Was mich jedoch am meisten überraschte, war, daß die Naturgesetze in dieser Welt aufgehoben zu sein schienen. Der Stuhl des kleinen Mannes stand an einem steilen Abhang, aber er fiel nicht um. Eine Art dünne Wand stützte ihn. Der Mann lehnte sich nicht an die Stuhllehne, sondern an diese dünne Wand, obgleich es doch so aussah, als stünde er aufrecht im Fenster.

Während meine Blicke von dieser Wand und der Welt dahinter zu dem Manne zurückwanderten, sah ich, daß seine dünnen Beine unbekleidet waren. Seine Zehen waren so winzig, daß sie kaum zu unterscheiden waren. Wie versteinert von einem Gefühl, das weder Schrecken noch Freude war, eher ein Geprickel am gesamten Körper, vergaß ich ganz zu schreien, als der Mann plötzlich sagte: »Ich beobachte dich schon lange, seit deine Mutter dich hierherbringt. Warum willst du dem Kaninchen ein Leid antun, deinem kleinen Bruder? Was hat es dir denn getan, Kleiner?« Sein winziger Mund bewegte sich kaum, als er sprach, und sein dünnes Stimmchen war gerade noch zu verstehen.

Völlig verwirrt stotterte ich: »Ich ... ich ... weiß nicht.«

»Dann sei von jetzt an lieb zu ihm. Auch das Kaninchen freut sich über diesen kühlen Ort. Es hat wie du eine Mutter, die für es sorgt. Was würde seine Mutter sagen, wenn du es verletztest! Jetzt geh wieder! Deine Mutter macht sich schon Sorgen.«

Während der Mann sprach, fiel mein Blick auf das Kaninchen, das sich die ganze Zeit in dem magischen Kreis hinter ihm versteckt hatte. Es ging nun weiter in diesen steil ansteigenden Zauberkreis hinein und verschwand hinter einem Baum. In diesem Augenblick hörte ich einen Krach, wie wenn die Erde sich spaltete. Und der alte Mann stand auf, warf sich den Stuhl über die Schulter und schritt in die Spalte hinein. Anscheinend hatte er ihr befohlen, sich zu öffnen. Die Erde schloß sich wieder, nur ein kühles Lüftchen wehte noch hinter ihm drein. Im selben Augenblick hörte ich, wie mich Mutter mit ihrem dünnen Stimmchen rief: »Malidoma, bitte, antworte doch! Wo steckst du denn?«

Noch ganz im Bann meines Erlebnisses, öffnete ich den Mund, brachte aber keinen Ton heraus. Sie rief wieder und wieder, bis ich endlich fähig war zu antworten. Ich konnte sie nicht sehen, hörte aber, wie sie plötzlich aufschrie und auf mich zueilte.

Bei mir angekommen, nahm sie mich auf den Arm und rannte, so schnell sie konnte, aus dem Gebüsch.

»Seit Mittag habe ich nach dir gesucht« rief sie und rang nach Atem. »Es ist fast dunkel. Was hast du die ganze Zeit gemacht?«

»Ich sah einen Mann im Gebüsch. Er sagte mir, ich solle lieb zu den Kaninchen sein.«

»Was für ein Mann? Was für Kaninchen?« fragte Mutter aufgeregt. »Worüber sprichst du eigentlich?« Ohne meine Antwort abzuwarten, gab sie sich selbst eine. »Ach, mein armes Kind, irgendein Zauberer muß seine Seele geholt haben. Bitte, all ihr Geister der Natur, helft mir, ihn lebend heimzubringen.«

Sie ging und ging und murmelte Worte, die mir wie Kauderwelsch klangen. Es war aber Ursprache, mit der sie die Schutzgeister beschwor.

Als ich sie wieder dazu bringen konnte, mir zuzuhören, sagte ich: »Der Mann ist sehr klein und sehr alt, Mama. Er lebt dort, im Gebüsch, aber er ist gerade wieder verschwunden.«

»Ach, ihr lieben Ahnen, mein Kind hat einen Kontomblé gesehen! Was könnte es sonst gewesen sein! Sprich jetzt kein Wort mehr! Gehen wir! Ich bring' dich niemals wieder hier heraus.«

Damit lud sie mich auf den Rücken, band mich mit einem Stück Tuch fest und eilte atemlos zu ihrem Korb zurück, der jetzt mit schweren Holzstücken gefüllt war. Das Ganze hob sie sich auf den Kopf und hastete heimwärts. Auf dem ganzen Zehn-Kilometer-Marsch gab es kein Lied und kein Gespräch. Erst als wir uns dem Haus näherten, redete sie wieder: »Du sagst niemandem etwas, oder ich nehme dich niemals mehr mit. Verstanden?« »Ja«, gab ich zur Antwort. Und seitdem verlor sie nie wieder ein Wort über diese Angelegenheit.

Es gab einen guten Grund, weshalb meine Mutter so ungern mit mir oder anderen darüber sprach. Die Dagara glauben, ein Kontakt mit der Unterwelt hat einschneidende Folgen. Nur ein reifer Mensch ist ihr gewachsen. Leider macht die Unterwelt aber keinen Unterschied zwischen Kindern und Erwachsenen und betrachtet alle als voll erwachsene Seelen. Daher fürchten die Mütter, ihre Kinder könnten sich zu früh der Unterwelt öffnen. Denn in diesem Fall verlieren sie sie. Ein Kind, das fortwährend den Einflüssen der Unterwelt ausgesetzt ist, wird sich zu früh an seine Lebensaufgabe erinnern. Dann muß es vor der Zeit initiiert werden. Und einmal initiiert, gilt das Kind als Erwachsener, und seine Beziehungen zu den Eltern sind anders als zuvor.

Mein Großvater war mein Vertrauter, soweit ich zurückdenken kann. Es gibt eine enge Beziehung zwischen Großvätern und Enkeln. Die ersten Jahre verbringt ein Junge in der Regel nicht mit seinem Vater, sondern mit seinem Großvater. Was Großvater und Enkel verbindet – und daran hat der Vater keinen Anteil –, ist ihre besondere Nähe zum Kosmos. Denn der Großvater wird in kurzem dorthin zurückkehren, woher der Enkel gerade gekommen ist. Daher ist der Enkel der Überbringer von Nachrichten, die den Großvater brennend interessieren. Der Großvater veranlaßt den Enkel auf alle Weise, ihm die Nachrichten von den Ahnen zu übermitteln, bevor das Kind sie wieder vergißt, was über kurz oder lang unweigerlich geschieht.

Mein Großvater verschaffte sich diese Nachrichten mittels Hypnose. Er versetzte mich in Schlaf und fragte mich aus.

Aber diese Beziehung zum Enkel hat nicht nur für den Großvater Vorteile. Er muß nämlich die erhaltenen Nachrichten seinem Enkel weitergeben und sich dabei an die Regeln halten, die nur für Großväter und Enkel bestimmt sind. Er muß das neue Mitglied der Gemeinschaft mit den schweren Aufgaben vertraut machen, die auf der steinigen Straße des Lebens vor ihm liegen.

Für den Dagara ist jeder Mensch eine »Inkarnation«, d. h. ein Geist, der einen Körper angenommen hat. Unsere eigentliche Natur ist geistig. Man kommt auf diese Welt, um bestimmte Aufgaben zu erfüllen. Eine Geburt ist nichts anderes als die Ankunft von jemandem, normalerweise eines Vorfahren, den jemand anders schon kennt, in dieser Welt, in der er wichtige Aufgaben zu übernehmen hat. Die Ahnen sind die eigentliche Lebensschule. Sie sind Träger der Weisheit, nach der sich die Menschen in dieser Welt richten sollen. Die Lebensenergie der noch nicht wiedergeborenen Ahnen drückt sich im Leben der Natur, in Bäumen, Bergen, Flüssen und stehendem Gewässer aus. Großväter und Großmütter sind darum dem Ausdruck der Ahnenenergie und -weisheit von allen Angehörigen des Stammes am nächsten. Infolgedessen ist ihr Interesse an Enkeln und Enkelinnen ganz natürlich. Ein Mensch, der einen bestimmten Wert verkörpert, ist selbstverständlich an jedem anderen interessiert, der von einem Ort kommt, wo dieser Wert in Reinform existiert. Die Ältesten befassen sich mit einem neuen Leben praktisch vom Moment der Empfängnis an, denn das ungeborene Kind kommt ja gerade von dem Ort, wohin sie demnächst gehen werden.

Einige Monate vor der Geburt – der Enkel ist noch ein Embryo – wird ein Ritual zelebriert, das man eine »Anhörung« nennt. Teilnehmer sind die schwangere Mutter, ihre Brüder, der Großvater und der amtierende Priester. Der Vater des Kindes ist bei der Zeremonie selbst nicht anwesend. Er präpariert nur den Raum und wird anschließend über die Ereignisse informiert. Während des Rituals bedient sich die in die Welt kommende Seele der Stimme der Mutter (manche behaupten, die Seele ergreift vom ganzen Körper der Mutter Besitz, weil die Mutter in Trance fällt und sich danach an nichts erinnern kann) und beantwortet jede Frage, die ihr der Priester stellt.

Denn die Lebenden müssen wissen, wer hier wiedergeboren wird, woher diese Seele stammt, warum sie gerade hierher kommen möchte und welches Geschlecht sie sich gewählt hat. Manchmal sind die Lebenden in Anbetracht der Aufgabe der ins Dasein tretenden Seele gegen die von ihr getroffene Wahl des Geschlechtes und schlagen die entgegengesetzte Alternative vor. Sie ist unter Umständen für die Rolle, die sich das Kind ausgesucht hat, besser geeignet. Manche Seelen bitten auch darum, daß vor ihrer Ankunft bestimmte Dinge vorbereitet werden – Zaubersachen, Medizinbeutel und Ringe aus Metall an Hand- oder Fußgelenk. Sie möchten auf keinen Fall vergessen, wer sie sind und weshalb sie hierher gekommen sind. Aber es ist schwer, nicht zu vergessen, denn das Leben in dieser Welt ist voller Ablenkungen. Der Name des Neugeborenen beruht auf diesen Vorgesprächen. Ein Name enthält das Lebensprogramm seines Trägers.

Die ersten Lebensjahre des Kindes sind entscheidend. Der Großvater muß dem Enkel mitteilen, was das Kind, noch als Embryo im Mutterleib, gesagt hat. Hierauf muß er ihm behilflich sein, eine Beziehung zu seinem Vater aufzubauen, der ihm bei den großen, auf ihn zukommenden Schwierigkeiten zur Seite steht. Mein Vater pflegte sich über sein unglückliches Leben zu beklagen. Es sei so geworden, weil er seinen Großvater, der vor seiner Geburt verschwand, nie kennengelernt habe. Hätte er ihn kennengelernt, so sagte mein Vater, hätte er niemals seine erste Familie verloren, niemals die Jahre seiner Jugend in einer Goldmine verbracht und sich später dem Katholizismus in die Arme geworfen. Der Glaube, der ihn an die Ahnen band, wäre dann stärker gewesen. Die Stiefbrüder meines Vaters, die ihren Großvater kannten, waren längst nicht von solcher Ruhelosigkeit erfüllt wie mein Vater. Aber gegen das Leid eines Knaben, der ohne Großvater aufwächst, ist kein Kraut gewachsen.

Anfangs ruft die intensive Vertrautheit zwischen Enkel und Großvater vielleicht Eifersucht im Vater hervor. Zu Lebzeiten des Großvaters können seine Enkel nicht allzu viel vom Vater lernen – erst in der Zeit vor der Pubertät. Und der Vater weiß das auch. Er weiß, daß ein Gespräch zwischen Großvater und Enkel ein Gespräch zwischen Brüdern derselben Wissensstufe ist. Wissen heißt, alt zu sein. In diesem Sinne ist der Enkel ebenso alt wie der Großvater. Und daher ist der Vater zu jung, um an dieser Beziehung zwischen weisen Männern teilzuhaben.

Einen Großteil meiner Zeit verbrachte ich in Gesellschaft meines Großvaters. Er war ein Mann, von harter Arbeit ausgemergelt, im Alter von sechzig praktisch wieder Kind geworden – schwach und krank. Aber sein Geist war wach wie der eines Mannes in der Blüte seiner Jahre. Auch besaß er ein unvergleichliches Wissen, das er sich im Lauf eines halben Jahrhunderts durch Heilen und Magie angeeignet hatte.

Großvater war schlank und hochgewachsen. Soweit ich zurückdenken kann, trug er immer denselben traditionellen »Bubu«. Als er ihn bekam, war er weiß, doch um ihn leichter pflegen zu können, hatte er das weiße Tuch mit Wurzelsäften, deren Geheimnis er allein kannte, rot gefärbt. Den Bubu trug er 24 Stunden am Tag, er war zugleich Tagesanzug, Pyjama und Schlafdecke. Nach mehr als einem Jahrzehnt war das Gewand zur Ruine seiner selbst geworden, schwarz von Schweiß und Schmutz. Und obwohl sich die äußere Schicht des Bubu durch den Schmutz schon abgelöst hatte, hielt er noch gut und hing straff über den Schultern. Anders als das moderne Christentum, das Sauberkeit mit Göttlichkeit assoziiert, sind die Dagara vom Gegenteil überzeugt. Je intensiver sich ein Dagara dem Leben des Geistes hingibt, je heiliger und weiser er wird, desto weniger achtet er auf äußere Pracht und Herrlichkeit. Großvater besaß auch einen kunstvoll geschnitzten Spazierstock, dessen Holz vom langen Gebrauch ebenfalls schwarz war. Seine Bewegungen waren gemessen. Ich hielt mich lieber bei ihm auf als bei den anderen Knaben, die älter, stärker und schneller als ich waren. So war ich jeden Tag bei Großvater, während alle anderen auf den Feldern draußen arbeiteten.

Großvater kannte jede Geschichte, die im Stamm jemals erzählt oder gehört worden war. Und man gewann den Eindruck, Geschichtenerzählen sei das einzige, das ihm in seinem Alter noch mühelos von der Hand ging. Er setzte sein Talent auch sehr geschickt ein, war es doch die einzige Möglichkeit, jetzt noch die Aufmerksamkeit auf sich zu ziehen. Immer wenn ich mich auf seinen Schoß setzte, nahm er das als eine Bitte, mir eine Geschichte zu erzählen. Dann fing er stets damit an, daß er mir eine Frage stellte.

Großvater ließ sich niemals lange bitten. Er erzählte Geschichten, auch wenn man ihn nicht darum bat. Und wenn man ihn darum bat, hörte er nicht auf zu erzählen, bis man ihn wieder ent-bat.

Er wußte auch, wie man hypnotisiert – also jemanden in den Schlaf spricht –, wenn er allein sein wollte, um etwas Wichtiges zu machen. Niemals verjagte er ein Kind. Er dachte im Gegenteil: Kinder sind die hilfsbereitesten Menschen auf Erden. Man muß nur wissen, wie man sich ihrer bedient. Ein schlafendes Kind ist sogar noch gehorsamer als ein wachendes. Und so hypnotisierte er häufig einen von uns und ließ uns dann wieder in einem Zustand erwachen, wo er uns Besorgungen machen lassen konnte. Sah man ein Kind, das schweigend nach etwas suchte und nicht antwortete, wenn man fragte: »Was suchst du da?«, dann war es ein schlafendes Kind, das eine Besorgung für Großvater machte. Erwachsene um einen Gefallen zu bitten, fiel ihm selten ein. Sie murrten nur und fluchten die ganze Zeit. Er pflegte zu sagen, das Gute an einem Gefallen habe wenig zu tun mit dem Gefallen selbst, eher mit dem Herzen, mit dem das Werk getan wird. Für ihn verdarb ein unwilliges Herz einen Gefallen, da es diesen mit Gefühlen des Ressentiments und Ärgers durchdrang.

Großvater wußte auch, wie man zur Leere spricht, oder besser: zu einem unsichtbaren Geisterpublikum. Bei den Dagara ist es so, daß man, je älter man wird, desto häufiger auf Geister und Vorfahren stößt. Hört man eine Person laut vor sich hinsprechen, redet man sie nicht an, weil sie mit Sicherheit gerade einen wichtigen Fall mit einem Geist oder Ahnen durchspricht. Aber diese Regel bezieht sich mehr auf heilige Älteste als auf Erwachsene im allgemeinen. Wenn ich mit Großvater zusammen war, hatte ich immer das Gefühl, wir seien von mehr Wesen umgeben, als man zählen könnte. Wenn er merkte, daß ich ihm einmal nicht zuhörte, wandte er sich wieder diesen unsichtbaren Wesen zu. Niemals schien er sich darüber zu ärgern, daß ich ihm nicht zuhörte.

Wie Großvater liebte auch der ganze Stamm Kinder und achtete sie. Für die Dagara sind Kinder die wichtigsten Glieder der Gemeinschaft, der Gemeinschaft kostbarste Schätze. Eines unserer Sprichwörter lautet: »Es bedarf eines ganzen Stammes, um ein Kind großzuziehen.« Die Wohnungen besitzen bei uns Eingänge ohne Türen, so daß die Kinder ein- und ausgehen können, wann sie wollen, und es ist nichts Ungewöhnliches, daß eine Mutter ihr Kind oft tage- und nächtelang nicht sieht, weil es von anderen Leuten gehegt und gepflegt wird. Möchte dann die Mutter unbedingt bei ihrem Kind sein, geht sie von Haus zu Haus und sucht es.

Ist ein Kind herangewachsen, muß es irgendwann ins Erwachsensein initiiert werden. Ein nichtinitiierter

Mensch bleibt zeitlebens ein Jugendlicher, und das ist eine schreckliche, gefährliche, unnatürliche Lage. Nach der Initiation suchen die Ältesten einen Partner für den Jugendlichen aus. Kriterium dabei ist die Fähigkeit des Partners, mit dem anderen bei der Erfüllung des Lebensziels zusammenzuarbeiten. Geht jemand gehorsam seinen Lebensweg, wird er irgendwann Ende Vierzig oder Anfang Fünfzig ebenfalls zum Ältesten. Um zu dieser Position zu gelangen, muß er einen guten Leumund besitzen.

Ein männlicher Ältester ist Oberhaupt seiner Familie. Er hat Macht zu segnen und Macht, den Segen zurückzuhalten. Diese Fähigkeit empfängt er von seinen Ahnen, denen er sehr nahe ist und deren Weisheit er auch folgt, wenn er seiner großen Familie Ratschläge gibt.

Reichtum ist bei den Dagara nicht dadurch definiert, wie viel man besitzt, sondern einen wie großen Freundeskreis jemand hat. Das Glück eines Menschen hängt davon ab, wieviel Aufmerksamkeit und Liebe ihm von anderen Menschen entgegengebracht werden. In dieser Hinsicht ist der Älteste am besten dran, denn er zieht die meiste Aufmerksamkeit auf sich. Auch das Kind hat eine gute Position, »gehört« es doch der gesamten Gemeinschaft.

Manche Ältesten werden in den Dorfrat gewählt. Dort werden die das ganze Dorf betreffenden Beschlüsse gefaßt. Frauen haben ihren eigenen Rat, weil ihre Aufgaben und Pflichten andere sind. Die Kultur der Dagara ist matrilineal – jeder Dorfbewohner trägt den Namen seiner Mutter. Die Familie ist weiblich, das Haus dagegen, wo die Familie wohnt, wird von einem Mann versorgt. Der Mann ist für die Sicherheit der Familie verantwortlich, die Frau für die Kontinuität des Lebens. Sie regiert in der Küche, in den Getreidespeichern und in den Zimmern, wo die Mahlzeit eingenommen wird. Bereich des Mannes ist der Medizinschrank und die Verbindung der Familie zu den Ahnen. Er beschafft die für den Lebensunterhalt der Familie notwendigen Dinge, z. B. Nahrung.

Volle fünfzig Jahre lang war mein Großvater Priester, Führer und Berater einer Familie von über fünfzig Seelen. Er mußte ziemlich streng sein, da häusliche Probleme aller Art an ihn herangetragen wurden. Nach seiner äußeren Erscheinung zu urteilen – trotz seines Alters traten die Muskeln immer noch hervor, die breiten Schultern wirkten, als könnte er immer noch große Lasten tragen, und in einem mächtigen Brustkasten atmeten starke Lungen –, war er ein kräftiger junger Mann gewesen, fähig, viele Stunden lang schwere Arbeit zu verrichten. Doch der eigentliche Ruhm meines Großvaters beruhte auf seinen geistigen Leistungen. Im Dorf war er bei jedem als »Schütze des Pfeils ›Schaftvoran‹« bekannt. Er war einer der Männer des Stammes, bei dessen Namen die Leute erzitterten. Wollte er einen Feind vernichten, zog er sich in die Einsamkeit seiner Räume zurück, legte einen Pfeil umgekehrt auf die Bogensehne und traf sein Ziel mit magischem Zauber. Der Pfeil tötete, wen oder was mein Großvater beim Namen nannte. Dann materialisierte ihn Großvater in seinem Zimmer wieder für einen neuen Einsatz. Die kleinste Ritzung durch eine solche Waffe ist schon tödlich.

Andere Stämme wagten es erst gar nicht, Streit mit uns anzuzetteln, weil sie das Geheimnis so tödlicher Magie nicht kannten. Infolgedessen hatte Großvater selten Gelegenheit, dem Stamm seine Kraft im Kampf zu beweisen. Der Pfeil wurde aber auch für friedliche Zwecke verwendet. Großvater benutzte ihn, um die Felder unserer Familie vor nächtlicher Heimsuchung durch wilde Tiere zu schützen. Er konnte zwar keine Feldarbeit mehr verrichten, doch wenigstens auf diese Weise zur Nahrungsbeschaffung beitragen. Der Pfeil »Schaftvoran« war auch eine Abschreckungswaffe, um böse Wesen von unserer Familie, den Birifor, fernzuhalten.

Großvater war nicht mehr kräftig genug, um täglich die zehn Kilometer von unserem Haus zu den Feldern zurückzulegen, und soweit ich mich erinnern kann, sah ich ihn niemals zur Arbeit hinausgehen. In meinem Stamm ist Landwirtschaft durch Brandrodung üblich. Deshalb sind die Felder oft weit entfernt, weil die Menschen sie jedes Jahr wieder verlegen, um den Boden nicht zu erschöpfen. Ich kam zu spät auf die Welt, um Großvater noch als Mann auf der Höhe seiner Kraft kennenzulernen. In meiner Kindheit verbrachte er sein Leben tagaus tagein auf derselben Stelle im Hof des labyrinthisch angelegten Anwesens sitzend, in dem unsere große Familie wohnte. Manchmal saß er nachdenklich und ruhig und regelte die Dinge, ohne auch nur den Kopf oder den Ton zu heben. Auch besaß er große Kenntnisse in Heilkunde. Ohne auch nur von den Töpfen aufzuschauen, die die von ihm benötigten Mittel und Medizinen enthielten, konnte er jungen Leuten mit körperlichen Problemen sagen, welche Wurzeln sie ausgraben und ihm abends bringen mußten, um geheilt zu werden.

Nachts, wenn alle anderen schliefen, wachte Großvater von seinem Raum aus über Felder und Häuser. Mittels komplizierter magischer Sicherheitsvorrichtungen waren seine Gedanken fortwährend auf die Vibration der Felder abgestimmt, und er bemerkte es sofort, wenn wilde Tiere dort ihr Unwesen trieben. Die Vorrichtung, mittels der er Wache hielt, war ein Tongefäß mit »jungfräulichem Wasser«, Regenwasser, das beim Fall vom Himmel niemals die Erde berührt hatte. Alles, was auf den Feldern passierte, sah Großvater, wenn er in dieses Wasser blickte. So einfach diese Vorrichtung war, ermöglichte sie doch sehr genaue Sicht.

Großvaters magisches Wächteramt sorgte dafür, daß unsere Familie immer genug zu essen hatte. Zwei Drittel des Stammes lebten nicht wie wir im Überfluß und konnten niemals genug Vorräte horten, um die Hungerzeit zu überstehen, die jedes Jahr von Juli bis September eintrat. In dieser Zeit herrschte Nahrungsmangel in vielen Anwesen des Dorfes. Die Kinder hörten auf zu singen, und nachts erstarb das Lachen in den Häusern. Dann stand jeden Morgen eine lange Menschenschlange vor der Tür des Birifor-Hauses und wartete auf einen Kürbis mit Getreide. Auch dies war eine Aufgabe Großvaters: Nahrung an diese Bedürftigen auszuteilen. Also setzte er sich jeden Morgen in dieser Zeit der nebligen Juli- und Augusttage, nachdem er an Männer und Frauen der Familie den Tagesbefehl ausgegeben hatte, vor sein Zimmer. Er nahm sich viel Zeit, bis er endlich bequem saß. Ich wartete ruhig, bis es so weit war, und setzte mich ihm dann auf den knochigen Schoß. Unter Assistenz einer Frau, die die Hirseportionen für die Bedürftigen abzumessen hatte, verrichtete Großvater seine Arbeit bis kurz nach Mittag, wo die Hitze unerträglich wurde.

Gewöhnlich war ich bis dahin auf seinem Schoß schon eingeschlafen. Er weckte mich dann mit einem Lied, das eher ein Geheul war – Großvaters Stimme war schrecklich. Er pflegte zu sagen: »Bruder Malidoma, meine Beine können dich nicht mehr tragen. Bitte erlaube ihnen, einmal Atem zu schöpfen.« Da stand ich schlaftrunken auf, rieb mir die Augen und fragte mich, was eigentlich los war.

Nach der Almosenzeremonie brachte eine der Frauen Großvater und mir Essen, und wir aßen zusammen. Großvaters Speisen waren sehr einfach. Ich erinnere mich, wie er einmal meinem Vater erklärte, das Gewicht unverdauter Speisen verschließe Körper und Geist, so daß sie die guten und schlechten Schwingungen in der Umgebung nicht mehr wahrnähmen. Und wer zuviel esse, erhöhe seine Verwundbarkeit. Speisen schmeckten zwar gut, aber gerade das täusche über die Gefahr, die sie für den Körper bedeuteten. Großvaters Philosophie war, daß Nahrung nur ein notwendiges Übel ist.

Aus diesem Grund hatte man in meiner Familie sehr seltsame Essensgewohnheiten. Man aß nur, wenn es absolut notwendig war. Großvater wußte stets, wer zuviel aß. Kinder unter sechs ermunterte er zum Essen, Erwachsene zur Enthaltsamkeit. Über Heranwachsende, die, wie er meinte, ihren Appetit nicht zügeln konnten, wurde er wütend. »Die Initiation wird euch bitter schwerfallen, wenn es soweit ist. Jetzt habt ihr noch Zeit, eure Triebe beherrschen zu lernen. Seid wachsam und stark! Schwächt eure Heldenkraft nicht durch die Befriedigung körperlicher Bedürfnisse. Denkt daran, unsere Vorfahren sind Geister. Sie ernähren nur ihr Bewußtsein, und deshalb sind sie zu Dingen fähig, die jenseits unseres Fassungsvermögens liegen.«

Wenn Großvater sprach, legte er keinen Wert darauf, daß ihm jemand zuhörte. Für ihn war Sprechen ein Akt der Selbstbefreiung, eine Art Denksport. Manchmal sprach er stundenlang, wie vor einem großen Geisterpublikum. Er lachte, wurde wütend und griff unsichtbare Gegner an, um dann ganz plötzlich wieder zu verstummen. Wirkliche Zuhörer, die sich gegen Abend zur Erzählzeit einstellten, belehrte er durch Geschichten. Er hörte nicht eher auf, als bis alle eingeschlafen waren, dann schalt er uns heftig und sagte: »Schlaf ist ebenso gefährlich, wie wenn man sich überißt.« Für Großvater war Schlaf nur ein Tribut, den wir dem Körper zollen, und das leider viel zu oft. Häufig sagte er: »Der Körper ist nur die Hülle der Seele. Es ist nicht gut, ihn zu sehr zu beachten, als ob er wirklich mit euch identisch wäre. Überlaßt euren Körper sich selbst, und er wird sich von sich aus nach den Bedürfnissen des Geistes, der ihr seid, richten.«

Ich liebte Großvaters Gesellschaft, und auch er hatte mich gern in seiner Nähe. Wollte er mir etwas Ernstes mitteilen, nannte er mich »Bruder«. Sonst rief er mich bei meinem Stammesnamen Malidoma. Einmal fragte ich ihn, warum er mich »Bruder« nannte, und er sagte: »Ich nenne dich Bruder, weil du die Reinkarnation Birifors, des ältesten Sohnes meiner Eltern bist, den ich sehr, sehr gern gehabt habe. Birifors Name trägt nun die gesamte Familie, und ich will dir auch sagen, warum.

Unser Vater Sabare war Priester und Jäger. Bevor er auf

die Jagd ging, gab er Birifor Anweisungen, wie er für die Familie sorgen sollte, denn oft verschwand Sabare monatelang. Eines Tages verließ er uns und kam nicht wieder. Wir warteten ein Jahr, noch ein Jahr, dann entschlossen wir uns, das Begräbnisritual zu zelebrieren, denn unser Vater war sicher von einem wilden Tier gefressen worden. Wir planten eine sechstägige Zeremonie statt der üblichen drei Tage. Am Tag vor dem Begräbnis saßen Birifor und ich auf dem Hausdach und sprachen über die letzten Einzelheiten, als wir unseren Vater auf einem weißen Pferd heransprengen sahen. So schnell ritt er, daß die Füße seines Tieres kaum den Boden berührten.

Von der plötzlichen Erscheinung wie elektrisiert, warteten wir schweigend. Je näher Sabare kam, desto langsamer ritt er, bis er genau unter dem großen Baobab-Baum im Hof anhielt. Er stieg ab, ging zu der Leiter und kletterte zu uns hinauf. Er trug noch dieselben Kleider wie an dem Tag, als er uns vor langer Zeit verlassen hatte. Auch sein Bogen hing noch stark und wirklich auf seinem Rücken und sein Köcher und Zielgerät am linken Ellenbogen. Es war ganz klar, er war nicht tot.

Sonderbar war nur sein Pferd. Wir wußten, wie ein Pferd aussieht. Wir besaßen aber keine Pferde hier in unserer Gegend. Wir konnten uns nicht vorstellen, wo er eins aufgetrieben hatte. Während wir noch über all dies nachdachten, kam er auf dem Dach an, holte sich einen kleinen Hocker aus dem Nirgendwo und setzte sich. Wir setzten uns ebenfalls. Wir begrüßten einander, und ich fragte, ob er irgend etwas brauche, um seine Kehle anzufeuchten, bevor wir sprachen.

›Nein‹, sagte er, ›ich bin nur gekommen, euch zu sagen, daß ihr eure Begräbnispläne aufgeben sollt. Zwar werdet ihr mich nicht mehr sehen, aber ihr sollt wissen, ich bin nicht tot und werde es noch lange nicht sein. Ich bin nur auf die andere Seite der Existenz hinübergeglitten, ohne jedoch durch die Tür des Todes zu gehen. Und ich habe es für die Familie getan. Führt, ich wiederhole es, führt keinen Begräbnisritus durch, meine Seele bedarf der Ruhe nicht. Wenn ihr mich braucht, sagt nur diese Worte (Großvater verriet mir nie, welche Worte das waren), und schon bin ich da. Solange ich zu euch kommen kann, ist die Familie niemals in Gefahr. Es wird ihr immer gutgehen, ihr werdet reichlich Medizin besitzen. Seid nicht traurig über meine Abwesenheit, ich bin bei euch auch ohne Körper.‹

Mit diesen Worten stand er auf, und sein Hocker löste sich in Luft auf. Ohne weiter auf diesen Zauber zu achten, ging er direkt auf die Leiter zu und sagte nicht einmal ›Auf Wiedersehen‹. Wir waren wie vom Donner gerührt. Schließlich nahm ich all meinen Mut zusammen und bat: ›Aber bleib doch wenigstens ein oder zwei Tage bei uns. Du mußt uns einfach sagen, wo du jetzt bist, und der ganzen Familie erzählen, was passiert ist. Du weißt doch, wir alle möchten unbedingt hören, wie es dir geht.‹

Seine Antwort ließ nicht auf sich warten: ›Unsinn! Was gesagt werden mußte, habe ich gesagt. Es darf jetzt nichts weiter gesprochen werden, sonst wird der Faden zwischen euch und mir durchschnitten. Nur das eine wißt noch: Ich bin jetzt nicht auf der Erde, sondern in einem Universum eigener Art. Von dort sehe ich euch besser, als ich es von hier aus jemals könnte. Kein Wort, kein Gedanke, keine noch so kleine Bewegung meiner Familie entgeht mir. Gebt euch jetzt zufrieden und macht euch wieder an die Arbeit. Ich habe gesprochen.‹

Mit diesen Worten kletterte er die Leiter hinunter. Wir sahen ihm zu, wie er das Pferd bestieg und wieder wegritt. Nach einem ganz kurzen Stück stiegen er und das Pferd in den Himmel hinauf. Wie angewurzelt starrten wir ihnen nach, als sie immer höher hinaufstiegen und dann verschwanden.

Danach sagten wir die Begräbniszeremonie ab. Mein Bruder Birifor wurde als Priester und Führer der Familie eingesetzt, und es begann eine Ära höchsten materiellen und magischen Wohlstands für uns. Wir entdeckten das Geheimnis des Pfeils ›Schaftvoran‹, des Bewachens ferner Gegenden und viele, viele andere Zaubergeheimnisse, die du später erfahren wirst. Siehst du all diese Leute, die uns um Getreide bitten? Aufgrund dessen, was uns Sabare gelehrt hat, haben wir zu essen und sie nicht. Wenn du erwachsen bist, wirst du die Geheimnisse der Birifor-Magie kennenlernen. Möchtest du das?«

»Ja«, sagte ich, »ich möchte alles über den Pfeil ›Schaftvoran‹ wissen. Ich möchte ein Jäger wie Sabare sein und in den Himmel fliegen. Aber Großvater, du hast mir noch nicht gesagt, warum du mich Bruder nennst.«

»Ja, das ist richtig«, gab er zur Antwort. »So wurde also, wie ich dir schon erzählt habe, dein anderer Großvater ›Baomale‹, d. h. Heiler der Familie genannt. Aber er starb im Krieg gegen den weißen Mann.«

»Was, sie töteten ihn?« fuhr ich auf. »Nein, Bruder«, sagte Großvater traurig, »der Pfeil ›Schaftvoran‹ tötete ihn.«

»Aber das hätte er nicht tun sollen«, sagte ich verwirrt.

»Ja, Bruder. Er hätte es nicht tun sollen. Aber jemand machte einen großen Fehler. Ich werde dir das alles erklären, wenn du größer bist. Aber jetzt ist die Reihe an mir, dich daran zu erinnern, daß ich deine Frage noch nicht beantwortet habe. Also hör zu!«

Großvater ging niemals direkt auf eine Frage ein. Er pflegte eine Antwort dadurch einzuleiten, daß er ein ganzes Bündel Geschichten erzählte, die die gestellte Frage oft in einen größeren Zusammenhang einordneten. Die Antwort kam, wenn man es am wenigsten erwartete, eingebaut in ein Labyrinth spannender Erzählungen. So bekam man weit mehr von ihm, als man erbeten hatte, und verließ ihn mit einer reichen Ausbeute fantastischer Geschichten.

Mit mir war das anders. Ich erinnerte Großvater immer wieder an meine Frage, und im Lauf der Zeit sagte er mir auch vorher, wann die Antwort kam, so daß ich wußte, wann mein Wissensdurst gelöscht werden würde.

»Nach dem Tod meines Bruders Birifor und der Zeremonie, durch die ich als Führer dieser Familie eingesetzt wurde«, fuhr Großvater fort, »kam mein Vater Sabare im Geist zu mir und sagte, er werde Birifor veranlassen, zur Familie zurückzukehren. Deine Schwester war damals schon geboren. Ein Jahr später wurde deine Mutter wieder schwanger, und das Baby in ihr nannte mich Bruder, wann immer es zu mir sprach. Ich wußte, es war Birifor, der hier wiedergeboren wurde, und daß du ein Junge werden würdest. Also wartete ich auf deine Geburt. Und seit der Nacht, als du im Morgengrauen beim Fluß das Licht der Welt erblicktest, zwischen hier und dem Haus des weißen Teufels auf dem Hügel, nannte ich dich meinerseits Bruder. Verstehst du jetzt?«

»Nein«, sagte ich. Das war ein zu großer Brocken für meinen jungen Verstand. »Wenn ich Birifor bin, warum nennst du mich dann Malidoma? Und wenn ich doch Malidoma bin, warum nennen mich dann mein Vater und andere Menschen, wie der Jesuitenpriester in der Mission droben auf dem Hügel, Patrice? Was ist jetzt mein wirklicher Name: Malidoma, Bruder oder Patrice?«

»Keiner dieser Namen erzählt dir ganz, wer du bist. Doch einer beinahe. Es ist der, mit dem dich deine Ahnen bezeichnen – Malidoma. Weißt du, warum das so ist?«

»Nein, Großvater, aber erzähle mir alles!« Ich rückte näher heran und schmiegte mich an ihn. Seine Kleider strömten einen unerträglichen Geruch aus, und ich prallte zurück, um nicht zu ersticken. Als Großvater das bemerkte, lächelte er kurz und schaute mich freundlich an. Er legte mir die linke Hand auf die Stirn, nahm meine rechte in die seine und blickte lange Zeit zum Himmel auf, bevor er begann:

»Du magst den Geruch der Kleider eines schmutzigen alten Mannes nicht? Du liebst aber den Duft der schönen bunten Blumen! Weißt du auch, daß diese süßen Düfte aus schrecklichen entstanden sind? Bevor die Blume ihre Süße verströmen kann, muß sie verfaulen. Und siehst du, ich muß ebenfalls verfaulen, damit die Birifor-Familie gut riecht. Das ist die Ordnung der Dinge.«

»Aber Großvater, du sprachst über Namen und meine Geburt, und jetzt wieder diese Blumengeschichte!«

»Ja, ja, die Blumengeschichte ist eine kleine Abschweifung. Aber ich möchte deinen kleinen Verstand, der noch wachsen muß, nicht durcheinanderbringen. Also, was habe ich gerade gesagt? Ach ja, dein wirklicher Name ist Malidoma. So nennen dich deine Vorfahren. Die anderen Namen sind Dinge, wie Werkzeuge, die dich später aus Notlagen befreien werden. Der Name Patrice wurde dir von den Jesuiten kurz nach deiner Geburt gegeben. Wie du weißt, sind deine Eltern mit dem weißbärtigen Priester dort oben auf dem Hügel gut Freund. Sie scheinen seine Medizin und den Gott, dem er dient, zu mögen, und deshalb kommt er auch so oft hierher auf Besuch. Doch laß mich dir sagen, ein Gott, der seine Leute aus ihrem eigenen Land fortschickt, kann nur von schwerem Wein benebelt sein. Vor langer Zeit änderte dieser Priester auch die Namen deiner Eltern, damit sie öfter in seine Kirche kamen. Ich weiß nicht, was deine Eltern und der Priester dort droben treiben, und gedenke auch nicht, mich danach zu erkundigen.

›Patrice‹ war der Name, den dir dieser Priester dort auf dem Hügel gab. Benutze ihn, wenn du das Stammesgebiet verläßt. ›Bruder‹ ist der Name, bei dem ich dich rufe. Niemand sonst hat das Recht dazu. ›Birifor‹ – na gut, niemand wird dich je wieder so nennen. ›Malidoma‹ ist der Name, den du immer wieder hören wirst, wenn du groß bist. Sei also wachsam und bereit zu antworten. Niemals wirst du im voraus wissen, mit welchem Namen man dich anredet. Das ist etwas, womit du wirst leben müssen. Und damit genug für heute.«

Es war schon dunkel, und die Bauern kehrten von ihrem Tagwerk zurück. Meine Mutter kam als erste, beladen mit einem Bündel trockenen Holzes, das sie hoch auf dem Kopf balancierte. Um durch das Tor in unseren Hof zu kommen, mußte sie sich fast hinknien, um nicht oben und an den Seiten des engen Tores anzustoßen.

Vater verließ die Felder nie, bevor er wußte, daß alle anderen gegangen waren. Einmal zu Hause, war es eine seiner Aufgaben, die siebzehn Wohnungen des Anwesens zu inspizieren, wo die siebzehn Familien der Birifor-Sippe leben, und sich zu vergewissern, daß jeder wohlbehalten zurück war. Aus mehreren solcher Sippen besteht unser Clan. Und der Dagara-Stamm besteht aus ungefähr zehn Clans mit über einer halben Million Menschen. Sie bewohnen ein Gebiet von etwa der Fläche Massachusetts'.*

Unsere Wohnung war die erste, die Vater überprüfte. Dort lebten meine Eltern, Großvater, meine Schwester und ich. Es war das erste Appartement am Platz, größer als die übrigen, doch enthielt es weniger als ein Zehntel soviel Menschen, wie eine Wohnung dieser Größe normalerweise beherbergt. Der Grund dafür war, daß die Hälfte der Räume auf unserer Wohnfläche Geisterräume waren, die Heiligtümer der Ahnen, und deshalb nur Großvater, meinem Vater und anderen Familienoberhäuptern zugänglich.

Eine typische Familienwohnung besteht aus zwei Hauptbezirken – dem Quartier der Männer und dem der Frauen. Sie liegen am Hof, einander gegenüber. In meinem Dorf schlafen Mann und Frau nicht im selben Bett, und die Kinder schlafen der Reihe nach in den Quartieren ihrer

---

* Heute gehören sie infolge des neuen und alten Kolonialismus zu drei verschiedenen Staaten: Ghana, Elfenbeinküste und Burkina Faso. In den fünfziger Jahren wohnten knapp 250 Menschen in meinem Dorf. Heute sind es knapp 200. Die Gründe dafür sind die Landflucht der Jugend aufgrund der Reibungen zwischen altem und neuem Lebensstil, der durch die zerstörerischen, modernen landwirtschaftlichen Techniken entstehende Hunger und die Eintönigkeit des Stammeslebens.

Eltern. Den Raum, in dem meine Mutter lebte, nannte man eine »Zangala«. Es war ein großes ovales Gebäude aus Lehm und Holz mit Anbauten an der Seite, die wie extragroße Toiletten aussahen. Stets herrschte Dunkelheit in dieser fensterlosen, wigwamartigen Behausung. Meine Mutter und alle anderen Frauen im Dorf hatten es lieber so. Die Anbauten an der Seite der Zangala waren zwei kleine Schuppen, der eine fürs Geflügel, der andere für die Ziegen und Schafe. Gegenüber der Zangala befand sich das Quartier meines Vaters, moderner gebaut und etwa so groß wie ein Dreibett-Appartement. Böden und Wände all dieser Räume waren mit einer Art Anstrich aus Lehm und flüssigem Kuhmist versehen. Er sollte den Rissen, die an Lehmhäusern zu entstehen pflegen, möglichst vorbeugen.

Zwischen diesen beiden Quartieren lag ein ummauerter Hof – ein großer offener Raum, wo man sich abends traf oder Versammlungen abgehalten wurden. Der einzige Eingang zu dem Anwesen befand sich in der Umfriedung dieses Hofes. Gleich daneben öffnete sich ein Loch als Durchgang für Hunde und Katzen. An der einen Seite des Hofes befand sich eine Küche, wo die Leute Feuer machten und kochten. Die Decke dieser Küche war rußgeschwärzt und von Gott weiß was sonst noch. Auf der anderen Seite, links vom Quartier meines Vaters, lagen eine Toilette und eine Dusche.

Schließlich bildete eine Anzahl kleiner, durch eine gemeinsame schwarze Wand verbundener Räume das Quartier meines Großvaters und seiner Geister. Niemand im Anwesen betrat diese Kammern in Großvaters Abwesenheit. Doch nachts konnte man ihn hören, wie er mit unbekannten Wesen sprach. Von hier aus bewachte er die Felder im Busch, zehn Kilometer entfernt.

Großvaters Bereich enthielt die Apotheke des gesamten Birifor-Clans – eine Wurzelsammlung, tagsüber zusammengelesen, nachts präpariert, für Notfälle aller Arten. In diesen kleinen Räumen konzentrierte sich der Wohlstand –

spirituell, materiell und magisch gesehen – der Birifor. Einige Wurzeln waren für körperliche Krankheiten, aber die meisten für Krankheiten der Seele. Von diesen Kammern hing also das spirituelle Wohl und Wehe jedes Mitglieds der Familie ab. Jeder von uns existierte dort in Gestalt eines Steines, stumm, handlich, verfügbar. Die Steine waren sozusagen der Geburtsschein jeder Person des Clans. Dorthin begab sich Großvater, wenn er sich ein Bild vom Zustand der physischen und spirituellen Energiefelder der Menschen, die er betreute, machen wollte. Durch diese Zaubermittel war er in der Lage, jeden von uns bei Bedarf zu überprüfen.

Aber Großvater betreute auch Leute außerhalb der Familie. Dann und wann kamen Fremde und baten um magische Hilfe. Und Großvater begann zunächst mit langen Zeremonien, die den Großteil des Tages beanspruchten. Manchmal brachten die Fremden Hühner mit. Dann schnitt ihnen Großvater, unverständliche Zauberworte vor sich hinmurmelnd, die Kehle durch und richtete das herausspritzende Blut auf Figuren aus Holz oder aus Lehm (diese waren mit der Wand verbunden), die verschiedene Geister darstellten. Niemals wurde er dieser Rituale überdrüssig. Ich brauchte viele Jahre, bis ich verstand, warum diese Besuche erfolgten und wie Großvater den Fremden half.

Hatte mein Vater seine Tour auf dem Anwesen beendet, mußte er sich vergewissern, ob sich alle Haustiere an ihrem Platz befanden. Dann sperrte er sie für die Nacht ein. Am Ende schloß er das Haupttor und sicherte es von innen, indem er es an einem alten, in der Mauer befestigten Fahrradpedal festband. Dieses »Schloß« war eine der Erfindungen meines Vaters nach seiner Rückkehr von der Goldküste.

Mein Vater war ein schweigsamer, ja düsterer Mann. Man hielt sich nicht gerne in seiner Nähe auf. Großvater erklärte mir, seine Probleme hätten sich verschärft, seit er

Anhänger des Priesters auf dem Hügel geworden sei. Sein verschlossenes, schweigsames Wesen war Ergebnis der vielen Reisen, die er in früher Jugend außerhalb des Stammesgebiets der Dagara gemacht hatte. »Ein Jugendlicher, der das Dorf kurz nach der Initiation verläßt, ist verletzlich. Er läuft Gefahr, nicht richtig sterben zu können«, sagte Großvater immer. Mein Vater begann mit fünfzehn zu reisen und wurde erst mit dreißig seßhaft.

Die Gespräche zwischen mir und meinem Großvater klingen vielleicht sehr »erwachsen«, aber es ist nichts Ungewöhnliches, daß Enkel von ihren Großvätern etwas über ihre Väter erfahren – und über manch andere Person. Großvater war stets sehr offen zu mir. So offen, daß es mir im Rückblick manchmal so vorkommt, als hätte er ganz vergessen, daß es sich bei dem Menschen, den er in meiner Gegenwart fortwährend analysierte, um meinen eigenen Vater handelte. Vieles, was er über Vater sagte, begriff ich erst, als ich viel älter war. Doch erinnerte ich mich daran, weil er es so häufig wiederholte. Großvater sprach zu mir immer wie mit seinesgleichen, vielleicht weil sein Glaube, ich sei sein Bruder, in gewisser Weise schon implizierte, ich sei ein Erwachsener. Aber auch das ist keine so ungewöhnliche Einstellung bei den Dagara. Man hört mitunter jemanden vor einem neugeborenen Kind ausrufen: »Oh, wie alt er aussieht!«

Als ich älter wurde, begriff ich die Seelenkonflikte besser, die meinen Vater so finster und geistesabwesend machten. Im Alter von zwanzig hatte er, von der Elfenbeinküste zurückgekehrt, wo er als Soldat in der Kolonialarmee gedient hatte, zum ersten Mal geheiratet. Aus dieser ersten Ehe stammten Zwillingstöchter. Man hatte von ihm erwartet, das Ritual zu zelebrieren, das jeder Vater von Zwillingen zelebrieren muß. Es besteht darin, daß man zwei Lehmtöpfe mit Wurzelsaft füllt und sie am Eingang des Anwesens vergräbt. Diese Töpfe symbolisieren die Verbindung zwischen den zwei Neugeborenen und den Geistern, die sie in die Familie eingeladen haben. Der ursprüngliche Grund für dieses Ritual ist, wie so vieles andere, bei den Dagara in Vergessenheit geraten, doch die Leute vollziehen es immer noch, weil es auch ihre Väter so gemacht haben. Ein Ansporn dazu ist auch, daß, wie sich aus langer Erfahrung gezeigt hat, alle, die diese Rituale nicht zelebrieren, vom Unglück verfolgt werden. Zweck eines Rituals ist es, Harmonie zwischen der Menschenwelt und der Welt der Götter, der Vorfahren und der Natur herzustellen.

Mein Vater, der sich dem neuen Christenglauben zuwandte, bezweifelte den Wert solcher Riten. Großvater hatte ihm bei jeder Gelegenheit die Notwendigkeit und Wichtigkeit der Zeremonie vor Augen gehalten. Aber da Großvater meines Vaters Vater war, konnte er die Zeremonie nicht selbst ausführen. Jedesmal, wenn er seinen Sohn an diese Pflicht erinnerte, stellte sich mein Vater taub und machte Ausflüchte. In Wahrheit wollte er den weißen Priester einfach nicht beleidigen und von ihm nicht für einen heidnischen Teufelsanbeter gehalten werden.

Denn die tiefste Furcht meines Vater war es, in die Hölle zu kommen. Wie er mir viel später gestand, hatte ihm der weiße Priester versichert, der Allmächtige Gott werde sich seiner neugeborenen Zwillinge schon annehmen, und zwar besser, als es die Vorfahren meines Vaters könnten. Nach den Worten des Priesters waren unsere Ahnen nämlich zur ewigen Höllenpein verdammt und brannten schon lustig im Höllenfeuer. Sie hatten gar keine Zeit, ihnen dargebrachte Opfer zu genießen. Ich versuchte mir die Miene Großvaters vorzustellen, als er erfuhr, sein eigener Sohn glaube tatsächlich an diesen Unsinn.

Als die Jahre vergingen und die Zwillinge Elisabeth und Marguerite ohne Probleme aufwuchsen, gelangte Vater zur Überzeugung, der Priester habe recht gehabt. Obwohl Großvater nicht abließ, ihn an seine Pflichten gegenüber seinen Erstgeborenen zu erinnern, konnte nichts diesen Glauben erschüttern. Täglich wuchs sein Vertrauen in die christliche Religion. Schließlich nahm Großvater, statt nur zu warnen, seine Zuflucht zu Drohungen, und Vater sah sich allmählich als Märtyrer wie jene Männer aus Uganda, die Mitte des letzten Jahrhunderts lieber unter den Händen ihrer eigenen »heidnischen« Ältesten starben, als ihren Glauben an Gott zu verleugnen. Später sprach die katholische Kirche diese Schwarzen heilig. In der Überzeugung, sein Leiden unter Großvater verschaffe ihm freien Zugang zum Himmel, ertrug es Vater mit Freuden.

Inzwischen waren ihm zwei weitere Kinder geboren worden. Sofort goß der katholische Priester Wasser über sie und taufte sie Daniel und Pascal. Großvater konnte nur noch als bloßer Beobachter fungieren. Da es Jungen waren und er dazu verpflichtet war, gab er ihnen heimlich Dagara-Namen. Die Zwillingsmädchen waren mittlerweile ins Initiationsalter gekommen. Der Missionar jedoch warnte meinen Vater vor solchen Praktiken, und Vater weigerte sich, die Mädchen einweihen zu lassen. Eine schreckliche Entscheidung, wurden beide dadurch doch dazu verurteilt, zeit ihres Lebens Jugendliche zu bleiben, ohne das geheime Erwachsenenwissen, das die Initiation ihnen vermittelt hätte. In diesem Stadium der Entwicklung hatte Großvater es aufgegeben, mit seinem starrköpfigen Sohn zu kämpfen. Seine Enkelinnen waren seinem Schutz entwachsen. Er konnte nur hilflos zusehen, wie sie das Unglück einholte, zu schnell, als daß man es hätte verhindern können.

Eines Morgens wachte Elisabeth mit einer mysteriösen Krankheit auf, die niemand zu diagnostizieren vermochte. Schon mittags starb sie, bevor ihr der Missionar die letzte Ölung erteilen konnte. Und während ihres Begräbnisses starb Marguerite, von Kummer überwältigt. Der Schmerz der Hinterbliebenen wuchs ins Ungemessene.

Der plötzliche Tod Marguerites hatte Vater unheilbar verwundet. Doch ihre Begräbniszeremonie war nur kurz. Die Leute wußten, was passiert war. Zwillinge sterben nicht am gleichen Tag. Die Leute in unserer Familie baten meinen Vater, ein Versöhnungsritual zu zelebrieren. Sie dachten, das würde weiteres Unglück verhüten, bis das Zwillingsritual für die Mädchen postum nachgeholt werden könnte. Aber offenbar war es das Schicksal meines Vaters, nicht hören zu wollen. Er betete statt dessen inbrünstiger denn je zu dem fremden Gott und bot ihm seinen Schmerz als Gabe dar. In seiner Verwirrung betrachtete er seine Tragödie als eine ihm von Gott auferlegte Glaubensprüfung. Unaufhörlich wiederholte er den berühmten Satz aus dem Vaterunser: »Dein Wille geschehe.«

Und der Wille des Herrn geschah über alles Erwarten. Pascal, der älteste Sohn, verschied zwei Wochen nach dem Begräbnis Elisabeths und Marguerites. Niemand wußte, was ihn getötet hatte. Er hatte mit Freunden gespielt und plötzlich laut aufgeschrien: »Ich sterbe!« Julia, die unglückliche Mutter, starb während des Begräbnisses vor Kummer. Der Tod ihrer beiden Töchter hatte sie schon zu sehr mitgenommen. Noch mehr Schmerzen konnte sie nicht ertragen. Blieben noch Daniel und mein Vater. Bilder von meinem Großvater steigen in mir auf, wie er Schreie tiefsten Schmerzes und der Ohnmacht ausstößt. Mein Vater selbst schluchzte, als er mir zum erstenmal diese Geschichte erzählte.

Er muß schon sehr stur gewesen sein, um bei so viel Katastrophen immer noch seinem Glauben treu zu bleiben. Den Missionaren blieb nichts anderes übrig, als ihm zuzureden, er solle beten, noch inbrünstiger beten. Sie schrieben sein Unglück der Schwäche seines Glaubens zu. Während dieser ganzen Zeit, so erzählte mir mein Vater, quälten ihn des Nachts die Geister seiner Frau und seiner Kinder im Traum mit der Frage: »Warum hast du uns das angetan?«

Nach einigen Tagen des Schreckens über diese Geisterbesuche begab sich Vater den Hügel hinauf, um den Priester zum Eingreifen zu bewegen. Er kam zurück mit entsetzlich leerem Gesicht, als hätte seine Seele den Körper schon verlassen. Die Jesuiten hatten ihm denselben abgedroschenen Rat gegeben: »Bete weiter!« Vom Schmerz zerrissen, erschöpft von unaufhörlicher, vergeblicher Hoffnung, zog sich Vater von aller Gesellligkeit zurück und ächtete sich freiwillig für Monate. Sein Quartier verließ er nur, um zu sehen, ob der einzig Überlebende des Holocausts noch lebte. Aber Daniel war das gleichgültig. Wem wäre es nicht so ergangen? Denn auch seine Seele hatte sich schon verabschiedet. Niemand konnte ihn vor der Gefahr retten, die sein Vater über ihn heraufbeschworen hatte. Und er war alt genug, um das einzusehen. Hilflos wartete er auf den Tod und verbarg nur mit Mühe seinen Zorn gegen seinen Vater, der ihm solche unerträglichen Verluste verursacht hatte. Viele Jahre später starb Daniel, als ich auf der Missionsschule war.

Vielleicht hielt mein Vater dies alles eines Tages nicht mehr aus. Denn nach einigen Monaten verschwand er. Von innerer Unruhe gehetzt, wurde er wieder zum Abenteurer. Er begab sich zur Goldküste, zunächst nach Takouradi, dann nach Sakoundé, und hoffte, ein Kulissenwechsel würde ihm helfen, den Schmerz loszuwerden, der ihn seit dem Tod der Kinder eisern im Griff hielt.

Er stürzte sich in die Arbeit und grub Gold für den weißen Mann, dem er schon seine Kinder geopfert hatte. Drei Jahre später kam er von der Goldküste zurück, seelisch einigermaßen gesundet, aber körperlich schwer krank. Sein Gesicht war abgemagert wie das eines alten Mannes, und mit jedem Atemzug schwoll seine Brust mehr an. Seine Augen waren blutunterlaufen und entsetzt aufgerissen, als sähen sie ein Gespenst. Wie ein Betrunkener torkelte er im Zickzack. Seine Beine glichen eher Stöcken als Gliedern und schlugen klappernd aneinander, wenn er versuchte zu laufen.

Großvater wollte meinem Vater erklären, weshalb er krank war, und erinnerte ihn erneut an seine Pflicht seinen

Kindern gegenüber, den lebenden und den toten. Doch wie besessen von einem Fluch gab Vater immer dieselbe Antwort: Er werde darüber nachdenken.

Mein Vater war stolz auf das englische Fahrrad, das er in den Stamm eingeschmuggelt hatte. Es war ihm wichtiger als seine Gesundheit, die sich von Tag zu Tag verschlechterte. Er entschloß sich sogar, wieder zu heiraten. Ich habe mich immer gefragt, wie meine Mutter einen so kranken Menschen heiraten konnte. War es wegen des englischen Fahrrads oder weil Großvater als Haupt unserer Familie ihr die Hoffnung gab, daß alles wieder in Ordnung kommen würde? Mittlerweile hatte Vater seine frommen Aktivitäten mit den weißen Priestern wieder aufgenommen, wie wenn nichts geschehen wäre. Aber jedermann wußte: Die Vorfahren vergessen niemals.

Die Dinge wandten sich zusehends zum Schlechteren, bis Vater nicht einmal mehr gehen konnte. Seine Tage verbrachte er schlafend, seine Nächte heulend vor Schmerzen, in der Brust, im Bauch und im Rücken.

Schließlich mußte ihm mein Großvater klarmachen, er habe nur noch wenige Tage zu leben, wenn er nicht endlich seine Pflichten erfülle. Von Panik ergriffen bei dem Gedanken, er müsse sterben, obwohl er gerade geheiratet hatte, ordnete mein Vater die Zwillingszeremonie an.

Zwei Tontöpfe wurden gebracht und mit Wasser aus der Unterwelt gefüllt. Dieses Wasser wurde in einem besonderen Heiligtum am Eingang zum Zimmer meiner Mutter aufbewahrt. Hierauf streute mein Vater Asche auf den Boden um das Gehöft, um böswillige Geister von den Gebäuden fernzuhalten. Dann begann das eigentliche Ritual. Es dauerte einen ganzen Tag. Was normalerweise eine einfache Geste dem Geist gegenüber ist, mußte jetzt, weil mein Vater es andauernd aufgeschoben hatte, peinlichst genau ausgeführt werden.

Nicht lange, und meinem Vater ging es besser. Er genas zusehends. Am Ende der ersten Woche konnte er wieder laufen, und am Ende einer weiteren fühlte er sich stark genug, auf die Felder zu gehen. Die Schmerzen hatten fast vollständig nachgelassen.

Von nun an änderte sich seine Einstellung, vielleicht weil ihm klar geworden war, daß auf der Straße des weißen Mannes und seiner geistigen Einstellung der Tod lauerte. Er begann wieder auf die Vorfahren zu hören. Er wohnte sonntags zwar noch der Messe bei und war mit dem weißbärtigen Priester auf dem Hügel, der ihn so in die Irre geführt hatte, weiterhin befreundet, doch lieh er jetzt auch Großvater bereitwillig sein Ohr. Nach all diesen Tragödien wurde meine Schwester geboren, und mein Vater vollzog die dazugehörigen Zeremonien. Das glückliche Ereignis belebte ihn, und meine Schwester profitierte von der Freude, die er an ihr hatte. Doch auch sie wurde auf den Hügel gebracht und dort getauft.

Ich wurde drei Jahre nach meiner Schwester geboren, kurz nach dem Erntefest. Es war bei Tagesanbruch und sehr kalt. Meine Geburt fand im Freien statt, auf halbem Weg zwischen dem Haus der Familie und dem Krankenhaus des weißen Mannes. Ich frage mich heute noch, was passiert wäre, wäre ich in diesen modernen, sterilisierten Räumen zur Welt gekommen. Sicher wäre mein Leben ganz anders verlaufen. Ich spiele gern mit dem Gedanken, daß ich das im Bauch meiner Mutter vielleicht schon wußte, die Sache in die eigenen Hände nahm und darauf bestand, in der freien Natur geboren zu werden. War dies auch der Grund, weshalb ich zwanzig Jahre später nach Hause zurückfand? Und oft frage ich mich auch, ob der Umstand, daß ich zwischen dem Dorf und den Gebäuden des weißen Mannes auf die Welt kam, etwas mit dem Gefühl zu tun hat, daß ich mich im Zwiespalt zwischen zwei Welten befinde.

Wie meine Schwester wurde ich auf dem Missionshügel getauft und erhielt den Namen Patrice. Doch Großvater trug mich im Familienbuch als »Malidoma« ein, einer, der

»Freund dem Fremden und dem Feind« sein würde. Er wußte, der Großteil meines Lebens würde sich außerhalb des Stammes abspielen. Das würde mir unzählige Schwierigkeiten machen, die aber alle nur dem Zweck dienten, mir Freunde zu machen. Es war seine Pflicht, mich vor seinem Tod auf das schwere Leben, das vor mir lag, hinzuweisen.

Großvater hatte mich »Malidoma« auch aus Gründen genannt, die sich auf das Gesetz der Vorfahren bezogen. Da er das Wächteramt im Haus innehatte, als Vermittler zwischen Toten und Lebenden, erwartete er, daß auch sein Enkel von den Ahnen anerkannt wurde. Als erstem männlichen Nachkommen meiner Familie waren mir meine Pflichten schon vorgegeben. Der erste männliche Nachkomme muß darauf gefaßt sein, die Betreuung des Familienheiligtums zu übernehmen, wenn sein Vater, der amtierende Priester, stirbt. Später fand ich heraus, daß man in meiner Erziehung von dieser Tradition abgewichen war. Denn mein Schicksal war es, die Gefahr, von der Welt des weißen Mannes verschluckt zu werden, zu bestehen.

Abschied eines Großvaters

Großvater starb, als ich die vierte Regenzeit meines Lebens erlebte. Ich war so daran gewöhnt gewesen, mich in seiner Nähe aufzuhalten, während die erwachsenen Männer und Frauen draußen auf den Feldern arbeiteten, daß ich eine ganze Weile brauchte, bis ich begriff. Niemals mehr würde ich ihm begegnen. Seit meinem seltsamen Erlebnis im Busch hatte meine Mutter Wort gehalten und mich nie mehr mitgenommen, wenn sie draußen Feuerholz suchte. So war in jenen Tagen mein einziger Gefährte Großvater gewesen.

Als ich eines Morgens auf der Suche nach ihm herumstrich, sah ich, daß der Tau noch auf seiner Türschwelle lag. Das war mir ein Rätsel, war er doch gewöhnlich lange vor Sonnenaufgang wach und auf den Beinen. Am Abend zuvor hatte ich meinen Vater in Großvaters Zimmer gehen sehen. Er war lange darin geblieben, und als er zurückkam, schaute er sehr traurig aus. Starr vor sich hinblickend, begab er sich in Mutters Zangala, ohne Notiz von mir zu nehmen. Als er wieder auftauchte, hielt er Asche in der Hand. Teils streute er sie vor Großvaters Tür aus, teils vor seinem eigenen Zimmer, wobei er jeweils eine gerade Linie zog. Dann trat er vors Anwesen hinaus und streute auch vor dem Haupttor Asche in gerader Linie. Ich hatte ihm die ganze Zeit bei diesem seltsamen Ritual zugesehen, aber als ich hinausging und mit ihm sprechen wollte, schwang er sich nervös auf sein englisches Fahrrad und fuhr wortlos davon. Ich verlor ihn aus den Augen, als er ums Hauseck bog. Enttäuscht lief ich aufs Anwesen zurück und überlegte, wohin ich jetzt gehen sollte. Niemand war zu Hause außer mir und Großvater.

Zuerst dachte ich, ich sollte ihn herausrufen, dann, am besten wäre es, einfach hineinzugehen. Aber schließlich entschied ich mich für keins von beiden. Großvaters Schlafzimmer war ein Geisterraum, und man hatte mir eingeschärft, ihn niemals zu stören, wenn er sich dort eingesperrt hatte. Also schien es mir klüger zu sein, ein wenig zu warten. Ich lief wieder vor das Anwesen hinaus.

Unsere Hirsefelder dehnten sich wie ein grüner Teppich, so weit das Auge reichte. Inmitten dieses Teppichs war der dunkle Ring des Brunnens zu erkennen, der uns als Wasserreservoir während der Regenzeit diente. Vögel und Hühner tummelten sich im Umkreis. Ich konnte sie nicht sehen, weil die Hirse sie meinen Blicken entzog, aber aus dem Gegacker und Gekreisch, das von dort zu mir herüberdrang, schloß ich, es müsse eine ganze Menge sein. Weit zur Linken erinnerten mich zwei majestätische grüne Baobab-Bäume an all die Geschichten, die mir Großvater über sie erzählt hatte. Wie er sagte, beleuchteten nachts alle möglichen Zauberer ihre Zweige, und die Blätter brannten in milchweißem Feuer, das sie doch nicht verzehrte. Er erzählte mir auch, diese Zauberer kannten das Geheimnis, wie man nachts die Seele vom Körper trennt und sie in unendliches Licht verwandelt. Es war mir geglückt, Großvater zu dem Versprechen zu bewegen, mir eines Nachts ihr Feuerwerk vom Hausdach aus zu zeigen, aber er hatte es niemals eingehalten. Unter diesen Gedanken war ich unvermerkt bis zu den Baobab-Bäumen hinübergelangt und stand nun tief in ihrem Schatten. Neben den riesigen Stämmen und unter den gewaltigen Ästen, schwer beladen mit grauen, noch unreifen Früchten, fühlte ich mich plötzlich sehr klein. Ich lief zwischen den Bäumen umher und suchte eifrig nach Überresten des orgiastischen Rituals, das die Zauberer in der Nacht zuvor gefeiert hatten.

Endlich entschloß ich mich, wieder heimzugehen, denn jetzt würde Großvater ganz bestimmt auf sein. Zu meiner Enttäuschung war seine Tür immer noch fest geschlossen. Ich schaute in das Zimmer, in dem ich selbst, meine Mutter und meine Geschwister wohnten. Auch dort war niemand.

Ich ging hinüber zur Tür meines Vaters und drückte mich gegen sie, aber sie war ebenfalls zu. Zu meines Großvaters Tür zurückkehrend, betrachtete ich sie eine Weile, holte dann tief Luft, klopfte zögernd und rief: »Großvater.«

»Komm rein«, antwortete eine schwache Stimme, »ich kann nicht raus.« Mit pochendem Herzen öffnete ich die Tür, stieg zwei kleine Stufen hinauf, zwei wieder hinunter und stand in Großvaters Zimmer. Sehen konnte ich nichts. Es war wie das Betreten einer Höhle oder ein Wandern in die Nacht hinein. Der Raum war so finster, daß mir bewußt wurde: Man konnte ewig darin schlafen. Außer einem winzigen Loch in der Decke, durch das ein winziges Stück des ungeheuren Firmaments draußen hereinschien, war alles, einschließlich Großvater, von dichter Finsternis umhüllt.

»Komm hierher, Bruder, und paß auf, daß du nicht auf meine Medizin trittst«, sagte Großvater mit leiser, zitternder Stimme. »Was hast du heute gemacht?«

Ich zögerte ein wenig, bevor ich antwortete. »Wo bist du, Großvater?«

»Hier, direkt vor dir. Siehst du mich nicht?«

Ich faßte mir ein Herz, näherte mich vorsichtig und setzte mich, als meine Zehen die Lehmbank berührten, die Großvater als Bett diente. Er lag noch darauf ausgestreckt, mit Hirsestroh als Matratze und einem sandgefüllten Leinwandsack als Kopfkissen. Gekleidet war er, wie ich ihn immer gesehen hatte, in seinen alten Bubu.

Es dauerte eine Weile, bis sich meine Augen an die Dunkelheit gewöhnt hatten. Großvater hatte mich bisher niemals in sein Zimmer mitgenommen, und ich war neugierig auf das geheimnisumwitterte Domizil. Großvaters Raum war tatsächlich ein Zauberzimmer, so ungewöhnlich, daß ich das Gefühl hatte, mich gar nicht in unserem Anwesen zu befinden. An jeder Wand befand sich eine Reihe Behälter aller Art. Meist waren es Lehmtöpfe, bei anderen handelte es sich um zerbeulte alte Büchsen und Flaschen. Jedes

Gefäß schien etwas zu enthalten. An der Decke hingen Dutzende von Kürbissen, andere, fast durchweg gleich groß, waren sorgfältig an den Wänden aufgehängt. Die größeren bildeten einen weiten Kreis um den Mittelpunkt der Decke, die kleineren einen Ring um die winzige Öffnung im Dach. Irgendwie schienen all diese Tontöpfe, Blechbüchsen und Kürbisse komplizierte Muster zu bilden und genau aufeinander bezogen zu sein. Ihre Anordnung war das Werk eines Menschen, der sehr genau wußte, was er tat. Jeder Kürbis war an einem Seil, das von der Deckenöffnung herablief, befestigt, außerdem waren alle miteinander zu einem Netz verbunden, das an Großvaters Bett endete. Die Kunstfertigkeit des Ganzen war erstaunlich.

»Warst du schon früher einmal in diesem Raum?« fragte Großvater, womit er meine Aufmerksamkeit wieder auf sich zog. Er hatte mich schweigend betrachtet, während ich mich im Zimmer umsah.

Überrascht protestierte ich: »Aber du hast mich doch niemals hereingelassen!«

»Das stimmt. Solange mein Abschied noch nicht beschlossene Sache war, durfte ich dir den Zutritt nicht erlauben, weil du das Initiationsalter noch nicht erreicht hattest.« In dem schwachen Licht konnte ich sehen, wie sein Blick zärtlich auf mir ruhte. Ich wußte nichts zu sagen.

Er fuhr fort: »Bald werde ich gehen. Aber bevor ich gehe, muß ich dir die Botschaft deiner Ahnen übertragen.« Großvater wurde ernst und starrte an die Decke, die Augen wie aufs Jenseits gerichtet.

»Malidoma, jetzt bist du auf meine Worte noch nicht vorbereitet. Aber vielleicht ist es besser so. Unterbrich mich nicht, während ich spreche! Es sind nicht meine eigenen Gedanken, die ich dir mitteile, noch ist es nur eine Geschichte. Es sind Dinge, die dich betreffen, und du mußt sie gut im Gedächtnis behalten, wenn du größer wirst. Der Geist hinter den Dingen, die du in diesem Zimmer siehst, benützt mich jetzt, um zu dir zu sprechen. Er hat keinen Mund. Aber ich habe einen, und wir sind Freunde. Verstehst du? Wenn nicht, macht es auch nichts. Es spielt im Moment keine Rolle. Später, wenn du älter bist, wird dich jemand an das, was ich dir heute sage, erinnern.«

Großvater hatte recht. Als ich älter wurde und bereit war zu hören, half mir Guisso, einer der Ältesten meines Stammes, mich zu erinnern. Was ich Ihnen also jetzt mitteile, fließt aus dieser von Guisso ausgelösten Erinnerung. Er begriff die quälende Einzigartigkeit meines Schicksals und hoffte, mir bei seiner Erfüllung behilflich sein zu können, sobald ich initiiert und Mann geworden war.

Jedes Wort, das Großvater an diesem Tag sprach, löste sich nur langsam von seinen Lippen. Mit jedem Satz ließ er sich unendlich viel Zeit. Nach jedem Satz folgte ein langes, ernstes, bedeutungsschweres Schweigen. Es war, als wäre Großvater plötzlich kein Mensch mehr. Er war von seiner Stimme getrennt, als spräche jemand dicht neben ihm, durch ihn. Ich konnte die Gegenwart dieses Geistwesens unter dem Sand-Kopfkissen spüren, auf dem Großvaters Kopf ruhte.

»Malidoma, keine noch so große Anstrengung ist sinnvoll, außer sie dient den Menschen. Es ist deine Bestimmung, dem weißen Mann zu folgen, und du sollst uns dienen als Auge des Anwesens, als Ohr deiner vielen Brüder, und als Mund deines Stammes. Denke an meine Worte! Du stammst vom Wasser, in unserer Tradition dem Symbol des Friedens und der Versöhnung. Es hat auch eine Richtung in unserer Mythologie: den Norden, die Richtung, in die du blickst, wenn die Sonne zu deiner Rechten aufgeht. Es ist der Ort, von wo alle, die den Seelen anderer Menschen etwas zu sagen haben, herkommen. Jetzt aber mußt du nach Westen gehen, um die Weisheit der Völker dort zu erlernen und ihnen unsere Wahrheit zu übermitteln. Du wirst in den Zauber des weißen Mannes eingeweiht werden. Dein Volk verlangt es von dir. Ich bin bekümmert deinetwegen. Überall wartet Bosheit auf dich. Aber mein Geist wird dir beistehen.

Sehr bald wirst du deine Familie verlassen – es ist schon fast soweit –, und sehr bald bin ich nicht mehr bei dir. Doch in Zeiten der Not wird Tingan, der Gott unseres Landes, deine Zuflucht sein und dich vor den Stürmen der Feindschaft und des blanken Hasses bewahren. Niemals wirst du allein sein auf deiner Reise. Doch wirst du auch nicht unbeschädigt zurückkommen. Die Wege der Weißen zehren an den Kräften. Wenn du zurückkommst, wird alles, was du außerhalb des Stammes gelernt hast, unser Mißtrauen erregen. Du wirst nur noch zum Teil ein Dagara sein. Du wirst großen Schmerz empfinden. Du wirst nach einem Vater rufen, der doch nicht bereit ist, dich zu trösten. Du wirst nach einer Mutter rufen, die dich erst hören wird, wenn du wieder handelst wie früher.

Wenn du dann zum zweiten Mal den warmen Schoß der Familie verlassen mußt, wirst du gezwungen sein, dir selbst eine neue Welt aufzubauen. Es wird eine Welt sein, in der Patrice anwesend, Malidoma abwesend ist. Hab keine Angst, wenn es soweit ist. Du wirst dich der Dagara-Initiationszeremonie unterziehen müssen, bevor du vollständig begreifst, wer du bist. Lerne auf deiner labyrinthischen Reise durch die weiße Welt, die Welt des Eisens, zu begreifen, welche Idee hinter der Maschine steht – oder sie wird dich verschlingen.«

Es war mir, als ob Großvater inzwischen meinen Blicken entzogen worden wäre. Obgleich ich direkt rechts von ihm saß, konnte ich ihn nicht mehr sehen. Die Stimme, die ich hörte, kam nicht aus einer bestimmten Richtung, sondern irgendwie aus den zahllosen Gefäßen an den Wänden des Raums. Es war, als ob die Wände selbst sprächen und die Klänge überallhin ihr Echo aussandten, wie in einer schwingenden Glocke. Großvater hatte mich in eine Zauberwelt versetzt, worin auch ich selbst verwandelt wurde.

Tausende von Bildern einer nie gesehenen Welt stürzten auf mich ein, alle lebendig und wirklich: ungeheure, hoch am Himmel schwebende Metallvögel, die Menschen in ihren Bäuchen trugen, Häuser und Straßen, die die Erde bedeckten, soweit das Auge reichte, Häuser, die sich bis zum Himmelsgewölbe reckten und Menschen, Bäume und alles um sie her wie Zwerge erscheinen ließen.

Mir wurde ganz schwindlig, und ich mußte mich hinlegen. Doch als ich es versuchte, kam ich dem kalten Fußboden von Großvaters Zimmer doch nicht näher. Ich wurde plötzlich in eine höhere Bewußtseinsschicht entführt, wo ich nicht mehr Kind war. Ich wurde zum alterslosen Weisen. Niemals zuvor hatte ich einen solchen Ort gesehen oder auch nur davon geträumt. Aber von dort aus verstand ich vollkommen, was Großvater sagte. Wie betäubt und im Banne meiner Gedanken lauschte ich der Stimme, die durch Großvater zu mir kam.

»Vor langer, langer Zeit kamen die Weißen ins Land unseres Volkes und brachen Krieg mit uns vom Zaun. Ausgerüstet waren sie mit gewaltigen Maschinen, dröhnend wie ein sich näherndes Gewitter. Und sie raubten unseren Stammesangehörigen das Leben. Doch am Ende gewannen wir die Schlacht dank des magischen ›Pintul‹, des Pfeils ›Schaftvoran‹. Er säte in sie den Samen des Todes. Unzählige Male schoß ich ihn selbst aus diesem Raum ab. Er rettete die Birifor und die Dagara für eine Weile. Und die weißen Männer starben, ohne zu wissen, was sie getötet hatte.

Danach hatten wir Frieden, aber nicht für lange. Schon bald kamen noch mehr weiße Männer. Die Franzosen vom Westen und die Engländer vom Osten. Wir wurden in die Zange genommen. Wir schickten Kinder und Frauen ins Dickicht des Waldes und riefen alle initiierten Männer zusammen, um ihr Leben für den Stamm zu geben. Dein Urgroßvater weihte noch andere Leute ins Geheimnis des Pintul ein. Erregt und berauscht von ihrem letzten Sieg, waren unsere Leute zuversichtlich. Der Krieg tobte eine ganze Jahreszeit lang. Denn je mehr von diesen weißen Schweinen durch unsere größte Waffe, Pintul, in den Tod geschickt wurden, desto mehr erschienen wie durch Zauberei. Tagsüber befanden sich unsere Leute in ziemlich schlechter Verfassung, denn dann kämpften diese Schweine am besten. Ihre Maschinen schleuderten zu hunderten Eisen in unsere Scharen und töteten unsere Männer. Doch nachts verbargen sich die Weißen im Wald, der doch für den Pintul wie eine offene Lichtung ist. Der furchtbare Pfeil verbreitete Tod und Zerstörung an ihren Schlafstätten und kam zurück, um für einen neuen Einsatz bereitgemacht zu werden. Also gewannen sie tagsüber und wir des Nachts.

Eines Nachts kam ein Wächter vom Frauenversteck und erzählte uns eine seltsame Geschichte. Ein paar weiße Männer seien bei den Frauen aufgetaucht und gäben ihnen Lebensmittel, Medizin und Kleidung. Der Bote selbst war wie ein Weißer gekleidet. Was war zu tun? Unser Gesetz verlangt, niemanden zu verletzen, außer man wird zuerst verletzt. Ein Kriegsrat wurde einberufen, und wir beschlossen, Frieden mit dem Feind zu machen. Ach, welch ein schicksalsschwerer Beschluß, Narren, die wir waren! Wir stellten keine Forderungen, schlossen keine Kompromisse, sondern beendeten den Krieg einfach, indem wir uns weigerten weiterzukämpfen.

So kamen die Weißen herein und siedelten sich an. Sie bauten Häuser aus Stein und große Straßen im ganzen Land und zwangen unsere Leute, für sie zu arbeiten. Sie verlangten sogar Steuern von uns. Sie waren in unser Gebiet eingedrungen, und wir konnten nichts dagegen machen. Sie sagten uns, unsere Fetische hätten ihre Macht verloren und wir müßten sie aus unseren Häusern entfernen. Viele Familienoberhäupter taten das auch, weil sie um ihr Leben fürchteten. Mein Vater war einer der wenigen, die sich den Befehlen der Weißen widersetzten. Aus diesem

Grund ist unsere Familie heute eine der größten. Alle, die ihre Fetische fortwarfen, starben kurz darauf. Der Tingan sorgte dafür. Die Familien, die dem weißen Mann gehorchten, wurden zerstreut. Im Nu wurden Dutzende von Familien ausgelöscht.

Deshalb behaupten manche, die Rachegeister der Vorfahren hätten dafür gesorgt, daß der weiße Mann klüger und stärker als wir wurde. Er eroberte unser Land, weil wir selbst so verblendet waren. Dein Vater ist eins ihrer Opfer, doch glücklicherweise ein Opfer, das noch lebt. Und weißt du auch, warum? Weil wir unseren Fetisch nicht vernichtet haben. Eines Tages wird auch er begreifen, warum man niemals, unter keinen Umständen, den eigenen Weg verlassen darf. Wenn du dem Gesetz der Ahnen untreu wirst, rufst du automatisch selbst die Strafe auf. Im Fall deines Vaters wurde prophezeit, daß sein Herz vor dem Fetisch des weißen Mannes schmelzen und er ihm folgen würde. Doch es war nicht über ihn verhängt, allzu tief in dieses Elend zu geraten, nur so tief, um unserem Volk etwas an die Hand zu geben, ein Beispiel für die Wege des weißen Mannes. Die Krankheit deines Vaters war eine von den Ahnen gesandte Warnung, auf diesem Weg nicht weiterzugehen. Siehst du, aus Schaden ist er jetzt klug geworden. Ich glaube nicht, daß er immer noch reisen will.«

Großvater schwieg. Die seltsame Schwingung im Raum löste sich auf. Mein Bewußtsein kehrte in die Normallage zurück, in den Alltag. Ich konnte jetzt Großvater als gewöhnlichen Menschen sehen. Sein Gesicht glänzte vor Schweiß, wie mit heiligem Öl gesalbt, seine Wangen waren glatt und rund, fast ohne Falten, als wäre er plötzlich wieder jung geworden. Er sah tatsächlich zwanzig Jahre jünger aus. Seine Augen, naß von Tränen, funkelten hell. Ich fragte mich, warum er geweint hatte. Er sah wie jemand aus, der gerade von einer erschütternden Begräbniszeremonie zurückgekommen ist und sich erst wieder ans normale Leben gewöhnen muß. Er war wie in Schweiß gebadet. Seine zwei Reisen in die Zukunft und zurück in die Vergangenheit hatten ihn den Großteil seiner Energie gekostet. Später, als ich älter war, erinnerte ich mich an diesen Augenblick mit Großvater als die intensivste Lernerfahrung meines Lebens.

Draußen begab sich die glühende Sonnenscheibe zur Ruhe. Ich dachte an meine Eltern auf den Feldern weit draußen, wie sie jetzt wohl aufbrachen, ihrem wohlverdienten Feierabend entgegen. Plötzlich zerriß das dumpfe Gescheppe eines berstenden Lehmtopfes die stille Luft – wahrscheinlich war es der Topf, den wir tags zuvor zum Abendessen benutzt hatten. Niemand nahm sich jemals die Zeit, ihn noch vor dem Schlafengehen zu reinigen. Leute, die von der Arbeit eines ganzen Tages müde sind, schon mit Tagesanbruch wieder auf sein und ununterbrochen schwere körperliche Arbeit leisten müssen, haben eben keine Zeit für Hausarbeit. Unmittelbar auf das Gescheppe folgte Hufgetrappel. Das Haupttor war offengeblieben, und die Ziegen und Schafe drängten herein und suchten nach Abfällen zur Ergänzung ihres Grasmenüs.

»Geh und verjag' die dummen Tiere vom Hof!« befahl Großvater. Ich sprang auf, um die Viecher zu verscheuchen.

»Und mach' das Tor zu, bevor du zurückkommst«, fügte er hinzu. Ich war schon an der Tür. Die Tiere spürten, daß jemand kam, denn sie machten kehrt und waren draußen, bevor ich auch nur einen Fußtritt austeilen konnte. Sie hatten den Lehmtopf zerbrochen und alles, was nach Futter schmeckte, aufgeleckt. Ich wußte, wenn Mutter heimkam, würde sie mich sehr ausschimpfen, daß ich die Tür zu schließen vergessen hatte, als ich von meinem Ausflug zum Baobab-Baum zurückkam. Aber jetzt war nichts mehr zu machen. Ich konnte nur das Tor schnell schließen und in Großvaters Zimmer zurücklaufen.

»Du hast lang gebraucht. Wollten die Ziegen nicht weg? Wir wollen zum Schluß kommen, dann kannst du deine

Eltern erwarten. Ich würde mich gerne ein bißchen ausruhen.«

Großvater richtete sich jetzt auf und lehnte sich an das mit Sand gefüllte Kopfkissen. Ich trat näher und setzte mich ans Ende seiner Schlafmatte, die warm und schweißgetränkt war. Unvermittelt nahm er wieder sein unirdisches Aussehen an, und die Stimme begann laut und durchdringend durch seinen Körper zu sprechen.

»Schon bald wirst du dieses Haus verlassen und das Land der ›Nipula‹, der Weißen, erforschen«, begann er. »Das wird nicht leicht sein, im Gegenteil das Schwierigste, was dir in deinem Leben bevorsteht. Es quält mich um deinetwillen, denn ich kann nichts für dich tun. Was bestimmt ist, ist bestimmt. Unsere Vorfahren haben uns gesagt, der beste Weg zu erfahren, wer die Nipula sind, ist, ganz nahe an sie heranzugehen. Eisen schneidet Eisen. Aber Eisen kann Eisen nur schneiden, wenn es das Eisen auch berührt. Der Wunsch nach solchem Wissen ist eine Sache, aber eine ganz andere ist es, es sich auch anzuzeigen. Der Wille der Vorfahren muß geschehen. Doch denke, während du deine Lebensaufgabe erfüllst, immer daran, daß deine Wurzeln hier bei uns liegen. Ich sage dies, weil ich weiß, welche Schwierigkeiten dich erwarten. Du wirst ins Leere geschossen werden wie ein Pfeil, wirst fliegen müssen wie ein Vogel und ins Wasser hinabtauchen wie ein Alligator zum Grund des Flusses. Doch denk daran, der in die Luft geschossene Pfeil kehrt unweigerlich zur Erde zurück. Und so hoch der Vogel auch fliegen mag, niemals vergißt er, zur Erde zurückzukehren. Der Alligator kann tief hinabtauchen, doch muß er wieder hinaufkommen, um Atem zu schöpfen. Denk daran, woher du stammst! Und sobald du das Geheimnis der Nipula entdeckt hast, laufe dann, und wärest du am anderen Ende des Erdballs, laufe dann zurück und sag es uns. Du bist Birifor, mein Bruder, ehemaliger Priester des Stammes. In deiner Hand liegt das Schicksal Tausender von Seelen, der

Seelen deines Volkes. Denk daran, dein Name verpflichtet dich, für sie zu leiden. Sei bereit, Birifor! Zu diesem Zweck bist du zurückgekommen. Ich grüße dich. Jetzt muß ich gehen.«

Damit streckte sich Großvater und sank auf die Matte zurück, die Augen zur Decke gerichtet. Mir fehlten die Worte. Ich verstand nicht wirklich, was er mir gesagt hatte. Das Verstehen würde später kommen, wenn ich älter war und man mir half, mich zu erinnern. Großvater schloß die Augen und blieb still, als schliefe er. Auch mein Denken schlummerte ein, angesteckt von seinem Schweigen. Ich konnte keinen Entschluß fassen. Sollte ich den jetzt dunkler werdenden Raum verlassen oder bleiben? Meine Unschlüssigkeit quälte mich, doch zugleich fühlte ich, wie tiefer Friede durch meinen Rücken in mich einströmte. Es war, als ob mir ein Geist frische Luft auf den Rücken blies. Diese Frische drang mir in den Körper, und ich fühlte mich so wohlig entspannt, daß ich schon dachte, ich würde ebenfalls einschlafen.

Ich weiß nicht, wie lange ich in diesem Zustand verharrte. Woran ich mich wieder erinnere, ist die Rückkehr der Feldarbeiter und der große Krach, als meine Mutter ihre Ladung Trockenholz mitten im Hof abstellte. Diese Geräusche holten mich in die Wirklichkeit zurück, und ich staunte, wie schnell der Tag verstrichen war. Langsam schlich ich zur Tür, darauf bedacht, nicht an die Kürbisse in der Mitte des Raumes zu stoßen.

Draußen war es dunkel. Der Himmel war wie gewöhnlich gesprenkelt mit unzähligen hellen Pünktchen, alle nach dem Rhythmus einer unhörbaren Trommel tanzend. Weit im Westen konnte ich noch die Stelle sehen, wo die Sonne untergegangen war. Alles übrige war in einen Schleier geheimnisvoller Dunkelheit gehüllt.

Bald kam mein Vater zurück. Er schob sein englisches Rad in den Hof und stürzte in Großvaters Zimmer. Ich wanderte umher und suchte meine Mutter, weil ich den ganzen Tag nichts gegessen hatte und schrecklich hungrig war. Ich fand sie, wie sie sich in der großen Halle ausruhte. Wie wenn sie schon wüßte, warum ich zu ihr kam, deutete sie auf ihre linke Brust und setzte sich bequem. Obwohl ich schon längst entwöhnt war und feste Nahrung zu mir nahm, stillte mich meine Mutter noch von Zeit zu Zeit, sozusagen als Schnellimbiß, wenn gerade nichts anderes da war oder wenn sie das Gefühl hatte, ich bräuchte Zärtlichkeit und Ermunterung. Der Tag mit Großvater war sehr aufregend gewesen und hatte meine jungen Kräfte bis aufs äußerste beansprucht.

Ich weiß nicht mehr, wie lange ich an meiner Mutter Brust lag. Jedenfalls wurde ich plötzlich durch Motorenlärm vor dem Haus aufgeschreckt. Meine Mutter stieß mich zur Seite und sprang hinaus. Wie betäubt blieb ich noch eine Weile im Dunkeln und folgte ihr schließlich. Vater Maillot, der Jesuitenpriester, der die Familie immer besuchte, stand dort im Hof und sprach sehr laut und in sehr schlechtem Dagara. Mehrere Leute umringten ihn, die meisten von den anderen Gehöften. Vater Maillot bellte einen Befehl, und mein Vater und noch jemand anderes gingen in Großvaters Zimmer und trugen ihn heraus. Die Leute halfen nun beim Tragen, und zusammen bugsierten sie Großvater aus dem Hof. Ich folgte ihnen. Sie legten Großvater und ein paar seiner Habseligkeiten in den Wagen. Kurz darauf heulte der Motor auf, Scheinwerfer tauchten den ganzen Hof in grelles Licht, der Wagen wendete und fuhr in Richtung Missionshügel davon.

Mein Vater packte sein Fahrrad. Ich rannte auf ihn zu und fragte: »Wohin bringen sie Großvater?«

»Ins Krankenrevier.«

»Ich gehe mit«, sagte ich.

»Es wird sehr kalt werden heute nacht, und du bist nicht warm genug angezogen. Geh wieder hinein und warte dort. Ich komme dann zurück.«

Ich schrie und heulte und warf mich, wie wahnsinnig

mit den Füßen in der Luft strampelnd, zu Boden. Da seufzte Vater tief auf, unschlüssig, ob er böse auf mich sein sollte oder nicht. Das nächste, woran ich mich erinnere, ist, daß ich hinter ihm auf dem Gepäckträger saß.

Das Krankenrevier war ein paar Jahre, nachdem die Missionare sich in Dano niedergelassen hatten, erbaut worden. Es war dasselbe Revier, in dem geboren zu werden ich wohlweislich vermieden hatte. Der erste Jesuit, der unser Gebiet betreten hatte, sah wie ein Forscher aus. Er verbrachte seine ersten sechs Monate in einer Hütte am Fuß des Hügels. Jetzt steht ein Verwaltungsgebäude – errichtet für die weiße Kolonialregierung – und die Kirche an dieser Stelle. Er war die Vorhut der anderen Jesuiten und baute eine stetig wachsende christliche Gemeinde auf. Als die anderen kamen, errichteten sie ein großes Haus für sich selbst und eine Kirche, die jedem offenstand, alles oben auf dem Hügel. Vom Osten des Tals aus konnte man den Kirchturm gut sehen. Ich kannte niemanden von den Leuten dort, außer Vater Maillot, der häufig in unser Dorf zu Besuch kam.

In der Nähe der Kirche standen einige Gebäude, wo Kranke mit moderner Medizin behandelt wurden. Dorthin brachte man Großvater. Ein dicker Mann untersuchte ihn, während wir schweigend warteten. Hierauf trug man Großvater ins Krankenzimmer, und dort lag er dann ohne Bewußtsein. Ich rief ihn beim Namen, stürzte zu ihm hinüber und ergriff seine Hand.

»Faß ihn nicht an«, schrie mein Vater. Doch Großvater öffnete die Augen, und als er mich erblickte, lächelte er freundlich und schloß sie wieder. Ich setzte mich dicht zu ihm und schob ihm die Linke in seine rechte Hand. Niemand sagte etwas. Auf allen Gesichtern ringsum lag tiefe Trauer. Ich weiß nicht, warum, aber ich machte mir keine Sorgen, solange Großvater da war.

Als ich morgens aufwachte, war ich nicht mehr neben Großvater, sondern lag in einer Ecke der kleinen Betonkammer. Ich streckte die Glieder, rieb mir den Schlaf aus den Augen und schaute mich um. Die Sonne war schon aufgegangen. Ihre Strahlen brannten mir durch das Wellblechdach auf die Haut. Großvater lag noch dort, wo ich ihn letzte Nacht gesehen hatte, und schien tief zu schlafen. Ich stand auf und ging zu ihm hinüber. Ich ergriff seine Hand und rief ihn an, ziemlich laut. Er gab keine Antwort. Auch als ich noch einmal rief, schwieg er. Mein Vater war nicht in der Nähe, und von den vielen anderen Dorfbewohnern im Raum kannte ich keinen. Trotzdem spürte ich irgendwie, daß es die Oberhäupter anderer Gehöfte sein mußten. Ich schaute sie fragend an: Warum schlief Großvater noch?

»Du wirst ihn niemals mehr hören«, sagte einer der Fremden.

»Er ist jetzt ein Geist«, sagte ein anderer. Ich verstand immer noch nicht, scheute mich aber, weiter zu fragen. Verwirrt setzte ich mich und schwieg. Erst nach langer Zeit kam mein Vater mit dem Arzt zurück, der Großvater die Nacht zuvor untersucht hatte. Der Arzt vollzog dieselbe Zeremonie und ging dann wieder. Hierauf stellte sich Vater mit ernstem Gesicht vor Großvaters Bett. Er hielt etwas in der Hand, was wie ein Schwanz mit zwei Handgriffen aussah, geschmückt mit Kaurimuscheln. Er zog das Ding auseinander und legte es Großvater in die Hand.

Sobald der Schwanz seine Hand berührte, schlug Großvater die Augen auf und richtete sich auf, mit ganz langsamen Bewegungen. Es sah sehr merkwürdig aus. Da er den Schwanz, den ihm Vater in die Hand gedrückt hatte, nicht loslassen wollte, konnte er sich mit dieser Hand nicht aufstützen. Das wirkte äußerst seltsam auf mich. Normalerweise brauchte Großvater endlos lange beim Aufstehen. Zuerst drehte er sich stöhnend und ächzend auf den Bauch. Dann krallte er die Hände in die Matratze und zog die Beine an, eins nach dem anderen. Von da an entfuhr ihm bei jeder Bewegung ein heiserer Schrei, bis er endlich auf beiden Füßen stand. Aber diesmal war es anders.

Großvaters Rumpf richtete sich auf wie von unsichtbaren Händen gezogen und verharrte eine Weile regungslos. Dem gleichen Impuls gehorchend, senkten sich nun seine Beine über den Rand des Bettes, knackend wie trockenes Laub. Es verschlug mir die Sprache, und wie gebannt schaute ich zu. Auch alle anderen schienen fasziniert zu sein. Jetzt begann er sich auf die Füße zu stellen, wie ein aufgezogenes Uhrwerk, sein Körper ähnelte einer Geisterstatue drunten im Dorf. Ich schaute nicht nur gebannt zu, sondern fürchtete auch, er könnte die Balance verlieren und sich den Hals brechen. Niemand konnte auf diese Weise aufstehen, ohne sich mit einer oder zwei Händen im Gleichgewicht zu halten. Doch bei Großvater berührten nur die nackten Füße den Boden, und man konnte sehen, wie sich die Muskeln der Unterschenkel unter der dünnen, dunklen Haut spannten und streckten. Dann plötzlich stand er aufrecht da.

Kaum war dies Wunder vollbracht, als ich auf ihn zustürzte und seine Rechte, die freie Hand, ergriff. Mein Vater machte eine Bewegung, mich zurückzuhalten, besann sich dann aber anders.

Im Befehlston sprach er nun ein paar Worte zu Großvater in der geheimen Ursprache. Großvater erwiderte nichts, er verließ nur den Raum, mein Vater vorneweg und die Delegation hinterdrein. Ich ging ihm zur Rechten und hielt immer noch seine Hand. Er bewegte sich ganz sonderbar – allzu aufrecht, allzu energisch, ziemlich unnatürlich, doch reagierte er auf jedes Hindernis. Draußen schloß sich die Menge uns an und bildete einen Ring um uns. Ich war zwar noch zu jung, um den Sinn dieses Rituals zu begreifen und warum all diese Leute nicht miteinander sprachen, doch freute ich mich, mit Großvater nach Hause gehen zu können – auch wenn er offenbar nicht mit mir sprechen wollte.

Der Sieben-Kilometer-Marsch dauerte vier Stunden. Tote gehen langsam. Sie haben keine Eile. Wir müssen ungefähr zur Mittagszeit zu Hause angelangt sein, denn als wir ankamen, trat jeder auf seinen eigenen Schatten. Leute, denen wir unterwegs begegneten, blieben stehen, verließen die Straße, und ihre Mienen wurden ernst. Zuhause standen überall Männer und Frauen. Aus allen Richtungen waren sie gekommen und warteten auf Großvater. Die zuerst Angekommenen saßen im Schatten der Bäume, die das Anwesen umgaben, andere standen in der stechenden Sonne. Immer noch mehr Leute kamen. Als wir den Hof außerhalb des Haupttores erreichten, blieb unsere Prozession stehen. Fünf alte Männer traten aus dem Gehöft und begrüßten uns mit frommen Worten, wobei sie mit feierlichem Gesicht auf die Knie fielen. Ich war ganz stolz, so im Mittelpunkt zu stehen. Sie murmelten Großvater etwas zu. Er gab immer noch keine Antwort, aber das schien ihnen nichts auszumachen.

Ich muß hier kurz innehalten, um eine Bemerkung einzuflechten. Jede Kultur hat ein anderes Verhältnis zu ihren Toten, und ich weiß sehr gut, daß in einer Gesellschaft mit Wolkenkratzern und hochentwickelter Technik Tote nicht gehen. Statt dessen werden sie in schöne, teure Särge gelegt und in eleganten, schwarzen Wägen zum Friedhof gefahren. Man entzieht sie möglichst rasch den Blicken der Lebenden, damit das Leben ungestört weitergeht.

Warum aber gehen die Toten dort, woher ich komme? Sie gehen, weil sie für die Lebenden genauso wichtig sind wie vor ihrem Tod. Sie sind dann sogar noch wichtiger, wie unsere ausführlichen, langwierigen Begräbnisrituale beweisen. Wir verstecken ihren Körper nicht – wir möchten ihn im Gegenteil deutlich sehen, damit er uns an den Verstorbenen und das von ihm erwiesene Gute erinnert. Wir möchten auch daran erinnert werden, daß er sich wohlfühlt auf seinem Weg zur Ahnenexistenz. Wir müssen unsere Toten sehen, damit wir sie wirklich betrauern können, durch und durch und ohne Einschränkung. Nur so befreien wir unsere Herzen endgültig vom Kummer. Sicher, nicht jeder Tote wird gebeten zu gehen. Mein Großvater starb auf dem Missionshügel, also auf fremdem Boden. Er war ein Ältester und Führer mit großer Macht und hätte besser zu Hause sterben sollen. Die einzige Möglichkeit, den Tod einer so wichtigen Persönlichkeit zu korrigieren, wenn er sich am falschen Ort ereignet, ist, daß der Tote nach Hause geht. Und wenn dann die Begräbniszeremonie beendet ist, wird der Körper zu Grabe getragen.

Großvaters Augen waren auf etwas Jenseitiges gerichtet, Gesicht und Körper ausdruckslos. Von allen Beteiligten war er anscheinend derjenige, den die Vorgänge am wenigsten betrafen. Jetzt machten ihm die vor dem Tor stehenden Leute Platz, und er betrat das Anwesen. Bei einem Blick zurück bemerkte ich, daß sich die Menge unter den Bäumen erhoben hatte und ehrfürchtig das Geschehen verfolgte. Das ganze Hirsefeld war bunt gesprenkelt von Männern und Frauen in blauen, weißen, gelben, roten und schwarzen Gewändern, und es kamen immer noch mehr.

Während ich noch über dieses farbige Gewimmel staunte, holte mich Großvater durch einen Ruck seiner Hand in die Gegenwart zurück. Er hatte jetzt wieder zu gehen begonnen. Wir gingen in sein Zimmer. Dort warf eine Kerosin-Lampe ein schwaches, gelbes Licht, das nur dann und wann im Wind, der durch die Deckenöffnung hereindrang, aufflackerte. Als sich Großvater auf sein Lehmbett zubewegte, wirkte das komisch und tragisch zugleich. Mit seinen steifen Bewegungen und seinem fast schon geisterhaften Gesichtsausdruck machte er einen ehrfurchtgebietenden, aber irgendwie auch unbeteiligten Eindruck. Er beugte sich vor, als er das niedere Lager erreichte. Er hob den linken Fuß und stellte ihn zögernd auf die Erhebung, wie im Zweifel, ob er es auch richtig machte. Plötzlich gab er sich einen Ruck, stieß sich ab – und stand auf dem Bett. Ein wenig kämpfte er um sein Gleichgewicht, dann wandte er sich um und blickte zur Eingangstür. Scheinbar betrachtete er die kleine Menschenschar, die ihm ins Zimmer gefolgt war. Aber in Wirklichkeit ergab sich kein Blickkontakt, denn Großvater existierte jetzt schon in Räumen jenseits der Lebenden. Körperlich weilte er noch unter uns, doch in Wirklichkeit schon in der Welt der Geister.

Mein Vater trat auf Großvater zu und nahm ihm den Hyänenschwanz aus der Hand, während zwei kräftige Männer Großvater im Rücken stützten. Großvater vertraute sich ihren Händen an, und mit der gebührenden Sorgfalt ließen sie ihn aufs Lager gleiten. Wieder sah es so aus, als läge er in tiefem Schlaf. Verunsichert durch diese plötzliche Reglosigkeit, schaute ich fragend umher.

Die Menge draußen wuchs schnell an. Inzwischen mußte ich mir sagen, daß hier doch irgend etwas nicht stimmte. Vor wenig mehr als 24 Stunden hatte mich Großvater einen Blick in die Zukunft tun lassen. Jetzt aber schlief er friedlich, und es schien ihm ganz gleich zu sein, was um ihn her vorging.

Die fünf oder sechs Männer, die uns in Großvaters Zimmer begleitet hatten, machten sich jetzt eifrig zu schaffen. Einige brachten die Kürbisse und Dosen im Raum wieder in Ordnung, andere bereiteten Medizin vor oder verbrannten aromatische Pflanzen.

Mein Vater war wieder verschwunden, doch konnte ich ihn zu einer Gruppe alter Frauen sprechen hören, die am Eingang zu Großvaters Zimmer standen. »Bereitet alles zur Mahlzeit vor und wärmt das Wasser auf. Macht schnell, alles muß vor der Abendkühle fertig sein.«

Er kam zu Großvater zurück und streifte ihm die restlichen Kleider ab. Dann massierte er seinen Körper langsam und sorgfältig. Einer der Männer brachte einen Lehmtopf mit schäumender Flüssigkeit, in der ein zweischneidiges Messer steckte. Vater hielt Großvaters Kopf, während ein anderer Mann ihm das weiße Haar abrasierte. Er befeuchtete eine Stelle des schneeweißen Schädels nach der anderen und schnitt das Haar dort ab. Hierauf sammelte er die

Strähnen und übergab sie einem neben ihm stehenden Mann, der sie einem dritten weiterreichte und so fort, bis ich sie aus dem Auge verlor. Die Rasur ging sehr langsam vonstatten. Als alle Haare weg waren, legte der Haarschneider das Messer in den Topf zurück und sprach Worte einer Trauerformel. Die Kürbisse und Büchsen im Raum antworteten, indem sie klirrend aneinanderschlugen.

In diesem Augenblick betraten die Frauen den Raum. Sie stellten einen gewaltigen Lehmkrug mit warmem Wasser ab und drei andere Töpfe mittlerer Größe. Der eine enthielt ebenfalls Wasser, ein anderer Gewürze und der dritte Hirsemehl. Wortlos verließen die Frauen den Raum wieder. Die Männer trugen den Topf mit warmem Wasser zu Großvaters Totenlager. Sie mischten das Wasser mit drei verschiedenen Wurzeln und zwei Flüssigkeiten aus den Kürbissen und wuschen den Körper sorgfältig. Großvaters letzte Toilette beanspruchte unendlich viel Zeit. Die Männer sangen, während sie sich um ihn bemühten, feierlich im Chor, und zwar eine Art Genealogie. Ich erinnere mich noch einiger Namen, und später begriff ich, daß sie meinen Urahnen gehörten.

Danach sprachen die Männer das Totengebet. Andere, die vorher nicht mitgesungen hatten, stimmten die Ode an die Geister an, die keinen Tod kennen. Diese Geister leben in der Unterwelt, in der Luft, im Wasser und im Feuer. Die ehrfürchtigen Stimmen der Männer, die klagend und zitternd in die Luft stiegen, wurden von anderen Stimmen draußen am Eingang begleitet. Am meisten schnitt der Gesang der Frauen ins Herz. Die Männer, die ihn hörten, stießen ein kurzes »Sanwéi« hervor, was in unserer Sprache bedeutet: »O Vater«. Die schrillen Stimmen der Frauen erhoben sich wie scharfe Dolche und durchbohrten einem wirklich das Herz. Sie bewirkten, daß uns allen ein Kloß im Hals steckte, Tränen in die Augen stiegen, und ein Frösteln uns überlief. Ich weinte mit, aber nicht weil Großvater tot war – ich hatte bislang nur eine sehr vage Vorstellung davon, was »tot« bedeutete –, sondern weil diese Sängerinnen so jämmerlich klagten, daß mir endlich dämmerte, irgendeine Tragödie müsse sich ereignet haben.

Plötzlich war der Raum wie von einer Decke der Finsternis überzogen, dick und schwer, nur hier und da blitzte und glitzerte es gelblich auf. Hinter den singenden Stimmen war ein fortwährendes Gemurmel zu vernehmen, ein unaufhörliches monotones Summen, das aus den Kürbissen und Dosen hervordrang. Sie stießen aneinander, wie bewegt von den Schnüren, an denen sie befestigt waren. Als nächstes hörte ich das Geräusch marschierender Füße, die überall in dem kleinen Raum trippelten und trappelten. Die Dunkelheit wurde tiefer und geradezu furchteinflößend. Das Fußgetrappel erklang nun auch vom Dach des Hauses, und kleine Schmutzstückchen, die von der Decke fielen, zeigten, daß sich das Dach unter dem Gewicht der kleinen Körper bog. Drinnen verständigte sich das unsichtbare Völkchen mit gellenden Schreien und rannte kreischend durcheinander. Dabei stieß es an unsichtbare Gegenstände, die mit lautem Krachen zu Boden fielen. Der Lärm wurde nachgerade unerträglich.

Plötzlich begann alles um mich zu kreisen. Ich hatte das Gefühl, auf einem Floß zu stehen, das sich ziellos drehte und drehte. Auf dem Floß befand sich ein halbes Dutzend alte Menschen, jeder mein Großvater, und jeder machte sich über mich lustig. Sie lachten laut, ohne darauf zu hören, was ich sie fragte. Ich versuchte trotzdem, mit ihnen zu sprechen, aber meine Lippen wollten die Fragen, die mir auf der Zunge lagen, einfach nicht formen. Schließlich stieg das Floß hoch in die Luft und tauchte mit einem letzten Schwung ins Leere wie ein Raumschiff. Von Furcht überwältigt schrie ich laut auf. Sofort hörte das Durcheinander auf, und ich sah, wie sich mein Vater besorgt über mich beugte und fragte: »Alles in Ordnung?« Ich lag neben Großvater auf dem Bett. Sie hatten ihn angezogen, wie man Tote kleidet. Erstaunt fragte ich mich, was mit mir passiert war.

Sänger, Wäscher und Haarschneider hatten nun ihre geheimnisvollen Tätigkeiten beendet und gingen zu nicht weniger mysteriösen Handlungen über. Sie verwandelten Großvaters Zimmer in eine Küche, in der sich alles umgekehrt abspielte. Ein Lehmtopf kochte friedlich an der Decke, die Unterseite dem Dach zugewendet. Darüber – von uns aus gesehen – tanzte ein Feuerchen auf einem dreieckigen Feuerplatz. Seine Grenzen waren von Steinen mittlerer Größe abgesteckt, deren jeder leicht zehn Kilo wiegen mochte. Das Ganze – Feuerplatz, Feuer, Steine, Lehmtopf und Wasser – schwebte wie durch Zauberei an der hölzernen Decke. Unterhalb dieses schwindelerregenden Feuerplatzes bereiteten Männer die vielen Zutaten vor, die für ein Mahl außerhalb der Schwerkraft erforderlich waren.

Ich war fasziniert von diesem kopfüber dastehenden, kochenden Topf Wasser. Das Ganze kam mir wie ein Scherz vor. Niemals hatte ich etwas Derartiges gesehen, und auch Großvater hatte mir bestimmt nichts davon erzählt.

Nun schüttete einer der Männer Mehl in eine Wanne Wasser, in dem eine Kräutermischung gelblich schimmerte, rührte es sorgfältig um und schleuderte den Inhalt zu dem kochenden Topf hinauf. Statt zu Boden zu fallen, gehorchte der Inhalt hier einem anderen Gesetz. Er landete im kochenden Wasser, das hoch aufspritzte, bis zum Holz der Decke. Jeder oblag seinen Aufgaben, unbekümmert darum, wie seltsam sich das Ganze ausnahm. Es war, als arbeiteten sie in einem Zauberkreis, der den Naturgesetzen Hohn sprach, verwickelt in eine seltsame Verschwörung gegen den Großen Herrn des Universums.

Bald kochte in dem Lehmtopf eine zähe Masse, die sprudelte und zischte wie ein Vulkan. Dämpfe füllten das ganze Zimmer. Der Mann, der Mehl ins kochende Wasser geschüttet hatte, ergriff ein Holzbrett, einen »Vuul«, und stieß es in den zischenden, zähen Brei in dem umgedrehten

Topf. Er rührte damit herum, erst im, dann gegen den Uhrzeigersinn. Dabei schüttete ein anderer Mann neben ihm regelmäßig trockenes Mehl aus einem Korb in den Topf. Der Hirsekuchen in dem Lehmtopf nahm langsam an Größe zu, wurde dicker und härter, und das Rühren wurde immer schwieriger. Der erste Mann schwitzte schon, bei jeder Bewegung zogen sich seine Muskeln zusammen. Jetzt ächzten er und der Kuchen unisono.

Als der erste Mann fertig war, legte er seinen Vuul auf den Boden neben den zweiten Mann, holte sich zwei Topflappen gegen die Hitze, ergriff den Lehmtopf und zog mit aller Kraft und angehaltenem Atem. Der Topf leistete eine Weile Widerstand, gab dann aber nach und stürzte von der Decke. Mit einer schnellen Bewegung drehte ihn der Mann in der Luft und stellte ihn aufrecht, so daß der Inhalt nicht auslaufen konnte. Gefäß und Inhalt standen nun sicher auf dem Boden, ohne Schaden genommen zu haben. Gleich darauf machte ein anderer Mann dieselbe Drehbewegung rückwärts, mit einem anderen, halb mit Wasser gefüllten Lehmtopf. Der neue Topf stieg in die Luft, drehte sich U-förmig zwischen Boden und Decke und setzte sich, die Unterseite voran, auf die Feuerstelle an der Decke. Bevor das Wasser kochte, schüttete der Mann noch etwas Okra-Mehl und einige Gewürze hinein.

Auch fügte er getrocknetes Affenfleisch und eine Unzahl Medizinen hinzu. In der Zwischenzeit teilten andere den Hirsekuchen aus. Ein Teil des Kuchens wurde neben Großvaters Totenlager abgestellt, die anderen Portionen in kleinere Töpfe getan und an die Frauen verteilt, die draußen am Eingang warteten. Als die Soße im zweiten Topf fertig war, holten ihn die Männer auf die gleiche Weise wie den ersten herunter. Auch die Soße wurde in Lehmtöpfe gegossen und verteilt und eine größere Portion neben Großvaters Totenlager aufgestellt.

Jetzt traten die Köche und mein Vater zu Großvater und setzten sich um das dampfende Mahl. Wieder zog Vater den furchtbaren Hyänenschwanz hervor und legte ihn in Großvaters linke Hand. Die ganze Zeit über hatte Großvater geschlafen, unbekümmert um alles, was in seinem Zimmer vor sich ging. Nun fuhr er plötzlich hoch, wie von einer Schlange gebissen oder einem Schock geschüttelt. Er öffnete die Augen und richtete sie auf die Decke.

Mein Vater sagte: »Vater, steh auf, das letzte Mahl ist bereit. Iß mit uns dieses Mahl, das den Körper stärkt und den Geist wach hält. Man reist nicht mit leerem Bauch zu den Ahnen. Es ist eine lange Reise, eine schwere Reise. Iß mit uns, was du dir auch im Leben immer hast schmecken lassen.«

Großvater gab keine Antwort. Er reckte sich nur langsam, bis er aufrecht saß. Fragend blickte er von links nach rechts, von rechts nach links, wie um sein Zimmer zu inspizieren, und senkte dann die leblosen Augen auf die Schüssel vor sich. Alles schwieg gebannt. Neben Großvater stand eine Kalebasse mit warmem Wasser. Er steckte die rechte Hand hinein und wusch sie, während er mit der linken weiter den Hyänenschwanz hielt. Dann nahm er ein Stück Hirsekuchen, tauchte es in die Soße und führte es zum Mund.

Fünf Augenpaare verfolgten aufmerksam jede seiner Bewegungen. Ich bemerkte, daß das Essen verschwand, bevor es in seinen Mund gelangte. Eine unsichtbare Kraft absorbierte es, ehe es die Lippen berühren konnte. Niemand sagte etwas oder schien irgendwie überrascht, deshalb hörte ich auf, Großvater anzustarren. Nach dem Beispiel der anderen Gäste begann ich ebenfalls zu essen. Ich war hungrig genug, um einen ganzen gebratenen Affen und mehrere Liter Bratensoße zu verschlingen. Wir aßen schweigend, wie es die Sitte der Dagara verlangt: »Der Mund, der ißt, kann nicht der Mund sein, der spricht«.

Großvater beendete als erster die Mahlzeit. Er ließ seine Hand kurze Zeit auf dem Oberschenkel ruhen, dann tauchte er sie wieder in die Kalebasse und wusch sich die

Finger. Das dauerte ziemlich lange. Er schien es wirklich nicht eilig zu haben. Als er fertig war, folgten die anderen Männer seinem Beispiel. Alle wuschen sich die Hände, und ich durfte den Rest essen. Ich zog die beiden Töpfe mit ihrem köstlichen Inhalt dicht an mich heran. Alle schauten mir zu, und ohne ein Wort verstand ich, daß ich mich beeilen mußte.

Jahre später, und älter geworden, begriff ich erst, was ich damals gesehen hatte. Das Kochen außerhalb der Schwerkraft war eine geheime Handlung, die nur vollzogen wurde, wenn ein Führer von außergewöhnlichem Rang starb. Am Tag von meines Großvaters Tod sah ich diese Handlung zum ersten und letzten Mal, denn mit den im Stammesleben auftretenden Veränderungen verlor sich auch diese Gepflogenheit, vielleicht zusammen mit dem Geheimnis selbst. Heute ist sie Legende geworden. Für alle, die einmal Augenzeugen des »Satulmo«, wie diese Sitte heißt, gewesen sind, ist es traurig, wieviel meinem Volk verlorengegangen ist und wieviel künftig noch der Vergessenheit anheimfallen wird.

Die Zubereitung des Mahls im Bereich umgekehrter Schwerkraft war eine symbolische Handlung, symbolisch für das Reich, das die Großen durch das Tor des Todes betreten. Mit dem Verlassen seines Körpers hatte sich Großvater den Gesetzen der Körperwelt entzogen. Deshalb konnte er nur eine nach den Gesetzen des neuen, von ihm jetzt bewohnten Reiches zubereitete Mahlzeit zu sich nehmen und verdauen. Es gibt geheime Pflanzen in der Natur, die ungeheure Zauberkräfte enthalten. Durch Verwendung dieser Pflanzen, bekannt nur bei Heilern sowie Männern und Frauen, die mit der großen Medizin von Mutter Erde in Berührung stehen, waren unsere Köche in der Lage, für kurze Zeit einen schwerkraftfreien Raum zu erzeugen.

Die Sonne ging gerade unter. Das Anwesen war schwarz von Männern und Frauen, Mädchen und Jungen, die aus allen Richtungen des Stammesgebietes zusammengeströmt waren, um Bakhye, meinem Großvater, die letzte Ehre zu erweisen. Ich aß jetzt hastiger. Bald waren die Schüsseln leer, und einer der Gäste schaffte sie weg. Mit vollem Bauch schaute ich hinauf zu dem Holzstoß, auf dem eine so üppige Mahlzeit gekocht worden war. Aber es war keine Spur eines solchen Holzstoßes, eines Feuerplatzes oder eines Feuers droben an der Decke mehr zu entdecken.

Inzwischen war die Sonne hinter dem Berg gesunken, und der Tau der Abenddämmerung kühlte die Luft. Der Wind hatte zu wehen aufgehört, die Zeit hielt den Atem an, als ob sie auf etwas wartete. Mein Vater, der für eine Weile verschwunden war, erschien jetzt wieder in zeremonieller Tracht. Sein sich weit bauschender Baumwollumhang war von geschickten Schneidern genäht worden. Am Hals war er mit einem kreisförmigen Krokodilmuster verziert, jedes Krokodil den Schwanz des Tieres vor sich in den Zähnen. An der Brust war der Umhang mit einem gewaltigen Tierkreis bestickt, Symbol der Kosmogonie unseres Stammes. Und als hätte das noch nicht ausgereicht, meinem Vater das Aussehen eines mächtigen Zauberers zu geben, sah man große aufgestickte Medizinräder. Unten war das Gewand mit Sternen in verschiedenen Farben gesäumt, so daß Vater noch imposanter aussah. Unter dem Umhang, der an den Knien endete, schaute eine ungeheure Hose hervor, der Saum mit schönen Ornamenten geschmückt. Sie war unten so eng, daß ich mich fragte, wie Vater seine Beine hindurchgekriegt hatte. An den Füßen trug er ein Paar moderner, hell gewichster Schuhe, die im Zwielicht glänzten. Dieser ganze Aufzug wurde gekrönt von einer enganliegenden, traditionellen Mütze, ähnlich einem westlichen Barett. Über den Rücken hatte Vater seinen Medizinbeutel aus Antilopenfell geworfen, er war gefüllt mit Kaurimuscheln.

Als mein Vater Großvaters Zimmer betrat, standen alle

in feierlicher Erwartung. Ich wollte ebenfalls aufstehen, konnte es aber nicht, weil ich so viel gegessen hatte. Glücklicherweise mußte ich es auch nicht, denn im nächsten Augenblick gingen schon alle weg und ließen Vater und mich mit Großvater allein. Mein Vater kniete neben Großvater, der noch immer saß, nieder, holte eine weiße, pulverige Substanz heraus und streute sie in die Luft. Wie die meisten Zauberstoffe roch auch sie entsetzlich. Ich glaubte zu ersticken, aber Vater schien sich bei diesem Geruch erst recht in seinem Element zu fühlen.

»Hier bin ich«, sagte er still.

Bei diesen Worten schlug Großvater die Augen auf, die seit Beendigung des Mahls geschlossen gewesen waren, umklammerte den Hyänenschwanz fester und sagte, ohne die Stimme zu heben: »Es ist soweit. Ich lege das Los der Familie in deine Hände. Ich muß jetzt zwar gehen, doch werde ich immer hier sein. Vom Reich der Toten aus kann ich dir noch besser helfen als bisher. Ich werde sogar zugleich dort und hier sein, denn ich habe kein Fleisch mehr. Mein Sohn, die Zeit ist gekommen, daß du ein Führer wirst, ein Brunnen der Weisheit. Dir ist jetzt aufgetragen, über diesem Stamm von Männern und Frauen zu wachen. Schlafe nur, wenn es nötig ist. Iß nur, wenn es nötig ist. Wache über das Schicksal der Birifor. Das Glück dieser Familie liegt in deinen Händen.«

Während er so sprach, verwandelte sich Großvaters Stimme. War sie anfangs tief und sonor, wurde sie jetzt allmählich dünner, schriller und schien sich immer weiter zu entfernen. Er sprach, ohne die Lippen zu bewegen, ohne begleitende Gesten und besondere Akzente. Doch unbestreitbar lag große Kraft in seinen Worten. Beim Sprechen strömte ein Glühen, erst gelb, dann grün, aus seinem Scheitel und verbreitete sich durch die ganze Kammer. Die Behälter mit Medizin begannen wieder aneinander zu schlagen, wie von unsichtbarer Kraft bewegt. Wie aus weiter Ferne bestätigten aus der Tiefe hinter Großvater hervorkommende Geisterstimmen nachdrücklich seine Worte. Auf meines Vaters Gesicht malte sich höchstes Erstaunen. Mit gefurchter Stirn neigte er demütig das Haupt und überließ sich der Stimme, die zu ihm sprach.

Nach kurzem Stillschweigen fuhr Großvater fort: »Mein Sohn, ich habe mir den Sinn für Ehre und Wahrhaftigkeit und den Glauben an unsere Überlieferungen bewahrt. Ich wuchs im Schatten der heiligen Riten des Stammes und der Familie auf, und als junger Mann versuchte ich mir mit Eifer anzueignen, was ich in der Schule unserer Väter lernte. Immer mehr Aufgaben übernahm ich, immer intensiver setzte ich mich ein, um der Familie dienstbar zu sein. Nie hätte ich gedacht, daß ich zu solchem Einsatz fähig wäre. Unsere Familie steht im Augenblick auf dem Gipfel des Glücks. Unser Name, Birifor, ist weithin bekannt, selbst in Ländern jenseits des großen Flusses. Denk daher daran, je höher der Aufstieg, desto schmerzhafter der Fall. Halte das Glück und die Ehre der Familie auf dem Niveau, auf dem ich es gehalten habe. Das ist das Mindeste, was du tun kannst: Laß nicht zu, daß unsere Familie absinkt. Laß mich dir nahe sein und mit dir zusammenwirken. Solltest du einmal nicht mehr weiter wissen, werde ich dir im Traum erscheinen und zu dir sprechen.

Und noch etwas, worüber du Bescheid wissen und was du akzeptieren mußt. Deine Erfahrungen mit dem neuen Wissen, das die Weißen hierher gebracht haben, werden dir von großem Nutzen sein. Aber es ist gefährlich, sich auf sie einzulassen und sich mit ihrem Wissen zu befassen. Eine dieser Gefahren ist, daß du vergißt. Sollte die Kenntnis ihrer Wege bedeuten, daß du die deinen vergißt, bitte ich dich, deine Beziehungen zu ihnen abzubrechen. Aber ich glaube nicht, daß es soweit kommt. Im Gegenteil, ich glaube, deine Beziehung zu ihnen wird uns zum Segen ausschlagen. Durch deine privilegierte Stellung zu ihnen wirst du anderen Familien im Stamm zeigen, daß Hund und Katze friedlich nebeneinander leben können.

Dies ist der Grund, weshalb wir unsere Familie der neuen Ära öffnen müssen, die über der ganzen schwarzen Rasse heraufgezogen ist. Wir müssen unsere Kinder vorsichtig an diesen Wind gewöhnen, der vom Westen her weht. Wer weiß, vielleicht wird unser Medizinbeutel schon morgen noch praller gefüllt sein.

Wir sind in die Stunde der Experimente eingetreten. Wir dürfen nicht mit den Händen im Schoß dasitzen und uns passiv der Bedrohung durch die Fremden ausliefern. Schikken wir unsere Kinder zu diesen Leuten, suchen wir nach Lösungen für unsere Probleme. Die Zeit für eine neue Sinngebung ist gekommen, für neue Visionen, neue Kämpfe. Denk daran! Es war deine törichte Unterwerfung, die dich eine Frau und drei Kinder gekostet hat. Du darfst jetzt nicht mehr passiv bleiben, deine Erfahrungen müssen Früchte tragen. Der Krieg gegen unseren Feind beginnt mit einem Friedensvertrag. Ich zeige dir einen intelligenten Weg, um dich mit einem Problem auseinanderzusetzen, das wir in seiner vollen Tragweite immer noch nicht verstehen. Ich bin zu Ende. Leb wohl!«

Großvater hatte gesprochen. Schweigen lastete im Raum. Er hatte zu sprechen aufgehört und damit auch aufgehört, als Lebenskraft der Familie zu wirken. Draußen war die Menge noch größer geworden, und eine dicke Decke aus Dunkelheit erstickte die Dämmerung. Für einen kurzen Moment kniete mein Vater noch einmal stumm vor Großvater. Dann erhob er sich, nahm ihm den Zauberschwanz aus der Hand, drückte ihn aufs Kissen zurück und verließ rückwärtsgehend den Raum.

Kaum war er draußen, als ein Brausen die stille Luft erfüllte. Ein ungeheurer Schrei aus vielen Kehlen stieg von unserem Anwesen auf, breitete sich wie Feuer aus und drang an jedes Ohr in Hörweite. Sofort ließ sich auch die Stimme des Begräbnisxylophons vom Dach unseres Hauses vernehmen. Zwei scharfe Töne, kurz hintereinander, gefolgt vom gleichen Rhythmus in der Oktave, dann ein lang ausgehaltener Ton, überbrachten die Botschaft: »Ein großer Häuptling, Bakhye ist sein Name, ist diesen Morgen auf die große Reise gegangen ... die Lebenden trauern.« Fast im gleichen Augenblick nahm ein anderes Xylophon, weiter entfernt, die Klänge auf.

Ich lief in unser Anwesen zurück, angezogen von dem gewaltigen, plötzlichen Brausen. Die Frauen klagten wie von schaurigem Unglück betroffen, meine Mutter als lauteste von allen. In Begleitung eines halben Dutzends älterer Frauen rannte sie verzweifelt hin und her, wie eine schmerzhaft von einer Biene am Ohr gestochene Kuh. Die alten Frauen folgten ihr, wohin sie, im Gleichtakt mit dem An- und Abschwellen ihres Jammers, ging oder lief. Ihr Geschrei wirkte ansteckend auf die Frauen ringsum. Auch ich heulte, überwältigt von dem Schmerz meiner Mutter. Aber niemand stand mir in meinem Kummer bei. Hilflos weinend, rannte ich vor das Anwesen hinaus. Dort ging es noch turbulenter zu. Hunderte von Menschen gaben, jeder auf seine Art, ihrem Beileid mit der Birifor-Familie Ausdruck.

Einige Männer bellten ihren Schmerz buchstäblich hinaus, manche Frauen jedoch konnten nur flüstern, und niemand verstand sie bei dem allgemeinen Gejammere. Die besten Gefäße des Schmerzes waren tatsächlich die Frauen. Ihre Klagen kamen tief aus den Kehlen und stiegen wie magische Flammen hoch empor, um sich wie durch Zauberei in der Luft wieder aufzulösen. Aber sofort begannen dieselben Klagen wieder, gellender als zuvor, und es war, als würden sie jetzt vom Himmelsgewölbe zurückgeworfen und durchschnitten beim Sturz zur Erde die Luft. Wie körperliche Wesen fielen die Schreie zu Boden, ernst und langsam, und schienen die undankbare Erde dafür zu schelten, daß sie ihnen diesen geliebten Menschen entrissen hatte. Bei allen Begräbnissen der Dagara kommt es zu solchen Trauerausbrüchen. Aber der Jammer jetzt war noch größer als alles, was man bis dahin erlebt hatte. Ich glaube, all diese Frauen erinnerten sich an Großvaters Freigebigkeit. Viele von ihnen lebten nur dank seiner Hilfe, und das war ihnen bewußt. Sie trauerten um seinen Verlust, und weil sie nicht wußten, was das Morgen ohne ihn bringen würde.

Unter dem zweihundertjährigen Baobab-Baum, mitten im Hirsefeld, versammelten sich nun Männer und Frauen langsam um zwei Xylophone und eine Trommel. Großvaters Begräbnisritual hatte begonnen.

Großvaters Begräbnis

Plötzlich tauchte Vater, den ich wegen der ungeheuren Menge und der immer dichter werdenden Dunkelheit aus dem Auge verloren hatte, wieder auf, ein halbes Dutzend Männer im Schlepptau. Er stöhnte verzweifelt und rief immer wieder Großvaters Namen. So intensiv gab er seinen Gefühlen Ausdruck, als wäre dies die letzte Gelegenheit, dem Schmerz öffentlich freien Lauf zu lassen und ihn dadurch zu beschwichtigen. Er weinte nicht nur um Großvater, sondern auch wegen all des in ihm angehäuften unbewältigten Kummers. Sein tränenüberströmtes Gesicht wirkte wie eine Grimasse. Nicht weniger gespenstisch leuchteten die Gesichter seiner Begleiter, die ihm die volle Gewalt des Schmerzes tragen halfen. Langsam ging Vater von Osten nach Westen und wieder zurück, und ab und zu blieb er stehen, als müsse er dieses Schicksal, das die Birifor betroffen hatte, bewußt auskosten und verdauen. Dann konnte er sich plötzlich mit einem Ruck herumwerfen, wie wenn seine Bemühungen, zu verstehen, von den Mächten der Finsternis selbst vereitelt worden wären. Unaufhörlich schrie er »Bakhye, Bakhye« – und nach jedem Ruf räusperte er sich heiser und schien auf eine Antwort zu lauschen.

Die sechs Männer, deren Aufgabe es war, ihn zu unterstützen, litten diskret mit ihm und hielten ein Auge auf ihn. Bei Begräbnissen der Dagara ist es immer so, daß die Mitglieder der betroffenen Familie von einer Schar Freunde begleitet werden, damit sie sich im Paroxysmus ihrer Qual nicht selbst ein Leid antun. Aber gerade diese Paroxysmen sind ja notwendig, um den Schmerz zu bewältigen. Anders als die Menschen im Westen sind die Dagara davon überzeugt, daß es etwas Schreckliches ist, seinen Schmerz zu unterdrücken. Nur durch leidenschaftliches Ausdrücken des Schmerzes wird man mit einem Verlust fertig und lernt, mit ihm zu leben. Die Dagara glauben auch, die Toten haben ein Recht auf Tränen. Ein Geist, der nicht leidenschaftlich betrauert wird, ist zornig und enttäuscht, als hätte man ihm sein Recht auf einen vollständigen Tod vorenthalten. Es wäre also ganz falsch, wenn ein Dorfbewohner die feierliche Steifheit, die bei Begräbnissen im Westen üblich ist, an den Tag legte.

Zwar gibt es verschiedene Trauerrituale, aber deswegen ist die Trauer nicht weniger aufrichtig. Öffentliche Trauer ist reinigend – lebenswichtig für die Gemeinschaft –, und die Menschen hungern nach ihren Tränen genauso wie nach ihren Mahlzeiten.

Es war inzwischen stockdunkel geworden. Die beiden Xylophone unter dem großen Baobab-Baum begannen mit ihrem Begräbniszwiegespräch, und die Trommel antwortete mit trockenen Synkopenklängen. Die hinter den Musikern stehenden Sänger stimmten Trauergesänge an, die die Herzen der Menge zerrissen. Es war ihre Aufgabe, der Menge einen Kanal zu öffnen, durch den sie ihren aufgestauten Gefühlen freien Lauf lassen konnte. Jedem Trauervers folgte ein gewaltiges Geheul, beginnend bei den Männern und endend bei den Frauen. Millionen Tränen sind für eine Flut erforderlich, die die Toten ins Reich der Ahnen spült, während das Weinen zu unterdrücken ein Unrecht an den Toten wäre. Rhythmus und Gesang brechen den Teil des Ichs auf, der den Schmerz unter Kontrolle hält. Aber ein Schmerz, dem ohne die Hilfe ritueller Trommler, Musiker und Sänger Ausdruck gegeben wird, bringt die Gefahr mit sich, daß nur ein weiterer Tod erzeugt wird. So ein Schmerz ist eine Kraft ohne Gefäß. Für den Toten ist er nutzlos vergeudete Energie, wie bei einer Hungersnot vergeudete Nahrung.

Ein fortwährendes rhythmisches Rufen und Antworten floß zwischen den Sängern, der Menge, dem männlichen und weiblichen Xylophon und der Trommel hin und her.

Ein Sänger sang, ein gewaltiges Feuer auf dem Birifor-Anwesen sei ausgelöscht worden und die Lebenden müßten es wieder anzünden. Das männliche Xylophon beschwichtigte klagend. Da begann der zweite Sänger zu klagen. Sein Lied flog wie eine Granate in die Tausende von Herzen und löste eine gewaltige Explosion der Emotionen, ein frenetisches Pathos aus. Die einzige Erfahrung, die allen Menschen gemeinsam ist, ist der Schmerz. Und es bedarf der geeigneten Dichterworte, um diesen Schmerz erst richtig zu entflammen. Deshalb ist der Griot-Sänger der Wächter am Tor der Mythen und Dichtungen des Stammes, der unentbehrliche Meister der Emotionen.

Inzwischen hatten die Xylophone und die Trommel einen hektischen Wettlauf des Rhythmus und des Klangs begonnen. Und wie durch Zauber in inneren Gleichklang versetzt, ließen die Männer in der Menge ihrem Jammer in einem tränenseligen Lied die Zügel schießen. Ihre Stimmen jagten mir kalte Schauer über den Rücken. Die Wehklage eines Erwachsenen schnürt das Herz eines Kindes ein, informiert es aber auch über die Welt der Erwachsenen, die es eines Tages selbst bewohnen wird. Ein Erwachsener, der nicht weinen kann, ist gefährlich. Er hat vergessen, welchen Stellenwert Emotionen im Leben des Menschen besitzen.

Das Unglück schien mittlerweile atmosphärisch geworden zu sein. Es hörte sich so an, als ob die Leidtragenden einen Fluch gegen die dunkle Wolke schleudern wollten, die sich über die Birifor-Familie gelegt hatte. Begräbnisse sind zwar Gruppenereignisse, lassen jedoch auch Raum für individuelle Initiativen. Das Gefäß des Rituals ist groß genug für alle Bedürfnisse. Deshalb scherten manchmal einzelne Männer und Frauen, vom Schmerz überwältigt, aus der singenden Menge aus und flehten mit tränenüberströmten Gesichtern und ausgestreckten Armen ein letztesmal um die Rückkehr des Abgeschiedenen. Sofort wurden dann diese einzelnen von Freunden und Verwandten wieder mit sanfter Gewalt ins Dickicht der Menge zurückgeholt. Sie willigten ein, weinten hilflos und unterwarfen sich dem großen Herrn des Universums, der Leben und Tod in Händen hält.

Manche Angehörige der engeren Birifor-Familie waren so untröstlich, daß sie sich ab und zu plötzlich von der Menge lösten und davonjagten, wie von einer Horde wilder Geister gehetzt. Besinnungslos vor Schmerz, rannten sie wütend, um den allzu langsamen Prozeß der Katharsis zu beschleunigen. Einmal freigelassene Emotionen streben stets einem Höhepunkt zu. In dieser Krisis verwandelt der Schmerz den Körper in ein Gefäß des Chaos. Aber gerade dieses Chaos kann den Menschen und seine Seele läutern.

Die Helfer dieser vor Schmerz wahnsinnigen Läufer rannten ihnen sofort nach, um sie zu retten. Die sich daraus entwickelnde wilde Jagd nahm sich wie eine tobende Flucht vor dem Leiden aus. Aber bald blieb der Trauernde doch wieder stehen und ließ sich von seinen Verfolgern einholen. Gemeinsam beendeten sie diesen Kataklysmus des Schmerzes mit heftigen Tränenergüssen und Trauertänzen, um sich dann wieder der Menge anzuschließen.

Während einer Dagara-Begräbniszeremonie kommen alle Arten der Trauer zum Ausdruck – nicht nur der Kummer um den Verstorbenen, sondern auch der ganze Jammer des alltäglichen Lebens. Zum Beispiel singen die Sänger, begleitet von dem männlichen Xylophon, nur ein Junggeselle habe das Recht, weinend nach einer Mahlzeit zu quengeln, denn er hat niemanden, der ihn bedient. Dann antwortet das weibliche Xylophon mit dem Doppelton des Einverständnisses. Oder ein Mann, dessen Ernte schlechter Witterung zum Opfer gefallen ist, benutzt das Begräbnis, um darüber zu jammern, und schluchzt über sein privates Mißgeschick im kollektiven Trauerchor. Und die Trommel dröhnt dabei ihre betäubenden Rhythmen und stöbert in jedem Herzen auch das verborgenste Unglück noch auf.

Immer ekstatischer wurde der Gesang, immer trunkener die Worte. Wenn die Xylophone sprechen, versteht jeder die Worte der Dichter. Langsam, Gruppe für Gruppe, lösten sich die Männer von der Menge und schritten in rhythmisch bewegter Reihe auf offenes Gelände. Dort blieben sie stehen und begannen mit einer Art Hüpftanz, bei dem sich Körper und Hände im Gleichtakt bewegen. Es war, als ob etwas tief in den Tänzern Gelegenes aus seinem Versteck nach außen dränge. Bald folgten die Frauen den Männern, entweder im Gänsemarsch oder in Gruppen. Und immer wieder warfen die Leute den Musikern Kaurimuscheln zu – es sind die »Münzen«, die bei heiligen Gelegenheiten wie Prophezeiungen, Ritualen und Heiratszeremonien verwendet werden.

Mit dem Beginn des Tanzes war das Ende des ersten hektischen Tages von Großvaters Begräbnis eingeleitet. Manche tanzten zwar bis weit in die Nacht hinein, aber viele, die seit Mittag dagewesen waren, zogen sich jetzt doch zurück. Noch ein oder zwei Lieder – und die Menge von mehreren hundert Menschen hatte sich zerstreut. Nur einige Personen wechselten sich noch ab und hielten nachts Wache. Sie mußten bei den Musikern ausharren, die nicht zur Ruhe kommen durften, solange die Begräbnisfeierlichkeiten andauerten. Es war wichtig, daß die Musik unaufhörlich weiterging. Ohne Musik und Gesang kein Begräbnis, keine Trauer und kein Tod. Alle anderen campierten auf dem Gelände, wo das Begräbnis stattfand oder begaben sich, wenn sie in der Nähe wohnten, nach Hause. Auch Trauernde müssen ruhen. Ganz erschöpft ging ich ebenfalls heim und legte mich neben meiner schnarchenden Schwester schlafen.

Die Sonne stand bereits hoch, als ich erwachte. Im Begräbnisbereich stand die Menge schon ebenso gedrängt wie tags zuvor. In der Küche des Anwesens waren Frauen emsig bei der Arbeit, schwätzten und lachten inmitten dicker Wolken aromatischen Rauches.

Festliche Stimmung herrschte. Es war heiß, jedermann schwitzte. Vor dem Gehöft hörte ich die Musik der Xylophone, die Lieder der Sänger und das monotone, unaufhörliche Gemurmel der Menge. Überall mischten sich Geheul und Gelächter, wodurch die Atmosphäre eines festlichen Trauerspiels entstand. Die meisten hatten den Höhepunkt des Schmerzes tags zuvor erreicht. Sie hatten die Realität des Todes verinnerlicht und waren jetzt schon entspannter. Eine farbenprächtige Menschenmenge wartete im Hof vor dem Haus. Einige sprachen, andere tauschten, kauften oder verkauften Getreide, Fleisch, frisches Obst und Gemüse. So ist es immer bei Begräbnissen. Wie sonst sollten so viele Menschen versorgt werden? Wieder andere saßen sorglos in der brennenden Sonne und ließen sich rösten.

Unter dem Baobab-Baum sah ich ein gemütliches, kleines Zelt, bedeckt mit farbigen Tüchern. Gestern war es noch nicht dagewesen. Drinnen saß Großvater auf einem Thron, nach Osten gewandt, die Augen im ernsten Gesicht geschlossen. Er trug ein mächtiges Galagewand von makellosem Weiß und einen Hut, der mit dem Symbol der Birifor geschmückt war: zwei Krokodilen und einem Chamäleon. In diesem Medizingewand sah er, das Zepter der Vorfahren in der linken Hand, majestätisch aus.

Neben ihm lehnten ein Bogen und ein mächtiger Köcher mit Pfeilen, um die Leute an seine glorreiche Vergangenheit als Krieger zu erinnern. Einer der Pfeile war herausgenommen und mit dem Schaft voran in den Boden gesteckt worden. Wer über den Pintul-Zauber informiert war, wußte Bescheid. Großvater gegenüber waren unzählige Schädel aufgestellt – Löwen-, Panther-, Büffel- und Menschenschädel. Sie befanden sich dort, um alle, die ihrem großen Häuptling die letzte Ehre erweisen wollten, an Großvaters Heldenmut zu erinnern. Zu beiden Seiten standen zwei ältere Frauen mit Zweigen und verscheuchten die Fliegen.

Unweit von diesem palastartigen Zelt klagte, lachte und tanzte die Menge im Gleichtakt mit den fließenden Tönen der Xylophone – des männlichen und des weiblichen. Entsprechend dem Thema des zweiten Begräbnistages erzählten die Sänger unaufhörlich von den Taten des Toten. Sie sangen die Birifor-Genealogie von Anfang bis Ende herunter und jubelten und jauchzten dabei. Je mehr Kaurimuscheln die begeisterte Menge ihnen zuwarf, desto lebhafter schilderten sie die Taten der Birifor-Familie.

Ein paar der sensibleren Trauergäste antworteten auf die von den Sängern freigemachte Energie immer noch mit Weinen und Jammern. Sie rannten wie wild davon, wenn sie sich nicht mehr beherrschen konnten, blieben dann stehen und tanzten den Begräbnistanz, bis sie von ihrer Qual befreit waren und zur Gruppe zurückkehren konnten.

Das dauerte den ganzen Tag. Die Leute bei den Musikern wechselten sich ab. Die anderen begaben sich in nahegelegene Dörfer, um zu singen, zu weinen und ihr Beileid zu tanzen oder auch ihren persönlichen Schmerz durch Vereinigung mit der versammelten Menge abzureagieren. Bestimmte Stammesereignisse verpflichten die Menschen gesetzlich, Tränen zu vergießen. Begräbnisrituale gehören dazu. Jeder, der bei solchen Gelegenheiten nicht weint, wird mit Schmähworten überhäuft. Für Frauen ist es leicht, öffentlich Tränen zu vergießen. Sie können jederzeit weinen. Erwachsenen Männern dagegen fällt es schwerer, öffentlich ihren Schmerz zu zeigen, denn ihnen ist so etwas verboten, außer bei besonderen Anlässen. Man ist nämlich davon überzeugt, daß ein Tag, an dem ein Mann außerhalb eines Rituals weint, in einer Katastrophe endet.

Um also weinen zu können, muß der Mann den Toten um Hilfe anrufen, zum Himmel aufblicken und ein halbes Dutzend Mal sagen: »Sanwéi« – »mein Vater«. Bei diesen Worten werden ihm unfehlbar die Tränen aus den Augen stürzen, vor allem, wenn es viele genauso machen.

Zahlreiche Menschen waren bei Großvaters Begräbnis

erschienen, um eine Schuld zu begleichen. Es gab nur wenige, die nicht unmittelbar von seiner Freigebigkeit profitiert hätten, in Form ärztlicher Hilfe, eines Geschenks oder Verteilung von Lebensmitteln in Zeiten des Mangels. Für diese Schuldner war das Begräbnis die beste Möglichkeit, sich ihrer moralischen oder materiellen Verpflichtungen zu entledigen. Manche trauerten derart fanatisch, daß sie vom ersten Tag an dablieben. Sie wollten unmißverständlich bekunden, daß ihre Liebe zu dem verstorbenen Häuptling keine Grenzen kannte, weshalb sie mit allen Mitteln die Aufmerksamkeit der anderen auf sich zu ziehen suchten. Sie hatten auch vor, unbedingt bis zum Ende zu bleiben, wenn Großvaters »Zanu«, sein materielles, spirituelles und moralisches Vermächtnis, bekanntgegeben wurde.

Der zweite Tag des Begräbnisses eines Erwachsenen erregt normalerweise heilige Schauer, nicht weil der allgemeine Schmerzpegel noch ansteigt, sondern wegen der Demonstrationen magischer Künste, die von vielen Stammesangehörigen praktiziert oder erlernt werden. Wer eine magische Kunst erlernen möchte, muß zu einer esoterischen Schule gehören und absolutes Stillschweigen über die Geheimnisse dieser Schule bewahren können. Ein bloßes Versprechen genügt nicht, denn die Wirksamkeit der von den Geheimgesellschaften praktizierten magischen Techniken hängt davon ab, daß ihre Mitglieder unverbrüchlich schweigen. Für die Dagara ist daher alles Esoterische von Geheimhaltung umgeben. Wer ihre Techniken beherrscht, ist zur Ausübung nur in der Lage, wenn er nichts darüber verrät. Ein Verrat zerstört die Macht. Manche wissen z. B., wie man Elefantiasis heilt, die Krankheit, bei der die Beine anschwellen. Sobald jemand aus dem Clan einem Außenstehenden erklärt, wie man dieser Krankheit Herr wird, ist es mit der Kraft der Medizin vorbei. Kann jemand nicht dichthalten, wird sich das im Stamm schnell herumsprechen. Denn in einer autarken Gemeinschaft gibt es keine Anonymität. Jede individuelle Vergangenheit ist gleichzeitig öffentliche Vergangenheit. Die Anzahl der Geheimgesellschaften entspricht der Zahl der Techniken, die bewahrt werden müssen, damit die Eigenart des Stammes erhalten bleibt.

Deshalb ist der zweite Tag der Begräbnisfeierlichkeiten der der Magie gewidmete Tag, sei es, um des Toten zu gedenken, sei es, um unerwünschte Elemente im Stamm zu bekämpfen. Alle, die irgendwie »fremdgegangen« sind, die sich gegen die Gesetze der Natur versündigt haben – vielleicht haben sie gegen eine Stammessitte verstoßen oder außerhalb des mäßigenden Einflusses einer Geheimgesellschaft magisch experimentiert und noch nicht dafür gebüßt –, sind ungemein verletzlich, weil ihre persönlichen Energien nicht mehr im Einklang mit der Gemeinschaftsenergie fließen. Einzelgängertum bedeutet, die Gesetze der Natur zu brechen, durch die sich die Gemeinschaft aufrechterhält. Wenn das Mitglied einer Geheimgesellschaft seine Kunst öffentlich praktizieren muß, sollten alle Einzelgänger den Bezirk unbedingt verlassen, oder das magische Kraftfeld wird sie töten.

Eine solche plötzliche Freisetzung von Energie ist wie eine Reinigung – und sie schadet nur solchen, die nicht mit der Gemeinschaft konform gehen. Deshalb sind Begräbnisse auch immer Zeiten, in denen geheime Sünden ans Licht kommen. Und das Urteil wird nicht von Menschen, sondern von der Natur vollstreckt. Aber leider werden nicht nur die Bösen bestraft. Wenn Einzelgänger auf Begräbnissen erscheinen, um ihre Künste auszuüben, werden meist auch ganz Unschuldige in Mitleidenschaft gezogen.

Niemand kann Stammeszauber praktizieren, ohne in einer stabilen Gemeinschaft aufgehoben zu sein. Eine stabile Gemeinschaft spiegelt die Gesetze der Natur wider und harmoniert mit ihnen. Innerhalb dieses Rahmens ist die Zauberkunst, die die Mächte der Unterwelt feiert, wo die eigentliche Ordnung der Natur von den Göttern bewahrt wird, das wichtigste Heilungsinstrument der Gemeinschaft. Fehlt diese Voraussetzung aus irgendeinem Grund, funktioniert der Zauber anders als erwartet. Er wird gefährlich und bringt dann auch die Person in Gefahr, die ihn praktiziert.

Die magischen Künste sind die Technik der Dagara, eine Technik, deren Anwendung von der Praxis bestimmt wird. Sie schreibt vor, was gebraucht wird, was sinnvoll ist. Wenn einer unserer Ältesten eine doppelköpfige Schlange oder ein reptilisches Säugetier schnitzt, ist das nicht nur eine Schöpfung seiner Phantasie, sondern er wirkt mit den Geistern dieser Wesen zusammen, um die Ordnung der Natur zu bewahren. Mittels einer solchen Schnitzerei können sich die Geister der Unterwelt melden, uns in der Welt droben heilen und unsere Welt wieder in Ordnung bringen. Für die Dagara ist Kunst die Form, die die Geister annehmen, um hier mit uns in dieser Welt zu leben.

Die verbreitetste von Einzelgängern benutzte Technik ist der »Lobir« (Plural Lobie), ein unsichtbares Geschoß, das den Kriegern der Geheimgesellschaften bekannt ist. Ein Lobir kann jede Form annehmen. Die primitivste ist ein Gegenstand, der in den Körper eines Menschen geschossen wird. Die entwickeltste Form ist ein Lebewesen, dessen Größe von der eines Wurmes bis zu der eines Tieres reichen kann, dem der Zauberer gerade noch gewachsen ist.

Begräbnisse bieten den idealen Rahmen für alle Arten von Zaubererkriegen. Nach jeder Begräbnisfeierlichkeit erkrankt eine gewisse Anzahl unglücklicher Männer und Frauen schwer, weil sie, ohne es zu merken, von einem Feind getroffen oder von einem Lobir, der für jemand anderes gedacht war, angeschossen wurden. Aber all jene, die Menschen mit Lobie angreifen, halten sich und ihre Anschläge versteckt. Vielleicht kommen sie mit seltsamen Katzenfellbeuteln auf dem Rücken zum Begräbnis, die geheime, für das uninformierte Auge unsichtbare Gegenstände enthalten, oder sie mischen sich unbemerkt unter die Sänger.

Was sich in diesen Beuteln befindet, bleibt versteckt, weil natürlich niemand die Beutel anderer Personen überprüft. Viele Männer, besonders jene, die direkt mit dem Toten verwandt waren, tragen auf Begräbnissen Beutel aus Tierhaut auf dem Rücken. Solche Beutel sind bei den Dagara eine Art Erste-Hilfe-Ausrüstung und enthalten Kaurimuscheln und zum Heilen notwendige Medizingegenstände. Da Begräbnisse keine geschlossene Gesellschaft sind und jedermann moralisch dazu verpflichtet ist, zeitweise daran teilzunehmen, tauchen Leute der verschiedensten Art dort auf.

Meist können die Einzelgänger die von ihnen auserkorenen Opfer unbemerkt attackieren. Mit einer simplen Handbewegung schießen sie die unsichtbaren Geschosse auf den Feind ab. Der unglückliche Getroffene spürt es zunächst kaum. Er hat nur plötzlich das Bedürfnis, sich zu kratzen. Aber bald wird die Wunde schlimmer, bis der Betreffende so schwach ist, daß er den Begräbnisplatz verlassen und einen Heiler aufsuchen muß.

Aber warum hat jemand, der in einer Stammesgemeinschaft lebt, überhaupt den Wunsch, andere zu verletzen? Weil ein Böser Spaß an solchen Dingen hat. So jemand ist, wie man sagt, von bösen Geistern besessen. Alle meine Leser, die sich vielleicht ein allzu romantisches Bild vom Stammesleben gemacht haben, seien gewarnt. Die Welt der Stammeskulturen ist keineswegs eine heile Welt. Die Menschen müssen stets in Alarmbereitschaft stehen, um plötzliches Ungleichgewicht oder Krankheiten im gemeinsamen und persönlichen Leben zu entdecken und zu korrigieren.

Wie von Kugeln aus dem Lauf eines Gewehrs ist jedermann von Lobie verwundbar. Und genauso, wie man sich eine kugelsichere Weste zulegen kann, um gegen Kugeln gefeit zu sein, kann man sich mit Hilfe der Magie eine »lobirsichere« Weste zulegen. Aber anders als die kugelsichere Weste, die doch ihre Grenzen hat, ist die lobirsichere

Weste unschlagbar. Ist sie einmal in Ihr Körperenergiesystem eingebaut, bleibt sie Ihnen zeitlebens erhalten. Ja, ein Mensch, der einen Lobir auf eine so geschützte Person abschießt, ist durchaus nicht dagegen geschützt, von seinem eigenen Geschoß getroffen zu werden. Denn diese Weste besitzt die Eigenschaft, das feindliche Projektil auf seinen Aussender zurückzuschleudern. So etwas ist höchst gefährlich für den Bösen, denn, wie es in meinem Stamm heißt, gegen die eigene Kugel, die zu einem zurückfliegt, ist kein Kraut gewachsen.

Ich muß hier an eine Geschichte denken, die mir mein Vater einmal erzählte. Er war auf dem Begräbnis eines Freundes. Mitten in einem der gemeinschaftlichen Reinigungstänze wurde er an der linken Hand von etwas, was wie eine Biene aussah, gestochen. Doch diese Biene drang geradewegs durch die Haut und verschwand in seinem Arm. Mein Vater spürte, wie sie sich unter der Haut bewegte und ihre Flügel immer noch surrten.

Der Schmerz war dermaßen schneidend, daß er zur Erde fiel und das Bewußtsein verlor. Die Leute trugen ihn in den Behandlungsraum des Dorfheilers. Dieser suchte nach dem sich bewegenden Lobir und erkannte den Hersteller an der Geschwindigkeit, mit der Vaters Hand anschwoll. Der Heiler stoppte den Lobir, machte einen winzigen Einschnitt und verjagte die »Biene«, indem er einen Pfeil in Vaters Körper einführte. Und als die Lobir-Biene rausflog, zerquetschte er sie, bevor sie fliehen konnte.

Vater nahm dann Medizin, um seine Kraft wiederzuerlangen. Bevor er zum Begräbnis zurückkehrte, mußte er sich mit einer speziellen Flüssigkeit waschen, die einen Schutzschild gegen solche unsichtbaren Geschosse darstellt. Von da an hütete sich Vater sorgfältig vor jedem Lobir, obwohl er immunisiert worden war. Ich habe zahlreiche ähnliche Berichte gehört. Und im Alter von vier Jahren sah ich, wie mein Großvater Lobie, die Knochen, Nadeln, Federn und Pelzen glichen, aus den Körpern ihrer

Opfer entfernte. Bodenlos leichtsinnig ist ein Mensch in meinem Stamm, der auf solche Warnungen nichts gibt, weil er sich unverwundbar glaubt.

Am zweiten Tag von Großvaters Begräbnis hielten die »Nimwie-dem« – »Jene, die Augen haben« –, also Mitglieder von Medizingesellschaften, Initiierte und Leute, die eine besondere Fähigkeit der Beobachtung besitzen, ein sorgsames Auge auf alles, was in ihrer Umgebung vorging, so daß sie geeignete Vorkehrungen treffen konnten. Ein gewöhnlicher Mensch sieht keine Lobie. Um diese Fähigkeit zu besitzen, muß man entweder selbst wissen, wie man Lobie einsetzt, oder gegen sie immunisiert sein. Für den Durchschnittsmenschen sehen Lobie so harmlos aus wie etwa Sonnenstrahlen. Aber für geübte Seher können sie z. B. die Gestalt winziger Sternschnuppen annehmen, die mit unterschiedlicher Geschwindigkeit den Raum durchqueren. Und einige dieser Sternschnuppen verschwinden, wenn sie einen menschlichen Körper treffen.

Wird ein Mensch von einem Lobir getroffen, wird er sich unvermeidlich an der Stelle kratzen, wo das Ding verschwunden ist, und so dem Schützen zeigen, daß der Lobir sein Ziel gefunden hat. Doch manchmal fallen diese winzigen Sternschnuppen auch auf die Erde und gefährden alle, die darauftreten. Das unglückliche Opfer springt dann vielleicht in die Luft wie eine Katze, die aus Versehen auf eine glühende Kohle getappt ist. Aber es gibt dann weiter keine Komplikationen, außer einer Brandblase. Ein Lobir kann einen Menschen nur wirklich verletzen, wenn er speziell auf ihn abgefeuert wurde. Mein Vater erklärte mir einmal, manche Geschosse verfehlen ihr Ziel, weil der Schütze das Energiefeld des Opfers nicht genau genug kennt. Das Projektil verirrt sich dann kurz nach dem Abschuß. Es fällt zu Boden und stirbt manchmal kurz danach. Wer fähig ist, einen Lobir zu erkennen, uriniert auf ihn, sobald er zu Boden fällt (vorausgesetzt, er verletzt dadurch die Gesetze des Anstands nicht). Auf einen Lobir zu urinieren bedeutet, ihn unmittelbar zu töten. Das Ding fängt Feuer und verbrennt zu Asche.

Als ich am zweiten Tag von Großvaters Begräbnis am Rand des Trauerbezirks stand, fiel mein Blick auf einen glänzenden Gegenstand am Boden. Er sah wie eine Kristallpyramide aus und blendete dermaßen, daß mir beim Hinschauen das Wasser in die Augen trat. Aber neugierig starrte ich weiter hin, um herauszufinden, was es war. Dann hob ich es auf. Es war nicht heiß, doch die Fläche meiner rechten Hand wurde weiß wie Licht. Ich dachte zuerst, jemand habe etwas Wertvolles verloren, denn die Begräbnistänze werden manchmal so wild, daß Sachen aus den Taschen der Tänzer fallen. Ich entschloß mich, das Ding meinem Vater oder meiner Mutter zu zeigen, wem ich eben als erstem begegnete, so daß es dem Eigner zurückgegeben werden konnte. Aber keinen von beiden konnte ich in der brodelnden Menge entdecken.

Daher suchte ich im Anwesen nach meiner Mutter. Vor ihrer Tür traf ich meine Tante und fragte sie, wo meine Mutter sei. Ich verstand ihre gemurmelte Antwort nicht, deshalb dachte ich, ich könnte sie vielleicht bitten, Mutter den Gegenstand zu bringen. Als ich meiner Tante das glänzende Objekt zeigte, stieß sie einen so gellenden Schrei aus, daß alle im Anwesen alarmiert wurden. Sie stolperte nach draußen, zu fett und mit zu kurzen Beinen, um sich schnell zu bewegen. Zu Tode erschreckt ließ ich den Gegenstand fallen. Jetzt eilte eine Anzahl Leute, unter ihnen ein Ältester, die den Schrei meiner Tante gehört hatten, zu Mutters Zimmertür. Alle sprachen auf einmal: »Was ist denn los?« Jene, die nahe genug waren, um das glänzende Ding zu sehen, waren wie versteinert und konnten nicht antworten. Schließlich befahl der Älteste, sie sollten zurücktreten. Er ergriff das glänzende Ding mit der Linken, packte mich mit der Rechten und zog mich in Großvaters Zimmer.

Dort fand ich meinen Vater inmitten einer Gruppe Ältester, die mit lebhaften Gesten sprachen. Sie schwiegen abrupt, als wir den Raum betraten. Ich lief auf meinen Vater zu, setzte mich zu ihm und erzählte ihm, was passiert war. In der Zwischenzeit ließ der Alte, der das glänzende Objekt an sich genommen hatte, es in einen der vielen Töpfe mit Zauberflüssigkeit fallen, die im Raum standen. Sobald der Gegenstand die Flüssigkeit im Topf berührte, kochte sie sprudelnd auf, wie wenn ein starkes Feuer unter dem Topf brannte. Alle starrten mich an. Ich war fasziniert, was das glänzende Ding mit der Flüssigkeit anrichtete.

Schließlich brach mein Vater das lastende Schweigen. »Heb so etwas niemals mehr auf, wenn du es findest!«

»Nein, laß ihn in Ruhe«, ließ sich da ein dünner alter Mann mit Ziegenbärtchen vernehmen. »Niemand weiß, was der Junge mit diesen schrecklichen Dingern anstellen kann. Er besitzt schon natürliche Immunität gegen sie und sieht sie auch. Warum sollten wir ihm nicht sagen, wie er damit umgehen soll, statt so zu tun, als sei es wer weiß was für ein Geheimnis?«

Ein anderer Alter, der seit meinem Eintritt Tabak gekaut hatte, spuckte jetzt aus und erwiderte: »Bei Kindern ist man niemals sicher, was man ihnen sagen soll und was nicht. Morgen hat er vielleicht schon vergessen, was er heute weiß. Und was dann?«

Der kleine Alte schien mit der Bemerkung seines Kollegen nicht einverstanden. Auch er spuckte aus und gab knurrend zur Antwort: »Halte deine Zunge im Zaum! Woher weißt du, was dieser Junge nicht weiß? Sein Siura* hat ihn und die Menschen in seiner Umgebung beschützt. Er wird ohne dich zum Wissen gelangen. Warst du nicht gestern schon hier, erinnerst du dich nicht? Dann will ich es dir sagen. Dieser Junge ist die Reinkarnation von Birifor

---

* Ein Stellvertreter des Menschen in der Welt der Geister – der Schutzengel.

selbst. Es wird also nichts passieren, oder Birifor ist nicht der Mann, als den wir ihn gekannt haben. Dieses Kind ist der eigentliche Herr des Geheimnisses, das wir anderen heute so schlecht hüten. Er war es, der es Bakhye, dem Toten, dem wir die letzte Ehre geben, übermittelt hat.«

»Gut gesprochen«, sagte ein anderer Mann. Er war jünger als die anderen. Er hatte blutunterlaufene, extrem flinke Augen. Seine Zähne waren durch jahrelanges Tabakkauen schwarz und rot geworden. Wie Kolanüsse klickten sie sanft gegeneinander, wenn er sprach. Niemand antwortete. Niemand wagte es, sich mit ihm einzulassen. Der Name dieses Mannes war Guisso, und seiner Macht begegnete man mit demselben tiefen Respekt wie Großvaters, als er noch lebte. Schon damals stand Guisso auf meiner Seite, und Jahre später war er es, der mir half, mich an die meisten Ereignisse von Großvaters Begräbnis wieder zu erinnern. Jetzt stand er auf, dehnte sich, daß alle Glieder knackten, und ging zu dem Topf, in den der Gegenstand gefallen war. Die Flüssigkeit kochte jetzt nicht mehr. Er steckte die Hand hinein und holte das Objekt heraus. Es glänzte nicht mehr, sondern hatte sich in Holzkohle verwandelt.

Eine lange Weile betrachtete er es genau und erklärte dann: »Das ist die Arbeit Dadiès. Das Ding sieht ganz nach ihm aus. Aber warum lag es auf dem Boden? Vielleicht hatte er es an einen Kunden verkauft, der nicht wußte, wie man es abschießt. Ich habe ihn immer wieder vor seinen üblen Praktiken gewarnt. Jetzt hat er sich selbst die Grube gegraben. Er hat zugelassen, daß dies in meine Hände fiel.«

Mit diesen Worten blies er auf den Gegenstand, der sich wie durch Zauberei in Luft auflöste. Guisso nahm seinen Platz wieder ein und sagte zu dem Mann, der mich in Großvaters Zimmer gebracht hatte: »Danke, Kpire, für das, was du getan hast. Du kannst jetzt gehen.«

Mit einer Geste der Zustimmung erhob sich Kpire, verneigte sich vor dem Alten und verließ den Raum. Erschöpft von meinem Abenteuer ging ich zu Großvaters Bett hinüber, streckte mich aus und schlief sofort tief ein.

Am dritten Tag des Begräbnisses war die Menge dichter gedrängt denn je. Nachts zuvor hatte es geregnet, doch jetzt stand die Sonne hell am wolkenlosen Himmel. Frühmorgens trafen sich die Ältesten des Dorfes zu einer Versammlung in Großvaters Zimmer. Ich spürte die Erregung der Menschen, als ob etwas Besonderes bevorstünde.

Die Spannung der letzten beiden Tage war inzwischen gewichen. Die Leute sangen und tanzten, waren deutlich gelockert und genossen den letzten Tag des Begräbnisses mit fröhlichem Feiern, statt noch bekümmert zu trauern. Die Katharsis, die sie in den letzten Tagen gesucht hatten, hatte stattgefunden, und so sah man überall fröhlich tanzende Gruppen, als ob Großvater niemals gestorben wäre. Auch die unermüdlichen Musiker spielten jetzt muntere Weisen. Das männliche Xylophon sang: »Wir sind durch die Nacht gewandert. Er wanderte bis zur Küste der Geister. Möge jetzt der Abgeschiedene die Kräfte in uns nähren.«

Darauf gab das weibliche Xylophon das Echo: »Tod ist Leben und Leben ist Tod. Die Toten leben, während die Lebenden sterben. Lebend oder sterbend, wir freuen uns.«

Auch die Sänger zielten jetzt mit ihren Worten nicht mehr mitten ins Herz der Zuhörer. In aufgeräumter Stimmung sangen sie Scherzlieder.

Aber am Vormittag hatte all das Musizieren, Tanzen und Singen abrupt ein Ende. Die Menge räumte den Platz um die Paala*, wo Großvater noch saß. Man konnte jetzt Großvater sehen, wie er ruhig auf seinem Sitz thronte, als ginge ihn das alles nichts an. Doch zugleich beobachtete er aufmerksam und mit einer gewissen Distanz die Zeremonie, die seinetwegen veranstaltet wurde.

---

* Ein Begräbniszelt, eine vorläufige Unterkunft für den Toten.

Nach drei Tagen fangen die meisten Leichen an zu riechen und zu verwesen. Bei Großvater war es anders. Er sah so aus, als ob er gerade erst gestorben wäre. Abgesehen von seinem vornübergesunkenen Kopf hätte man denken können, er spiele uns nur etwas vor.

Die Menge wartete offensichtlich auf etwas. Die Leute stellten sich vor dem Tor zum Anwesen auf, sechzig Meter weiter im Norden. Ich bahnte mir den Weg durch die Menschenansammlung und suchte meine Tante, die frischgeröstete Bohnenkuchen verkaufte. Sie gab mir ein paar in einer Kalebasse.

Ich setzte mich dicht bei ihr nieder und aß. Kurz darauf hörten wir ein Geräusch wie von einem Gewitter. Es folgte eine lange Prozession von Ältesten. Sie kamen aus dem Haupttor heraus und waren in farbenprächtige, zeremonielle Gewänder gekleidet. Jedes sah anders aus, den Eigenschaften seines Trägers entsprechend. Jeder von ihnen trug auch eine hohe, prächtige Kopfbedeckung mit sieben Spitzen, wie eine Königskrone. Die eine Seite dieser Kopfbedeckung war mit einem leuchtenden Chamäleon bestickt, dem Emblem der Verwandlung und Dienstbarkeit. Auf der anderen Seite sah man einen Vogel, Symbol für die Botenfunktion. Vorne war ein großer Stern befestigt, Sinnbild dafür, daß wir alle ein Volk waren.

Der auffälligste Teil dieser Trachten waren die majestätischen Umhänge, die um die Brust herum mit Dutzenden von Bildern bestickt waren. Auf dem Rücken jedes Umhangs befand sich das Stammesemblem, ein Kreuz in einem Viereck. Die Bilder zu beiden Seiten wiesen auf die Funktion des jeweiligen Medizinmanns hin. Die meisten Heiler hielten auch ein Zepter in der Hand, das die besondere Art ihrer Kräfte versinnbildlichte. Bei anderen war dieses Symbol aufs Gewand gemalt. Die Zepter hatten die Form seltsamer Amphibien, Kontombili und von Schwänzen geheimnisvoller Tiere. Jedes war schön mit Kaurimuscheln oder Perlenarabesken geschmückt, die das spezielle Geheimnis des Heilers verschlüsselten. Alle Medizinmänner und Heiler schritten feierlich einher. Bei ihrem Erscheinen legte sich Schweigen über die Menge.

Die Leute standen wie angewurzelt und starrten auf diese Männer der Kraft des Dagara-Stammes, als sähen sie sie zum erstenmal. Die Heiler gingen im Gänsemarsch auf die Paala zu, umwanderten sie schweigend dreimal und kehrten dann zum Anwesen zurück. Es herrschte Totenstille, denn jetzt begann die Zanu-Zeremonie, die Aktivierung von Großvaters geistigem und seelischem Vermächtnis. Dieses Ritual war um so intensiver, als der Tote ein heiliger Heiler und Führer gewesen war. Die Menge spürte, es würde etwas bisher nie Dagewesenes passieren, etwas Magisches.

Plötzlich blies jemand, langsam und in genauer Abfolge, auf einer »Wélé«, einer Jagdpfeife. Die Klänge trafen scharf und schrill auf unsere Ohren. In der Jägersprache bedeuteten sie, daß eine Herde »Walpiel« (Hirsche) südwestwärts unterwegs war, genau auf das Anwesen zu. Der Pfeifer versuchte sie zu zählen, gab aber nach dem ersten Dutzend auf und berichtete dann über ihre Schnelligkeit, mit einem Ton, der bedeutete: »Sie rennen, die Brust fast am Boden«. So rennen die Walpiel, wenn sie sehr schnell laufen. Der Pfeifer beschrieb dann auch ihre Größe, doch niemand achtete jetzt mehr darauf, denn hinter der Menge, nur wenig entfernt, verdunkelte eine Staubwolke den Himmel, und jeder konnte ein rhythmisches Hufgetrappel vernehmen, von dem der Boden erzitterte.

Da zeigte der Aufschrei einer Frau am Rande der Menge, der sich schnell fortpflanzte, daß die Herde in unmittelbarer Nähe war. Wir konnten sie schon in allen Einzelheiten erkennen. Mit gesenkten Köpfen, röhrend wie erschöpfte Schlachtpferde auf der Walstatt, stürmten die Walpiels auf uns zu und durchbohrten die Luft mit ihrem Geweih gleich spitzen Ästen. Sie schossen auf die Menge zu, es kümmerte sie nicht, wie riesig diese war.

Das löste allgemeinen Alarm aus. Die Menschen rannten um ihr Leben und schrien, auf der Suche nach Verstecken, wie von Sinnen. Manche suchten hinter Bäumen Deckung. Andere, von der Nutzlosigkeit jedes Versuchs überzeugt, diese Bestien aufzuhalten, verbargen sich hinter dem riesigen Baobabstamm vor dem Anwesen.

Aber die Mutigsten in der Menge wichen keinen Zoll. Es waren nur wenige, doch wußten sie, die Herde wurde erzeugt und gesteuert von Großvaters Zimmer aus, wo erst vor ein paar Minuten die Schar der Ältesten und Heiler verschwunden war. Die Materialisation dieser Herde war eine perfekte Illusion – die Tiere waren ebenso harmlos wie Luft. Der Lärm ihrer die Erde stampfenden Hufe wurde ohrenbetäubend, als sie noch näher heranstürmten. Da bedurfte es schon einer außerordentlichen Kaltblütigkeit, um an Ort und Stelle auszuharren. Ich beobachtete die Szene von der Seite, bei meiner Tante Pony stehend. Die Herde stürzte sich schließlich direkt in die Menge und zerstob mit ungeheurem Lärm in der Luft. Plötzlich war es ruhig. Und bevor sich jemand noch klarmachen konnte, was passiert war, erschienen schon die Ältesten und Heiler inmitten der Menge wie aus dem Boden gewachsen und umringten die Paala Großvaters. Sie hielten eine Gedenkminute ab und schritten dann im Gänsemarsch zum Anwesen zurück.

Sie hatten diese Illusion einer Herde wilder Tiere hervorgerufen, weil Großvater als Jäger und Heiler eine so enge Beziehung zur Tierwelt gehabt hatte. Sie wollten diese Welt ins Bestattungsritual miteinbeziehen. Und obwohl die Leute wußten, daß es sich um eine Illusion handelte, war wirklich eine beträchtliche Portion Selbstbeherrschung notwendig, um sich hier nicht ins Bockshorn jagen zu lassen.

Kaum war der letzte »Boburo« – Medizinmann – im Anwesen verschwunden, als unvermittelt ein sausendes Zischen über unseren Köpfen zu hören war. Aller Augen richteten sich zum Himmel und suchten nach der Ursache.

Ein kreisendes Licht erschien über Großvaters Paala, in ungefähr dreihundert Meter Höhe. Ein Pfeil! Seine Geschwindigkeit war so schwindelerregend, daß ihn niemand gesehen hätte, hätte er nicht eine Leuchtspur in der Luft und einen dunklen Rauchstreifen hinterlassen. Dreimal umkreiste der Lichtpfeil die Paala und schoß dann mitten in die Menge hinein, die instinktiv zur Seite wich. Der Pfeil versank im feuchten Boden und tauchte zwanzig Meter weiter wieder auf, wo er zwischen den Beinen einer Frau hervorkam, die mit ihrem Rücken zum Anwesen dasaß.

Sie sprang auf und vollführte einen bizarren Tanz. Vor Schrecken außer sich, raste sie mit hochgestreckten Armen auf die Menge zu und schrie, aber niemand schien sie beachten zu wollen oder lachte über sie. Solche Szenen hatte man schon unzählige Male gesehen, und außerdem verhalten sich Frauen bei heftigem Schmerz immer so. Nach diesem ersten Überraschungseffekt schoß der Lichtpfeil wieder in den Himmel hinauf und bewegte sich dann in großem Bogen zum Nordhorizont, wo er schnell außer Sicht geriet. Aber schon bald hörte man ihn wieder sausen, dieses Mal von Süden her, als hätte er in kürzester Zeit die Erde umkreist. Während er sich der Menge näherte, wurde er langsamer und verlor an Höhe. Schließlich flog er genau auf das Haus mit den Ältesten und Heilern zu, drang durch die Mauer und verschwand. Die Menge antwortete auf das Ende dieser Demonstration mit brausenden »Kuyis«, schrillen Schreien, die die Frauen oft anstelle eines Applauses ausstoßen.

Noch hatten sich die Begräbnisgäste von dem Zauberpfeil nicht erholt, als schon das nächste Wunder kam. Da mein Großvater ein sehr großer Medizinmann und Oberhaupt unserer Familie gewesen war, gehörte es sich, daß die Übernatürlichen, die mit ihm befreundet waren und ihm bei seiner Arbeit halfen, ihm ebenfalls die letzte Ehre erwiesen. In der Welt der Dagara, die so eng mit der Welt der Natur und der Geister verbunden ist, sind diese Wesen etwas Alltägliches – so wie es früher im Westen keine Seltenheit war, daß fromme Christen Engel und sonstige Himmelserscheinungen sahen.

Daher näherte sich jetzt Großvaters Paala von Norden her eine Schar merkwürdiger Wesen, kleine, rote Geschöpfe, die wie Menschen aussahen. Sie besaßen spitze Ohren, waren höchstens 60 cm groß, mit Geschlechtsteilen so lang, daß sie sie um den Hals gerollt tragen mußten, und Haaren, die bis zur Erde hinabfielen. Als sie näherkamen, schlug sich Tante Pony die Hände vor den Mund und murmelte ängstlich: »O, die Kontombili!« Frauen versteckten sich hinter ihren Männern, Männer senkten die Köpfe, zu sehr in Panik, um noch davonlaufen zu können. Die Boburo und Heiler hielten sich außer Sicht in Großvaters Zimmer auf.

Die Menge keines Blickes würdigend, schritten diese bizarren Kreaturen auf Großvaters Paala zu und umringten sie mit feierlichen Mienen im Halbkreis. Mein Großvater hatte mir viel über diese Wesen erzählt, aber dies war das erstemal, daß ich sie wirklich sah. Die Kontombili sind zwar sehr klein und wirken hilflos, aber es sind die stärksten und klügsten Geschöpfe auf Gottes Erdboden. Großvater sagte mir, sie seien Teil des »universellen Bewußtseins«, wie er es nannte. Doch wo sich Gott befindet, wissen sie genauso wenig wie wir, obwohl sie unermeßlich intelligent sind. Sie stammen aus einer Welt namens Kontonteg, einem herrlichen Ort, weit größer als unsere Erde, doch äußerst schwierig in Zeit und Raum zu lokalisieren. Ihre Behausungen wählen sie in scheinbaren Höhlen, die als Durchgangspforten zwischen unserer Welt und der ihren dienen. Wenn die Boburo und Heiler unseres Stammes ihren Rat benötigen, vollziehen sie Rituale in Höhlen, um Zugang zur Kontombiliwelt zu erhalten.

»Die Kontombili leben sehr lange«, erzählte mir Großvater einmal. »Sie leben solange, wie sie wollen, können aber auch sterben, wenn ihnen danach zumute ist. Ihnen verdanken wir den Großteil unserer Zauberkunst und vieles, was das Leben angenehm macht. Bevor wir sie trafen, wußten wir zum Beispiel nicht, wie man Hirsebier braut. Eines Tages begegnete eine unserer Frauen, als sie draußen im Busch Trockenholz sammelte, einem Kontomblé. Er gab ihr eine Kalebasse mit schäumender Flüssigkeit, und als sie sie trank, war sie von Entzücken überwältigt. Sie hätte Bäume ausreißen und lauthals singen können. Sie fragte den Kontomblé, was sie da getrunken habe, und er gab zur Antwort, es sei ›Dan‹, hergestellt aus Hirsekörnern. Er sang jetzt das Lied: ›Ich sage es, aber ich sage auch nichts‹:

Drei Tage und zwei Nächte
weiche in Wasser das Korn
unter festem Deckel.
Ich sage es,
aber ich sage auch nichts.

Am dritten Tag bringe das feuchte Korn
in Luft unter dem Himmel,
und laß es ruhen
unter einer Decke grüner Blätter
weitere drei Tage.
Ich sage es,
aber ich sage auch nichts.

Trenne dann die Körner
eins vom andern, langsam,
und laß die Sonne sie trocknen, langsam.
Ich sage es,
aber ich sage auch nichts.

Schlage die trockenen Körner,
koche das Mehl zwei Tage,
und feuchte es an.
Nimm den Saft und füge hinzu
Gärungsstoffe.

Laß es sich mischen und schäumen.
Ich sage es,
aber ich sage auch nichts.

Steht der Saft unter weißschäumender Haube,
genieße es alles.
Ich sagte es,
aber ich sagte auch nichts.

Die Frau ging nach Hause und tat, wie ihr geheißen war. Seitdem haben wir Dan. Viele weitere Geheimnisse wurden anderen auserwählten Dorfbewohnern übertragen. Bald wurden die Kontombili die Ratgeber des Dorfes. Tag und Nacht warteten sie im Busch, überquerten die Grenzen zwischen den Welten in mancherlei Verkleidung oder warteten, daß die Menschen zu ihnen kamen.«

Ihr plötzliches Auftauchen beim Begräbnis war ein Hinweis darauf, daß sie Großvater sehr gut kannten und kamen, um einem großen Führer die letzte Ehre zu erweisen. Ohne die Leute ringsum zu beachten, marschierten sie zwischen der Paala und dem Raum, in dem die Boburo und Heiler sich aufhielten, auf und ab, wie in mystischer Kommunikation mit dem Toten. Nach einer Viertelstunde wandten sie sich, offensichtlich zufrieden, wortlos wieder dem Busch zu und verschwanden hinter den ersten Bäumen.

Vor dem eigentlichen Begräbnis muß das Grab »muul« sein, wörtlich: Es muß inspiziert worden sein. Das ist eine Zeremonie, bei der die letzte Ruhestatt des Toten »eingesehen« wird. Es handelt sich um ein Ritual nur für Kinder. Sie bekommen Gelegenheit zu sehen, was ein Grab ist, um sich den letzten Ruheplatz einer hochgestellten Persönlichkeit deutlich einzuprägen.

Noch Jahre später wird ihnen der Name der Person, in deren Grab sie geblickt haben, in lebhafter Erinnerung sein. Sie wissen dann, wieviel Zeit seitdem verstrichen ist. Für die Dagara arbeitet das Gedächtnis eines Kindes besser als das der Erwachsenen. Wenn man einem Kind etwas Wichtiges anvertraut, wird es die Botschaft behalten, solange es lebt. Es gibt auch Rituale, die die Kraft des Kindes, Dinge im Gedächtnis zu speichern und aufzubewahren, stimulieren. Einer der Gründe, weshalb unsere Ältesten so wichtig für uns sind, ist, daß das Kind im Ältesten stets in der Lage ist, vergangene Dinge, deren die Gemeinschaft bedarf, heraufzubeschwören. Der Älteste weiß auch, wie er sein Wissen einem Kind weitergibt, so daß ein kontinuierlicher Wissensstrom fließt.

Für diese Gelegenheit waren Dutzende von Kindern ausgewählt worden. Unter Führung Erwachsener begaben sie sich in Gruppen von fünf und zehn zu Großvaters Grab und standen ein paar Minuten davor. Ich gehörte zur letzten Gruppe. Mit sechs anderen Kindern des Hauses ging ich zur Öffnung. Das Grab war nur an einem großen Haufen aufgeworfener Erde kenntlich. Das Loch selbst war ein kreisförmiger Einschnitt im Erdboden, nicht mehr als 25 cm im Durchmesser, der sich, je tiefer es ging, erweiterte. Ich fragte mich, wie ein menschlicher Körper durch einen so engen Durchschlupf gehen sollte. Aber anscheinend ist kein Körper für diesen winzigen Eingang zu groß. In der Zwischenzeit waren die Musiker mit ihren Instrumenten dichter an die Paala herangerückt und stimmten eifrig. In kleinen Trupps zu zehn oder fünfzehn intonierten Frauen die Erntelieder, die man normalerweise nur beim Neujahrsfest zu hören bekommt. Die meisten Trauerzeremonien enden in fröhlichen Gesängen – nach dermaßen anstrengender Trauerarbeit braucht die Seele einfach ein bißchen Scherz und Spiel.

Die Frauen sangen im Kreis und klatschten dabei in die Hände. In der Mitte tanzten eine oder zwei von ihnen mit komplizierten Schritten und ließen sich dann zwei oder drei anderen Frauen in die ausgebreiteten Arme fallen. Jede wurde dann emporgehoben und genau, als das Lied zu

Ende war, wieder freigelassen, um sanft im Mittelpunkt des Kreises zu landen. Dann begann alles aufs neue mit neuen Frauen im Mittelpunkt. Jetzt sah man, wie die Boburo und Heiler, die seit dem letzten Zauber nicht mehr erschienen waren, aus dem Anwesen herausmarschierten. Mit feierlichen Gesichtern näherten sie sich den Tänzern. Mit einem Schlag stand alles still, Sänger, Trommler, Musiker und Tänzer. Es herrschte vollkommenes Schweigen. Die Frauen wandten sich nach Osten, die Männer versammelten sich im Westen, und die Musiker blieben in der Mitte, dicht bei der Paala. Die Boburo und Heiler erreichten die Paala und stellten sich vor Großvater.

Die Zeit der letzten Ehrung war gekommen. Die Musiker begannen mit dem geeigneten Ritual und bearbeiteten nervös ihre Instrumente. Schließlich eröffneten die Boburo und Heiler das letzte Ritual mit dem Lied:

> Niemals mehr werden wir hören
> Den Donner
> Aus dem Maul des Löwen.
> Niemals mehr werden wir sehen
> Die Pranken, die einst dienten
> Dem Frieden unseres Dorfes.
> Wie lange werden wir noch leben?
> Ojeojeoje.

Jetzt löste sich ein anderer Medizinmann, so klein, daß man ihn vorher ganz übersehen hatte, aus der Schar und hob sein Zepter. Mit lauter Stimme antwortete er:

> Blitz bringt das Grollen
> Des kommenden Donners.
> Doch Donner kam jetzt allein,
> Ohne den Boten.
> O, welcher Zorn der Natur!
> Ojeojeojeoje.

Zuerst begannen die Männer zu singen, und bald wurde das Lied von der ganzen Menge aufgenommen. Wieder begannen die Leute zu weinen, Tränen strömten ihnen aus den Augen. Ein Mann stieß einen langen Klageschrei aus, der sich zu den anderen fortpflanzte und in die gellenden Stimmen der Frauen überging. In diesem Augenblick fiel das männliche Xylophon mit einem Trauergesang ein, den die Menge kannte:

> Péle péle, péle péle
> Bo mweri kyi
> (Leer, leer, leer.
> Das Kornhaus mit Hirse zerbrochen.)

> Die Blätter der Zweige,
> Die Blätter des Baumes,
> Von den Wurzeln ernährt.

> Jetzt sind die Blätter ohne Zweige,
> Die Zweige ohne Wurzeln.
> Wie soll man da noch leben?

Die Stimme des stimmführenden Medizinmanns erhob sich über das Xylophon, und seine Worte erfüllten die Luft mit Trauer. Da sprang der Zwerg wieder aus dem Kreis hervor und sang:

> Der Kreis hat seinen Führer verloren.
> Sein Atem hat sich verflüchtigt.
> Jetzt wartet Birifor darauf, ein Geist zu sein.
> Ach, dieses Dorf ist verloren.
> Ojeojeoje.

Wieder wurden diese Worte mit einem Klagegeschrei beantwortet, wobei die Männer begannen und die Frauen das Geheul aufnahmen. Es erstarb wieder, als die Aufmerksamkeit der Menge auf den Refrain des Xylophons gelenkt wurde, der dem intensiven Schmerz dieses letzten Augenblicks Ausdruck gab. Die Totengräber betraten den Platz um die Paala und trugen Großvaters Leiche behutsam von den weinenden Menschen bis zum Grab. Für eine Weile dauerte das Abschiedsritual vor der leeren Paala noch an.

Es war heiß, obwohl sich die Sonne im Westen schon zum Horizont neigte. Das Gelände leerte sich langsam, bis nur noch ein paar Leute übrig waren, die der allerletzten Handlung beiwohnten. Die Totengräber kehrten zurück, der Alltag begann wieder. Nur einige Frauen weinten noch, als wären sie jedem Trost unzugänglich. Ihre hohen, klagenden Stimmen stiegen in die dunstige Luft empor. Widerstandslos folgte ich Tante Pony mit ihren Bohnenkuchensachen in den jetzt menschenleeren Hof, wo die Ruhe ebenso beredt wie die Sprache selbst war. Großvater war jetzt wirklich gestorben. Eine neue Ära hatte begonnen.

Ein plötzliches Lebwohl

Die Sonne stand schon hoch. Einige versprengte Wolken zogen hastig über den leeren Himmel wie auf der Flucht vor dem drohenden Feuerball. Die Luft war schwer und feuchtigkeitsgesättigt, da der Boden unter der ihn aufheizenden Sonne seine Nässe preisgab. Es war einige Wochen nach Großvaters Begräbnis. Die Regenzeit hatte begonnen. Nachts zuvor hatte es geregnet.

Jetzt aber schien die Sonne, trocknete alles und wurde heißer, je höher sie stieg. Im Anwesen saßen zwei Älteste auf der nassen Holzbank bei der Küche. Ich erinnerte mich, sie vor eineinhalb Monaten bei den Heilern und Medizinmännern gesehen zu haben, die Großvaters Zanu leiteten – besonders den Zwerg. Ich überlegte, ob ich zu ihnen gehen und sie begrüßen sollte, doch mußte ich so nötig aufs Klo, daß ich auf der Toilette weiter darüber nachdenken wollte. Gerade als ich hineinging, rief mich der Zwerg an: »Freundchen, pinkle ruhig, aber komm dann zu mir!« Ich eilte in die Toilette, neugierig, was er wohl von mir wollte.

»In diesem Burschen steckt eine Menge rotes Blut«, sagte der weißbärtige Zwerg zu dem neben ihm sitzenden Mann. Er hielt mich zwischen den Knien, als er sprach – eine große Ehre. Denn im Dorf gilt es als Zeichen der Sympathie eines Ältesten, wenn er ein Kind beim Sprechen auf oder zwischen den Beinen sitzen hat. Der Zwerg roch nach Tabak.

»Ja, Bie Ku*«, antwortete der andere und spuckte aus. Ein dunkler Tabakstrom schoß durch die Luft. Es roch nach Nikotin.

»Wo ist dein Vater?« fragte der Zwerg, indem er sich jetzt an mich wandte.

---

* Eine Floskel der Zustimmung.

»Weiß ich nicht«, sagte ich.

Sein Geruch wurde immer unerträglicher. Der Bubu, gefärbt mit rosa Wurzelsaft, war jahrelang nicht gewaschen worden. Schweiß, Tabak und das verrottende Gewand legten einen erstickenden Dunst um ihn, ähnlich wie bei Großvater. Er hustete, räusperte sich und spuckte eine Mischung aus Kolanuß und Tabak aus. Dann strich er sich mit der Linken über den Mund und wischte die Hand an seinem Bubu ab, während er mit dem Fuß die auf den Boden gespuckten Reste verscharrte. Schließlich war nichts mehr zu sehen, nur ein nasser Fleck.

In der Kultur der Dagara kümmern sich die Ältesten nicht um Reinlichkeit oder die Konventionen, zu denen sich die Jüngeren verpflichtet fühlen. Die Farbe des Jenseits ist Rosa. Deshalb färben die Ältesten ihre Bubus rosa. Die Aura der Verachtung alles Irdischen, die die Ältesten gerne um sich herum erzeugen, entsteht, weil sie auf alle Prätentionen verzichtet haben, vor allem aber auch, weil sie sich unbeirrt auf die Geister konzentrieren wollen. Sie haben einfach keine Energie für Höflichkeiten mehr übrig. Bei den Dagara ist es so: Je mehr man in der anderen Welt lebt, desto mehr schockiert man alle anderen außerhalb.

In diesem Augenblick trat Vater aus seinem Zimmer. »Sê«, sagten die beiden Männer unisono und grüßten Vater feierlich. Sê bedeutet tanzen. In der Form des Imperativs bezieht es sich auf einen Gemeinschaftstanz namens »Sew«. Älteste verwenden dieses Wort als Gruß, wenn sie sich der Mitarbeit eines andern vergewissern wollen.

»Sê ni lê«, antwortete mein Vater – »der Tanz hat begonnen«. Er erkundigte sich nach ihrer Gesundheit und ihren Familien und fügte dann als besondere Höflichkeit hinzu: »Ist jemand krank, ich meine die Kinder, ihre Mütter oder sonst jemand?«

»Es geht allen gut«, sagte der Zwerg. »Auch in deiner Familie?«

»Ich habe den Eindruck«, antwortete mein Vater. »Doch

schon seit einigen Nächten zähle ich die Balken an der Decke.« Damit meinte er, er habe aus Sorge nicht schlafen können.

»So geht es uns allen. Es ist wie eine Plage. Dauernd muß man aufpassen, um noch ein paar Tage Leben mehr herauszuschlagen. Niemals weiß man, wann einen das Unglück trifft. Und am längsten lebt, wer sich am besten beherrscht.« Während der Zwerg sprach, suchte er mit der Hand in der Tasche.

Schließlich zog er eine Kolanuß hervor und brach sie auseinander. Die eine Hälfte gab er meinem Vater, in die andere biß er selbst und gab den Rest dem anderen Mann. Die drei Männer schwiegen, während sie nachdenklich auf den Nüssen kauten, um nur dann und wann den Saft hinunterzuschlucken.

Nicht lange, und der Zwerg brach das Schweigen wieder. »Unsere Gesundheit hängt von unserer Fähigkeit ab, unsere Pflichten zu erfüllen. Ein müder Geist in einem unausgeruhten Körper vergißt leicht, was und für wen er etwas tun muß. Deshalb sagten unsere Väter, ein Mann braucht die Augen eines anderen Mannes, um zu sehen, was der Schatten des Baumes verbirgt. Ich nehme an, du weißt, weshalb wir hier sind.«

Vater räusperte sich und sagte: »Das bedarf tatsächlich keiner Erklärung. Der Kranke erwartet vom Arzt keine Erklärung, warum dieser kommt.« Dann fuhr er fort: »Fangen wir an! Die Vergangenheit hat mich gelehrt, daß ein Aufschub meiner Pflichten der Feind meiner Gesundheit und meiner Familie ist. Seit mein Vater sich entschloß, ein Geist zu werden, hat er mich sehr häufig in meinen Träumen besucht und mich gedrängt, pflichtbewußt zu handeln, wenn die Zeit da ist. Ich bin also schon an meine Pflichten erinnert worden, und ihr braucht es nicht noch einmal zu tun. Fangen wir an!«

»Gut gesprochen«, sagte der Kleine.

»Die Bierherstellung für die Zeremonie beginnt am

nächsten Markttag«, sagte mein Vater wieder. »Wir werden alles vorbereiten.«

»Gut so«, erwiderte der kleine Schamane. »Dann wäre das also aus der Welt geschafft, bevor der Tote wütend auf uns wird.«

In Anbetracht der Vergangenheit meines Vaters war es kein Wunder, daß diese Ältesten ein Gespräch mit ihm für notwendig hielten. Jeder im Stamm wußte, mit wie katastrophalen Folgen er sich mit dem weißen Jesuitenpriester eingelassen hatte. Jetzt, da mein Vater Oberhaupt des ganzen Birifor-Clans geworden war, wollten die beiden Ältesten sicherstellen, daß er auch die damit verbundenen Pflichten erfüllte.

Seit Großvaters Begräbnis stand mein Vater unter ungeheurem Druck. Genauso wie damals, als die Kinder seiner ersten Frau eins nach dem anderen unter seinen hilflosen Augen gestorben waren. Ein paar Tage, nachdem der letzte Besucher Großvaters Begräbnisplatz verlassen hatte, schien Vater sich endlos Gedanken zu machen, wie er um die Pflichten, die da so plötzlich vor ihm standen, herumkommen konnte – Pflichten, die er fürchtete, da sie die bewußte Preisgabe seiner neuen Religion bedeuteten. Daher entschloß er sich, eine Zeitlang über diese neue Wendung der Dinge nachzudenken.

Zuerst sperrte er sich für einige Wochen ins Zimmer ein und sprach mit niemandem. Während dieser Zeit kam er nur manchmal aus seinem Quartier, um an Großvaters Tür zu treten, die seit dem Begräbnis versiegelt worden war.

Ich war mir nicht sicher, ob Großvaters Zimmer wirklich verboten war. Doch hatte ich immer flüstern gehört, es sei tatsächlich so. Die Leute fürchteten, Großvaters Geist hause in diesem dunklen Raum und verbitte sich jede Störung. Also stand Vater häufig an Großvaters Tür und starrte sie an, als sähe er etwas, was sonst niemand sah. Dann ging er nach kurzem Aufenthalt im Baderaum wieder in sein Quartier zurück.

Es war klar, daß Vater gar nicht begeistert war, jetzt die ausgedehnte Sammlung von Medizinen, die magischen Instrumente, durch die Großvater im Stamm eine so unvergleichliche Stellung gehabt hatte, betreuen zu müssen. In einer traditionellen Gesellschaft beruhen Macht und Ansehen auf Medizin und der damit verbundenen spirituellen Erfahrung und Entwicklung. Aber je mehr einer weiß, desto mehr ist er zum Dienst an der Gemeinschaft verpflichtet. Je mehr einer besitzt, desto mehr muß er geben. Es ist daher nur zu verständlich, wenn Menschen nur widerstrebend spirituelle Geheimnisse und die damit verbundenen Pflichten übernehmen. Als Großvater aus dem Leben ging, hatte er seine Medizin Vater anvertraut. Und wenn Vater diese Bürde übernehmen wollte, blieb ihm nichts anderes übrig, als sein Leben von Grund auf zu ändern.

Niemand hat es gerne, plötzlich groß zu sein: Ein hoher Rang kann einem das Mark aus den Knochen saugen. Wer dient, ist jenen, denen gedient wird, nicht gleich. Die Dienenden stehen höher als jene, denen sie dienen, weil sie sich in der Geisterwelt befinden. Jene, denen gedient wird, stehen niedriger, da sie in der materiellen Welt leben. Das Paradox dabei ist, daß jeder gern die Stelle des anderen einnähme. Der Heiler träumt davon, menschlich, d. h. normal, zu sein, während der Normale ebenso angesehen sein will wie der Medizinmann. Mein Vater verstand das gut und war hin- und hergerissen. Das ganze Biriforanwesen litt unter dieser Spannung, vollkommen synchron mit Vaters Stimmung. Den Tag über und auch noch spät am Abend liefen Männer und Frauen schweigend herum. Morgens kamen Familienoberhäupter in unser Quartier und betraten Vaters Zimmer. Sie blieben eine Weile und gingen dann wieder, ohne ein Wort zu sagen.

Ich bemerkte, daß jeder, bevor er ging, für ein paar Minuten vor Großvaters Tür stehenblieb. Im Lauf der Wochen wurde das Schweigen unerträglich. Aber der Besuch der beiden »Baomale«, der Medizinmänner, an diesem

Morgen brachte die Wende. Zum erstenmal wagten die Leute auf unserem Anwesen wieder laut zu sprechen. Es lag etwas in der Luft.

Vor der Ankunft der Medizinmänner hatte Vater Maillot uns besucht. Es war, wie wenn er den geistigen Kampf spürte, der da im Gange war, und meinen Vater von seinen Pflichten abhalten wollte. Er kam eines Vormittags. Jeder war draußen auf dem Feld, außer mein Vater, der noch zurückgezogen in seinem Quartier lebte. Im Gegensatz zu Großvater, der, wenn wir einmal mit uns allein waren, nichts lieber tat, als mit mir zu sprechen, liebte Vater die Einsamkeit. Es kümmerte ihn nicht, was ich in der Zwischenzeit tat. Daher sah ich den Priester, als er an diesem Morgen kam, als erster.

Niemals zuvor hatte ich den weißen Jesuitenmissionar näher betrachten können. Sein plötzliches Erscheinen auf dem Anwesen schüttelte mir vor Furcht die Seele aus dem Leib. Vater Maillot sah wie ein Geist aus, vom Hals bis zu den Füßen in ein makellos weißes Gewand gekleidet, als ob er schwebe. Als er in meine Richtung strebte, die Arme zu mir ausgestreckt, hatte ich irgendwie das Gefühl, er wolle mir die Lebenskraft aus dem Scheitel und den Augen saugen. Bei den Dagara gilt die Devise: Laß dir niemals einen Geist in deine Augen schauen. Bevor du weißt, wie dir geschieht, bist du schon tot.

Ich versuchte, ihn nicht anzuschauen, aber seine Gegenwart war so überwältigend, daß ich mir nicht mehr helfen konnte. Sein Gesicht war größtenteils hinter einem Gestrüpp dunkler Haare verborgen. Wenn er nicht laut herauslachte, wie bei meinem Anblick, dachte man, er habe gar keinen Mund. Unter seiner Stirn sprang eine gewaltige Nase von der Größe eines Termitenhügels hervor, die auf seinen dichten Bart wie eine Giraffe auf einen Busch hinunterblickte. Seine Augen verwandelten jeden, den sie fixierten, in Stein: zwei runde, blaue Spiegel, so durchsichtig, daß man schwören würde, sie seien aus dem Stoff der

Unterwelt gemacht. Sie strömten einen unwiderstehlichen Magnetismus aus.

Wie sein Mund war auch sein Schädel unter einer dicken Schicht gelockten Haares verborgen, das sich unter dem Nacken ringelte. Vom Hals aufwärts glich Vater Maillot einem Wollschaf, sonst einem Geist. Daher wurde ich fast ohnmächtig, als er so unerwartet in unserem Gehöft erschien und direkt auf mich zuging. Ich öffnete den Mund, um zu schreien, doch kam kein Ton heraus. Aber Vater Maillot schien nicht zu bemerken, wie behext ich war. Er packte mich mit beiden Händen und hob mich hoch in die Luft, dauernd in fremder Sprache sprechend. Dann ließ er mich wieder ein Stück herunter und drückte mich fest an die Brust. Er roch sonderbar. Ein wirklicher Geistergeruch. Aber sein Körper, dessen war ich mir sicher, war kein Geisterkörper.

Großvater hatte mir einmal erklärt, Geister sehen aus, wie wenn sie Fleisch hätten, haben aber keins. Daher schloß ich, Leute, die wie Geister aussahen, jedoch Fleisch hatten, waren solche, die er »rasierte Schweine« nannte. Es machte ihm Spaß, die Franzosen wegen ihrer unnatürlich rosa Haut so zu bezeichnen. Und Vater Maillots rosa Haut konnte ich sogar durch seinen dichten Haarwald schimmern sehen.

Er fragte: »Wo ist dein Papa?«

Sein Dagara war erbärmlich. Man mußte sich den ganzen Satz neu zurechtlegen, um irgendeinen Sinn darin zu finden. Ich verstand nur das Wort Papa. Ich deutete auf Vaters Tür. Ich war zu benommen, um zu sprechen, und dem Dschungelgesicht des Priesters zu nahe. Vater Maillot stellte mich ab, ließ wieder sein Kauderwelsch vernehmen und ging zu meines Vaters Tür. Er öffnete sie ohne anzuklopfen und trat ein. Während er die Tür hinter sich zuzog, sah ich, wie mein Vater auf ihn zuging.

Ich zitterte immer noch am ganzen Körper vor Schrekken und setzte mich für eine Weile in die Sonne, um mich zu beruhigen. Aber das Tor war nicht geschlossen. Dieser

Priester hatte es weit offen stehenlassen, als er hereinkam. Hühner und Ziegen strömten nun aufs Gehöft. Ich wußte, ich müßte etwas unternehmen, konnte mich aber zu nichts aufraffen. Die Hühner machten sich über einen Lehmtopf her, der ein paar Hirsekuchenreste enthielt, pickten wie wahnsinnig darauf herum und schubsten sich gegenseitig zur Seite. Hastig verschlangen die erwachsenen Hennen die großen Krumen. Die kleineren Hühnchen, die wegen des infernalischen Gezerres und Gewühles um den Topf nichts abbekamen, standen wartend in einiger Entfernung. Vielleicht gelang es ihnen, ein paar Krumen vom Mund der Tiere wegzustehlen, die sie nicht schnell genug hinunterwürgen konnten.

Die Szene faszinierte mich. Ich fragte mich: »Genießen diese Hühner wirklich ihr Essen? Es sieht fast so aus, als schmeckten sie gar nicht, was sie da essen.«

Aber bald machten sie einen solchen Höllenlärm, daß ich wußte, Vater würde herauskommen, wenn ich nichts unternähme. So stand ich auf, ergriff meinen Stock und führte Krieg gegen sie, indem ich wahllos auf sie einschlug. Kollernd und gackernd rannten sie weg, hinaus ins Freie. Dann machte ich mich auf die Suche nach den Ziegen. Ich wußte, sie waren in Mutters Zangala und wollten sich über die Gewürze hermachen. Aber da die Zangala dunkel war, brauchte ich eine Weile, bis sich meine Augen daran gewöhnt hatten.

Während ich so dastand und überlegte, was ich tun sollte, ging Vaters Tür auf, und er und der menschliche Geist kamen heraus. Vater Maillot streckte wieder seine Hände aus und schritt auf mich zu. Doch dieses Mal schreckte er mich nicht. Ich wich ihm aus, rannte zu Vater hinüber und drückte mich eng an ihn. Vater Maillot starrte mich mit einem Paar Augen an, die wie Feuer in der Nacht lohten, und ich fühlte, wie mir ein kalter Schauer über den Rücken rann. Dann sprach er mit meinem Vater in so schlechtem Dagara, daß ich wieder kein Wort verstand.

Mein Vater jedoch schien verstanden zu haben. Er sagte: »Ich weiß nicht, aber wenn es der Wille Gottes ist, hoffe ich, daß es diesmal nicht den Tod bedeutet.«

Vater Maillot brach in ein Gelächter aus, das so abrupt wieder endete, daß ich bezweifelte, ob er wirklich hatte lachen wollen. Er und Vater schüttelten sich die Hände, woraufhin er das Anwesen, ohne noch einmal zurückzublicken, verließ.

Vater schaute mich eine Weile nachdenklich an, murmelte dann etwas und sagte: »Geh draußen spielen und mach die Tür zu.«

Ich ging nach draußen. Es war heiß. Ich setzte mich unter den kleinen Nim-Baum auf ein Stück Holz, mit Blick auf den Puré-Fluß. Meine Gedanken überstürzten sich. In welcher Beziehung stand mein Vater zu diesem Mann? Warum war Vater Maillot so zufrieden? Seinetwegen waren schon so viele Menschen in dieser Familie gestorben. Könnte es sein, daß er auch Großvater umgebracht hatte? Ich war zu jung, um mir eine Antwort auf diese Fragen zu geben. Aber mein Instinkt sagte mir, es sei eine schwerwiegende Entscheidung gefallen.

Vaters Einsetzungszeremonie fand etwa zwei Monate nach Großvaters Begräbnis statt.

Früh am nächsten Morgen verschwanden Vater und Mutter im Busch. Das war ungewöhnlich, niemals waren sie bisher zusammen in den Busch gegangen. Da Vater sein Fahrrad nicht mitgenommen hatte, wußte ich, sie hatten etwas mit den Geistern und Vorfahren abzumachen, bevor sie auf die Felder hinauswanderten. Beim Abschied hatte Mutter meine Schwester gebeten, sie später draußen zu treffen und mit ihr Trockenholz zu sammeln. Mich ließ man zur Bewachung des Anwesens zurück, und ich ging nach draußen, wo die anderen Kinder spielten.

Da erklang von Ferne das Geräusch eines Fahrzeugs. Die Hirse stand zwar schon hoch, so daß niemand sehen konnte, um was für ein Fahrzeug es sich handelte und wohin es fuhr, aber alle spitzten die Ohren. Als das Geräusch näherkam, warteten wir atemlos und stumm. Wir wußten, es war ein weißer Mann, der da zu Besuch kam. Die Vorstellung, einem weißen Mann begegnen zu müssen, versetzte uns in Panik. Wer von uns Kindern hatte den Mut, vor einem dieser schrecklichen Geister zu bestehen? Die Kinder brachten sich blitzschnell im Hirsefeld in Sicherheit.

Ich aber wartete, weil ich dachte, es müsse Vater Maillot sein, der meinen Vater besuchen wollte. Doch als das Motorengeheul ohrenbetäubend anschwoll, gab auch ich Fersengeld. Der Gedanke, noch einmal zu diesem struppigen Gesicht emporgehoben zu werden, war unerträglich. Ich rannte, so schnell ich konnte, zum Haus und überlegte krampfhaft, was das beste Versteck wäre. Vaters Quartier war verschlossen, ich konnte nicht hinein. Mutters Zangala war offen, doch war sie groß und zu hell. Ich würde zu schnell entdeckt werden. Jetzt hielt das Fahrzeug direkt vor dem Gehöft und röhrte wie ein toller Hund. Es war zu spät. Ich mußte in Mutters Zangala rennen und mich hinter einem der riesigen Tontöpfe verstecken.

Der Motor erstarb. Ich hörte Schritte im Hof. Mit angehaltenem Atem sah ich, wie der Eindringling auf Vaters Quartier zuging, heftig an der Tür rüttelte und rief. »Elie, Elie, wo bist du?« Offensichtlich enttäuscht, betrat er nun die Zangala. Ich wie war gelähmt vor Schreck. Und als ob es alle Hunde des Unglücks an diesem Tag auf mich abgesehen hatten, überkam mich ein unwiderstehliches Bedürfnis zu husten. Vergeblich versuchte ich, es zu unterdrücken. Ich mußte husten. Und Vater Maillot hörte mich. Stumm holte er mich hinter dem riesigen Tonkrug hervor und hob mich in die Luft. Ich riß den Mund auf, um zu schreien, aber die Stimme blieb mir in der Kehle stecken. Als mein Kopf gegen die Holzdecke stieß, brachte mich der Schmerz zur Besinnung, und ich schrie laut auf.

Vater Maillot schien nichts zu bemerken. Er hielt mich weiter gepackt, ging hinaus in den Hof, musterte mich eine Weile und sagte dann: »Wo ist dein Papa?« Sein Dagara war nicht besser geworden, doch ich verstand ihn, wahrscheinlich, weil ich das Wort Papa hörte. Er redete noch mehr, doch diesmal verstand ich gar nichts.

Bald stellte er mich wieder auf den Boden und schleppte mich am Arm aus dem Anwesen zu seinem riesigen Motorrad. Er bestieg es, setzte mich vor sich auf den Benzintank und ließ den Motor an, der brüllte wie ein in der Falle gefangener Löwe. Gelähmt vor Schrecken, regte und bewegte ich mich nicht. Die BMW ächzte und hustete und schoß dann wie ein Pfeil in die Richtung davon, aus der sie gekommen war.

In der Welt des Weißen Mannes

Das Pfarrhaus, in das mich Vater Maillot brachte, war eins der wenigen modernen Gebäude im ganzen Gebiet. Klein und gedrungen gebaut, schien es der ganzen Welt trotzen zu wollen, vor allem den periodischen Hurrikanen, die viele andere Gebäude zerstörten. Die Mauern waren steil und glatt, die roten Backsteine sauber zusammengefügt und mit Mörtel verbunden. Auch das Innere wirkte gefällig. Anders als unsere Wohnung, deren Boden mit Kuhmist bedeckt war und weich unter den Füßen nachgab, war das Haus des Priesters innen und außen hart.

So etwas wie Vater Maillots Zimmer hatte ich noch nie gesehen. Statt einer Lehmbank für das Bett und einem Leinwandsack für das Kopfkissen besaß er eine halbmeterhohe viereckige Platte mit vier Beinen, über einen Meter breit und fast zwei Meter lang, die so weich aussah, als sei es ihr ganzer Zweck, den Benutzer in Schlaf zu wiegen. Das Ganze war weiß, so weiß, daß man gar nicht mehr hinschauen mochte. Auf allen Seiten war es von einem milchweißen, durchsichtigen Schleier umgeben. Bald erfuhr ich, daß es eine Schutzvorkehrung gegen die Moskitos war.

Ich dachte zunächst, meine Fahrt auf den Hügel sei gar nicht so schlecht, da ich so viel Neues sah. Welchen Spaß würde es mir machen, Mutter alles zu erzählen, wenn mich Vater Maillot wieder nach Hause brachte! Arme Mutter! Hätte ich nur gewußt, daß ich sie lange, lange nicht mehr sehen würde, so wäre ich schleunigst ausgerissen.

Meine Begegnung mit einem westlichen Haus und einem westlichen Bett war der Abschluß einer Periode. Großvaters Prophezeiung wurde Wirklichkeit. Es war zu Ende mit meiner Kindheit. Niemals mehr würde ich die melancholischen Lieder hören, die Mutter bei der Arbeit sang, niemals mehr die Märchen, die Vater in der Dämmerung erzählte, niemals mehr die Lieder und Tänze der Birifor.

Der Missionshügel war nur acht bis zehn Kilometer vom Haus meiner Eltern entfernt, doch verbot man mir, meine Angehörigen zu besuchen. Vater Maillots Anordnungen wurden von den auf dem Missionshügel lebenden Katecheten und Arbeitern nachdrücklich bekräftigt. Kein Kontakt zwischen uns und irgend jemandem, der nicht zu Vater Maillots Mannschaft gehörte! Es gab noch etwa zehn andere Jungen in der Mission, von denen die meisten vor mir zu Vater Maillots Gruppe gestoßen waren. Die meisten waren genauso wie ich gekidnappt worden. Slatin stammte aus meinem Dorf. Er war größer und stärker als ich. Wir wurden gute Freunde. Vater Maillot hatte ihn eine Woche früher auf den Hügel gebracht. Auch Daniel war aus unserem Dorf, doch war er so schweigsam, daß niemand etwas aus ihm herausbrachte. Die übrigen Jungen kamen aus sechs anderen Dörfern, Uruber und Kritor aus einem Dorf namens Maber. Sie kamen eines Abends nach dem Essen bei uns an. Es sah ganz so aus, als seien sie aus dem Schlaf gerissen worden. Gartien und Proper erzählten, sie stammten aus dem weitentfernten Dorf Pontié. Marcellin war in Dasara geboren, einem Dorf östlich Dano. Betin kam aus Sori, einem Dorf, dessen Einwohner für ihre Geschicklichkeit als Jäger berühmt waren. Martin stammte aus Guibal. Er sagte, sein Vater habe ihn auf dem Missionshügel abgesetzt und sei niemals wiedergekommen. Der letzte Junge, dem ich begegnete, war Cloter aus Bolem. Er kam ein paar Tage nach mir an.

Als ein Tag nach dem anderen verstrich, bekam ich es mit der Angst zu tun. Ich wollte nach Hause, ich wollte mit meiner Mutter sprechen. Ich wollte einfach weg, weit weg von dem Haus dieses Mannes. Mantié erzählte uns von einigen anderen Kindern, Jugendlichen, die sehr lange auf der Missionsschule gewesen, aber jetzt gegangen waren. Sie waren aber nicht in ihre Dörfer zurück-, sondern auf ein sogenanntes Seminar weit weg irgendwo im Dschungel geschickt worden.

Mein Leben in der Mission unterschied sich sehr von dem ungebundenen, freien Leben, das ich als Kind bei uns zu Hause geführt hatte. Hier war jeder Augenblick des Tages verplant, und für Spaß und Vergnügen gab es kaum Zeit. Der Tag begann etwa um 7.00 Uhr. Ein Katechet brachte uns zu einem Brunnen, wo wir uns das Gesicht in einem Wassereimer wuschen. Dann ging es in die Kirche, wo Vater Maillot die Messe zelebrierte. Alles, was die meisten von uns während dieser 30–40 minütigen Messe tun konnten, war, gegen den Schlaf anzukämpfen. Hierauf kam endlich das Frühstück. Das Essen wurde in einer großen Schüssel serviert, aus der wir in aufgezwungenem Schweigen mit den Fingern aßen. Die folgenden 2–3 Stunden waren dem Unterricht gewidmet. Als nächstes mußten wir auf den Feldern der Mission arbeiten und bis zum Mittagessen Unkraut jäten. Nach dem Essen war Singstunde, danach folgten 2 Stunden religiöser Unterweisung und 1 Stunde Französischunterricht. Gegen Abend brachte man uns zu einem kleinen Gebet in die Sakristei der Kirche. Das Abendessen wurde genauso eingenommen wie Mittagessen und Frühstück. Die Abendbeschäftigung bestand darin, daß wir wieder Lieder sangen und wiederholten, was wir am Tag gelernt hatten. Um 8.00 Uhr mußten wir ins Bett. Die einzige Abweichung von diesem Schema war, daß wir manchmal, statt auf den Feldern und im Garten zu arbeiten, Sport treiben, das heißt, hin- und herrennen mußten. Nichts von alledem machte mir Spaß.

Als ich Vater Maillot das erste Mal fragte, warum er mich meiner Familie weggenommen habe, sperrte er mich in ein Zimmer mit Betonwänden und einer Metalltür und ließ mich mit ein paar Worten in einer fremden Sprache allein. Wie arrogant und einschüchternd er inzwischen geworden war! Aber das war mir jetzt auch egal. Ich wollte nur nach Hause. Ich schlug so laut und so lange an die Tür, daß schließlich doch jemand aufmachte. Es war ein Katechet, hinter ihm stand Vater Maillot. Der Katechet hatte eine Peitsche in der Hand. Er sprach fließend Dagara, und als er mir befahl, mich zu bücken, nannte er mich Patrice. Dies war das erstemal, daß mich jemand direkt mit meinem katholischen Namen anredete. Ich hatte den Namen immer gehört, wenn Vater Maillot meinen Vater zu Hause besuchte, doch wußte ich damals nicht, daß sie über mich sprachen. Da es nicht mein Name war, weigerte ich mich, zu antworten oder mich zu bücken. Da holte der Katechet mit der Peitsche aus. Ich sah das breite Grinsen Vater Maillots und schrie ihm Beleidigungen ins Gesicht, doch erstickte mir der Schmerz bald die Stimme. Es war das erstemal, daß mich jemand so hart schlug. Der Schmerz des ersten Schlages war so schlimm, daß ich nicht mehr merkte, wie oft mich die Peitsche danach noch traf. Nicht lange, und ich stürzte vornüber und lag ausgestreckt auf dem Boden. Ich war dermaßen verkrampft, daß ich keinen Ton herausbrachte. Es war mir, als sollte ich ersticken und sterben. Alles, was ich noch hörte, waren die rhythmischen Schläge der Peitsche auf meinem Rücken. Und dann fühlte ich ein unwiderstehliches Bedürfnis zu schlafen. In meinem Traum sah ich einen alten, mir gut bekannten Mann, an dessen Namen ich mich jedoch nicht erinnerte. Er goß Wasser über mich, und das linderte meine Schmerzen.

Als ich erwachte, war es stockfinster. Ich wußte, der Mann, von dem ich geträumt hatte, war Großvater. Ich versuchte mich zu bewegen, aber mein Körper brannte wie Feuer, und ich war sehr durstig. Wieder fing ich zu schreien an. Ich rief nach meiner Mutter, sie solle mir Wasser bringen. Warum bloß war ich in dieses Elend geraten und so geschlagen worden? Aber offensichtlich konnte ich nichts daran ändern. Jetzt ging die Tür auf, der Katechet trat ein und befahl mir, den Mund zu halten. Noch heute erinnere ich mich gut, wie er mir erklärte, er sei jetzt meine Mutter und ich solle niemals mehr nach ihr rufen. In meiner Verwirrung kam mir seine Stimme genauso freundlich wie die meiner Mutter vor. Es dauerte Jahre, bevor ich begriff, daß Freundlichkeit die Waffe des Folterers ist, mit der er sein Opfer endgültig überwältigt. Für mich war in dieser Nacht das Leben zu Ende.

Als ich morgens aufwachte, lag ich in der Krankenstation auf dem Bauch, über und über mit Binden bedeckt. Ich wagte nicht, mich umzudrehen. Allein schon der Gedanke daran bereitete mir Qualen. Ein Fremder hielt mir Wasser an die Lippen, und ich trank gierig. Wieder zur Besinnung gekommen, wollte ich sprechen, war aber zu schwach für Worte. Wie viele Tage ich schon hier war und meine Wunden behandelt wurden, bekam ich niemals heraus. Aber ich hatte meine erste Lektion gelernt. Ich durfte auf keinen Fall mehr spontan sein. Immerhin waren noch ein paar andere Kinder am selben Unglücksort, also war ich nicht allein.

Als ich nach meiner Wiederherstellung Vater Maillot zum erstenmal traf, zitterte ich vor Angst. Doch in seinem Verhalten hatte sich nichts geändert. Er lächelte wie gewöhnlich und schenkte mir sogar ein Stück Zucker. Für mich war er jetzt ein solches Ungetüm, daß ich es für geraten hielt, zu tun, was er sagte. Besser, ihm keine Fragen über mein Schicksal mehr zu stellen. Meine kaum geheilten Wunden erzählten mir nur zu deutlich, daß dieser Mann seinen Willen um jeden Preis durchsetzen würde. Ich war ja auch nicht der einzige Junge, den man geschlagen hatte. Bei keinem von uns fehlten die Narben, die Siegel von Vater Maillots Zorn. Mein Leben war etwas so Absurdes geworden, daß ich mich wie in einem Alptraum fühlte, aus dem ich doch eines Tages erwachen würde, wenn ich nur aushielt. Ob irgendeine unbekannte Macht mir Hoffnung eingeflößt hatte, weiß ich nicht. Unterdessen lernte ich Unterwürfigkeit und verlernte Begeisterung und Unbefangenheit. Wie in einer Traumwelt war ich Mitspieler in einem unmöglichen Drama. Als ich zwanzig Jahre später mit Mantié, der schon lang vorher freigekommen war, darüber sprach, wurde mir klar, daß ich instinktiv richtig gehandelt hatte.

Auf dem Missionshügel hörte die Zeit auf, mein Freund zu sein. Statt dessen wurde sie zur Macht, die mich überwältigte. Ich konnte nicht mehr sagen, wie schnell oder langsam sie sich bewegte. Irgend etwas in mir funktionierte nicht mehr. Es hätte ein Jahr vergehen können, ohne daß ich es merkte. Alle Tage lebten wir in höllischer Angst, Angst, für das, was wir taten oder versäumten, geschlagen zu werden. Keiner von uns wußte, was wirklich lief oder was man von uns erwartete. Wir waren wie Schafe und trotteten geduldig in die Richtung, die der Schäfer uns wies. Unaufhörlich stellten wir uns immer dieselbe Frage: Warum waren wir hier? Warum durften wir nicht nach Hause? Warum mußten wir Französisch lernen und jeden Morgen zur Messe gehen – außer am Sonntag, wo wir den Blicken der christianisierten Dorfbewohner, die zum Gottesdienst kamen, möglichst entzogen wurden? Unser eigener Sonntagsgottesdienst begann sehr früh im Pfarrhaus. Die Messe wurde schnell heruntergelesen, eine Kommunion gab es nicht.

Eins der Fächer, das mir in lebhafter Erinnerung geblieben ist, war der Französischunterricht bei einem Lehrer namens Mantié – der dort gebräuchliche Name für Matthias. Jeden Morgen prügelte er ein paar Buchstaben des Alphabets in unsere widerspenstigen Gehirne hinein. Rücksichtslos tyrannisierte er uns vom Frühstück bis zum Mittagessen und wandte jeden nur erdenklichen Trick an, uns zum Lernen zu bewegen. Seine Aufgabe war nicht nur, uns zu gebildeten Menschen zu erziehen, sondern auch in die französische Kultur einzuführen. Auf dem Missionshügel wurden meiner Dagara-Sprache Schritt für Schritt die Wurzeln abgeschnitten. Unter Qualen nahm das Französische allmählich ihre Stellung ein.

Mein erster Tag Fremdsprachenunterricht erfüllte mich mit Schrecken und Neugierde. Es war zwei oder drei Wochen nach meiner Ankunft in der Schule. Niemand von uns wußte genau, worauf Mantié hinauswollte, aber seine strenge Miene zeigte uns schon, daß es ernst wurde. Und dann waren da auch der Stock und der Riemen. Diese »Lernhilfen« verbreiteten Angst und Schrecken und das Gefühl der Ausweglosigkeit. Die erste Stunde war so emotionsgeladen, daß wir nicht einmal mehr fähig waren, über das Gelernte nachzudenken. Die Geister der A's, B's und C's spukten durch unser kindliches Gemüt. Wir wollten auf keinen Fall vergessen, besonders jene nicht, die mit dem Lehrerstock Bekanntschaft gemacht hatten.

In wenigen Tagen konnten wir alle Buchstaben mühelos. Das Gedächtnis arbeitet bestens unter Strafandrohung. Und der Lehrerstock verfehlte nie seine Wirkung. In einigen Wochen konnten wir alle Buchstaben des Alphabets schreiben. Wir hatten es nicht mehr eilig, ihre Bedeutung kennenzulernen, und versuchten auch nicht mehr, darüber zu spekulieren. Aber irgendwie war es schon sehr spannend, zu erfahren, wie man Worte oder die Bestandteile von Worten schnitzte. Für den Augenblick wurde mir immerhin bewußt, daß ich, so jung ich war, in ein Geheimnis eingeweiht worden war. Zwar war es nicht einfach, den Bleistift zu halten, doch die Fähigkeit, sichtbare Sprache zu schnitzen, war wie eine geheime Einweihung. Ich liebe diese Übungen, da ich irgendwie das Gefühl hatte, diese geheimnisvollen Buchstaben besäßen die Macht, richtig kombiniert geheimnisvolle Dinge auszusagen. Es ging mir wie Großvater, der wußte, wie man mittels Kürbis- und Wasserhieroglyphen mit den Toten in Verbindung tritt. Aber mir war es schon genug, schweigend die Buchstaben hinzumalen. Ich brauchte ihnen keinen Sinn zu geben, dann hätten sie nur ihre Macht verloren. War nicht dies der Grund, weshalb Vater Maillot die Messe auf Lateinisch las?

So wirkten Stolz und Schmerz bei dieser Entdeckungsreise in eine Sprache zusammen. Aber Mantié blieb weiterhin der Schrecken der Klasse. Er war wie ein Bote furchtbarer Nachrichten, zugleich ersehnt und gefürchtet. Fehler ahndete er unnachsichtig. Die Atmosphäre des Schreckens, die er jede Stunde verbreitete, war für ihn der sichere Weg zum Erfolg. Auf der einen Seite machten ihm unsere Fortschritte Freude, auf der anderen Seite schien er enttäuscht zu sein, wenn wir es gut machten. Aber ich hatte den Eindruck, es war ihm lieber, wenn wir vergaßen. Dann hatte er eine wunderbare Gelegenheit, seinen Stock tanzen zu lassen. Für ihn war Schlagen und Unterricht dasselbe. Und Vater Maillot hatte ihm dieses furchtbare Vorrecht öffentlich eingeräumt.

In weniger als einem halben Jahr hatten wir uns die Grundkenntnisse des Lesens angeeignet. Aber je mehr wir uns ins Französische einlebten, desto komplizierter wurde diese Sprache. Und Mantié liebte die Komplikationen. Er konnte uns dann jede Stunde nach Belieben schlagen. Manchmal, wenn wir alle hilflos vor einem grammatischen Rätsel standen, stellte er uns paarweise auf und ließ uns einander ohrfeigen. Er schaute zu.

Eines Tages wurden Slatin und ich zusammengestellt. Wir beide waren uns im Lauf der Zeit sehr nahe gekommen. Es war wirklich hart, einen Freund schlagen zu müssen. Als Mantié bemerkte, daß wir einander nicht fest genug ohrfeigten, kam er uns zu Hilfe. Er hielt mit der Linken Slatin am Kopf und knallte ihm die Rechte ins Gesicht. Wie betäubt von dem Schlag taumelte Slatin im Kreis.

Als die Reihe an mich kam, legte ich meinen Kopf ebenfalls gegen Mantiés Handfläche, ich schloß die Augen und wartete. Alles, woran ich mich erinnere, war ein lautes, explosionsartiges Geräusch, dann Schweigen. Als ich wieder erwachte, befand ich mich mit Mantié im Schlafraum. Er schaute mich mit seinen rotunterlaufenen Augen an, sagte etwas, was ich nicht verstand, und verließ den Raum wieder. Ich schlief wieder ein.

Das erste Jahr auf dem Missionshügel war also ausgefüllt mit dem Erlernen der Sprache Vater Maillots. Er jubelte, als ich das erstemal zu ihm sagte »Bonjour mon Père«, und ordnete sofort an, daß ihn von nun an jeder in der Klasse auf Französisch grüßen müsse. Ich betrachtete Vater Maillot nicht als meinen Vater und hatte die Worte nur gesprochen, weil der Lehrer befohlen hatte, ihn so zu grüßen. Wirklich, es war mir ein völliges Rätsel, warum man den Priester »Vater« nannte. Er hatte keine Frau und schien auch keinen Wert auf eine zu legen. Ich kam zu dem Schluß, er brauchte uns vielleicht in seiner Nähe, damit wenigstens einige Kinder ihn Vater nannten.

Religiöser Kolonialismus ist Seelenmarter. Er erzeugt eine Atmosphäre der Furcht, der Unsicherheit und des allgemeinen Mißtrauens. Das Übelste ist, daß er auch die Einheimischen für sich arbeiten läßt. Unsere Lehrer waren Schwarze aus dem Stamm, doch gerade sie waren unsere schlimmsten Feinde. Oft fragte ich mich in späteren Jahren, wenn ich darüber nachdachte, wie die schwarzen Führer unser Land regieren, ob ein Mensch, der unter solchen Mißhandlungen erzogen worden ist, überhaupt noch mitleidig, gerecht und weise regieren kann. Mein Erfahrungen waren nicht die Ausnahme. Die heutigen Führer Afrikas sind zum Großteil Menschen, die auf diese Art ausgebildet worden sind. Ist es da ein Wunder, daß so viele afrikanische Länder dermaßen instabil sind?

Es bedurfte eines Mannes wie Mantié, um uns fließendes Französisch beizubringen. Seine Phantasie bei der Erfindung von »Lernhilfen« kannte keine Grenzen. Nachdem wir Vater Maillot auf Französisch begrüßt hatten, erklärte er, von jetzt an sei es eine Sünde, in der Schule Dagara zu sprechen. Daraufhin bestimmte auch Mantié, das Dagara sei im Missionsbereich eine verbotene Sprache. Um diesem neuen Gesetz Geltung zu verschaffen, nahm er einen Ziegenschädel und band eine Schnur daran, so daß er einem

Gesetzesübertreter um den Hals gehängt werden konnte. Er nannte ihn das »Symbol«. Wer bei einem Wort Dagara ertappt wurde, mußte diesen gräßlichen Schädel um den Hals tragen, bis sich der nächste Sünder seiner erbarmte.

Denn um sich zu lösen, mußte der Sünder die Ohren nach einem verballhornten Wort – auch schlechtes Französisch galt als Sünde – oder einem Dagara-Wort, das sich in einen französischen Satz eingeschlichen hatte, spitzen. Unterlief jemandem ein solcher Fehler, erklärte ihn der Junge, der gerade das »Symbol« trug, zum neuen Sünder. Und mit Hilfe seiner Kameraden hängte er jetzt ihm den Schädel um.

Eines Nachts unterhielten wir uns im Schlafsaal darüber, wie sich unser Leben seit unserer Ankunft auf dem Missionshügel verändert hatte. Slatin äußerte, er wisse nicht einmal mehr seinen richtigen Namen, obwohl er wünsche, ab und zu bei diesem Namen gerufen zu werden, um sich an zu Hause zurückerinnern zu können. Ich fand diese Vergeßlichkeit empörend und sagte: »Ich kann mir nicht vorstellen, jemals vergessen zu können, daß mein Dagara-Name Malidoma ist.«

Der unglückliche Junge, der gerade das »Symbol« trug, Cloter, denunzierte mich prompt als Sünder, hatte ich doch ein Dagara-Wort gesprochen – meinen Stammesnamen. Alle waren seiner Meinung, da Malidoma in erster Linie ein Dagara-Wort ist, erst in zweiter ein Name. Also wurde mir mitten in der Nacht das ominöse Objekt um den Hals gehängt. Es war das erstemal, daß ich den Schrecken erlebte, mit dem »Symbol« leben zu müssen. Die Schnur war kratzig und zu kurz, und der Schädel stank furchtbar, weil er schon in Verwesung überging. Nur mit größter Mühe gelang es mir einzuschlafen.

Mit dem Totenkopf waren also noch andere Folgen außer der Furcht verbunden. Er war wie ein Stachel im Fleisch. Aus dem Träger des »Symbols« wurde ein Spion, ein Beobachter. Es funktionierte wie der verlängerte Arm

Mantiés, der es erfunden hatte, um sicherzustellen, daß wir nicht nur während der wenigen täglichen Unterrichtsstunden von ihm abhängig waren. Wir lernten und arbeiteten verbissen, weil wir auf keinen Fall das »Symbol« tragen wollten. Doch es war ununterbrochen bei uns – eine schreckliche Gegenwart. Einer mußte es immer tragen. Und es konnte den Besitzer nur wechseln, wenn einer aus Versehen Dagara sprach.

So wurde unsere intellektuelle Entwicklung von dem »Symbol« und Mantié gelenkt. Und wir lernten schnell. Aufs Verstehen kam es nicht an. Das »Symbol« ließ uns gar keine Zeit dazu.

Wenn ich Jahre später als Student im Seminar an das »Symbol« zurückdachte, mußte ich mir sagen, daß der menschliche Einfallsreichtum in Zeiten der Not unerschöpflich ist. Der Phantasie sind dann keine Grenzen gesetzt. Wer das »Symbol« trug, mußte unbedingt kreativer sein als die übrigen. Er mußte den Advocatus diaboli spielen und gleichzeitig den Schurken. Er mußte uns unaufhörlich in Gespräche verwickeln, um einen von uns auf frischer Tat zu ertappen. Das Leben konfrontiert uns stets mit unzähligen Möglichkeiten. Selbstdisziplin ist vielleicht ein Weg, sie etwas zu reduzieren. Dafür braucht man aber zuerst ein Ziel. Und während ich in der Mission war, wußte ich nie, welchem Ziel ich eigentlich nachstreben sollte. Man hatte mir mein eigenes Leben geraubt. Während meiner Jahre dort behauptete die Institution, ihr Ziel sei mein Ziel. Das Ergebnis war der schleichende Tod meiner Identität und das Gefühl, ich lebte im Exil und hätte alles, was mir lieb und teuer war, verloren.

Ich würde Ihnen noch gerne mehr von meinen Jahren auf dem Missionshügel erzählen, doch vergingen sie mir größtenteils wie im Traum, dem Traum eines Kindes. Die meisten Einzelheiten liegen heute tief auf dem Grunde meines Unbewußten und lassen sich nicht mehr an die Oberfläche heraufholen. Als Erwachsener erfuhr ich, daß ein solcher Bewußtseinszustand bei Kindern, die ohne Eltern bei wenig liebevollen Betreuern aufwachsen, nichts Ungewöhnliches ist. Das Gedächtnis solcher Kinder ist unzuverlässig, flach, eindimensional wie Papier.

Erst mit zwölf erwachte ich aus diesem Traum. Vater Maillot entschied, wir seien jetzt alt genug, um auf das Seminar in Nansi zu gehen. Ich erinnere mich noch an die Nacht, als wir dort auf einem Lastwagen ankamen. Wir waren ungefähr ein Dutzend Absolventen der Missionsschule. Mein erster Eindruck war die kalte Helligkeit der Lampen an der Straße zum Seminar. Der Fahrer des Lastwagens hielt am Hauptgebäude, einem großen, hellerleuchteten Ziegelbau. Ein Priester kam heraus und sprach mit dem Fahrer, dann wurden wir ins Gästequartier gebracht – einen ungeheuren Schlafsaal mit Metallbetten, die sich bis ins Endlose zu reihen schienen. Einige waren von Schläfern belegt, andere leer. Der Priester wies uns unsere Betten an und befahl uns, sofort schlafen zu gehen.

Mein Bett lag gegenüber der Eingangstür. Eine Strohmatratze befand sich darauf und eine Decke. Niemals zuvor und danach habe ich etwas dergleichen gesehen. Das Bett bestand aus vier Stahlleisten, etwa 10 cm breit und 1½ Meter lang. Ich legte meinen Beutel unters Bett und streckte mich darauf aus. Die Strohmatratze war aber nicht fest genug, und so fiel ich mit lautem Getöse zwischen zwei Leisten hindurch und wurde eingekeilt. Erschöpft wie ich war, hatte ich aber keine Lust mehr, mich anders zu betten, und so schlief ich in dieser unbequemen Lage ein.

Bevor wir die Missionsstation verließen, hatte uns Vater Maillot gesagt, unsere Jahre dort hätten uns gut für den nächsten Schritt auf der Reise zu Christus vorbereitet. Seltsam, als ob man Christus durch Bildung begegnen könnte! Am Tag, als der Lastwagen kam und uns abholte, war der Vater so glücklich und stolz auf uns alle, daß er gar nicht mehr aufhörte zu lächeln. Eine kleine Menschenmenge hatte sich angesammelt, teils aus Neugierde, da die Leute noch nie einen Lastwagen gesehen hatten, teils weil es eine Ablenkung von ihrer schweren Arbeit bedeutete.

Nie hatte ich mich während meines Aufenthalts auf dem Missionshügel nach meiner Familie zu sehnen aufgehört, obwohl ich mich schon nicht mehr an den letzten Augenblick mit meinen Eltern erinnern konnte. Aus einem seltsamen Grund war die Erinnerung an Großvater lebhafter als die an meine Eltern. Ich spürte ihn auf eine Weise, die ich Ihnen nicht erklären kann. Ähnliches empfand ich nicht, wenn ich an Mutter und Vater dachte. Aber als ich die zweihundert Kilometer Entfernung zum Seminar zurücklegte, kam es mir vor, als ob mit jedem Kilometer der Abgrund zwischen ihnen und mir tiefer wurde.

Beginn in Nansi

Das Internat war eine Festung – ein Staat im Staate, entstanden aus dem Nichts, ein Garten der Ordnung im Chaos des afrikanischen Dschungels. Häuser, noch schöner als Vater Maillots Missionshaus, lagen inmitten von Bäumen, Gärten und an blumengesäumten Wegen. Die hellweiß glänzenden Stein- und Betonmauern schmerzten das Auge und schüchterten den Neuankömmling ein. Alle hatten Blechdächer, die meisten Holzdecken. Außer dem Lehrerhaus war die Kirche das größte Gebäude, aus Beton und Stahl erbaut. Die hohe Decke bestand aus einem komplizierten Stahlträgermuster, darüber lag ein Dach aus Metall, das laut dröhnte, wenn es regnete. Es gab außerdem Unterrichtsräume und Schlafsäle, von denen jeder über hundert spartanische Metallbetten enthielt. Jedes Klassenzimmer faßte 80 Schüler, obwohl manchmal auch ein gutes Hundert morgens darin unterrichtet wurde. Alles in allem lebten in diesem Institut gut über 500 Jugendliche zwischen 12 und 21 Jahren.

»Dies ist ein Tag des Wunders und der Herrlichkeit. Ein Tag, an dem uns unser Herr Jesus Christus wieder einmal bewiesen hat, daß sein Heldentod am Kreuz nicht vergeblich war.

Gestorben, um seine Kinder vom Verderben zu erlösen, ist er jetzt wieder auferstanden, um uns zu zeigen, daß er auch meinte, was er sagte – daß sein Leiden ein Opfer war: Der Herr starb euretwegen.

Ihr seid also die auserwählten Jünger Christi, berufen zum Priestertum, um als Apostel die irrenden Seelen eurer Brüder und Schwestern zu retten und sie auf den Pfad der göttlichen Tugend zurückzubringen.«

Es war ein heißer Ostertag im Seminar von Nansi. Die

Messe war feierlicher gewesen als sonst, da Ostern einen Höhepunkt im Festkalender bedeutete – manchmal war es ein ebenso hoher Festtag wie Weihnachten, manchmal ein noch höherer, denn geboren wird jeder, aber nicht jeder ersteht auf. Vor allem war es auch das Ende der Fastenzeit, die die meisten von uns als unerträglich empfanden. Denn während dieser Zeit lebte die ganze Schule vegetarisch, und für viele von uns war das furchtbar. Warum sollten wir nur Kräuter essen? Weil sich der Gottessohn in Not befand und wir uns mit ihm in Form asketischen Fastens solidarisieren sollten?

Vater Superior leitete die Messe. Sie wurde vom gesamten Priesterkollegium zelebriert, alles Jesuiten. Gekleidet in ein majestätisches Meßgewand, mit einem Kreuz vorne und hinten drauf, vollführte Vater Superior dramatische Gesten und Handlungen, als stünde er selbst im Mittelpunkt des Geschehens und der andächtig lauschenden Menge. Auch seine Helfer waren mit Inbrunst bei der Sache. Jeder beherrschte seine Rolle so gut, daß er sie fast mechanisch ausführte.

Die letzten zehn Jahre war immer nur Vater Superior Leiter der Ostermesse in Nansi gewesen. Als Rektor dieses imposanten Instituts hielt er auch oft die Predigt, nachdem ein Kollege das Evangelium verlesen hatte. Wie vorgeschrieben, sprach Vater Superior dabei über die Bedeutung des jeweiligen christlichen Feiertages. Oft verglich er die Auferstehung Christi mit einem Erwachen Afrikas zu Christus. Und niemals ließ er eine Gelegenheit aus, die Jesuiten für ihre großen Leistungen in Schwarz-Afrika zu preisen. Für ihn waren jeder Mann und jede Frau, die zum Taufbecken gebracht wurden, ein auferstandenes Geschöpf, das dem Beispiel Christi folgte und die Richtigkeit des religiösen Kolonialismus in Schwarz-Afrika bewies. Aber an diesem Tag brach er aus irgendeinem Grund mit seiner Gewohnheit und sprach über unsere Berufung.

»Ihr seid Kandidaten und ganz besondere Jünger in

Christi Gemeinschaft. Nicht nur seid ihr auf seinen Namen getauft, sondern ihr werdet auch euer Leben vollständig seiner Sache weihen. Das ist ungemein wichtig, denn unsere Welt steht kurz vor dem Zusammenbruch. Die Werke des Satans und seine vielen Anhänger in diesem Land Gottes haben sie gespalten.

Die Menschen eures Landes, geborene Sünder, nahmen an Sünde immer noch zu. Sie hingen einem Glauben an, der sich gerade solcher Taten brüstete, welche unseren Herrn Jesus Christus tagtäglich töten. Genau für diese makabren Sünden ist er ja gestorben.

Aber wißt ihr auch, warum diese Sünder immer noch am Leben sind? Sie leben noch, weil man ihnen noch eine Chance gibt – die Chance, zu bereuen und gerettet zu werden. Ich glaube, es erübrigt sich zu sagen, daß die geringste eurer Taten, an diesem heiligen Ort vollbracht, die Chancen ihrer Rettung erhöht und sie ihnen näherbringt.

Aber eure eigentliche Aufgabe werdet ihr dort, inmitten dieser Jünger des Bösen, zu vollbringen haben. Jeden Tag geraten sie tiefer ins Verderben, geschändet vom Blut des Satanismus, von der Verehrung steinerner Götzen, vom falschen Glauben und ihrer Liebe zu einer durch und durch unheiligen Welt. Ihr habt die Pflicht, nicht zu ruhen und zu rasten, bis ihr ihnen das Licht der Auferstehung gebracht habt.

Das ist der Ruf, der eurer Antwort harrt. Das ist das Licht, das von euch verstärkt und täglich belebt werden will. Das ist die gute Botschaft, die ihr austragen und in eurem Volk ausstreuen müßt. Sie winden sich unter dem stählernen Griff des Satans, und nur ihr könnt sie retten – denn Christus ist auferstanden auch für euch. Das ist eure Berufung.«

Vater Superior verstand es wunderbar, seinen Hörern Schmerz, Angst und Schuldgefühle einzupflanzen. Wie sollte ich denn zu meinem Volk gehen und ihm erklären, es müsse die uralten Glaubensgewohnheiten ablegen und sich erlösen lassen, weil jemand für es gestorben sei, ohne es ihm überhaupt zu sagen? Es war so lange her, seit ich diese Menschen verlassen hatte, daß ich mich einfach nicht mehr erinnern konnte, wie böse ihr spirituelles Leben angeblich war – was sie denn eigentlich falsch machten. Würden sie mich überhaupt ernst nehmen, wenn ich einmal im weißen Gewand und mit Rosenkranz zu ihnen zurückkehrte?

Obwohl Nansi von der Außenwelt vollkommen abgeschnitten war, waren doch zahlreiche Geschichten über das Vorgehen der Abgesandten der Kolonialmacht im Umlauf. So hatten z. B. in einem nahegelegenen Dorf Missionare das Volk unter Verwendung des Symbols von Christus am Kreuz zu bekehren versucht. Ein Unglücksrabe hatte es gewagt zu widersprechen.

»Dieser Mann ist kein Schwarzer«, sagte er. »Er hat niemals ein schwarzes Dorf besucht. Auch keiner seiner Jünger war ein Schwarzer. Wie soll er also auch für uns gestorben sein? Wollt ihr versuchen, die Schuld eurer Vorfahren auf uns abzuwälzen? Denkt doch einmal nach – eure Vorfahren haben jemanden getötet, den sie nicht hätten töten sollen. Dann entdeckten sie, dieser Mann sei göttlicher Abkunft gewesen. Und jetzt bereuen sie, und die ganze übrige Welt sollte mit ihnen bereuen. Unsere Vorfahren haben uns niemals erzählt, daß ihr ein solches Verbrechen gegen die Menschlichkeit begangen habt. Und wenn dieser Mann ein Gott war, hätte es uns Mutter Erde erzählt, bevor ihr hier ankamt. Denkt doch einmal darüber nach, was ihr da sagt!«

Vielleicht war es ein Zufall, vielleicht auch nicht, daß dieser Mann der Territorialarmee in die Hände fiel und man nie mehr etwas von ihm hörte.

War es wirklich eine Berufung, daß ich von Vater Maillot aus der Wohnung meiner Eltern geraubt wurde, während sie draußen arbeiteten? War es eine Berufung, daß ich dann auf einer BMW zur Mission und schließlich zu diesem Seminar, Lichtjahre von zu Hause entfernt, gefahren wurde, um meinen Angehörigen dann später zu erzählen, sie sollten an Christus glauben? Solche Gedanken gingen mir ständig durch den Kopf, seit ich ins Nansi-Seminar gekommen war.

Im Norden des Campus stand das zweistöckige Gebäude, in dem die Professoren wohnten, im Mittelpunkt des Campus die Kirche. Ihr Kirchturm beherrschte den Komplex. Sie war das höchste und jüngste Gebäude im Seminar und der Ort, den wir als ersten nach dem Wecken und als letzten vor dem Schlafengehen aufsuchten. Die Kirche war herrlich. Sie faßte an die tausend Menschen. Sie besaß auch eine Empore, doch konnten wir niemals in Erfahrung bringen, wer dort saß. Die vorderen Bänke waren für die Junioren (die 12-16jährigen) reserviert, die Alt und Sopran sangen. Die hinteren Reihen für die Senioren, die Tenöre und Bässe. Gesang füllte einen großen Teil des Lebens in Nansi aus, und wir beteten in diesem Raum nicht nur, sondern übten auch unsere Lieder. Singen war gut für die Psyche. Es erzeugte eine von anderen unabhängige Beziehung zwischen uns und Gott und kanalisierte unsere Gefühle besser als die mechanisch rezitierten, vorgeschriebenen Gebete.

Jeden Morgen begegneten sich die Senioren und Junioren in der Kirche und im Refektorium, wo wir morgens, mittags und abends unsere Mahlzeiten einnahmen.

Um 5.30 Uhr kam einer der Priester ins Dormitorium, klatschte in die Hände, knipste das Licht an und rief: »Benedicamus Dominum!« Wir mußten zurückrufen: »Deo Gratias.« Doch meist wachten wir nicht schnell genug auf, um sofort antworten zu können, weshalb der Priester seinen Morgengruß wiederholte, bis er mit unserer gemeinsamen Antwort zufrieden war. Dann ging er an den Bettreihen entlang und zwickte alle, die trotz der Begrüßungszeremonie weiterschliefen. In der Zwischenzeit griffen sich die Aufgestandenen ihre Handtücher und machten sich an eine schnelle Morgenwäsche. Sie ging in einem etwa 18

Meter langen Betontrog vonstatten. Einen halben Meter über dem Trog befand sich eine Leitung. Drehte man den Hahn auf, strömte kaltes Wasser aus den in der Leitung befindlichen Löchern. Wir wuschen uns schweigend, denn Schweigen war eine der wichtigsten Regeln in diesem geheiligten Reich. Vom Wecken bis zum Sport waren Gespräche verboten. Am Anfang empfand ich es als die allerschlimmste Härte, neben jemand anderem gehen zu müssen, ohne ein Wort zu sagen. Im Dorf wäre ein solches Verhalten nur nach einem Begräbnis möglich gewesen. Es fiel mir sehr schwer, so lange den Mund zu halten. Aber man gewöhnte sich schnell daran. Jeder, der schwätzte, bekam Schläge aufs Hinterteil.

Aber man muß ja nicht unbedingt laut sprechen. Ich fand bald heraus, daß ich mich mit der Schweigeregel abfinden konnte, indem ich einfach mit mir selbst sprach und einen Dialog mit einer imaginären Person führte. An Stoff fehlte es mir nicht, denn immer mußte ich daran denken, was wohl jetzt zu Hause los sein mochte. Immer stellte ich mir vor, was meine Familie gerade tat, und damit war meinen Gedanken ein weites Feld eröffnet. Aber manchmal geriet ich dadurch auch in tiefen Kummer, wenn mir wieder einmal klar wurde, daß ich ja doch ein von allen verlassener Unglückswurm war, der sich nach der verlorenen Heimat sehnte.

Doch sooft meine Gedanken Kummer und Zorn in mir hervorriefen, sooft boten sie mir auch eine Zuflucht. Ich konnte unmöglich jeden Tag die gleiche eintönige geistige Diät einhalten. Schnell lernte ich die Kunst, mich rasch und vollständig in mich selbst zurückzuziehen. Dann war es nicht mehr schwer, das unangenehme Gefühl, daß jemand neben mir ging, ohne daß ich in seine Sphäre eindringen durfte, zu verdrängen. Der andere Aspekt des Schweigens ist tatsächlich, daß es uns die Möglichkeit gibt, unsere Zunge im Zaum zu halten und zu lernen, auf die leise Stimme des Inneren zu hören. Wenn es also im Seminar meistenteils ruhig war, so war wenigstens für mich diese Ruhe nur äußerlich.

Auch Schwimmen lernte ich in Nansi, aber das war kein schönes Erlebnis. Es war Aufgabe der Senioren, den Junioren das Schwimmen beizubringen. Doch hätten wir es besser nicht so früh lernen sollen und wären dann diesen rohen Burschen nicht ausgeliefert gewesen. Die Junioren empfanden die Senioren als grob und brutal. Man mußte von einem Senior besonders protegiert werden, um überhaupt einmal Ruhe zu haben. Es war also überaus wichtig, einen Senior als Freund zu haben.

Mir sollte das Schwimmen von einem Senior namens Carib beigebracht werden. Als ich so am Flußufer stand und ihn herankommen sah, schlug mir das Herz bis zum Hals. Er trat auf mich zu und sagte: »Hallo, Kleiner, bereit für die Wassertaufe? Wäre nicht schlecht, Freundchen. Aha, aha.« Er packte mich und stemmte mich hoch in die Luft. Ich wehrte mich, doch war ich wie eine Maus in den Krallen einer Katze. Er bemerkte nicht einmal, daß ich Widerstand leistete, während er fröhlich hüpfend aufs Wasser zuging und mich wie ein Stofftier weiter in den Armen hielt. Dann sprang er mit mir mitten ins Wasser. Plötzlich konnte ich nicht mehr atmen. Wenn ich den Mund aufmachte, drang nur Wasser ein. Doch Carib machte keine Anstalten, wieder aufzutauchen. Wir blieben dort auf dem Grund des Flusses, und ich sah nur, wie er mich mit hervorquellenden Augen anglotzte. Sein Griff verstärkte sich zusehends. Es kam mir vor, als würde ich in einem engen Käfig zerquetscht. Verzweifelt versuchte ich, Carib auf alle Weise zu verstehen zu geben, daß ich drauf und dran war zu ertrinken. Mit jedem Atemzug schluckte ich Wasser und spürte, wie es in meinen Bauch hinabfloß. Aber Carib drückte mich nur noch fester hinunter.

Endlich, endlich tauchte er wieder auf und setzte mich am Ufer ab mit den Worten: »Genug für heute. Du warst gar nicht schlecht. Bis Sonntag also.«

Carib schien nicht bemerkt zu haben, daß ich Wasser spuckte. Es war alles so furchtbar, daß ich weinen mußte. Ein plötzliches Gefühl der Ausgesetztheit und Verletzlichkeit zauberte das Gespenst des Todes vor mein inneres Auge. Meine Leiden in Vater Maillots Missionsschule schienen nichts im Vergleich zu diesem Schwimmunterricht. Endlich hörte das Wasser auf, mir aus dem Mund zu rinnen, aber ich heulte weiter und saß am Rand des Flusses, die Füße im Wasser. Meine Gedanken wanderten in der Zeit zurück, auf der Suche nach irgendeinem Trost. Niemals, seit ich von zu Hause getrennt war, hatte ich Trost empfangen. Die einzigen Empfindungen, die in mir aufstiegen, waren nur Zorn und Kummer, gemischt mit dem unaussprechlichen Gefühl, betrogen worden zu sein. Nichts Erfreuliches gab es in meinem Leben, außer vielleicht schwache Erinnerungen an die Freundlichkeit meines Großvaters und meiner Mutter. Aber diese Erinnerungen waren nur winzige Inseln im Meer meines Gedächtnisses. Ich gab mir alle Mühe, vom Negativfilm eines vierjährigen Gehirns ein klares Bild von zu Hause abzuziehen.

Ich versuchte auch, zu Gott zu beten, aber das hieß, gerade zu der Person zu beten, die mein Unglück verschuldet hatte. Das verschaffte mir also keine Erleichterung. Um so heftiger versuchte ich, Großvaters Gesicht heraufzubeschwören, und wünschte mit aller Kraft, sein Geist solle mir zu Hilfe kommen, wenn es Gott schon nicht tat. Ich mußte immer denken, es gebe einfach zu viele Menschen, um die Gott sich kümmern müsse – zu viele, die ihm wichtiger waren als ich. Also betete ich statt dessen zu dem Geist Bakhyes. Er wenigstens würde mich hören, da er nicht für so viele Menschen sorgen mußte.

»Hör endlich auf, dich selbst zu bemitleiden«, sagte da plötzlich jemand mitten in meine Kümmernis und mein Beten hinein. Ich rieb mir die Augen. Dieses Gesicht kannte ich doch? Es war ein anderer Junge, 13 Jahre alt wie ich selbst, nur ein bißchen kleiner. Er war gerade aus dem

Wasser gestiegen – offenbar war er absichtlich hineingegangen! Verblüfft hörte ich zu weinen auf, konnte aber nicht anders, als zu klagen: »Aber er hätte mich fast umgebracht!«

»Wer? Carib? Er wußte es natürlich nicht. Jeder hier wird so tun, als habe er es nicht gewußt. Ich bin genauso wie du auf dem Grund des Flusses gewesen. Wenn du denkst, deine Mutter kommt und holt dich zu sich, dann kannst du weiterweinen. Wenn nicht, halt dann lieber deine Augen offen und sorge für dich selbst.«

»Wer bist du denn?« fragte ich.

»Antoine. Mein Name ist O.Antoine. Und du?«

»Patrice, Patrice Somé. Ich stamme aus...«

»Das spielt jetzt keine Rolle. Jetzt sind wir hier. Komm, Patrice, gehn wir nochmal ins Wasser. Ich zeige dir ein paar Dinge, sonst bist du das nächstemal, wenn dich Carib losläßt, eine geschälte Banane.«

Ich wußte, daß wir beide keine Chance gegen Carib hatten, aber ihm schaden konnten wir zumindest. Es war zwar unwahrscheinlich, daß wir uns jemals trauen würden, ihn anzugreifen, doch schon beim Gedanken daran fühlte ich mich besser. Ich hatte einen Freund gefunden, und an diesem Abend saßen wir am selben Tisch nebeneinander. Wir sprachen nicht viel, doch Freundschaft bedarf keiner Worte. Sie spricht oft lauter im Schweigen.

Beim Älterwerden mußte ich erleben, daß das Leben in einem Internat, wo strengste Disziplin herrscht, psychologische Reaktionen auslöste, die die Schüler zwangen, neue Formen »zwischenmenschlicher Beziehungen« zu entwikkeln. Ältere Schüler betrachteten junge Neuankömmlinge als »Mädchen« und mögliche Sexualpartner. Ihr Sexualtrieb konnte keine wirklichen Mädchen finden, um sich zu befriedigen. Also suchte er sich einen Ersatz.

Es gab im Internat ebenso viele Jungen um die zwanzig, wie solche zwischen elf und vierzehn. Meine ersten zwei Jahre im Seminar waren aus einem bestimmten Grund wie ein Alptraum, ein tiefes psychologisches Trauma. Ich sah nämlich aus wie ein Mädchen. Mit dreizehn hatten meine Brüste die Größe von Äpfeln. Das war der stärkehaltigen Nahrung zu verdanken, die wir aßen. Der Arzt sagte, das würde sich mit dem Älterwerden schon geben. Unser Speiseplan war im wesentlichen rigoros vegetarisch. Wir aßen Blätter von uns unbekannten Bäumen. Normalerweise hatte das, was mittags und abends auf den Tisch kam, keinen Namen, außer Yams oder Süßkartoffeln. Die kannten wir. Das Frühstück bestand immer aus Reis- oder Hirsebrei. Er war so zäh, daß man eine Menge Wasser und Zitronentee brauchte, um ihn herunterzubringen. Sonntags gab es Brot zum Mittagessen und abends Trockenfisch. Weihnachten und Ostern gab es zusätzlich Limonade. Aber während ich auf diese schöne Zeit wartete, bemerkte ich, daß ich zum Objekt der Begierde älterer Schüler geworden war ... Alles an mir sah weiblich aus. Meine Stimme war so hoch und weich, daß ich den Spitznamen Eros erhielt. Ich geriet in einen tiefen psychologischen Konflikt, schien mir doch meine Männlichkeit abhanden gekommen zu sein. Neidisch betrachtete ich andere Jungen. Sie schauten wenigstens nicht wie Mädchen aus.

Einer der Priester, Vater Lamartin, hatte eine spezielle Neigung zu mir gefaßt, deren Natur ich erst viel später begriff. Es war der große, fette Priester aus Holland, den wir Zerberus nannten. Seine Augen waren so blau und kalt, daß sie schon fast unmenschlich wirkten. Er sah aus wie jemand, der dauernd gereizt ist, nahe daran zu explodieren. Eines Abends, als die anderen sich zur geistlichen Lesung versammelten, rief mich Vater Lamartin, der Lateinlehrer, zu sich ins Büro. Er hielt einen Stock in der Hand, sein Gesicht war purpurrot angelaufen. Kaum hatte ich den Raum betreten, schloß er die Tür und sagte: »Du bist ein fauler Bengel, ich will dich schon Mores lehren. Zieh dich aus.«

Ich starrte auf den Stock in seiner Hand, mein Blut wallte heiß auf. Ich schämte mich, meine Kleider vor einem völlig angekleideten Menschen abzulegen. Noch viel weniger war mir danach, ihm die an meiner Brust wachsenden zwei Äpfel zu zeigen. Da brüllte er mich plötzlich an, und ich begriff, es blieb mir nichts übrig, als zu gehorchen. Also zog ich als erstes das Hemd aus, öffnete den Reißverschluß meiner Hose und ließ sie zu Boden fallen, wobei ich ihn flehend anschaute. Seine Augen traten so hart aus ihren Höhlen, daß im Nu auch meine Unterwäsche drunten war. Ich schämte mich wahnsinnig und mußte die Augen niederschlagen. Lieber wäre ich tausend Tode gestorben, als so vor jemandem zu stehen.

Nach einer Weile, die mir wie eine Ewigkeit schien, trat Vater Lamartin auf mich zu und berührte meine Brüste. Sie waren so empfindlich, daß ich einen kleinen Schmerzenslaut ausstieß.

»Tun sie weh?«

»Ja, Vater!«

Er streichelte sie. »Tut es immer noch weh?«

»Ja, Vater!«

»Aber wie hast du sie bekommen?«

»Ich weiß es nicht, Vater. Es kam einfach so.«

Er setzte sich hin und befahl mir, mich auf seinen Schoß zu legen, während er mir mit dem Stock auf den Rücken schlug und Worte sprach, die ich nicht verstand. Aber die Schläge taten nicht weh, und ich fragte mich, warum er solche Mühe aufwandte, nur um mir zu sagen, ich solle besser Latein lernen. Dann mußte ich mich auf seinen Schoß setzen, das Gesicht ihm zugewandt. Er legte die Arme um mich. In diesem Augenblick war er ein ganz anderer Mensch, zärtlich, weich und rücksichtsvoll. Ich schloß die Augen. Ich wollte sein Gesicht nicht sehen.

Inzwischen hatten die Schüler die geistliche Lesung beendet und begaben sich ins Refektorium zum Abendessen. Jene, die von mir und Vater Lamartin wußten, kamen am

Büro vorbei und taten so, als ob sie etwas suchten. Vater Lamartin befahl mir, mich anzuziehen und zu gehen.

»Hat er dir wehgetan?« fragte Antoine vor dem Büro.

»Nein.«

»Doch, er hat dir wehgetan. Du willst es bloß nicht zugeben.«

»Nein, er hat mich geschlagen, mir aber nicht wehgetan.«

»Wo hat er dich geschlagen?«

»Auf den Rücken.«

»Hast du dich ausgezogen?«

»Ich mußte es tun.«

»Der Schuft! So hat er es bei anderen auch schon gemacht. Paß bloß auf!«

Die anderen Schüler begannen mich zu hänseln. Ich sei jetzt Vater Lamartins Freundin. Wann würde er mich heiraten und nach Frankreich mitnehmen? Aber das machte mir längst nicht so viel aus wie das Erlebnis selbst. Ich schämte mich entsetzlich, daß ich nackt vor einem Priester hatte stehen müssen.

Aber ähnliches passierte öfters, nicht nur mit Vater Lamartin, sondern auch mit Senioren, die mitten in der Nacht in den Schlafsaal einbrachen und ihrem Auserkorenen drohten, sie würden ihn töten, wenn er Lärm schlug oder jemandem etwas erzählte. Jeder im Schlafsaal wußte, was nachts vor sich ging, aber niemand wagte, ein Sterbenswörtchen zu sagen, außer in Form von Scherzen, daß der und der die Freundin von dem und dem sei. Es war ein Alptraum, in diesem geheiligten Internat jung zu sein und gut auszusehen. Ich sehnte mich danach, erwachsen zu werden, und betete, meine Brüste möchten zurückgehen, wie der Doktor vorausgesagt hatte. Das alles führte dazu, daß ich im Unterricht nicht mehr mitkam und wie geistesabwesend in der Kirche saß. Ich wußte nicht mehr, zu wem ich beten sollte. Gott hatte mich unverzeihlich betrogen. Ich wünschte die Gelegenheit herbei, ihm meine Verachtung ins Gesicht zu schleudern. Meine Stimmung verdüsterte sich, und ich träumte von einer besseren Welt, in der man nicht vergewaltigt werden konnte und wo kein Junge wie ein Mädchen aussah oder als Mädchen galt. Der Gott, der so etwas zuließ, war ein furchtbarer Gott.

Eines Abends ließ mich Vater Lamartin wieder in sein Büro kommen, kurz vor dem Löschen des Lichts. Nach dem mir jetzt schon vertrauten Ritual, bei dem ich auf das Hinterteil geschlagen wurde und er mich an sich drückte und schwer atmete, fragte ich ihn, als er mich entließ, ob ich meine Sünde am Freitag beichten solle. Von jedem Schüler erwartete man, daß er Freitagnachmittag die Sünden der Woche beichtete und Absolution erbat. Die meisten Sünden, jedenfalls die bekennbaren, waren läßlich. Sie reichten von übermäßigem Essen über Schlechtigkeit gegenüber Kameraden bis zu persönlichen Fehlern wie Faulheit, Schlamperei oder Vergeßlichkeit. Für diese Sünden erteilte der Priester automatisch Absolution, während wir automatisch unsere Bußformeln herunterleierten.

Vater Lamartin sprang auf die Füße und lief rot an. Er murmelte einige Worte, die wie Flüche klangen, und sagte »nein«. Dann, wie wenn er bemerkt hätte, zu weit gegangen zu sein, senkte er die Stimme und fragte: »Warum, denkst du, ist das eine Sünde?«

»Ich weiß nicht. Ist also alles in Ordnung?«

»Natürlich ist alles in Ordnung. Hast du jemals beim Beichten darüber gesprochen?«

»Nein. Ich wollte Sie vorher fragen.«

»Das hast du gut gemacht. Du brauchst keine Sünden zu beichten, die gar keine sind. Wer ist dein Beichtvater?«

»Vater Rémy.«

»Sprich nicht darüber mit ihm. Ich kümmere mich selbst darum.«

Als ich in den Schlafsaal zurückging, überlegte ich krampfhaft, warum Vater Lamartin nicht wollte, daß ich beichtete, ich sei mehrere Male in seinem Büro nackt vor ihm gestanden. Für mich war Nacktheit eine Sünde. Mehr wußte ich nicht. Warum wollte Vater Lamartin mich nicht beichten lassen, was er mir befohlen hatte, wo er doch so harmlose Dinge, wie wach im Bett liegen, wenn man schlafen sollte, schon als Sünde betrachtete? Ich hatte keine Angst, verstand nur allmählich, wie furchtbar das Leben in einem katholischen Internat sein konnte.

Rebellion

Die ersten drei Jahre im Seminar lebte ich fast außerhalb meines Körpers. Es gibt Verbindungen zwischen Seele und Körper, die man unter unerträglichen Umständen um des Überlebens willen gelegentlich kappen muß. Anders als in der Schule auf dem Missionshügel, wo die Brutalität meist von Seiten des Personals erfolgte, kam sie hier aus allen Richtungen, einschließlich der Schüler. Unter den Jungen herrschte heimliche Anarchie, und die Angst, sexuell oder physisch gequält zu werden, hielt mich in einem Zustand angespanntester Wachsamkeit und seelischer Dumpfheit. Im Internat zu Nansi wurde man schnell erwachsen.

Aber erst als ich in die Seniorenabteilung kam, wurde mein Los erträglicher. Hauptursache für die Verbesserung der Lage war die Veränderung meines äußeren Aussehens. Meine Brüste waren jetzt zurückgegangen. Sie waren zwar immer noch schwammig, zeichneten sich aber nicht mehr durch die Kleider hindurch ab, und ich mußte mich nicht mehr so schämen. Auch hatte ich gewisse körperliche Kräfte entwickelt und war größer geworden. Ich war männlicher als zuvor, aggressiver. Was mir aber nicht bewußt war, war, daß mich mein früherer Zustand Täuschung, Verstellung, Zorn, Heuchelei, Kühnheit und Aggressivität als Reaktion auf meine dauernden inneren Spannungen gelehrt hatte.

Einen Großteil meiner überschüssigen Energien steckte ich ins Lernen. Es ging plötzlich alles wie geschmiert. Hart zu arbeiten war eine Art Rache an der Umgebung und gleichzeitig Beschäftigungstherapie. Jedes neue Thema und Buch eröffneten mir eine fremde Welt, in die ich mich flüchten konnte. Es war leichter, sich dort in einer imaginären Freiheit aufzuhalten, als sich mit der zermürbenden Realität im »heiligen« Internat auseinanderzusetzen. Doch so faszinierend die Bücher waren – sie stießen mich doch auch irgendwie ab. Die Geschichte bestand vor allem aus den Taten des weißen Mannes, eine Kette von Gewalt und Mord. Es ging immer um Krieg und aus Machtgier entstehende Kämpfe. Es ging um die Instabilität und Unsicherheit einer lebensgefährlichen Existenz. Der Schwächere wurde zur Beute des Stärkeren oder kurzerhand vernichtet. Durch die Seiten unserer Geschichtsbücher spukten brutale Gestalten, schrecklich und gewalttätig. Uns wurden sie jedoch als Vorbilder, Muster an innerer Stärke und Kultur, präsentiert. Nur manchmal schoß ein heller Lichtstrahl durch das Dunkel: Die Französische Revolution zum Beispiel faßte ich als Reaktion des Menschen auf unerträglich gewordene Unterdrückung auf. Doch meist war die Geschichte anscheinend nur eine endlose Abfolge irrationaler Gewalttaten. Wir lernten, daß Krieg Frieden und Frieden Krieg war. Si vis pacem, para bellum – willst du Frieden, bereite den Krieg vor.

Unser Geschichtslehrer legte Wert darauf, daß wir das Wesen der Macht und des Friedens und der Freiheit verstanden. Doch diese Ideale wurden uns nur in westlichen Begriffen übertragen. Legte man die Gewaltphilosophie des weißen Mannes zugrunde, wurde auch das schreckliche Phänomen des Sklavenhandels verständlich, ja war sogar zu rechtfertigen. In unseren Geschichtsbüchern fanden sich Bilder mit Sklavenschiffen, die nach Westen fuhren. Das kam mir vollkommen unglaubwürdig vor, bis ein paar Schüler von der Küste erzählten, sie hätten von ihren Großvätern gehört, daß tatsächlich Leute deportiert worden und niemals zurückgekehrt seien. Ein Thema jedoch, das unser Unterricht geflissentlich aussparte, war die Geschichte Afrikas. In unserer Klasse kam der afrikanische Kontinent nur im Zusammenhang mit dem weißen Mann vor. Und auch sonst wurde die Welt von Weißen regiert.

Aus den Dokumenten unserer Bücher ging hervor, daß die Weißen die großen Denker und Erfinder waren. Dauernd ritten unsere Lehrer auf den Erfindungen der Wissenschaft herum. Johannes Gutenberg entdeckte den Buchdruck, Galilei entschleierte die Geheimnisse des Himmels, Newton löste die Rätsel der Schwerkraft und der Physik. Und alle ihre Leistungen waren nur die Voraussetzung dafür, daß Gott nach Afrika kommen konnte – wir verstanden allmählich, warum man unsere Völker als primitiv betrachtete. Es wurde mir klar, daß der weiße Mann Aufruhr brachte, wohin er kam, weil er keine Skrupel kannte. Er war niedrig und gemein, und das ertrug niemand, weil es einfach keinen Sinn ergab. Und schließlich gewann er die Oberhand, weil niemand Mord und Totschlag mehr liebte als er. Leider wurden unsere jungen Gemüter durch die eindringlichen Bilder von Tod und Leiden, die uns in diesen Büchern entgegentraten, stark geprägt. Einmal sprach Vater Joe in unserer Geschichtsstunde über die Schönheit des Kolonialismus und verglich ihn mit einer Mutter, die ihren Sohn zu schützen versucht. Aus reiner Freundlichkeit hatte Frankreich einen Großteil Afrikas unter seine Fittiche genommen, und das war keine leichte Last. »Denken wir daran«, fügte Vater Joe hinzu, »daß Widerstand immer Katastrophen, Chaos, Wirren und schließlich Zerstörung mit sich bringt. Die Europäer sind nach Afrika gekommen, um den immensen Reichtum des Landes, mit dem die Afrikaner in ihrer Unwissenheit gar nichts anfangen konnten, zu erschließen. Aber als die Soldaten eintrafen, fanden sie überall Widerstand. Wer jedoch einer friedlichen Mission Widerstand leistet, fordert Gewalt heraus. Wenn dann aber die Gewalt den Angreifer entwaffnet, schenkt sie ihm zugleich die süßen Segnungen des Friedens. In Afrika wurde ab und zu Gewalt angewendet, sicher. Aber das geschah gewiß nicht aus Vergnügen am Blutvergießen. Ein wirklich kultivierter Mensch haßt Blutvergießen, weiß sich jedoch durchaus auch zu verteidigen.«

Ich hob die Hand und meldete mich. Ich fühlte bei seinen Worten einen Stich im Herzen. Wir befanden uns ja immerhin im Unterricht. Da mußte man auch seine Gedanken äußern dürfen.

Vater Joe hob den Kopf in meine Richtung: »Was ist?«

»Ich weiß nicht, ob es eine Frage ist, aber es läuft auf folgendes hinaus: Nehmen wir an, ich komme zum Haus Ihres Vaters und möchte hinein, auch wenn Ihr Vater mich nicht als Gast haben will – ist es dann in Ordnung, wenn ich die Tür mit Gewalt aufbreche?«

Vater Joe lief rot an, und in der Klasse wurde es mucksmäuschenstill. Bald aber faßte er sich wieder und fragte ruhig: »Was willst du damit sagen?«

»Ich meine, daß der Kolonialismus vielleicht auf diese Weise nicht gerechtfertigt werden kann. Dürfen sich ein paar Völker einfach das Recht herausnehmen, die übrigen, die still vor sich hinleben wollen, zu stören? Offenbar hat dieses Buch jemand geschrieben, der es für recht hält, die Bewohner ganzer Dörfer zu versklaven oder sie kurzerhand zu liquidieren. Also jemand, dem andere Menschen ganz gleichgültig sind! Ein solcher Geschichtsablauf macht vielleicht Sinn für den Autor, aber für mich und alle anderen hier macht er keinen.«

»Sprich nur für dich selbst, Patrice!«

Es war die Stimme eines anderen Schülers. Es blieb mir keine Zeit festzustellen, wer es war, denn schon fuhr mich Vater Joe an.

»Patrice, setzen!« befahl er. Er zitterte vor Wut und wußte schon nicht mehr, was er tat. Ich stand nämlich gar nicht, und er hatte mir befohlen, mich zu setzen. Es lag mir schon auf der Zunge, ich sei ja dauernd gesessen. Aber dann wurde mir klar, dadurch würde ich alles nur noch verschlimmern. Vater Joe befahl mir, ihm in sein Büro zu folgen. In heller Aufregung verließen wir die Klasse.

Er schloß die Tür zum Zimmer und setzte sich hinter den Schreibtisch. Ich machte Anstalten, mich ebenfalls zu setzen. Da sprang er auf und brüllte: »Du setzt dich, wenn ich dir befehle, dich zu setzen. Wer, glaubst du, bist du eigentlich? Glaubst du, die christliche Mission investiert so viel Geld in dich, nur um einen Dissidenten aus dir zu machen? Eine solche Art des Freidenkertums toleriert dieses Institut nicht. Du bist hier, um zu lernen und ein Soldat Christi zu werden. Und damit basta!« Er holte einen Gummiknüppel aus der Schublade und näherte sich mir. Doch jetzt war ich sechzehn und ließ mich bestimmt nicht mehr schlagen. Man hatte mich gezüchtigt, weil ich wie ein Mädchen aussah und zu faul war, aber jetzt erlaubte ich niemandem mehr, mich zu verprügeln, nur weil ich am Unterricht teilgenommen hatte.

Vater Joe kam also näher, und ich wich ihm aus. Das irritierte ihn. Er kam hinter dem Schreibtisch hervor und befahl: »Bleib gefälligst stehen!« Ich blieb stehen, aber als er versuchte, mich auf den Kopf zu schlagen, sprang ich rechtzeitig zur Seite. Statt dessen traf er einen Bücherstapel, der auf einem engen Bord balancierte, und die Bücher fielen hinunter. Da geriet er in Weißglut. »Bück dich!« Diesmal gehorchte ich. Aber ich trennte meine Gedanken vom Körper, so daß ich nichts spürte, als der erste Schlag niedersauste.

»Was geht hier vor?« Es war die Stimme eines anderen Priesters, Vater Michael, der an der Tür stand.

»Das geht Sie nichts an! Der Junge hat mit subversiven Fragen den Unterricht gestört.« Und Vater Joe drosch erbarmungslos weiter auf mich ein.

»Wißbegierde ist kein Verbrechen!«

Vater Joe prügelte immer noch.

Da stürzte Vater Michael ins Zimmer und riß ihm den Knüppel aus der Hand. »Jetzt reichts!«

Ich hatte mit dem Ganzen nichts mehr zu tun, hatte mich tief in mein Inneres zurückgezogen. Alles war mir gleichgültig. Doch freute ich mich, daß die Angelegenheit zu einer Meinungsverschiedenheit zwischen diesen Priestern geführt hatte.

Vater Superior mußte all den Lärm gehört haben und kam jetzt angerannt. »Was geht hier vor?«

»Ich züchtige Patrice«, antwortete Vater Joe mürrisch.
»O, Patrice«, sagte Vater Superior herablassend.
»Er schlägt Patrice ohne jeden Grund«, sagte Vater Michael in dem Versuch, mich zu verteidigen.
»Sie haben hier nichts zu melden! Sie gehen sowieso nach Europa zurück!«
Vater Superiors Stimme war schneidend.
»Waaas?« fragte Vater Michael.
»Ich habe das in Paris schon längst vorgeschlagen. Gestern kam die Anordnung. Ich wartete nur noch auf den geeigneten Zeitpunkt, um es Ihnen mitzuteilen. Der scheint jetzt endgültig gekommen.«
Es dauerte eine Weile, bevor sich Vater Michael gefaßt hatte, dann sagte er: »In Ordnung, aber solange ich noch hier bin, tue ich, was ich kann!« Und er riß Vater Joe den Knüppel aus der Hand. Die beiden Priester starrten einander an wie zwei aufgeregte Kampfhähne. Schließlich gab Vater Joe nach.
»Assez! – Genug!« Er wandte sich mir zu. »Patrice, du schreibst zweihundertmal ›Ich darf nicht ungehorsam sein‹. Jetzt kannst du gehen. Und denk daran, das mußt du beichten. Und sei von jetzt an ein braver Junge...«
Ich empfand tödlichen Haß gegen Vater Joe und Vater Superior, sagte aber nichts.
»Das hätten Sie nicht tun sollen«, hörte ich Vater Superior zu Vater Michael sagen, als ich draußen vor der Tür stand und horchte. »Wie oft habe ich Ihnen schon gesagt, Sie sollten sich nicht einmischen.« Als Vater Superior gegangen war, hörte ich, wie Vater Joes Stimme anschwoll: »Sie – kein Wunder, daß Sie nach Europa zurückmüssen. Ihre Nachgiebigkeit kostet Sie Ihre Stellung.«
»Erweise deinem Volk Gnade und befreie es von diesem Wahnsinn«, hörte ich eine Stimme in mir sprechen. Ich weiß nicht, woher mir dieser Gedanke kam, aber es ging offenbar etwas in mir vor.

Neues Erwachen

Als ich ins Seminar kam, versuchte ich anfangs ehrlich, zu glauben und zu beten. Aber angesichts der dauernden Brutalität verflüchtigte sich die durchs Gebet erfahrene Gnade. Es kam die Zeit, wo ich gegen Gott rebellierte. Trotz all meiner Gebete, er möge kommen und mir helfen, geschah nichts. Als ich älter wurde, fiel es mir immer schwerer, meine Erlösung von Gebeten zu erwarten.

Diese Periode in meinem Leben fiel mit der Gründung der »Garibaldi-Gruppe« zusammen. Ein paar rebellische Schüler, unter ihnen auch ich, verbündeten sich heimlich gegen das Internat und nannten sich nach dem italienischen Freiheitshelden Giuseppe Garibaldi, der uns als Vorkämpfer gegen die Tyrannei des Katholizismus erschien. Aber wir verschafften uns nicht nur Aufklärung, indem wir absichtlich die Regeln verletzten, sondern wollten uns auch im Unterricht als besonders gute Schüler hervortun. Meine letzten drei Jahre im Seminar waren gekennzeichnet durch dieses Dissidentenleben, die Entwicklung des Ichs und intellektuellen Ehrgeiz.

In den meisten Fächern war ich ziemlich gut, doch in Physik nur mäßig, und herzlich schlecht in Mathematik. Mit Mathematik kam ich nur zurecht, solange die Buchstaben des Alphabets nicht verwendet wurden. Sie hatte ich für die Literatur reserviert und hielt sie im Bereich der Zahlen für fehl am Platz. Bei der Mischung von Buchstaben und Zahlen streikte mein Verstand. Die Naturwissenschaften konnte ich grundsätzlich akzeptieren, besonders Physik, Chemie und Anatomie. Aber ein wahrer Ekel erfaßte mich vor dem Lernen, als wir dazu übergingen, Frösche und Kaninchen zu sezieren. Diese armen Geschöpfe sollten nur zum Zweck unserer wissenschaftlichen Ausbildung bei lebendigem Leib aufgeschnitten werden! Ich konnte mir nicht helfen, ich empfand ihren Schmerz mit. Ich verschloß mein Herz, und damit war jedes Interesse, das ich für Anatomie gehabt hatte, erloschen.

Die anderen Fächer gefielen mir alle, besonders Lesen und Schreiben. Schreiben war eine Art Reinigungsprozeß. Es bot mir die Möglichkeit, aus der Wirklichkeit des Institutslebens in eine Welt zu entschlüpfen, in der ich selbst schalten und walten konnte, wie ich wollte.

Die Garibaldis veranstalteten wieder einmal ein nächtliches Treffen. Robert, unser Anführer, war nicht dabei, wir wußten nicht, wo er war. Im Bett war er nicht. Antoine hatte eine kleine Landkarte mitgebracht, die er einem Priester, wahrscheinlich seinem Beichtvater, gestohlen hatte, und wir wollten einmal genau feststellen, wo unsere Wohnorte lagen. Ich war nur an meinem eigenen Dorf interessiert und bitter enttäuscht. Es gab kein Obervolta auf der Karte, geschweige denn mein Dorf.

Paul bemerkte meine Niedergeschlagenheit und fragte: »Was hat denn dich erwischt, Mann?«

»Es geht immer nur um Europa«, sagte ich und deutete auf die Karte. »Verstehst du nicht – alles, was wir lernen, ist Europa. Und wo bleiben wir selbst? Ich dachte, wir wären in Afrika. Aber alles, was wir über Afrika hören, ist eine Unmenge weißgefärbter, leerer Propaganda. Was wäre, wenn ...«

Paul hörte schon nicht mehr zu – er hatte sich in irgendeinen Winkel seiner Seele verkrochen.

»Paul«, fragte ich ihn, »willst du wirklich Priester werden?«

Die Frage riß ihn aus seinen Gedanken. Er blickte umher, als seien die Bäume Spione. »Nein!«

»Was zum Teufel sollen dann all diese Schüler hier?« fragte ich. »Was zum Teufel tust du dann hier?«

»Ich will Schriftsteller werden«, antwortete Paul, »oder wenigstens Professor. Ich gehe nach Europa und studiere

Theaterwissenschaften – Molière, Racine, Shakespeare...«

Paul holte ein Buch hervor, das ich in der Dunkelheit bisher nicht bemerkt hatte. Ich wollte ihn nicht fragen, woher er es hatte, aber ich wußte inzwischen, daß die Garibaldis Routine darin hatten, sich anderer Leute Dinge anzueignen. Er zeigte es mir. Es war ein Buch mit Fotografien von Künstlern, Schwarzen und Weißen, die Ende der vierziger Jahre die Pariser Cafés bevölkerten. Ich war immer noch geschockt von der Vorstellung, Paul wolle kein Priester werden.

»Das ist wirklich schrecklich. Erst Antoine, dann François, und jetzt du. Will denn niemand Priester werden?«

»Nein, warum?«

»Dann seid ihr alle Heuchler!«

»Ich habe doch keine Wahl«, versetzte Paul ärgerlich. »Entweder werde ich wahnsinnig und werde Priester, oder ich bleibe gesund und verwirkliche meinen eigenen Traum. Du bist der einzige, der anders denkt, Mann. Du bist der einzige, der immer noch Priester werden will, nach allem, was du durchgemacht hast!«

»Priester werden zu wollen bedeutet nicht, Europäer sein zu wollen«, gab ich zur Antwort. »Ich möchte ebensosehr Priester sein, wie ich Afrikaner sein will. Wir haben genügend Leute, die Hilfe brauchen. Um ein System wirksam bekämpfen zu können, muß man Insider sein. Was soll daran verkehrt sein?«

Ich wußte, ich wollte Priester werden, aber nicht von der Art, wie man es von mir erwartete. Ich wußte, ich konnte Dynamit ins System einschleusen und es explodieren lassen. Das war es, was ich wollte. Ich dachte, unsere Aktivitäten als Garibaldis waren die beste Vorbereitung auf den Job, das katholische Establishment zur Hölle zu schikken, vor der die Menschen zu retten es vorgab. Deshalb war ich schockiert, als ich erfuhr, daß meine Garibaldi-Gefährten ganz andere Pläne hatten.

»Wie du auf solche Ideen kommst, weiß ich nicht«, sagte Paul verächtlich.

»Und was ist mit dir?« fragte ich. »Wie willst du denn hier herauskommen? Glaubst du, sie werden eines Tages zu dir kommen und sagen: ›Gut, du hast die Wahl. Du kannst Priester werden oder wir schicken dich nach Europa, wo du dann in Pariser Cafés herumsitzen, Kuchen essen und Notizen schreiben kannst.‹«

Paul schaute mich ganz sonderbar an. Vielleicht versuchte er das Ausmaß meiner Verrücktheit abzuschätzen. »Na ja, soweit ganz gut. Du hast wieder einmal die uralte Wahrheit bewiesen: Wahnsinn ist in jeder Tat. Werde doch endlich erwachsen!«

Plötzlich tauchte Robert auf. Er schwitzte. François stürzte auf ihn zu und packte ihn bei den Schultern. »Wo warst du denn, Mann? Du siehst aus, als hättest du ein Gespenst gesehen!«

»Tja, vielleicht war es so. Du selbst siehst ziemlich abgeschlafft aus.«

»Was war denn los?« fragte ich. Und wußte schon, Robert hatte etwas Verbotenes getan.

»Ich wollte meine Freundin besuchen und lief dem Priester, der das Noviziat bewacht, direkt in die Arme.«

»Eine Freundin? Du bist ins Noviziat gegangen? Jesus Christ in der Hölle, das wird dich einiges kosten!« Paul geriet in Panik.

»Reg dich ab und hör zu! Schau, seit ich dieses Mädchen an Ostern gesehen hatte, konnte ich nicht mehr schlafen. Dauernd tauchte sie in meinen Träumen auf. Ich mußte sie einfach sehen, und wäre es nur für eine Sekunde. Ich mußte nur wissen, wie sie hieß. Aber wer, verdammt noch mal, konnte mir helfen? Deshalb entschloß ich mich, ihr heute nacht einen Besuch abzustatten, wenigstens für eine Minute.«

»Aber wie konntest du dir ausrechnen, sie überhaupt zu sehen?« warf ich ein. »Es wohnen doch fast zweihundert Mädchen dort.«

»Langsam, langsam. Ich wußte, sie würde kommen. Ich wußte, das erste Fenster, an das ich klopfte, würde das ihre sein. Ich mußte sie einfach sehen. Und es wäre mir auch geglückt, nur versuchte ich es im falschen Moment, als der für das Noviziat zuständige Priester gerade umkehrte und für die Nacht hierher zurückging.«

»Das macht er doch jede Nacht um elf, und du wußtest das«, sagte François. Er begriff allmählich, und die Sache irritierte ihn.

Robert fuhr fort: »Als ich mich am Zaun entlang ins Noviziat schlich, war es so dunkel, daß ich zuerst nichts sehen konnte. Ich ortete den Schlafsaal der Mädchen und wollte gerade das Unmögliche versuchen, als ich das Geräusch auf den Boden plätschernden Urins hörte. Der verdammte Priester ließ an einem Baum sein Wasser. Kein Wunder, daß ich ihn nicht sah. Wo er stand, war es viel dunkler.

›Wer da?‹ bellte er. Ich wich zwei Schritte zurück. Ich war entdeckt worden, meine Gedanken rasten. Der Priester wiederholte die Frage. Ich war so erschrocken, daß mir nichts anderes einfiel, als davonzurennen. Der Mann unterbrach sein Geschäft und rannte hinter mir her. Er lief so schnell, daß er mich bald einholte. Also blieb ich stehen und wandte mich um: ›Vater Simon, sind Sie es?‹

›Wer bist du?‹ fragte er. Er war sich jetzt sicher, daß ich ihm nicht mehr auskam.

›Ich bin es, Robert.‹

›Was machst du hier draußen in der Nacht?‹

›Vater, ach Vater, ich bin so froh, daß Sie es sind. Ich bin aufs Klo gegangen. Ich habe Durchfall und konnte seit dem Lichterlöschen nicht einschlafen. Auf meinem dritten Gang zum Klo hörte ich ein Geräusch. Sehen Sie dort das Licht im Forum? In den letzten paar Monaten sind so viele Diebe gekommen, daß ich dachte, es müsse eine Bande von Dieben sein, die sich dort ihre Beute teilten. Ich wollte etwas dagegen unternehmen, konnte ja aber nicht gut einfach hingehen. Sie hätten mich sofort gehört. Deshalb dachte ich, ich sollte besser einen Umweg durch die Bäume machen. Als ich dorthin kam, hörte ich das Geräusch, das Sie machten, und dachte, das ganze Gelände sei von Dieben verseucht. Als Sie mich anriefen, war ich mir nicht sicher, daß Sie es sind, bis Sie zum zweitenmal sprachen.‹

Vater Simon schaute zu dem Licht hinüber, auf das ich gedeutet hatte, und sagte: ›Gut, Robert, ich glaube, du hast recht. Stellen wir fest, wer dort ist. Halte dich genau hinter mir.‹ Wir schlichen zusammen durch das hohe Gras und die Bäume. Als wir dicht bei dem Licht waren, befahl er mir, mich hinter einem Baum zu verstecken, er wolle sondieren. Er kam zurück und sagte: »O, mon pauvre Robert – es sind nur deine Lehrer, die im Forum Schach spielen. Geh jetzt zurück schlafen. Und begib dich das nächstemal nicht wieder in Gefahr. Du könntest darin umkommen.‹

›Vielen Dank, Vater‹, sagte ich. Ich ging zum Schlafsaal und legte mich eine Weile ins Bett, weil ich einfach noch nicht glauben konnte, daß ich entwischt war.«

»Du bist der allerverrückteste Garibaldi«, sagte ich. Und ich fühlte, wie mir das Herz in der Brust schlug, als wollte es mich vor einer Gefahr warnen. »Wer läßt sich schon auf ein solches Risiko ein?«

Robert seufzte: »Die Welt ruft mich«, erwiderte er. »Sie sagt: ›Robert, Robert, du hast lang genug gelitten!‹ Übrigens, Patrice, glaube ich, ich kann nicht länger leben ohne eine Frau.«

Antoine mischte sich jetzt ein, erregt von Roberts Beichte. »Der einzige Grund, weshalb ich mich auf Weihnachten und Ostern freue, ist, daß ich dann die Mädchen sehe. Ich weiß, es ist Sünde, aber wenigstens freue ich mich auf die Messe.«

Aus der Tasche zog er das zerknitterte Bild einer nackten Frau. Er hatte es von den Köchen bekommen und bis jetzt versteckt gehalten. Zu meinem Entsetzen mußte ich jetzt entdecken, daß alle Garibaldis nur ein Ziel hatten: Das Seminar bei der ersten sich bietenden Gelegenheit zu verlassen. Ich fragte mich, warum ich selbst so versessen darauf war, Priester zu werden. Ich muß verrückt sein, dachte ich. Aber die ganze Zeit hatte ich Priester werden wollen, soweit ich zurückdenken konnte.

Antoine sah mich durchdringend an, als könne er meine Gedanken lesen. »Bist du nicht neugierig, wie es ist, in einer Frau zu sein?«

»Ich habe keine Lust, jemanden mit Sex zu quälen«, gab ich zur Antwort. Bei diesen Worten registrierte ich plötzlich verblüfft, bis zu welchem Ausmaß die Religion meine Vorstellungen über die Beziehung zwischen den Geschlechtern geformt hatte. Unbemerkt hatte ich eine Einstellung gegenüber Frauen entwickelt, die sie mir anziehend und abstoßend zugleich erscheinen ließ. Das war das Ergebnis endloser Predigten der Jesuiten über Hölle, Satan und vor allem über Todsünden. Seit dem Alter von zehn hatte ich unablässig hören müssen, daß in die Frauen »das Tor zur Hölle eingebaut ist«. Schon der Gedanke daran konnte die Seele in Gefahr bringen. Und das konnte ich im Licht der Ereignisse, die sich vor so langer Zeit im Paradies abgespielt hatten, durchaus nachvollziehen. War es nicht die Frau gewesen, die den Mann zur Sünde verführt hatte? Ich verstand auch, daß die Frau von Geburt an gestraft war, da ihr Körper jeden Monat blutete und sie unter heftigen Schmerzen gebar. Aber warum Frauen unter diesem Fluch standen, das zu begreifen fiel mir ebenso schwer, wie ich mich damit abfinden konnte, daß es sie in unserem Leben einfach nicht gab.

Schon mit unzüchtigen Gedanken betrat man die Straße zur Verdammnis, denn man lehrte uns, es sei kein Unterschied zwischen Gedanken und Taten. Jedes Gefühl für die Verhältnismäßigkeit der Dinge war abhanden gekommen. Sex galt als ebenso große Sünde wie Selbstmord oder Mord. Das Gespenst der Sexualität spukte wie ein Alptraum durch mein sonst gleichmäßig dahinfließendes inneres Leben. Und als ich in die Pubertät kam, wurde es ganz schlimm. Die normalen hormonellen Vorgänge empfand ich, als ob der Teufel selbst in jede Zelle meines Körpers eindrang. Ich fühlte mich wie ein welkes, an die Küsten der Hölle angetriebenes Blatt.

So hatte sich in den letzten fünfzehn Jahren allmählich die Assoziation von Sex mit Tod und Hölle meiner bemächtigt, und was Robert getan hatte, war für mich der reine Wahnsinn. Er war der aktivste Garibaldi und der unberechenbarste. Wie er so viele Jahre sexueller Gehirnwäsche unbeschadet überstanden hatte und doch noch dem inneren Drang Folge leisten konnte, eine Prinzessin im verbotenen Land aufzusuchen, das ging über meinen Horizont.

Nach Roberts Abenteuer wurde Sex ein regelmäßiges Gesprächsthema unter den Garibaldis. Als wir uns einmal im Forum in der Mittagspause unterhielten, näherte sich uns Vater Michael. Nach seiner Auseinandersetzung vor einigen Jahren mit Vater Superior hatten wir angenommen, er würde uns verlassen. Statt dessen blieb er, und sein Einfluß war sehr deutlich zu spüren. Unter seinen Kollegen stand er im Ruf, für die Schüler zu spionieren und ihnen bei Verstößen gegen die Regeln auch noch zu helfen. Und Vater Michael wußte genau, was die anderen Priester von ihm hielten. Er hatte es mit uns mehrere Male besprochen. Unser Eindruck war, daß es ihn kalt ließ, was die Leute über ihn sagten.

Als er zu uns trat, versiegte unser Gespräch. Er begrüßte uns. »Hallo, ihr da! Was gibts Neues heute?«

Unsere Antwort auf solch freundliche Eröffnungen war wie gewöhnlich ausweichend und vorsichtig, obwohl wir wußten, Vater Michael konnte man mehr trauen als jedem anderen. Heute war Vorsicht um so mehr geboten, als wir uns über ein brenzliges Thema unterhalten hatten – das zerknitterte Foto einer nackten Frau, das Antoine von den

Köchen erhalten hatte. Ein solches Bild in einem Seminar herumgehen zu lassen, war das schlimmst-denkbare Verbrechen. Aber wir alle fanden das schon etwas lädierte Bild ungeheuer anziehend und schrecklich zugleich. Mich selbst reizte es besonders, weil ich doch wenigstens einmal die Anatomie eines Wesens begutachten wollte, das das Tor zur Hölle bewachte. Ich hatte eine vage, aber trotzdem überzeugende Vorstellung, was die Beziehung der Schönheit zur Hölle betraf. Wenn die Hölle geeignete Bewohner finden wollte, mußte sie sich als das gerade Gegenteil ihrer selbst präsentieren. Also schien es mir ganz logisch, daß eine nackte Frau ungeheuer schön aussehen mußte.

Vater Michael hatte ein gutes Gespür für unter der Oberfläche schwelende Dinge. Sofort war er im Bilde, daß sich unter unserem lastenden Schweigen etwas Bedeutsames verbarg. Er hakte instinktiv nach: »Politik, Literatur, Kunst?« forschte er.

Keiner antwortete. Wir versuchten angestrengt, uns normal zu benehmen, während wir innerlich das Thema nicht loslassen konnten, auf das er nun mit unfehlbarer Sicherheit zusteuerte.

»Sex?«

Das war ein Volltreffer! Antoine, der mit seinem Nacktfoto das Gespräch in Gang gesetzt hatte, fühlte sich verantwortlich und sprang in die Bresche. »Ooch, wir haben nur gerade gelernt, daß manche Länder Afrikas unabhängig werden.«

»Ja, das stimmt, aber darüber habt ihr nicht gesprochen! Ich wette, es war Sex. Stimmt's?«

»Frauen«, gestand Antoine.

»Liebe«, korrigierte François.

Ich hatte das Gefühl, ich müßte auch noch etwas sagen, um den Eindruck von Einhelligkeit und Glaubwürdigkeit zu erzeugen. »Vater, haben die Leute wirklich Spaß am Sex?«

»Es ist nicht immer etwas Schlechtes, nicht wahr?« fragte Antoine erleichtert. Wir alle waren erleichtert. Es war peinlich gewesen, mit den Fingern im Sahnekrug erwischt zu werden.

Vater Michael nahm sich vor, uns ein wenig Sexualkundeunterricht zu geben. »Es kommt darauf an«, sagte er. »Sex ist wie Nahrung für die Flammen der Liebe, die zwei Menschen füreinander empfinden. Ohne Sex haben sie das Gefühl der Unvollständigkeit und Unerfülltheit. Man liebt sich, indem man miteinander schläft.«

»Aber warum ist dann Sex etwas so Gefährliches?« Ich stellte diese Frage, weil ich auf eine Widerlegung dessen hoffte, was Vater Rémy uns immer gesagt hatte – daß Frauen das Tor zur Hölle sind.

»Die Gefahren sind eher eingebildet als real. Als Gott den Menschen befahl, sich fortzupflanzen, hat er nichts davon gesagt, sie sollten aufpassen und könnten wegen der Fortpflanzungspraxis zur Hölle fahren. Wir sind z. B. ein Institut, das die Menschen zur Fortpflanzung nicht gerade ermuntert. Mit unserem Beruf ist das Gelübde der Keuschheit verbunden. Aber das hat nichts mit dem Glauben zu tun, man müßte Frauen hassen oder sie als böse ansehen. Es ist nichts Höllisches im Körper einer Frau. Schönheit ist nichts Höllisches.«

Diese Worte entzogen allem, was wir bis dahin über das Thema Sex gehört hatten, den Boden. Aber was er über das Zölibat gesagt hatte, enthielt doch noch einen Widerspruch. Da gab es offenbar ein Ideal, nach dem ein Priester nur in den Himmel kommen konnte, wenn sexuelle Beziehungen für ihn Anathema waren. Aber niemand fand Worte, diesem Widerspruch Ausdruck zu verleihen. Nach einer Weile wechselte François das Thema. »Vater, erlauben sie Ihnen, weiter Priester zu sein?«

»Ich weiß nicht. Einmal Priester, immer Priester. Das Problem ist nicht, ob sie mich Priester bleiben lassen, sondern, was sie mit Priestern wie mir anstellen sollen.«

»Verlassen Sie uns, Vater?«

»Ja, eines Tages, wie jeder Mensch.«

Eines Morgens gab uns Vater Joe unser wöchentliches Französisch-Diktat – das »Dictée«. Daran war weiter nichts Besonderes, doch ein ehrgeiziger Garibaldi durfte nichts leicht nehmen, was die französische Sprache betraf. Ich hatte mich bei literarischen Erörterungen stets ausgezeichnet, war mir aber in der Rechtschreibung nicht sicher, und so schnitt ich bei Diktaten nicht gut ab. Robert und François waren darin besser. Diese Woche nahm ich mir vor, hart zu arbeiten, um die anderen einzuholen. Ich ließ mir von Antoine vier Diktatübungen diktieren. Und am Montag war ich zur Schlacht gerüstet. Alles ging gut, bis zu den letzten fünfzehn Minuten, wo wir unsere Arbeiten noch einmal nach Rechtschreib- und Grammatikfehlern durchsehen durften. Vater Joe ging im Klassenzimmer auf und ab und warf hier und da einen Blick auf das Geschriebene. Er stand neben mir und las mein Diktat – eine unendliche Zeit, wie mir schien. Es machte mich nervös, daß mir jemand über die Schulter sah. Ich konnte mich nicht konzentrieren und ihm ja auch nicht gut sagen, er solle sich entfernen, weil ich, solange er dastand, nicht arbeiten könne. Ich versuchte ihn zu ignorieren, doch dafür war ich wieder zu aufgeregt. Ich konnte nur so tun, als läse ich das Dictée noch einmal durch.

Wie um meinen Verdacht, er durchmustere meine Arbeit, zu bestätigen, zeigte er auf ein Wort, zwei Zeilen vor dem Ende des Textes. Ich schaute hin, und tatsächlich, es war falsch geschrieben. Automatisch versuchte ich es zu korrigieren. Aber Vater Joe stieß mir die Hand vom Papier, und der Federhalter fiel mir aus der Hand. Bestürzt wegen dieser Heftigkeit, dachte ich zuerst, er sei zufällig von jemand anderem angestoßen worden. Doch als ich aufsah und unsere Augen sich trafen, sah ich, daß die seinen rot vor Zorn und Ärger waren. Da wurde ich erst recht ärgerlich. Ich bückte mich und hob den Federhalter auf, um jetzt endgültig das falsche Wort auszubessern. Da stieß er meine Hand wieder zur Seite. Das empfand ich als ein schweres Unrecht. Ich fühlte mich hilflos und allein.

»Warum denn?« fragte ich laut.
»Ich habe es herausgefunden, nicht du!«
»Aber wir haben doch Korrigierzeit.«
»Das spielt keine Rolle. Du hast das Wort nicht entdeckt. Ich war es. Du darfst es nicht korrigieren.«
Da setzte es bei mir plötzlich aus. Ich fühlte mich ungeheuer schwach. Tränen stürzten mir aus den Augen. »Aber warum denn?« flehte ich. »Warum darf ich meinen Text nicht wie alle anderen verbessern?«
»Niemand hat gesagt, du dürftest es nicht.«
Das war nicht mehr auszuhalten.
Von widerstreitenden Empfindungen, Zorn, Schwäche, Scham und dem Gefühl, ungerecht behandelt worden zu sein, hin- und hergerissen, verlor ich die Beherrschung. Ein dicker Kloß stieg mir in den Hals und schnürte mir die Luft ab. Nichts konnte das Unrecht wieder gut machen, das ich empfand. Ich packte das Heft, schleuderte es zu Boden und schrie: »Dann nehmen Sie es doch und behalten es! Es gehört Ihnen!«
Vater Joe hob das Heft auf und legte es auf mein Pult zurück. Ich stieß es zur Seite. Er schob es zurück. Ich stieß es noch heftiger von mir. Da schlug er mir auf den Kopf und sagte: »Du ungehorsamer Bengel – dafür bist du jetzt bei dieser Übung durchgefallen!«
Da stockte mir der Atem. Ich war geschlagen worden – beleidigt vor der ganzen Klasse. Ich, ein zwanzigjähriger Erwachsener, Mitglied der Garibaldis! Kein Senior war jemals geschlagen worden. Strafen dieser Art gab es für Senioren nicht mehr. Damit war ich zum Gespött der ganzen Klasse geworden, wahrscheinlich der ganzen Seniorenschaft – bis ein anderes Opfer meinen Platz einnahm.
Irgend etwas in mir lechzte nach Rache. Ich gab Vater Joe einen Stoß und sagte: »Einen Sohn wie mich zu haben, könnten Sie sich ja nicht einmal im Traum vorstellen. Sie haben kein Recht, mich zu schlagen.«

Das Sprechen machte mich stärker und kühner. Der Priester starrte mich an, völlig verdattert. Ich gab ihm wieder einen Stoß. Da schlug er mich fest ins Gesicht, und ich sah mitten am hellichten Tag Sternchen. Weinend senkte ich den Kopf und rannte ihn ihm in den Bauch. Er stöhnte und es entfuhr ihm ein dumpfes »Uh«. Ich wich wieder zurück und wartete in Verteidigungsstellung.

»Ich erlaube niemandem, mich grundlos zu schlagen«, sagte ich und fühlte immer neue Kräfte in mir aufsteigen, als müßte ich für viele Jahre stummer Unterwerfung Rache nehmen. Vater Joe holte wieder aus, doch ich duckte mich. Sein Schwung ging ins Leere, er verlor das Gleichgewicht. Ich nahm meinen Vorteil wahr und rannte nach vorne ins Klassenzimmer, er hinter mir her. Es gelang mir, noch einen Schlag abzuwehren, aber dann packte er mich. Ich wehrte mich, wir rangen. Wir standen dicht beim Fenster und kamen ihm bei jeder Bewegung näher.

Ich landete ein paar Schläge auf Vater Joes Rippen, während er mir auf den Rücken hämmerte. Ich packte ihn am Bein. Und während er um sein Gleichgewicht rang, gab ich ihm einen harten Stoß. Er prallte gegen das Fenster, es splitterte, und schreiend fiel er rücklings hinaus.

Es schoß mir durch den Kopf, auch durchs Fenster zu springen und den Kampf draußen fortzusetzen. Doch wurde mir plötzlich bewußt, daß die ganze Klasse vor Schreck aufgesprungen war. Da erkannte ich, ich hatte einen furchtbaren Fehler begangen.

Der lange Marsch

Der Kelch war gefüllt. Er mußte geleert werden, so bitter es schmeckte. Daß ich meine Hand gegen einen Vorgesetzten erhoben hatte, löste einen reißenden Ereignisstrom aus, eine ins unbekannte Chaos stürzende Lawine. Im Rückblick aber glaube ich, ich hätte mich unmöglich anders verhalten können. Es hatte sich in mir eine solche Wut angesammelt, sie war in den letzten fünfzehn Jahren so unablässig genährt worden, daß ich gar nicht anders konnte, als Gewalt mit Gewalt zu beantworten.

Vater Joe hatte mich in der Falle des Stolzes gefangen. Ich las mein Schicksal in den ernsten Mienen meiner Klassenkameraden. Mit einem Schlag hatte ich die alte Identität verloren und eine neue gewonnen. Und ich fühlte mich gräßlich allein, nicht anders als sonst auch. Nichts konnte jetzt am Lauf der Dinge noch etwas ändern. Ich war außer mich geraten, ohne es zu wollen, und hatte dadurch aufgehört, Mitglied des Seminars zu sein. Diese Erkenntnis dröhnte mir in den Ohren, und ich sah die Trübsal vor mir, die jetzt auf mich wartete.

Vater Joe saß drunten im Dreck und versuchte sich hochzurappeln. Er zog Grimassen wie ein Affe, sein weißes Kleid war mit Dornen und Gras übersät. Allmählich bildete sich eine Menschentraube um ihn – Junioren von den Räumen nebenan, die den Kampfeslärm, das Geräusch splitterndes Glases und Vater Joes Schrei, als er fiel, gehört hatten. So ein Schauspiel war noch nicht dagewesen! Ein Priester mit einer makellos weißen Sutane saß verdreckt im Staub! Kaum jemand fragte danach, wie er dorthin geraten war.

Drinnen in der Klasse standen die Schüler immer noch wie gelähmt. Ihr Verstand hatte ausgesetzt. Ich hingegen fühlte einen unwiderstehlichen Drang, die durch meine

Impulsivität entstandene spannungsgeladene Situation zu entschärfen. Ich stand in Schweiß gebadet und starrte meine bestürzten Kameraden an. Meine Verwirrung stieg, je mehr Furcht sich ihrer bemächtigte.

Dann begann ich zu sprechen, teils, um mich aus meiner Erstarrung zu lösen, teils im Versuch, die Fassung wiederzugewinnen. »Freunde, ich habe eine Sünde der allerschrecklichsten Art begangen, viel schlimmer, als wir sie freitags beichten dürfen. Kein Priester wird noch bei Gott für mich eintreten, wenn ich versuche, seine Verzeihung zu erlangen. Ich habe einen der engsten Mitarbeiter Gottes und damit Gott selbst angegriffen. Das wollte ich wirklich nicht. Ich kann immer noch nicht glauben, daß mir so etwas passiert ist. Hilft mir denn niemand? Ich fühle mich so allein.«

Ich sehnte mich nach Hilfe von meinen engsten Freunden, wußte jedoch, sie konnten mir nicht helfen. Es gibt Grenzen, jenseits derer es keine Hilfe mehr gibt. Ich war zu betäubt, nicht einmal selbst bemitleiden konnte ich mich noch. Eine Weile stand ich da und starrte wie närrisch vor mich hin.

Antoine weinte. Aber beherrscht wie ein Mann, gab er keinen Ton von sich. Ich wußte, die Tränenspuren auf seinen Wangen galten mir.

Ich senkte den Kopf. Ich fühlte mich ausgehöhlt und unnütz, wie eine weggeworfene leere Flasche. Die Worte erstarben mir auf den Lippen.

»Wohin willst du jetzt gehen?« fragte Robert in einem Ton, der erkennen ließ, daß er verzweifelt nach einer Lösung suchte. Er war der erste, der sich wieder gefangen hatte und jetzt versuchte zu retten, was zu retten war. »Es war nur ein Unfall, alle haben es gesehen. Wir werden dir vor Vater Superior helfen. Schlimmstenfalls kommst du mit einer kleinen Buße davon. Nimm's nicht so tragisch.«

Ich wünschte, ich könnte ihm glauben, doch war mir klar: Für jemanden, der einen Priester im Seminar tätlich angegriffen hatte, gab es keine Gnade. So etwas war in Nansi noch nie passiert. Man würde mich als gottlosen Wilden betrachten, der sich böswillig der Reinigung durch die Kräfte dieses christlichen Instituts entzogen hatte und in die Primitivität seines ursprünglichen Zustands zurückgefallen war.

»Was soll ich jetzt bloß machen?« fragte ich verzweifelt. Meine Gedanken rasten. »Ich denke, ich sollte weglaufen, so weit mich die Füße tragen.«

»Nein, bleib!« rief François. »Verdammt noch mal, wir sind doch alle Sünder, oder?« Beifallheischend schaute er in die Runde. Es gab zustimmendes Gemurmel – oder war es eher Ablehnung? Aber jetzt war mir alles egal. Für mich gab es keine Rettung mehr. Tod im Herzen, überschritt ich die Schwelle des Klassenzimmers, im Bewußtsein, daß mir der Weg zurück für alle Zeiten versperrt war. Inzwischen war die Menge um Vater Joe größer geworden. Einige klopften ihm den Schmutz von der Sutane, andere verschränkten die Arme und schauten ehrfürchtig zu. War die Gegenwart so vieler Zeugen der Grund, weshalb er nicht durchs Fenster zurücksprang und mir den Hals umdrehte?

Niemand schien meinen Weggang zu bemerken. Das Klassenzimmer war weniger als fünfzig Meter von den Toiletten entfernt, die sich einige Meter außerhalb des eigentlichen Seminargeländes befanden. Und hinter den Toiletten begann eine Art Dschungel mit Bäumen und hohem Gras. Es war leicht, darin zu verschwinden.

Jeder Schritt in die das Seminar umgebende Wildnis erschien mir wie ein Schritt in die ewige Verdammnis, rückwärts in der Zeit. Vor mir lag das grüne Geheimnis des unendlichen Dschungels und sprach eine mir unverständliche Sprache, hinter mir das versiegelte Tor eines sicheren Hafens, der sich unversehens in eine fremde, feindliche Welt verwandelt hatte.

Der erste Geschmack der Freiheit ließ mich wünschen, sie niemals begehrt zu haben. Die Unendlichkeit des

Dschungels erschreckte mich – seine schweigende, kalte Umarmung. Aber dann dachte ich: Jetzt, da meiner Sehnsucht nach zu Hause endlich Erfüllung winkte, sollte ich plötzlich allen Glauben verloren haben? Bekam ich es mit der Angst zu tun, weil ich zum erstenmal nach sechzehn Jahren selbst entscheiden sollte, was zu tun und welche Richtung einzuschlagen war? Wäre es nicht besser gewesen, fragte ich mich dann wieder, alles auf eine Karte zu setzen und im Seminar zu bleiben, statt mich dieser Notlage auszusetzen? Hätten mir nicht meine Klassenkameraden und Vater Michael geholfen? Wie dumm von mir, so übereilt zu handeln! Ich war zornig auf mich selbst. Gut, ich hatte einen Priester angegriffen, aber ich war gegangen, ohne dazu aufgefordert zu sein. Doch selbst wenn ich jetzt noch zurückkehren könnte, was würde ich sagen?

Vor dem Nichts zu stehen und keinen Gesprächspartner zu haben, ist furchtbar. Da stand ich nun mitten in der weiten Welt und war doch unfähig zur Freiheit. Als ich schließlich doch weiterging, war es nur, weil ich Stimmen hinter mir hörte. Ohne nachzudenken, ging ich weiter in den Dschungel hinein, nur um nicht gesehen zu werden. So begann mein Marsch nach Hause.

Alles, was ich wußte, war, daß das Zuhause im Osten lag. Aber wie weit im Osten, das wußte ich nicht. Der Dschungel war nicht allzu dicht, und ich konnte ziemlich weit sehen. Die Vormittagssonne glühte am savannenblauen Himmel, es versprach sehr heiß zu werden. Ich wanderte stetig nach Osten, wie in Ausführung einer Anweisung, wie sie uns im Seminar jeden Morgen vor 8.00 Uhr gegeben wurden. Wir mußten gehorchen, ohne zu fragen. Hier und da stellten mir undefinierbare Laute aus der Natur vor Augen, wie prekär meine Situation war. Bilder der behaglichen Welt, die nun hinter mir lag, stiegen vor mir auf: Die stillen Orangenhaine und Bananenpflanzungen des Seminars, die Blumenbeete beidseits der Meditationswege, der beruhigende Gedanke, immer etwas zu essen zu haben, wenn man Hunger hatte, und sobald man müde war, erwartete einen das Bett. Warum war ich überhaupt weggegangen? Was konnte mir denn das Leben ersetzen, an das ich mich in den vergangenen fünfzehn Jahren so gewöhnt hatte? Ich fühlte mich wie ein plötzlich in den Dschungel geratenes Haustier. Ich hatte meine Instinktsicherheit verloren. Doch entschloß ich mich endlich weiterzugehen, solange die Sonne hell und heiß am Himmel stand und ich den Weg vor mir sehen konnte.

Bald war mein weißes Seminarhemd naß von Schweiß. Der Wald war still, wie versteinert von der Hitze der flammenden Sonne. Dieses tiefe Schweigen erzeugte eine Art Vakuum in mir und rief Bilder einer neuen Welt herauf, im Bruchteil derselben Sekunde erzeugt, in der ich sie wahrnahm. Ich hatte Durst, vielleicht hatte ich Halluzinationen. Das Geräusch eines Insekts riß mich aus der Trance, in der ich wanderte, und rief mich in die nackte Wirklichkeit zurück: Ich war ein Deserteur.

Als die Sonne sich am weiten, blauen Himmel zum Horizont neigte, stieß ich auf eine breite Sandpiste. Nach der Stellung der Sonne und der Richtung meines Schattens zu urteilen, verlief sie Ost-West. Ich ging am Rand entlang weiter, bis das Dröhnen einer Maschine an mein Ohr drang. Weit hinter mir näherte sich eine riesige, rote Staubwolke, also handelte es sich um einen Lastwagen. Wenn es eines der riesigen Fahrzeuge war, die das Seminar mit Nachschub versorgten, könnte ein Priester im Führerhaus sitzen. Beim Gedanken, gesehen zu werden, lief es mir kalt über den Rücken. Instinktiv versteckte ich mich hinter einem Baum und wartete.

Schon bald konnte ich den Fahrer am Lenkrad erkennen. Er kurbelte angestrengt, um die riesige Maschine auf Kurs zu halten und den Schlaglöchern und Sandhaufen auszuweichen. Seinen Namen kannte ich nicht, aber ich sah, es war ein Priester. Neben ihm saß Blaise, der Koch. Wahrscheinlich waren sie unterwegs zum nächsten Depot. Wie weit mochte das sein? Befanden sich Leute dort? Konnte ich noch vor Sonnenuntergang dort sein? Der Lastwagen dröhnte an mir vorbei und besprühte meine weiße Uniform mit rotem Staub. Eine Weile konnte ich nichts mehr sehen. Weiter vorne hörte ich den Motor heulen und stöhnen, unterbrochen von lauten Explosionen. Dann nahm der Lärm schnell ab. Wieder breitete sich das Schweigen des Busches aus. Ich nahm meine Wanderung wieder auf und hoffte, diese Straße führte zumindest zu einem bewohnten Ort, wo ich mich weiter erkundigen konnte.

Um den dicken Staub zu vermeiden, lief ich jetzt auf einem Weg, der parallel zur Straße verlief und dauernd die Sicht auf sie freigab. Ich lief und lief und dachte an nichts anderes als die vielen hundert Meter, die ich zurücklegte, bis die Sonne hinter einem fernen Berg unterging. Der schmale Weg, dem ich folgte, war jetzt nur noch schwach zu erkennen und verschwand bald fast ganz im Zwielicht. Unzählige Geräusche drangen, als der Tau fiel, von allen Seiten an mein Ohr. Meine Schuhe wurden immer nässer. In der Abendkühle schien der Dschungel erst richtig wachzuwerden. In der Feuchtigkeit schwirrten Tausende von Insekten auf, sie summten um so lauter, je dunkler es wurde.

Jetzt wurde mir klar, daß ich einen ganzen Tag gewandert war, ohne etwas zu mir zu nehmen. Ich steckte so voller Gedanken und mein Körper war so steif und schweißgebadet, daß ich unfähig war, zu überlegen, was ich tun sollte, wenn es völlig finster geworden war und ich schlafen mußte.

Sehr rasch wurde es unmöglich, noch weiterzugehen. Die Nacht war pechschwarz. Es war, als ob ich mit geschlossenen Augen ginge. Der Skandal, der mir Kraft gegeben hatte, den ganzen Tag zu laufen, lag jetzt weit hinter mir. Hunger, Furcht, Einsamkeit und das verzweifelte Gefühl der Heimatlosigkeit hatten meine Kräfte unterhöhlt. Es war jetzt dringend erforderlich, eine Lagebestimmung vorzunehmen. Zwei Dinge waren wichtiger als alles andere: Essen und Schlafen. Doch wer von Geburt an daran gewöhnt ist, daß andere für ihn sorgen, hat es nicht leicht, für sich selbst zu sorgen. Wenn man im Seminar hungerte, hatte man die Garantie, daß es eine Stunde später Essen gab. Nach all diesen Jahren war mein System wie ein Wecker, der Hunger kurz nach der Morgenmesse, dann mittags nach dem Angelus und am Abend vor der Vesper signalisierte. Aber das waren immer nur schwache Auslöser, denn stets stand Nahrung zur Verfügung.

Meine Gedanken an die guten Mahlzeiten im Refektorium verdüsterten nur die gegenwärtige Stimmung und vergrößerten die Furcht, die jetzt in mir aufstieg.

Wie sollte ich mit dieser Furcht fertig werden? Wie mit Hunger und Durst umgehen? Bei jedem Schritt konnte ich jetzt nur noch ans Essen denken. Und es fiel mir immer schwerer, meine Füße zum Gehen zu bewegen. Jeder Schritt erforderte meine volle Aufmerksamkeit, und seit Einbruch der Dunkelheit kam ich nur noch sehr langsam voran.

Schließlich wurde mir klar, daß das Bedürfnis nach Schlaf dringender war als das nach Essen. Es war auch leichter zu befriedigen. Schnell riß ich mir ein paar Armvoll Blätter von den Büschen, die ich streifte, und hatte bald genug für ein Lager. Große Bäume gab es in Hülle und Fülle. Ich wählte den nächstbesten, breitete meine Blätter unter ihm aus und setzte mich darauf, den Rücken an den Stamm gelehnt und die Beine ausgestreckt. In diesem Augenblick fühlte ich erst die ganze Last der hinter mir liegenden Anstrengung und Furcht und Erschöpfung. Keine Macht der Welt hätte mich jetzt von hier fortgebracht. Ich versuchte, noch etwas wachzubleiben, um meine Gedanken zu ordnen, aber der Schlaf war stärker. Schon war ich weg, während ich noch überlegte, wie sicher ich mitten in der Nacht im Busch wohl sein mochte...

Ein ungeheurer Vogel flog mir von Süden her entgegen. Seine Schwingen bewegten sich mächtig beidseits des schlanken, muskulösen Rumpfes, und er war drauf und dran, sich auf mir niederzulassen. Die auf- und abschlagenden Flügel waren wie Fächer und erzeugten einen Wind, der mich frösteln machte.

Mein erster Gedanke war, auf der anderen Seite des Baums in Deckung zu gehen, um von diesem furchtbaren Riesenwesen nicht verletzt zu werden, das da wie aus dem Nichts aufgetaucht war. Aber ich konnte mich nicht bewegen. Ich hatte die Kontrolle über mich verloren. Mein Verstand funktionierte noch, doch mein Körper gehorchte ihm nicht. Da schlug mir der Vogel die Krallen in die Schultern und flog mit mir, einen schrillen Schrei ausstoßend, davon. Ich hing unter seinem Rumpf. Es war so finster, daß ich nicht sehen konnte, wohin er mich brachte, doch war es gewiß sehr weit. Plötzlich war wie durch Zauberei alles wieder verschwunden, und ich saß auf einem weichen, behaarten Körper, der mir irgendwie sehr bekannt vorkam. Um mich zu vergewissern, daß es sich um einen Körper handelte, strich ich mit der Hand über das Fell und zog ein paar Haare heraus. Auch war mir, als werde mir ein nasser Schwamm aufs Gesicht gedrückt und von meinem Körper ströme eine Art Kälte aus.

Ich spürte, ich schlief noch, hatte aber nicht die Kraft, die Augen zu öffnen. Angst hatte ich nicht, sah auch keinen Grund zur Eile. Das Gefühl, jemand kümmere sich um mich, erstickte jedes Bedürfnis, festzustellen, was hier vor sich ging. Ich hörte Stimmen, oder war es nur eine Stimme? Ich verstand nicht, was sie sagte, doch sprach sie sehr, sehr lange, eine Art Monolog in einer fremden Sprache. Daß ich die Sprache nicht kannte, ängstigte mich nicht, denn der Klang der Worte hatte nichts Erschreckendes. Schlafend oder wachend – ich merkte, daß mein müder Körper sich zunehmend erholte, wie ein Hungernder, dem eine gute Mahlzeit vorgesetzt wird. Das genoß ich sehr. Die Nöte des Tages gingen jetzt in einem Erlebnis auf, das wohl fremd, aber tröstlich war.

Als ich erwachte, war es fast schon Morgen, und die ersten Sonnenstrahlen wanderten über den Himmel. Ich wußte nicht, wo ich war. Ich versuchte mich zu bewegen und merkte, daß mir alles wehtat. Jetzt erst stieg hell und klar die Erinnerung an den Traum in mir auf. Ich blickte umher. Überall um und auf mir lagen weiche Federn, mit Haaren vermischt. Der Baum, unter dem ich geschlafen hatte, war von irgend etwas Großem zerkratzt worden, als hätte jemand den Stamm mit einem starken Werkzeug bearbeitet. An manchen Stellen war die Rinde abgeschält und zeigten sich frische Wunden am Stamm. Ich stand auf und streckte mich, alle Muskeln taten mir weh von dem langen Marsch.

Ich erhob mich und wanderte der aufgehenden Sonne entgegen. Die frische Luft stärkte mich, mahnte mich aber auch an meinen Hunger. Könnte ich nur etwas zwischen die Zähne kriegen, dachte ich unaufhörlich. Mein Mund fühlte sich an, als wäre er mit einer klebrigen, trockenen Substanz bestrichen. Ich mußte an eine gute Zahnbürste und süße Colgate-Zahnpasta denken. Doch wo im Dschungel konnte ich Wasser zum Zähneputzen auftreiben?

Plötzlich fiel mir ein, mein Vater habe oft nach dem Essen einen frischen Zweig in den Mund genommen. Er kaute dauernd darauf herum und mußte immer wieder ausspucken. Von welchem Baum hatte er den Zahnbürsten-Zweig genommen? Ich entschloß mich, ein paar frische Zweige auszuprobieren.

Inzwischen war die Sonne hinter den hohen Bäumen emporgestiegen. Ihre Strahlen schlüpften sporadisch durchs Laub und malten geheimnisvolle Schwarz-Weiß-Muster ins Dickicht. Die Bäume wurden jetzt immer dicker. Ihre dichtbelaubten Äste bildeten einen kühlen, dunklen Baldachin. Das Gras wurde spärlicher. Ich fand ein Bäumchen und riß mir einen Zweig ab. Das Innere war weißlich. Ich brach das obere Stück ab und steckte mir den

Rest in den Mund. Das Holz war hart und schmeckte bitter. Doch immer noch besser, als ein trockener Mund. Je länger ich kaute, desto wäßriger wurde mein Mund, und ich schluckte jeden Tropfen Spucke genüßlich hinunter.

Es war mir nicht klar, ob das der richtige Weg war, doch fiel mir nichts Besseres ein. Vor mir bemerkte ich einen Baum mit Früchten, die wie Orangen aussahen. Die helle Farbe war überaus anziehend, doch mußte ich feststellen, daß sie entweder ungenießbar oder noch nicht reif waren. Sie schmeckten sehr sauer und waren einfach zu hart. Aber der Anblick eines Obstbaums milderte meine Panik. Ich befand mich im Busch, und der Busch bietet überreichlich Nahrung. Beim Weitergehen hielt ich jetzt gründlicher Ausschau. Fast jeder zehnte Baum war mit Früchten beladen. Doch die meisten hingen hoch über mir und schienen meine Neugierde und meinen Hunger zu verspotten, der jetzt bei der Aussicht, gestillt zu werden, noch wütender rebellierte.

Vom Hunger besessen, hatte ich ganz aufgehört, mit meinem Schicksal zu hadern. Ich hatte inzwischen das Gefühl, es sei etwas ganz Natürliches, sich dort draußen im Nirgendwo aufzuhalten und irgendwohin unterwegs zu sein. War das der erste süße Geschmack der Freiheit? Ich dachte an das Seminar zurück, das weit hinter mir einsam im dichten Dschungel lag. Ein Blick auf die Armbanduhr zeigte mir, daß es 7.45 Uhr war. Ich stellte mir die Hunderte von Schülern vor, die jetzt auf das Ende der Morgenmesse warteten. Sie alle freuten sich auf den warmen Reisbrei beim Frühstück. Doch bevor es Essen gab, kam noch Sport, den die meisten von uns haßten.

Als die Gegend bergig wurde, kam ich langsamer voran. Vom Gipfel des ersten Berges aus bemerkte ich eine nahegelegene Stadt. Die untergehende Sonne warf ihr Licht auf zahllose Dächer, die es in meine Augen reflektierten. Bei dieser Helligkeit konnte ich keine Einzelheiten mehr unterscheiden. Doch die Stadt war Wirklichkeit, lag nur ein paar Kilometer vor mir. Das rötliche Band einer zweiten Sandstraße, die die meine querte, erglänzte im Norden. Auch diese Straße führte auf die Reihen blinkender Blechdächer drunten im Tal zu.

Es war schon fast dunkel, als ich den Stadtrand erreichte. Elende kleine Häuser, Baracken in irgendeinem Vorort. Ich war erschöpft, staubbedeckt und verzweifelt. Wo war ich nur? Diese Stadt unterschied sich von allem, was ich bisher gesehen hatte. Insbesondere gab es keine Felder in der Nähe. Überall nur Straßen, und an jeder Straße Häuserzeilen, ein Gebäude dicht neben dem anderen. In jeder Richtung liefen oder fuhren Leute, manche auf Fahrrädern und Mopeds. Meist gingen sie in kleinen Trupps und achteten kaum aufeinander. Alles war anonym. Niemand interessierte sich für mich. In gewissem Sinne war es angenehm, nicht gefragt zu werden, nicht als Deserteur aus dem Reich Gottes dingfest gemacht zu werden. Ich war unsichtbar, solange ich wie alle anderen aussah. Die Landstraße, die mich in die Stadt geführt hatte, war inzwischen zu einer Schotterstraße geworden, dann zu einer Asphaltstraße, die mit anderen Straßen auf einen Platz mündete. Auf der gegenüberliegenden Platzseite führte eine Straße nach Osten. Sie besaß keinen Bürgersteig und war nur von Schmutz und verstreutem Abfall im Gras gesäumt. Der Gestank menschlicher Exkremente und anderen Unrats erfüllte die Abendluft.

Bald wanderte ich unter hohen Bäumen am Rand einer schnurgeraden, dunklen Asphaltstraße. Mein Weg wurde vom trüben Licht der Torlampen der Häuser spärlich erleuchtet. Überall wimmelte es von Leben. Ab und zu hörte ich Geräusche aus den Häusern. Das Geschrei eines Babys, gefolgt von der beruhigenden Stimme der Mutter, Rufe spielender Kinder in einem Hof und männliche Stimmen gaben mir die tröstliche Gewißheit, daß ich mich unter Menschen befand, obwohl sie in einer mir unbekannten Stammessprache sprachen. In einem anderen Haus plärrte ein Radio so laute Volksmusik, daß ich mich fragte, ob man hier noch sein eigenes Wort verstand.

Ich bemerkte gar nicht, daß ich als einziger auf dieser Strecke unterwegs war, bis ich einen anderen Abschnitt der Straße erreichte, die jetzt von Neonlampen erhellt wurde. Hier gab es andere Fußgänger, junge Leute, die abweisend blickten und offenbar zu sehr mit sich selbst beschäftigt waren, um Notiz von mir zu nehmen. Sie sprachen Französisch. Ich holte tief Atem und stieß ein schnelles »Bonsoir« hervor, als ich an vier gemeinsam gehenden Männern vorbeikam. Sie schauten kurz auf und erwiderten den Gruß. Ich fragte, welche Stadt das sei. Sie blieben stehen und musterten mich neugierig. Ich räusperte mich und fragte noch einmal: »Wie heißt diese Stadt?«

Einer von ihnen antwortete: »Du meinst diesen Teil von Bobo? Es ist Ouezzinville, Mann. Wohin willst du?«

»Nach Dano.«

»Das ist noch weit. Die Station liegt am Ende der Straße.«

»Welche Station?«

»Für die Busse dorthin.«

»Sie meinen, es fährt heute nacht noch ein Bus nach Dano?«

»Ich weiß es nicht, aber jemand am Ostbahnhof wird dir schon sagen, ob heute nacht noch etwas fährt.«

»Wie weit ist's zum Bahnhof?«

»Nur ein halb Dutzend Blöcke. Hinter dem Lycée-Ouezzin.«

Ich bedankte mich und ging weiter. Diese Stadt ist also Bobo, dachte ich. Auf der Landkarte ist sie fast 100 Kilometer vom Seminar entfernt. Ich hatte diese Entfernung in etwa zwei Tagen zurückgelegt. Und hier gab es auch eine Busstation. Ich war sehr erfreut beim Gedanken an die Möglichkeit, vielleicht nach Hause fahren zu können.

Der Busbahnhof war ein weiträumiger, schmutziger Platz, wo Busse, Autos, Caravans, Lieferwägen und Lastwägen geparkt waren. Es gab zwar Straßenbeleuchtung, aber das Mondlicht war stärker und ließ die Gestalten der Menschen zerfließen. An einer Ecke des Bahnhofs befand sich eine Gaststätte im Freien, mit einer Art Grill. Eine Frau verkaufte Reis und gebratenen Fisch, während ein Mann Fleisch briet. Da und dort saßen durchreisende Männer und Frauen.

Ich fragte den Mann am Grill: »Wo geht der Bus nach Dano?«

Der Mann antwortete in einem Dialekt, den ich nicht verstand, doch schien er meine französisch gesprochene Frage verstanden zu haben. Er wies auf einen Lastwagen in der Nähe. Ein rauh aussehender Mann lud dicke Leinwandsäcke auf, wahrscheinlich war Hirse drin. Die Ladefläche des Lastwagens bestand aus Holz und Stahl. Ein Dach besaß er nicht, sondern nur ein Gerüst aus Metallstangen, das so aussah, als könnte man Leinwand darüberspannen. Ein Mann stand auf dem Lastwagen, der andere auf dem Boden und wuchtete mit genau abgezirkelten Bewegungen die Säcke zu ihm hinauf. Ich wartete, bis sie fertig waren, und fragte dann, ob er nach Dano führe.

Der Mann drunten nickte und erklärte: »Wir fahren ab, sobald der Lastwagen voll ist. Die Fahrt kostet 500 Francs.«

»Ich habe kein Geld, aber ich möchte heim.«

»Dann leih es dir schnell noch, bevor wir abfahren.«

»Ich bin fremd hier, ich kenne niemanden.«

»Das geht mich nichts an. Wenn du 500 Francs hast, kannst du einsteigen und mitfahren, wenn nicht, mußt du sie dir besorgen.«

Ich fand einen Platz, wo man Fleisch über offenem Feuer briet. Die Leute saßen auf Steinen, die Füße im Schmutz, und aßen. Gruppenweise kamen und gingen sie, laut sprechend in einer Mischung aus schlechtem Französisch und Dialekten, die sich je nach Gruppe änderten. Manche lachten schallend. Das Essen war so schwarz vom

Feuer, daß ich mich fragte, ob sie noch unterscheiden konnten, was sie da aßen. Niemand kümmerte sich um mich. Das gefiel mir. Auf sonderbare Weise machte mir die Nähe der Leute Mut. Sie waren da und doch nicht da. Und wahrscheinlich ging es ihnen mit mir genauso.

Nach Hause

Es gab keine Möglichkeit, an 500 Francs zu kommen, deshalb blieb mir keine Wahl, ich mußte zu Fuß gehen. Aber das war mir gar nicht so unrecht. Unter solchen Umständen denkt man nicht an Entfernungen oder Geschwindigkeit. Man denkt nur an das Fortkommen.

Die Landschaft ringsum war schön und abwechslungsreich. Berg folgte auf Tal, Tal auf Berg, und immer wieder entfaltete sich ein neues Panorama vor mir. Jedes Tal, das ich durchquerte, war von einem Bach oder Fluß durchflossen. Es war erfrischend, das saubere Wasser zu trinken. Ein Überfluß an Obstbäumen sorgte dafür, daß ich nicht verhungerte. Ich hatte mich jetzt als guter Deserteur Gottes schon an das Leben im Busch gewöhnt, aber die Erinnerung hielt mich fest. Sie wirkte meinem Vorwärtsdrang entgegen und warf mir vor, ich sei einer, der vor einer Schuld, zu groß, um vergeben zu werden, davonlaufe. Ich konnte mir recht gut vorstellen, was geschehen wäre, wäre ich geblieben: Gehirnwäsche, Klatsch, Peitsche, Isolierung und unheilbare Seelenwunden. Nichts würde sein wie früher. Aber war es denn jetzt so wie früher? Niemand konnte so lange in einem derart strengen Institut leben, ohne von der Erinnerung daran unaufhörlich verfolgt zu werden. Ich spürte fast körperlich, wie mich das Seminar hetzte, verurteilte, verdammte – es wollte mich zurückhaben und mich auf die Anklagebank setzen, weil ich die physische Integrität eines seiner heiligen Mitglieder verletzt hatte. Das bärtige Gesicht Vater Maillots tauchte vor mir auf und blickte auf mich herunter. Es stand die Frage darin, wie eine dermaßen befleckte Seele noch zu retten sei. Dann drang Vater Superiors Stentorstimme an mein Ohr: Er müsse mich meiner verdienten Strafe zuführen, da ich, obwohl mit Leib und Seele dem Göttlichen geweiht, geflohen war. Er müsse ein Exempel an mir statuieren und eine Pönitenz verhängen, die als abschreckendes Beispiel wirken würde. Ich hörte mich selbst, wie ich schluchzend Requiemgesänge sang. Eine Kakophonie von Gedanken schwirrte in allen Richtungen durch mein Bewußtsein. Wie ich in diesem Zustand überhaupt weitergehen konnte, war mir ein Rätsel.

Die erste Nacht in den Bergen schlief ich gut, weil ich nicht träumte. Aber als ich erwachte, bereute ich es schon, wieder aufgewacht zu sein, denn unaufhörlich plagten mich meine Schuldgefühle. Ich fühlte mich zwischen zwei Welten hin- und hergerissen. Der einen (meinem Dorf), die mich im Stich gelassen hatte, näherte ich mich, die andere verfolgte mich, als hätte eine ausführliche Beichte alles wieder ins Lot bringen können. Und so wanderte ich dahin, fast unter dieser schweren Gedankenlast zusammenbrechend, und hörte dabei die zermürbenden Geräusche der Lastwagen, die sich auf der erbarmungslosen Sandpiste fortquälten.

Aber meine dauernden Selbstvorwürfe fanden ein Ende, als ich in einem Dorf an eine Kreuzung gelangte. Die neue Straße verlief in Nordsüdrichtung. War es die Straße, die ich vom Gipfel des Berges aus gesehen hatte? Überall wimmelte es von Leuten, und ich wandte mich an einen Mann an einer Tankstelle. »Was für eine Straße ist das?« fragte ich auf Französisch.

Der Mann starrte mich an und sagte dann: »In dieser Gegend des Landes grüßen wir einander erst, bevor wir Fragen stellen. Die neue Ära hat diese Regel noch nicht außer Kraft gesetzt.«

Er hatte in gönnerhaftem Ton gesprochen, in passablem Französisch.

Der Mann war unangenehm. Er wirkte wie das Öl und die Schmiere, die er verkaufte. Er schwitzte aus allen Poren, obwohl es gar nicht so heiß war, wahrscheinlich wegen seiner Fettleibigkeit. Sein Hemd war einst weiß gewesen. Ich entschuldigte mich für meine Unhöflichkeit und grüßte ihn noch einmal formell auf Französisch.

Er deutete nach Süden und sagte: »Diese Straße führt weit in die Ferne. Wenn du darauf bleibst, kommst du nach Ghana. In der anderen Richtung, im Westen, liegt Bobo. Wenn du in diese Richtung weitergehst, kommst du nach Mali. Die Straße nach Ghana mündet dort in die Hauptstraße nach Bobo, die dann weiter nach Ouagadougou führt.«

Er zeigte mit dem Finger nach Norden. Dann fragte er sarkastisch: »Na, und was hast du jetzt vor?«

»Ich möchte nach Dano«, gab ich zur Antwort, in der Annahme, wenn er so gut über Straßen Bescheid wisse, müßten ihm auch Städte und kleinere Ortschaften bekannt sein.

Der Mann war erstaunt oder verlegen. »Siehst du diese Straße?« sagte er, nach Süden deutend. »Schlag diese Richtung ein und gehe sehr weit. Dann frag jemand anders. Dieses Dano kann nur in der Wildnis liegen, abseits jeglicher Zivilisation. Ich kann mich nicht erinnern, den Namen jemals in einem Buch gelesen zu haben.«

Damit wandte er mir den Rücken und begab sich wieder an seine Arbeit. Ich wußte, mein Dorf lag unweit der Grenze zu Ghana. Also nahm ich den Weg wieder unter die Füße, obwohl ich mich unaufhörlich fragen mußte, wie weit »sehr weit« war.

Es war eine sehr belebte Straße. Jedesmal wenn ein Lastwagen, ein Auto oder ein Pferdewagen vorbeifuhr, wirbelte er eine dicke Wolke roten Staubes auf, der, ob feucht oder nicht, am Körper festklebte. Um diesem Staub auszuweichen, hielt ich mich so weit wie möglich abseits der Straße, aber anscheinend niemals weit genug. Doch bald hatte ich heraus, daß ich nur auf der falschen Seite ging. Auf die andere Seite wehte der Staub nicht hinüber.

Drei Tage und vier Nächte lang kam ich in kein Dorf. Stets lieferten sich meine Gedanken und Gefühle wilde

Schlachten. Ich traf auf Vögel, Kaninchen, Affen und Antilopen. Auf Antilopen stieß man mit großer Wahrscheinlichkeit am Nachmittag an den Wasserlöchern. Wenn wir zusammen tranken, beäugten sie mich erstaunt. Und wenn ich wieder weiterging, tranken sie ruhig weiter, als wüßten sie jetzt, ich sei kein Jäger. Auch Affen schienen in keiner Weise an mir Anstoß zu nehmen. Einige begleiteten mich eine Weile, turnten von Ast zu Ast und schrien einander zu, bis sie das Interesse an mir verloren. Kaninchen flohen stumm, aufgeregt hoppelnd. Während ich meiner Vergangenheit näherkam, empfand ich aber seltsamerweise keine Spannung, sondern es stürzten nur unzählige grimmige Fragen auf mich ein. Was ist, wenn alle schon tot sind? Was ist, wenn das Haus, das du suchst, niemals existiert hat? Was willst du dann dort überhaupt?

Am vierten Tag meiner Wanderung auf dieser Straße gelangte ich zu einer kleinen Stadt, in der die meisten Häuser aus Lehm bestanden. Etwas weiter vorne konnte ich den Turm einer Kirche ausmachen. Aha, dachte ich, »so weit« sollte ich gehen, bevor ich jemand anderen nach Dano fragte.

Man sagte mir, der Name dieser Stadt sei Diébougou. Dano gehörte zu ihrer Verwaltung und lag 55 Kilometer weiter nördlich. Der Mann, mit dem ich sprach, war wenig interessiert an mir, hatte auch keine Lust, sich zu unterhalten. Aber es war das erstemal, daß mir jemand genauer beschrieben hatte, wo mein Geburtsort lag. 50 Kilometer, das war ein Tagesmarsch. Mein Herz schlug mir heftig in der Brust. War ich so erregt, weil ich nun endlich nach Hause kommen sollte, oder war es, weil sich das Ende des Abenteuers näherte? Es gab keine eindeutige Antwort.

Im letzten Teil meiner Reise kam ich fast doppelt so schnell voran wie zu Anfang. Ich zählte immer zehn meiner Schritte, bis ich bei hundert angelangt war, dann fing ich wieder von vorne an, aber schließlich hatte ich keine Lust mehr. Weiter im Osten stieß ich wieder auf eine

Querstraße. Sie war markiert. Ein Wegweiser zeigte an, daß Dano noch weiter im Norden lag.

Bald gelangte ich auf einen Markt, wo unzählige Menschen kauften und verkauften. Ich setzte mich unter einen Baum, um etwas auszuruhen. Der Tag war zu zwei Dritteln vorüber, und ich hatte nicht vor, mich unnötig zu beeilen. War ich denn nicht schon zu Hause? Niemand hatte es mir bis jetzt bestätigt, aber ich glaubte, mich an den Marktplatz und die riesigen Kapok-Bäume erinnern zu können, die die sandige Hauptstraße säumten. Ein Mann näherte sich mir und sagte etwas, was ich nicht verstand. Ich versuchte zu antworten, hatte aber vergessen, in welcher Sprache ich sprechen sollte. Aus meinem Mund kam nur unverständliches Kauderwelsch. Ich war erschöpft. Also schloß ich die Augen und schlief, aber nicht lange. Als ich wieder aufwachte, umstand mich eine kleine Menschenmenge.

Alle sprachen gleichzeitig in einer mir unbekannten Sprache auf mich ein. Ein Mann fragte auf Französisch, ob ich fremd hier wäre. Der Klang des Französischen unter so viel unverständlichen Worten war ermutigend. Ich hörte mich zu ihm sagen: »Oh, Sie sprechen Französisch?«

»Natürlich! Ich bin nämlich nicht von hier. Und woher kommst du?« Sein Französisch war perfekt. Ich erzählte ihm in kurzen Worten mein Schicksal.

»Wenn Bakhyes Haus in Dano-Bagan liegt, dann muß es, von hier aus gesehen, jenseits des Flusses sein, denn soviel bedeutet ›Dano-Bagan‹. Es dürfte nicht schwer zu finden sein, außer alle sind tot. Hier kennt jeder jeden. Aber es wäre zwecklos, jemanden mit Hilfe seines Familiennamens finden zu wollen. Fast jeder hat hier denselben Familiennamen. Wenn du willst, begleite ich dich.«

Ich sprang auf die Füße und betrachtete den Mann. Er war schlank, etwas größer als ich, aber nicht älter. Gekleidet war er in ein übergroßes Hemd und Hosen, unter denen schwarze Lederschuhe, bedeckt mit einer dünnen, gelben Staubschicht, hervorschauten. Er sah weit sauberer aus als ich in meiner rotbestaubten Kluft und meinen schmutzigen Turnschuhen. Seine schmalen Augen steckten fast unsichtbar hinter einer weißen Brille, sein Haar war buschig. Er streckte mir die Hand entgegen und sagte: »Mein Name ist Ouédraogo Lamoussa. Und deiner?«

»Malidoma, ich meine, Patrice, Patrice Somé. Es ist so lange her, daß ich zum letztenmal hier war, daß ich mich kaum noch daran erinnern kann, wo meine Eltern wohnen. Aber ich bin sicher, vom Fluß aus finde ich den Weg.«

Wir drängten uns durch die Menge und nahmen wieder die Straße Richtung Osten. Der Anblick der Lehmhäuser entlang der Straße rief mir so manches ins Gedächtnis zurück. Ich erkannte das Quartier des Häuptlings wieder, wie eine Festung angelegt, die Eingänge bewacht. Auch bemerkte ich recht gut das oben mit drei Straußeneiern gekrönte Minarett – das höchste Lehmgebäude der Stadt. Herr Ouédraogo riß mich aus meinen Betrachtungen und fragte, wie lange ich weggewesen sei.

»Ach, so ungefähr fünfzehn Jahre«, warf ich nachlässig hin.

»Aha, dann bist du also einer der von Gott Berufenen!« Er schnaubte verächtlich. »Die Unabhängigkeit hat all diesem Schwindel ein Ende gemacht. Aber deine Eltern haben dich inzwischen sicher vergessen. Fünfzehn Jahre sind eine lange Zeit. Zeit genug, um zu sterben.«

»Wo bist du zur Schule gegangen?« Ich hatte keine Lust, über den Tod zu sprechen.

»In der Stadt. Es gab zur Kolonialzeit weniger Schulen dort als jetzt, dasselbe gilt für Arbeitsgelegenheiten. Warum willst du überhaupt nach Hause? Du hättest direkt in die Stadt gehen sollen. Mit deiner Ausbildung hättest du leicht einen Job gefunden. Das hätte ich gemacht, bevor ich meine Leute zu Hause besucht hätte. Hier gibt es nichts. Du kannst nicht erwarten, daß dir etwas gefällt, womit du nicht aufgewachsen bist.«

»Ich weiß. Ich weiß wirklich nicht, warum ich nach Hause will. Es ist ziemlich kompliziert.« Ich wußte nicht, was ich ihm antworten sollte. Er hatte ja keine Ahnung, daß Jobs und Geldverdienen unbekannte Dinge für mich waren. Bevor er zu mir sprach, hatte ich keinen anderen Wunsch gehabt, als heimzukommen. Er hatte ernste Dinge berührt.

Meine Gedanken unterbrechend, sagte er: »Also wenn es dir hier nicht mehr gefällt, besuch' mich doch in der Stadt. Ouagadougou ist groß. Mit deiner Ausbildung findest du leicht etwas Passendes.«

Wir hatten inzwischen den Fluß Guatazin überquert und Dano-Bagan betreten – »Dano jenseits des Flusses«. Es war noch genauso wie in meiner Erinnerung. Nur sehr wenig hatte sich verändert. Zum Beispiel, daß man da und dort Bäume gefällt hatte. Einer davon war jener, unter dem mich meine Mutter geboren hatte. Die Straße durch das Dorf wand sich von Bachbett zu Bachbett und brachte mich meinem Elternhaus immer näher. Mehrere Male zögerten wir an einer Kurve, aber schließlich hatten wir es gefunden. Herr Ouédraogo wollte nicht bis zum Haus mitkommen, er sagte, er habe keinen Sinn für emotionsgeladene Szenen.

Ich setzte mich auf einen Bretterstapel unter einem Nim-Baum, dem einzigen Schattenbaum in der Nähe. Das Haus, das ich vor eineinhalb Jahrzehnten verlassen hatte, blickte mich schweigend an. Kein Mensch war zu sehen. Ein paar Hühner scharrten im nahegelegenen Maisfeld nach Futter. Nach fünfzehn Jahren Abwesenheit wirkten die Lehmbauten ganz anders auf mich. Das Anwesen sah keineswegs mehr so majestätisch aus. Es war nicht mehr groß und imposant und machte einen eher schlichten, ja fast trostlosen Eindruck. Mir unbewußt, betrachtete ich es mit veränderten Augen. Man hatte kleinere Anbauten und Anpassungen vorgenommen. So bemerkte ich, daß jetzt der Haupteingang direkt in den Innenhof führte, während man vor fünfzehn Jahren zuerst in den Geflügelschuppen, hierauf durch die Zangala und erst dann in den Hof gekommen war. Ich wäre gerne hineingegangen, um alles näher in Augenschein zu nehmen, doch irgend etwas ließ mich zögern. Die Sonne war schon fast untergegangen, und ich wußte, früher oder später würde jemand heimkommen. Daher entschloß ich mich, inzwischen ein Nikkerchen zu machen.

Als ich wieder erwachte, war die Sonne vom Himmel verschwunden. Ein halbes Dutzend nackter Menschen umstand mich, alle Dagara sprechend, das ich nicht mehr verstand. Anscheinend waren sie ganz aufgeregt, daß ich aufgewacht war. Vorwiegend waren es Kinder, extrem schmutzig. Die meisten hatten Wunden überall am Körper, bedeckt von unzähligen Fliegen. Ich interessierte mich ebenso brennend für sie wie sie sich für mich. Aber wir konnten einander nur anstarren. Nach einer Weile kam eine junge Frau mit einer Ladung Holz auf dem Kopf hinter dem Haus hervor. Sie ließ ihre Ladung am Haupteingang fallen und sprach zu den Kindern. Sie antworteten und deuteten auf mich. Da begrüßte sie mich auf Französisch.

Ich fragte: »Ist das Bakhyes Haus?«

»Nein, das ist Elies, meines Vaters Haus. Bakhye ist mein Großvater.«

Ihr Französisch war armselig, aber für mich besser als das Kauderwelsch der Kinder. Ich sagte nichts. Sie ging ins Gehöft und kam mit einer Kalebasse voll weißer Flüssigkeit wieder heraus. Sie trank ein paar Schlucke und reichte mir das Gefäß. Ich führte es an die Lippen, das Zeug schmeckte sauer, war aber trinkbar. Sie nahm den Rest und begab sich wieder ins Haus. Jetzt kam ein alter Mann auf einem Fahrrad angefahren. Er war dünn, klein und wirkte sehr gebrechlich. Er lehnte das Fahrrad an die Mauer und begrüßte mich auf Dagara. Ich antwortete auf Französisch. Er sprach ein paar Worte zu den Kindern ringsum, betrachtete mich eine Zeitlang prüfend, wie um herauszubekommen, wer ich war, und verschwand dann durch den Eingang im Anwesen.

Kurz darauf erschien eine ältere Frau. Wie die jüngere trug sie eine Ladung Trockenholz auf dem Kopf. Auch sie sprach zu den Kindern, als sie herangekommen war. Sie erwiderten etwas, woraufhin sie mich intensiv musterte. Ich überlegte, warum sie mich so anstarrte, und fühlte mich ganz krank. Unschlüssig machte sie einen Schritt vor und zurück, mal wandte sie den Kopf zum Fluß, mal wieder zu mir. Ich senkte die Augen, ergriff einen Stock und stocherte auf dem Boden herum.

Plötzlich schrie die Frau gellend auf: »Malidoma, Patere, Malidoma!« Sie nahm die Hand von der Ladung Trockenholz und legte den Kopf zur Seite, so daß das Holz zu Boden krachte. Dann stürzte sie auf mich zu. Sie kniete vor mir nieder, knetete mir heftig die Hände und begann laut zu heulen, als ob jemand gestorben wäre. Zuerst war mir das sehr peinlich, und ich wandte den Kopf. Ihre Rührung war so echt, daß ihr die Tränen aus den Augen stürzten, wie Wasser aus einer Quelle. Aber Emotion erzeugt Emotion, und auch ich konnte jetzt die Tränen nicht länger zurückhalten. Das Bild meiner Mutter verschwamm mir vor den Augen, als mir das Wasser hervorstürzte. Und so weinten wir zusammen, ich stumm, sie heftig schluchzend, als litte sie großen Schmerz.

Der Lärm zog immer mehr Menschen an. Aus dem Inneren des Hauses trat nun wieder der alte Mann, gefolgt von der jungen Frau, die mir die Erfrischung gereicht hatte. Meine Mutter rief mich wieder beim Namen und schluchzte mehr denn je. Ich bemerkte, daß auch die junge Frau in Tränen aufgelöst war, der alte Mann jedoch nicht. In seinem Gesicht las ich nur Verlegenheit. Er schaute irgendwie perplex, ratlos, ja bestürzt drein.

Jetzt rannte meine Schwester zu uns herüber, drängte sich durch die weiter anschwellende Menge und gesellte sich zu Mutter und mir. Sie stieß laute Schreie aus und wiegte ihren gedrungenen Leib hin und her, während sie mit ihren Händen an meinem Körper auf- und abstrich. Das war mir nun wirklich peinlich. Meine Tränen versiegten, und ich wischte mir mit dem Handrücken die Augen.

Aber die Frauen heulten unentwegt weiter. Sie waren nicht bereit, den Tränenstrom zu unterbrechen, der zu fließen begonnen hatte, als sie mich erkannten. Ich sah, daß mein Vater wieder im Innenhof verschwunden war und jetzt mit Asche in der linken Hand zurückkam. Er begab sich in den heiligen Raum, wo er eine Zeitlang blieb. Als er wieder erschien, zwang mich Mutter geradezu aufzustehen. Mit ihrem Finger deutete sie auf Vater. Er stand reglos, während sie auf Dagara auf ihn einredete. Als sie zu Ende war, antwortete Vater etwas und ging wieder ins Anwesen.

Mutter bugsierte mich zum Eingang des Gehöfts. Sie hielt mich so fest, als wäre ich ein Kranker, der nicht gehen konnte. Ich fügte mich. Meine Schwester stützte mich von der anderen Seite. So betrat ich zwischen den zwei Frauen das Haus, aus dem mich der Jesuitenpriester vor etwa fünfzehn Jahren geraubt hatte. Eine Menschenmenge, begierig, jede Einzelheit meiner Heimkehr in sich einzusaugen, folgte mir auf dem Fuß.

Sie setzten mich auf einen dreibeinigen Hocker an der Wand dicht beim Eingang. Die Sonne war längst untergegangen, und Dunkelheit legte sich rasch über das Anwesen. Es wurde mir plötzlich klar, daß es meines Großvaters Zimmer war, in dem ich saß, aber jetzt war es nicht mehr sein Zimmer.

Vor der Tür konnte ich einige andere Gebäude des Anwesens erkennen. Rechts lag eine weiträumige Küche mit einer großen Feuerstelle, an der ein Feuer brannte. Über den Flammen hing ein großer Lehmtopf. Weiter rechts und nach Norden gelegen, konnte ich die Tür zur Zangala sehen, zum Quartier der Frauen, das ich aus der Kindheit noch gut im Gedächtnis hatte. Das war das erste, was sich seit meinem Verlassen des Anwesens nicht geändert hatte. Das zweite war meines Vaters Quartier, das im Süden und der Zangala direkt gegenüber lag. Es war der einzige Eingang im Anwesen, der eine Holztür besaß.

Inzwischen war es stockfinster geworden, und ich wurde müde. Meine Schwester fragte mich höflich, ob ich ein Bad nehmen wolle. Mir fiel ein, daß ich vor fast elf Tagen im Seminar das letztemal gebadet hatte, an dem Vormittag meiner schicksalsträchtigen Flucht. Das Badewasser wurde in einem großen Lehmtopf im Waschraum vorgewärmt. Es gab auch in Heimarbeit hergestellte Seife, eine Mischung aus gekochter Schibaum-Butter und Kalium. Die Erzeugung war mir aus der Kindheit noch gut vertraut. Jeden fünften Tag der Woche hatte meine Mutter Seife für die Familie gemacht. Mein Bad war erfrischend und stärkend. Es vertrieb die Schläfrigkeit. Hierauf reichte mir meine Mutter ein großes Tuch, mit dem ich mich umwickeln konnte, und entfernte die schmutzigen Kleider und Turnschuhe. Diesen Abend kostete ich wieder einmal Hirsekuchen, die Alltagsnahrung der Dagara. Als ich mich auf der Strohmatratze, die über eine schmutzige Plattform gebreitet war, schlafen legte, erkannte ich sie als denselben Platz, wo Großvater vor fünfzehn Jahren gelegen war und mir von meiner Zukunft erzählt hatte. Wo mag er jetzt sein, fragte ich mich in Gedanken.

Ein harter Anfang

Um Schlaf wirklich schätzen zu können, muß man ihn verdient haben. Um Schlaf verdient zu haben, muß man hart gearbeitet haben. Es war wundervoll, in einem Zimmer zu schlafen, ohne an Gefahren denken zu müssen. Obwohl es mir sonderbar vorkam, wieder zu Hause zu sein, fühlte ich mich schon allein dadurch, daß ich mich in einer Wohnung befand, wieder als Mensch. Ich war ungeheuer müde. Denn mein Körper hatte die Ruhe, wirkliche Ruhe, während all dieser Tage des Wanderns im Busch immer wieder hinausgeschoben. All meine Muskeln sehnten sich nach Schlaf, und mit einem seligen Glücksgefühl sank ich ihm unwiderstehlich in die Arme.

Als ich aufwachte, fühlte ich mich noch sehr schwach und brauchte eine Weile, wieder zu mir zu kommen. Zuerst dachte ich, ich sei noch im Dschungel, weil in der Nähe ein Tier seltsame Geräusche machte. Meine Beine waren ganz steif. Ich versuchte aufzustehen, um festzustellen, woher dieses nicht enden wollende Geräusch kam, aber ich war wie im Bett festgenagelt. Also ließ ich mich wieder in unruhigen Schlaf fallen, zu unruhig, als daß er lange hätte andauern können. Als ich wieder erwachte, war es heller Tag und ich war mir meiner selbst und meiner Umgebung schon besser bewußt. Meine Mutter saß dicht neben mir und weinte vor sich hin, leise, um mich nicht aufzuwecken. Vielleicht war dies das Geräusch gewesen, das ich für ein Tier gehalten hatte. Als sie bemerkte, daß ich wach war, schniefte sie wie ein Motor, dem das Benzin ausgeht. Schließlich beruhigte sie sich. Ich setzte mich auf und lehnte mich gegen die Lehmwand. Sie verließ den Raum, vermutlich um Essen zu holen.

Vom Innern des Raumes aus konnte ich erraten, daß draußen eine Menge Menschen sein mußte. Stimmen aller

Altersstufen und beider Geschlechter summten ungeheuer aufgeregt durcheinander. Normalerweise schwitzten um diese Tageszeit die Besitzer dieser Stimmen auf den Feldern und warteten auf die nächste stärkende Mahlzeit. Aber jetzt näherte sich die Regenzeit ihrem Ende. Es ist die Jahreszeit, wo die Leute sagen: »Pflügst du auch nicht, wirst du doch zu essen haben.« Die Hirse hatte Frucht angesetzt und würde auf jeden Fall Körner liefern. Nach der Morgenkühle zu schließen, die sogar in den kleinen Lehmraum, in dem ich lag, eindrang, mußte es in der Nacht geregnet haben.

Meine Mutter kam mit heißem Hirsebrei in einer Kalebasse zurück und auch mit etwas zum Beißen. Auch ein großer Dagara-Löffel war dabei, wie ich ihn fünfzehn Jahre lang nicht gesehen hatte. Sie machte Anstalten, mich damit zu füttern, aber dagegen wehrte ich mich. Ich könnte es doch selbst. Aber ich bemerkte, sie wolle etwas für mich tun, um die Pflege, die sie so früh in meinem Leben hatte unterbrechen müssen, nachzuholen. Der Hirsebrei schmeckte warm und gut, warm und gut war auch das Herz, das ihn zubereitet hatte. So aß ich geradezu andächtig. Mutter beobachtete jede meiner Bewegungen mit Augen, in denen die Tränen standen, und ich fragte mich, wie lang sie wohl während meines Schlafes neben mir gesessen hatte. Wir sprachen nicht, denn wir konnten es nicht. Trotzdem sagten wir uns sehr vieles. Ich konnte ihre Empfindungen spüren. Sie war ganz Treue, Liebe und Sorge, als verstünde sie sehr gut, daß ich unendliches Leid hinter mir hatte, das ihre mütterliche Zuwendung nicht hatte mildern können.

Empfand sie Mitleid mit mir oder verteidigte sie sich nur und fürchtete den Zorn ihres Sohnes? Ich konnte mir nicht helfen, aber es sah ganz so aus, als ob mich die Familie damals wirklich im Stich gelassen hätte. Warum hatte sich niemand um mich gekümmert? Warum war niemand aufgetaucht, um mich zurückzufordern? Mit diesen Gedanken stiegen andere Empfindungen in mir auf, Empfindungen des Zorns. Sie brannten wie das Feuer in der Esse unserer Dorfschmiede und nährten sich gierig aus den Erfahrungen meines langen Exils. So intensiv wurde dieser Zorn, daß ich für einen Augenblick dachte, er würde mich umbringen. Doch er tat es nicht. Er ging, wie er gekommen war. Aber ich wußte, er lag von nun an immer auf der Lauer.

Meine Schwester kam herein und begrüßte mich wieder auf Französisch. Es klang so, als wäre sie noch viel aufgeregter als tags zuvor. Ich fragte sie, wo sie Französisch gelernt habe.

»Noies Chrisliches Pildungporgramm«,* sagte sie hastig. »Der Priester auf dem Hügel bringt den Kindern Lesen und Schreiben bei. Möchtest du sehen, wie ich meinen Namen schreibe?« Sie nahm einen Stock und kritzelte etwas auf den staubigen Boden. Ich machte eine unwillige Handbewegung. Sie schien enttäuscht, als hätte ich ihr etwas Schönes weggenommen. Ich fragte sie nach dem Priester auf dem Hügel, meinem bösen Schicksal, Vater Maillot. »Heimgegangen«, sagte sie. Jetzt füllte sich das Zimmer mit Kindern. Einige von ihnen erkannte ich wieder. Sie saßen am Abend zuvor, als ich nach Hause gekommen war, neben mir. Ich fragte meine Schwester, wer sie wären. »Deine Geschwister.« Es waren fünf, vier Brüder und eine Schwester. Man hatte also reichlich Ersatz für mich geschaffen. In den traditionellen Gesellschaften gilt Fruchtbarkeit als etwas, wodurch jeder Verlust wieder wettgemacht wird. Kinder zu besitzen bedeutet, von den Göttern und Ahnen gesegnet zu sein. Vier Brüder und eine Schwester bewiesen, daß meine Eltern heiß um Ersatzkinder gebetet hatten. Das fühlte ich genau, als ich sie da so vor mir sah. Unmöglich zu sagen, wie alt sie waren. Der älteste

---

* Das neue christliche Bildungsprogramm, eine Initiative, die einheimische Bevölkerung zu alphabetisieren.

hieß Laurent. Er schien nicht ganz zu wissen, was er von den Vorgängen halten sollte. Offenbar schien ihm die durch meine Ankunft verursachte allgemeine Aufregung ziemlich deplaziert. Er hielt sich meist etwas abseits.

Die anderen hatten keine Probleme und genossen die Abwechslung, die meine Ankunft bedeutete. Alle trugen sie christliche Namen – Guillaume, Cyrille, Didié, Martine, und sahen auch wie Christen aus, mit all den Medaillons, die ihnen um den Hals hingen. Die Kirche betrieb weiter Gehirnwäsche in dieser Ecke Afrikas, nur etwas langsamer als bisher.

»Wie lange bist du zur Schule gegangen?« fragte ich meine Schwester.

»Fast ein ganzes Jahr.«

»Wer geht sonst noch zur Schule?«

»Cyrille und Didié werden bald gehen. Sie sind alt genug.«

Wer Bildung erwerben wollte, mußte auch eine gehörige Dosis Katechismus schlucken. Die Dorfbewohner hegten keinen Zweifel, daß der Gott aus Übersee eine gebildete Persönlichkeit sein müsse, die auch von ihren Gläubigen Bildung verlangte. Ich konnte sehen, daß all meine Geschwister die Schule besucht hatten oder es noch tun würden.

In diesem Augenblick trat mein Vater ein. Man hatte den Eindruck, er fühle sich schuldig wie ein Angeklagter. Sein Gesicht war streng und übermäßig konzentriert, wie bei einem Menschen, der sich Argumente im Kopf zurechtlegt. Er wies alle aus dem Zimmer, außer meine Schwester und meine Mutter, und setzte sich auf einen Hocker. Und sobald die Kinder draußen waren, kniete er sich vor mich hin, ergriff meine Hände und sprach auf Dagara zu mir, in der von mir vergessenen Muttersprache.

Als er zu Ende war, antwortete ich auf Französisch, in der Annahme, er habe einige herzliche Willkommensworte geäußert. »Ich danke dir. Es geht mir gut. Ich hoffe, daß auch du dich wohlfühlst.«

Meine Schwester konnte vor Lachen nicht mehr an sich halten. Da begann meine Mutter mit meinem Vater auf Dagara zu reden. Es war ein ziemlich seltsames Gespräch. Offensichtlich tadelte meine Mutter meinen Vater wegen etwas, und er versuchte sich zu rechtfertigen. Ihre Stimme wurde hart, ihre Augen zornig. Ich wußte nicht, was da vor sich ging, und fragte meine Schwester, warum sie sich kaum noch beherrschen konnte.

»Vater hat gesagt, der Geist Bakhyes sei groß, weil du immer noch am Leben bist. Er hat gesagt, er habe viele Opfer gebracht, damit du wieder nach Hause kommst.«

Da wallte mein Blut heiß auf. Ich fühlte mich betrogen, betrogen um die einzige Heldentat, die ich jemals begangen hatte. Hatte ich mich fast dreihundert Kilometer durch den Dschungel zu Fuß nach Hause geschleppt, nur um hier zu hören, ein anderer habe mir das ermöglicht? Das bedeutete doch, daß meine Leistung nur im Wandern bestanden hatte.

Ich protestierte. »Was, er soll in all diesen Jahren Opfer gebracht haben, damit ich zurückkommen konnte? Warum hat er mich denn nicht herausgeholt? Warum hat er diesen verdammten Priester auf dem Hügel nicht einfach aufgefordert, mich zurückzubringen? Frag ihn das, frag ihn!«

Meine Schwester machte den Mund auf, um zu sprechen, aber kein Ton kam heraus. »Sag ihm das!« legte ich nach.

Da redete Vater sie an. Anscheinend wollte jetzt auch er wissen, was hier vor sich ging. »Ich höre dich zwar«, murmelte sie schließlich zu mir gewandt. »Aber deine Worte! Ich bin neun Monate zur Schule gegangen und habe alles gelernt, nur ein paar Worte nicht, und du verwendest gerade diese Worte. Wie kann ich es dann Vater sagen?«

»Was, du meinst, du kannst nicht übersetzen, was ich gesagt habe?«

Ich brüllte sie fast an. Wieder sprach Vater zu ihr auf Dagara. Sie antwortete. Anscheinend hatte sie ihm meine

Bemerkung übersetzt. Ich beobachtete Vater genau, während er ärgerlich ein paar Sätze hervorsprudelte. Er ließ seine Blicke durch den Raum schweifen, aber mich schaute er nicht an. Schließlich wandte sich meine Schwester verlegen wieder an mich.

»Also?« sagte ich, begierig, jetzt endlich alles zu erfahren. Sie zitterte, inmitten dieses Ärgers fühlte sie sich sehr unbehaglich.

»Vater sagt, die Vorfahren haben es befohlen. Niemand konnte es verhindern.«

Sie schwieg. Ich wartete und war mir sicher, sie hatte noch mehr zu sagen. Vater hatte einige Minuten gesprochen.

»Ist das alles?« fragte ich ungläubig.

»Das hat Vater gesagt«, gab sie zur Antwort und nickte.

Es war offensichtlich, daß sie mir nicht alles übersetzen wollte. Das brachte mich ziemlich in Wut.

»Für wen hältst du mich eigentlich? Also, was hat er gesagt?«

»Ich habe dir schon gesagt, was er gesagt hat«, erwiderte sie in panischer Angst.

Da wußte ich, ich würde nichts weiter aus ihr herauskriegen, auch von sonst niemandem in diesem Zimmer.

»Offenbar befinde ich mich unter Verrückten, unter Idioten. Selbst Gott ist ein Narr«, rief ich in heller Verzweiflung.

Zwischen mir und diesen Menschen gähnte eine unüberbrückbare Kluft, so tief, daß es wohl länger, als ich fortgewesen war, länger, als überhaupt jemand Zeit hatte, dauern würde, um uns wieder zusammenzubringen. Gespräche allein konnten hier nichts ausrichten. Hier war meine Familie, doch offenbar ohne die Eigenschaften, die sie für mich zur Familie machten. Ich war im Grunde unerreichbar für sie. Da saß ich nun also wie ein monumentales Fragezeichen, schwach, allein, unfähig, mich verständlich zu machen.

»Gott, hm ... Gott«, sagte mein Vater und nickte. Ich fragte mich, was ich seiner Meinung nach wohl gesagt hatte. Längst war es aus mit der Wärme, die ich in der stummen Gesellschaft meiner Mutter empfunden hatte. Dieses Zimmer war nicht mehr mein Heim. Ich fühlte mich wie ein Narr, der aufs falsche Pferd gesetzt hat. Also dafür hatte ich den Priesterberuf aufgegeben! Ich warf die Decke ab und sprang auf. Jetzt mußte ich unbedingt ein paar Schritte gehen. Nach all diesen Tagen unterwegs mußte ich noch einmal ein Stück weiterwandern.

»Ich gehe ein bißchen spazieren«, sagte ich. Alle erhoben sich, Schrecken im Gesicht. Auch die Menge draußen vor dem Anwesen erhob sich, als ich, gefolgt von den Eltern und meiner Schwester, auftauchte. Alle sprachen durcheinander. Ich tat, als ob sie mich nichts angingen. Mein erster Tag zuhause fing wirklich schlecht an!

Könnte ich mich nur an die Dagara-Sprache zurückerinnern! Laute ohne Sinn sind irritierend, besonders wenn man weiß, hinter den Lauten steckt etwas Lebenswichtiges. Viel hätte ich darum gegeben, zu verstehen, was Vater gesagt hatte...

Die Sonne war schon weit über den Horizont gestiegen. Das kürzlich abgeerntete Hirsefeld trocknete rasch von dem Regen, der vor Tagesanbruch gefallen war. Ein nutzloser Regen, dachte ich bei mir. Ich fand mich unter dem riesigen Baobab-Baum wieder, der mir einiges ins Gedächtnis zurückrief, was mir Großvater über diese Bäume gesagt hatte, besonders über die nächtlichen Hexenversammlungen. Auch sein Begräbnis hatte unter dem Schatten eines Baobab stattgefunden. Wie lange war das jetzt her? Ich war noch so klein gewesen, so jung! Mein Leben kam mir wie eine Gleichung mit zu vielen Unbekannten vor. Und jetzt war es vorbei, und der Baobab hatte alles mitangesehen. Der Aufenthalt unter dem Baum beruhigte mich ein wenig. Bemerkte ich, daß ich innerlich wie ausgehöhlt war? Ich lehnte mich an eine der riesigen, aus dem Boden hervortretenden Wurzeln.

Meine Gedanken wanderten zurück zur Schule, und ich begann, die Dinge zu ordnen. Was hatte mich eigentlich dazu veranlaßt, das Seminar zu verlassen? Wollte ich nur kein Priester werden? Sicher wollte ich es, doch hatte ich eine Heimat im Priesterberuf zu finden gehofft, die meinen Vorstellungen entsprach. Ich hatte das Seminar verlassen, nicht weil mir jemand gesagt hatte, ich könnte kein Priester werden, sondern weil ich nicht länger mit den Widersprüchen des Christentums leben konnte. Die Bibel sprach von Liebe und Güte, doch überall war ich nur auf Eitelkeit, Täuschung und Grausamkeit gestoßen. Von so unreinen Händen konnte ich kein Sakrament mehr entgegennehmen. Also war ich nicht aus Heimweh nach Hause zurückgekommen, sondern weil es mir unmöglich war, Priester zu werden. War diese Heimkehr all das, was ich aufgegeben hatte, wert? Unmöglich, hier ein Urteil zu fällen.

Die Sonne stand schon fast im Zenit, und es wurde immer heißer, auch im Schatten. Das Anwesen meiner Eltern, das Haus meiner Vorfahren, sah trostlos aus. Es hatte nichts von der Majestät der Seminargebäude. Es hatte auch etwas heimlich Verstecktes an sich. Wovor verbirgt sich dieses Haus, fragte ich mich. Die Fenster waren winzigkleine Öffnungen, sie sahen wie Kugeleinschläge in den brüchigen Mauern aus. Vor diesen Zuständen also will uns die westliche Kultur retten, dachte ich. Im Seminar hatte ich mir so meine Gedanken über Erlösung gemacht. Jetzt war ich weg vom Fenster. Wenn dieser Ort der Erlösung bedurfte, mußte er sie sich selbst holen, ohne mich.

Ohne auf meine Schritte zu achten, war ich bis zum Fluß gekommen. Am Ende der Regenzeit führte er noch ziemlich viel Wasser, war aber doch schon seicht. In der Mitte des Flußbetts wuchs Gras. Ich versuchte, mich an Erlebnisse an diesem Ufer zu erinnern. Aber nichts, absolut nichts fiel mir ein. Statt dessen bemerkte ich, daß sich das

Gras im Fluß plötzlich in Bewegung setzte und auf mich zukam. Ein paar Meter vor mir hielt es an. Es war ein Krokodil! Die beiden großen Augen auf den dreieckigen Schädelauswüchsen blinzelten ein paar Mal träge, dann regten sie sich nicht mehr, wie bei einer Statue. Wir starrten einander an. Das war also ein Geschöpf, dachte ich, das niemals sein Zuhause verlassen hatte und es wohl auch niemals tun würde. Warum zeigte es Interesse an mir? Soweit ich mich erinnerte, pflegten Krokodile nicht so einfach dazuliegen und Leute anzustarren. Ich hatte keine Angst vor ihm, es war mir nur rätselhaft. Irgendwie war es beruhigend, ihm in die Augen zu blicken. Es dämmerte mir, daß der Birifor-Clan etwas mit dem Krokodil zu tun hatte. Aber was war es? Keine Ahnung. Einst hatte ich über die Freundschaft zwischen dem Krokodil und meiner Familie Bescheid gewußt. Jetzt hatte ich es vergessen, wie so vieles andere.

»Komm, pack mich«, rief ich dem Tier zu. »Ich bin ganz allein.« Das Krokodil zwinkerte mit den Augen. Ich rief noch einmal. Es schob sich ein paar Meter näher heran, tat mir aber nichts. Ich nahm einen Klumpen Erde und warf ihn nach ihm. Es sollte abhauen. Einen Augenblick lag es in tückischer Ruhe auf dem Wasser, dann tauchte es weg. An den Bewegungen des Grases erkannte ich, daß es rasch davonschwamm.

Da hörte ich eine Stimme hinter mir und drehte mich um. Es war ein Junge, vielleicht dreizehn oder vierzehn, der mich intensiv beobachtete, anscheinend schon längere Zeit. Halb amüsierte, halb faszinierte ihn mein Verhalten. Er war fast nackt und etwa ebenso groß wie ich, hatte aber mehr Muskeln. Ein breites Grinsen lag auf seinem Gesicht, das mir signalisierte, er wolle mit mir sprechen. Er schlug die Hand an die Brust und verbeugte sich mit dem Gruß »Yaani«. Es war ein einfacher Gruß, den man in meinem Stamm hundertmal am Tag hören konnte. Seine Gebärden waren eindringlich, seine Stimme sanft. Ich nickte, um ihm zu zeigen, daß ich ihm wohlgesonnen war. Irgendwie kam er mir bekannt vor, es mußte einer der Jungen sein, die mich bei meiner Ankunft im Dorf umringt hatten.

Der Junge kam näher und setzte sich ruhig. Nach einer Weile drehte ich mich um und sah ihn scharf an. Ein wenig scheute ich seine Nähe. Er beantwortete meinen Blick und sagte »Nyangoli«, wobei er sich wieder mit der Hand an die Brust schlug. So hieß er also. Ich wiederholte den Namen. Er nickte und lächelte. Dann stellte ich mich selbst vor. Da lachte er laut auf, als ob er mich längst kannte. Und dann saßen wir nebeneinander. Er warf Steine über den Fluß, und ich sah zu, wie sie über die Oberfläche des Wassers sprangen und verschwanden. Er hatte nichts zu sagen, aber seine Anwesenheit milderte meine Einsamkeit ein wenig.

Als ich mich erhob, um zu meinen Eltern zurückzugehen, stand er ebenfalls auf. Schweigend gingen wir eine Weile. Ab und zu warf er noch Steine, hielt aber Schritt mit mir. Gemeinsam kamen wir im Dorf an, und ich lud ihn zu mir ins Zimmer. Meine Brüder folgten uns, sehr rasch füllte sich der Raum. Nyangoli redete mit meinen Brüdern, doch diesmal war es mir gleichgültig, daß ich sie nicht verstand. Irgendwie erholte sich jetzt meine niedergedrückte Seele. Freundliche Menschen befanden sich in meinem Zimmer, dadurch sah plötzlich alles anders aus. Irgendwo in dem ungeheuren dunklen Tunnel meiner absurden Situation zeigte sich ein Lichtschimmer. Ein namenloses, aber sprechendes Zeichen der Hoffnung.

Später erfuhr ich, Nyangoli war der Sohn meines Muttermannes, d. h. der Sohn des Bruders meiner Mutter, meines Onkels. Guisso, so der Name dieses Onkels, war ein Mann von ruhiger Gemütsart, der ab jetzt wochenlang jeden Morgen ins Haus kam und still neben mir saß, wie wenn ich sein eigener Sohn wäre. Ich fragte mich, was sich diese Leute eigentlich dachten und warum sie soviel Zeit auf mich verwendeten. Aber ich fand bestimmt keine Antwort, bevor ich meine Muttersprache nicht wieder erlernt hatte. Erst als es soweit war, begriff ich, daß mein Muttermann den Auftrag hatte, meinen Zorn zu besänftigen. Nach den von mir ausgestandenen Seelenqualen mußte man mich beschwichtigen, beruhigen, ernüchtern und mir das Gefühl geben, man wolle mir helfen. Ein Vater kann das für seinen Sohn nicht tun, vor allem, wenn ein besonderes Problem zwischen ihnen steht. Es gibt manchmal ein natürliches Bedürfnis für die Ablösung einer Beziehung durch eine andere. Ich weiß nicht, wie ich das in westlichen Begriffen erklären soll. Der Vater muß sich zu einem bestimmten Zeitpunkt sozusagen auslöschen, damit der Sohn am Leben bleibt, und dann springt der Muttermann ein. Das Weibliche im Mann – die Mutter im Mann – ist aber eine Energie, die nur durch einen direkt mit der Mutter verbundenen Mann erweckt werden kann. Der Muttermann ist jemand, der »Wasser trägt«, das heißt die Energie des Friedens, der Ruhe, der Versöhnung und des Heilens.

Guisso war außerdem Wahrsager und Heiler, mit unvergleichlicher priesterlicher Hingabe an das Dorf. Daher erfüllten nun seit meiner Rückkehr er und sein Sohn Nyangoli ihre Pflegepflicht mir gegenüber, einfach deshalb, weil sie in meiner Abwesenheit nicht zum Zuge gekommen waren. Wenn mich Nyangoli ohne seinen Vater besuchte, und das war fast immer der Fall, legte er sehr entschieden Wert darauf, nur Dagara mit mir zu sprechen. Er war eine der Personen, die mich wieder in meine Muttersprache einführten. Guisso andererseits nahm meine Seele in seine Obhut. Er war ein Boburo, ein Medizinmann.

Etwas mehr als einen Monat nach meiner Heimkehr weckte mich mein Vater bei Tagesanbruch und nahm mich mit zu Guisso und Nyangoli. Ich sollte dort meine erste Orakelsitzung erleben. Es war der Beginn meiner inneren Wandlung. Ein Mensch, der längere Zeit abwesend ist, läßt, auch wenn er wieder heimkehrt, einen großen Teil seiner Seele in der Fremde zurück. Und er kommt nicht weiter, ehe er wieder voll integriert ist, das heißt, Körper und Seele miteinander vereinigt sind. Der Boburo hat zu entscheiden, wie das geschehen soll. In meinem Fall versuchte Guisso herauszufinden, durch welche Zeremonie ich wieder ganz ich selbst werden würde.

In der Morgendämmerung kamen wir an. Guisso war schon wach und meditierte, vielleicht über andere Fälle, aber offenbar erwartete er uns schon. Er saß auf dem »Galiguo«, dem Teil des Daches, der auf den Hof hinausgeht, und ließ die Beine übers Sims baumeln. Als er uns sah, wie wir von dem alten englischen Fahrrad abstiegen und sein Anwesen betraten, stand er auf, hustete und stieg die Leiter herunter, um uns zu begrüßen.

Er deutete auf ein altes, holzgeschnitztes Möbel in einer vom schwachen Sternenlicht erhellten Ecke. Es sah wie ein Stuhl aus. Zwar besaß das Ding noch drei Beine, war aber so gebrechlich, daß es sich kaum aufrecht halten konnte. Mein Vater setzte sich darauf, während ich mich an die Lehmwand lehnte und eine Stufe als Sitz benützte. Wir befanden uns in der Zangala. Alles war rauchgeschwärzt von dem andauernd brennenden Feuer. Rechts befand sich eine Anzahl gewaltiger Tonkrüge, einige hellglänzend, andere weißlich von Hefeüberresten.

Es war noch dunkel. Man konnte kaum mehr erkennen als die lustig tanzenden Flammen. Irgendwo im Schatten schnarchten Guissos Frauen und Kinder. Doch hörte das auf, sobald das Wahrsagen begann. Der Haupteingang zu dieser riesigen Zangala sah wie ein großes Dreieck aus, der untere Teil gut einen halben Meter breiter als die Spitze. Er reichte vom Boden bis zur Decke und wurde niemals geschlossen.

Ich warf einen Blick auf Guisso, der wie in Trance gar nicht mehr bei uns war. In seinem Körper schien er alle seit Erschaffung der Welt vergangenen Jahre mit sich herumzuschleppen, Jahre, die unablässig an ihm zehrten. Er opferte sich völlig für sein Volk, weshalb er immer müde wirkte.

Mit seinen dünnen, knochigen Beinen, die jetzt seltsam unter dem Rumpf verschlungen waren, sah er wie die Materialisation einer unirdischen Kraft aus. Sein Körper roch nach Tod, doch das Licht in den Augen war ungeheuer lebendig. Er war die personifizierte Spiritualität, ein Mann der Natur und des Planeten Erde mit ungeteilter Hingabe an seine Aufgabe.

»Die Kontomon, die Geister, weckten mich mitten in der Nacht und befahlen mir, wach zu bleiben«, begann Guisso nach langem Schweigen. »Ich bestand darauf, sie sollten mir sagen, warum, aber sie sind unglaublich stur, sie weigerten sich.«

Es war das erstemal, daß er sprach, seit wir den Raum betreten hatten. Die ganze Zeit hatte er mit Muscheln und Medizinobjekten hantiert, drehte sie hin und her, legte einige dicht neben sich, andere weiter weg. Von Zeit zu Zeit stieß er ein unzufriedenes Grunzen aus. Ich beobachtete ihn mit wachsendem Interesse.

Diese Medizingegenstände waren meistenteils Dinge, die jemand, der nicht Bescheid wußte, glatt übersehen hätte. Sie sahen einfach zu natürlich, zu trivial aus, um Aufmerksamkeit zu erregen. Was konnte schon ein alter Knochen oder ein Stein, den man überall finden konnte, groß bedeuten?

Es gab Knochen, Steine und zerbrochene Metallstücke – Reste von Blechkannen, kaputte Fahrradteile und weitere unidentifizierbare Metallteile, manche winzig, andere etwas größer, doch alle geheimnisumwittert. Für den alten Mann steckte die Kraft gerade im Trivialen, im scheinbar Schwachen und Wertlosen.

Als seine Instrumente schließlich an Ort und Stelle lagen, ergriff Guisso ein altes Holzstück in Form eines V, die rechte Seite halb so lang wie die linke. Er hob es in die Höhe, starrte wie träumend vor sich hin und legte den Stock dann auf eine runde Holzplatte, nicht größer als ein Teller, deren Untersatz im Fußboden eingegraben war.

Er und mein Vater saßen einander gegenüber. Guisso brummte wieder, nieste laut, räusperte sich, wandte das Gesicht zur Eingangstür und spuckte etwas aus, das durch die Tür in den Hof flog. Endlich begann er zu sprechen.

»Die Geister benehmen sich immer so. Es kümmert sie nicht, ob wir müde sind oder nicht.«

Mein Vater murmelte zustimmend und sagte: »Sie sollten das in Zukunft berücksichtigen, wenn sie dir etwas auftragen.«

Diese Bemerkung veranlaßte Guisso, noch mehr zu klagen. »Ich gehöre nicht mehr mir selbst – ich wünschte, es wäre anders! Aber es ist lange her, seit ich das letztemal an mich selbst denken konnte.«

Vater hatte offenbar nicht viel dazu zu sagen. Er stieß nur ein bestätigendes »Uun« hervor.

In der linken Hand hielt nun Guisso seine Geisterglocke. Es war ein einfaches Stück Metall, geschmiedet in Form eines Bechers und mit einem Klöppel in der Mitte. Die Glocke klang, wie wenn sie unter Wasser geläutet würde. In der rechten hatte Guisso einen Kürbis, ein Tierschwanz war daran festgebunden. Der Kürbis enthielt Perlen und Steine.

Plötzlich schüttelte Guisso das alles mit einer Kraft, die ich ihm gar nicht zugetraut hätte. Er sprach mit klarer und mächtiger Stimme in einer mir unbekannten Sprache, die aber jede Zelle meines Körpers in Erregung versetzte.

Guisso schwitzte. Er wand sich in Konvulsionen und sah aus, als schwebe er zwischen seinem Sitz und der Decke. Man hätte schwören können, eine fremde Kraft hatte von ihm Besitz ergriffen. Weit vorgebeugt, die Augen starr auf das Stück Holz gerichtet, sprach er, als hätte er eine ungeheure Menschenmenge als Zuhörer. Die Rassel und die Glocke waren so laut, daß sie seine Stimme fast übertönten.

Nun war es zu Ende. Guisso war schweißgebadet. Er legte Glocke und Kürbis nieder und ergriff den V-förmigen Stock, um zweimal mit ihm auf die Holzplatte zu schlagen. Vater rückte näher heran, hob die Hände und sprach ebenfalls ein Bittgebet, dann umfaßte er den Stock unterhalb der Stelle, wo ihn Guisso hielt. Kaum hatte er den Stock berührt, als dieser sich samt den Händen der beiden Männer in die Luft erhob, einen dreifachen Kreis beschrieb und dann mit einem scharfen Knall auf die Holzplatte schlug. Der Dialog mit der anderen Welt hatte begonnen.

Wieder stieg der Stock empor und klopfte dann wie wild auf die Holzplatte, bis Guisso etwas sagte, was wie ein Befehl aufzuhören klang. Die Hände der beiden Männer waren offensichtlich nicht in der Lage, die unvorhersehbaren Bewegungen des Stockes zu steuern, obwohl sie ihn mit aller Kraft festhielten. Auf jedes Wort, das aus Guissos Kehle drang, folgte eine Bewegung des Stockes.

Wieder erhob sich der Stock und landete diesmal auf Guissos Medizinobjekten. Suchend tastete er eine Weile umher und deutete schließlich auf ein trockenes Hühnerbein. Guisso ergriff es und legte es zur Seite. Er rief: »Lauf!« Von neuem stieg der Stock in die Höhe und stürzte sich auf etwas, was wie eine Patronenhülse aussah. Sodann deutete er nacheinander auf eine Hühnerfeder, eine Schachtel aus Metall, einen Stein und viele andere Dinge. Jedesmal nahm sie Guisso und legte sie beiseite. Endlich stand der Stock aufrecht auf dem Fußboden und regte sich nicht mehr, auch nicht auf Guissos Befehl.

»Ist das alles?« fragte Guisso. Der Stock erhob sich in die Luft und schlug zweimal auf die Holzplatte. Inzwischen wußte ich, daß das »ja« bedeutete. Es war nicht schwer gewesen, das herauszukriegen. Denn jedesmal, wenn der Stock auf dem Boden tanzte, statt auf die Holzplatte zu schlagen, entstand in der Atmosphäre eine Art Unsicherheit und jedesmal, wenn er zweimal auf die Holzplatte schlug, Freude und Zufriedenheit. Guisso wiederholte seine Frage noch fünfmal. Jedesmal antwortete der Stock auf dieselbe Weise.

Guisso war nun überzeugt, ergriff den ersten Gegenstand und fuhr mit der Befragung fort. Stundenlang ging das Wahrsagen mit immer wachsender Intensität weiter. Es fiel mir schwer, immer voll dabei zu sein, denn ich verstand nicht alles. Die fehlenden Sprachkenntnisse verhinderten, daß meine Neugierde befriedigt wurde. Als die Sitzung vorüber war, war es heller Tag. Wir begaben uns in einen anderen Raum neben der Zangala. Dieser Raum sah wie ein geheimes Medizinzimmer aus und war noch so dunkel wie eine Wolkennacht. Guisso bespritzte mich mit Wasser aus einem Tonkrug. Das Wasser stank furchtbar. Erst später fand ich heraus, daß in dem Dorf jede gute Medizin so schlecht riecht wie die andere Welt.

Den übrigen Tag verbrachten wir damit, eine unglaubliche Menge Hühner in einem Heiligtum zu opfern. Einige der toten Hühner warfen wir in eine Schüssel, andere wurden mit verschiedenen Wurzelmischungen und schwarzer Medizin gekocht. Am Nachmittag nahmen wir eine Mahlzeit. Das Hühnerfleisch war dermaßen mit Medizin angereichert, daß es mir nicht schmeckte – vom Seminar her war ich an einfache Nahrung gewöhnt. Guissos Familie schloß sich uns an, und jeder außer mir aß mit großem Appetit.

Gegen Abend gingen wir erneut in den Medizinraum, und Guisso salbte mich, unaufhörlich redend, mit verschiedenen Flüssigkeiten. Auch schnitt er mir einmal in den Arm und rieb etwas unerträglich Brennendes in die Wunde. Dies alles war Teil eines Schutzrituals, und ich ertrug es stoisch. Als wir nach Hause zurückkamen, war bereits Nacht.

In den darauffolgenden Tagen hatte ich das Gefühl, als vollziehe sich eine Wandlung in mir. Es war, als hätte ich ein Mittel gegen Seelenschmerz eingenommen. Ich war nicht mehr so reizbar wie früher und träumte nachts nicht vom Seminar, sondern von meinem Ritual bei Guisso. Mein Leben teilte ich jetzt einerseits mit meiner Mutter und meiner Schwester, andererseits mit Guisso – meinem Muttermann – und Nyangoli – meinem Schwestermann. Ohne sie hätte ich jetzt nicht mehr leben können. Ich begann jetzt auch mit dem langen Prozeß der Schuldvergebung. Aufgrund der Pflege, die mir meine Mutter angedeihen ließ, verzieh ich ihr vieles. Mit meiner Schwester übte ich Dagara, an das ich mich jetzt im Lauf einiger Monate wieder erinnerte. Auch hielt sie mich über die Vorgänge im Dorf auf dem laufenden, wenn Nyangoli nicht da war. Sie erzählte mir, der Dorfrat sei mehrere Male zusammengetreten, um meinen Fall zu besprechen. Man habe Leute beauftragt, eine Orakelsitzung zu veranstalten, um das Böse, das gegen mich arbeitete, abzuwehren.

Trotz der Liebe und Sorge ringsum empfand ich mein Leben doch noch nicht als in Ordnung. Im Lauf der Wochen bemerkte ich, daß jeden Tag frühmorgens Älteste in unser Haus kamen, Zeremonien, einschließlich Opferungen, vollzogen und wieder verschwanden. Jedesmal war auch Guisso dabei, doch meist schwieg er mir gegenüber. Ich hing nun sehr an ihm, wie an meiner eigenen Mutter. Immer wenn sich Dorfbewohner meinetwegen trafen oder etwas für mich taten, berichtete mir meine Schwester darüber.

»Und warum erzählen sie es mir nicht selbst?« fragte ich ärgerlich.

»Weil sie es nicht dürfen«, gab meine Schwester ruhig zurück. Meine Heimkehr hatte eine Krise in der Dorfgemeinschaft ausgelöst, insbesondere in meiner Familie. Unter den sich laufend verändernden politischen und wirtschaftlichen Verhältnissen waren Heimkehrer in den etwa dreißig Dörfern des Bezirks Dano keine Seltenheit mehr. Aber die meisten anderen Heimkehrer hatten nicht wie ich eine einschneidende Veränderung erfahren. Es waren Männer, die man zu Kolonialprojekten herangezogen hatte, wie Eisenbahnbau, Goldbergbau oder Plantagenarbeit. Am Anfang waren sie den strengen Regeln der Zwangsarbeit unterworfen gewesen, doch mit der Unabhängigkeit wurde alles anders. Jetzt mußten sie für ihre Arbeit bezahlt werden und fühlten sich nicht mehr als Sklaven. Neue Gewohnheiten bildeten sich heraus. Arbeiter wohnten auswärts, konnten aber zu ihren Dörfern zurückkehren, wann sie wollten. Doch ich hatte mir etwas anderes und unendlich Gefährlicheres erworben: Bildung. Ich war als gebildeter Mann zurückgekehrt – nicht als ein Bauer, der für den weißen Mann gearbeitet hatte, sondern selbst als »Weißer Mann«.

Mit einem Wort: Ich hatte mich so verändert, daß ich nicht mehr ins Dorfleben paßte. Man mußte diesen Wandel irgendwie in den Griff bekommen, sonst konnte das Dorf mich nicht mehr akzeptieren. Die Leute begriffen meine Ausbildung als ein Produkt der Welt der Weißen, die keiner Stammeskultur angehörten. Noch schlimmer, für sie war Ausbildung die Austreibung einer Seele aus ihrem Körper – ein anderer Geist nahm von dem Körper Besitz. War nicht der weiße Mann im Dorf für seine Brutalität und seinen Mangel an Moral und Integrität bekannt? Nahm er nicht, ohne zu fragen, und tötete rücksichtslos? Für meinen Stamm bedeutete, gebildet zu sein, von diesem Teufel der Brutalität besessen zu sein. Ein bißchen Wissen schadete nichts, aber die Fähigkeit zu lesen, die ungeheuer magisch wirkte, erschien den Ältesten gefährlich. Sie machte aus dem Gebildeten den Überträger einer ansteckenden Krankheit. Lesen zu können bedeutete, sich fremder Magie zu bedienen, die Verderben über den Stamm brachte. Ich mochte nützlich sein, aber gerade dieser Nutzen führte in den Abgrund.

Als die Leute erfuhren, daß ich schreiben konnte, kamen sie zu mir, um meine Dienste in Anspruch zu nehmen. Sie wollten Briefe an ihre Verwandten in Abidjan oder Bouaké an der Elfenbeinküste, in Kumasi oder in Accra und Sakoundé in Ghana geschrieben haben. Während ich schrieb, sahen sie zu, die Augen wie magnetisch vom Papier angezogen, als ob ich ein Wundertäter wäre. Bald breitete sich mein Ruf aus, und es kamen immer mehr Leute. Sehr schnell wurde mir klar, daß ich mich hier als Vermittler, als Dolmetscher, als eine Art Transmissionsriemen zwischen den Menschen nützlich machen konnte. Sie beobachteten, wie das, was sie mich zu schreiben baten, auf dem blanken Blatt Papier Gestalt annahm, und waren bestürzt, wenn ich es ihnen in schlechtem Dagara wieder vorlas.

Inzwischen hatte das Wahrsagen dem Dorfrat enthüllt, daß ich ebensogut wie der weiße Mann selbst lesen und schreiben konnte. Ja, es ging schon das Gerücht, ich könne mehr als der weiße Mann. Das bereitete den Ältesten, denen mein Vater über meinen Zorn und inneren Aufruhr berichtet hatte, zusätzliches Kopfzerbrechen. Ich erfuhr niemals, was sonst noch im Dorf zirkulierte, nur daß man mich und mein Wissen als ernste Bedrohung empfand.

Angstvoll machte mir meine Schwester ständig Vorwürfe, ich wisse zuviel. Sie fragte mich sogar, ob ich nicht einiges vergessen könnte, um Schwierigkeiten aus dem Weg zu gehen. Sie konnte nicht verstehen, daß Wissen einer bestimmten Art nicht mehr rückgängig zu machen ist. Manchmal, wenn Leute kamen und mich baten, ihnen einen Brief zu schreiben, flehte sie mich an, ich sollte ihnen sagen, ich hätte zu schreiben verlernt oder zumindest einen Großteil vergessen. Als ich ablehnte, drängte sie mich, doch wenigstens langsamer zu schreiben und häufiger Denkpausen zu machen. Dadurch würde ich den Eindruck erwecken, ich wüßte nicht ganz so viel, wie man allgemein annahm.

Daß ich Dagara erlernte, tat dieser Einstellung des Dorfes keinen Abbruch. In sechs Monaten konnte ich ziemlich gut sprechen, d. h. etwas besser, als meine Schwester Französisch sprach. In der Zwischenzeit waren Vater und ich übereingekommen, die Austragung unseres Konfliktes aufzuschieben, bis wir uns direkt verständigen konnten. Was blieb mir schon anderes übrig? Auf jeden Fall trug dieser Aufschub dazu bei, daß mein Zorn etwas verrauchte und ich viele meiner anfänglich so heftigen Gefühle vergaß. Je mehr ich mich auf das Erlernen meiner Muttersprache konzentrierte, desto mehr schrumpfte die Distanz zwischen mir und meiner Familie.

Ich erinnere mich noch gut an den Tag, als ich meinen Vater zum erstenmal auf Dagara begrüßte. Er war gerade auf seinem Fahrrad von einer Besorgung heimgekommen. Tief bewegt stürzte er auf mich zu und umarmte mich. Er strahlte vor Freude – sein Sohn hatte in der Sprache der Vorfahren mit ihm gesprochen! Dies geschah zwölf Tage nach meiner Ankunft. An diesem Tag war ich in bester Stimmung gewesen, aber jetzt mußte ich hemmungslos weinen. Ein Vater war glücklich, weil sein zwanzigjähriger Sohn endlich gelernt hatte, seine Muttersprache zu sprechen! Wie hatte es so weit kommen können! Vater dachte, ich weinte vor Freude und wollte darauf eingehen. Doch schnell merkte er, daß es ganz anders war und er sich zu früh gefreut hatte. Es ist zwar in meiner Kultur für Männer gefährlich, außerhalb einer Begräbniszeremonie zu weinen, doch für mich galt das nicht. Ich war noch nicht eingeweiht, war also noch kein wirklicher Mann.

An jenem Abend bat mich mein Vater, ihm in einen dunklen Medizinraum zu folgen. Er kniete nieder, ich tat es ihm nach. Dann begann er eine lange Rede vor dem Heiligtum der Vorfahren. Ich verstand nicht viel davon, doch schien es mir, als spreche er Dankesworte. Es war seit meinem Verlassen des Seminars das erstemal, daß ich vor dem Heiligtum erschien. Nach der Zeremonie im Medizinraum fragte ich mich, ob Vater vielleicht vor den Vorfahren ein Gelübde abgelegt hatte. Vielleicht hatte er sich zu etwas verpflichtet, damit sich unsere Beziehung bessere. Und möglicherweise schloß er aus unserer Unterhaltung am Nachmittag, daß dieses Gelübde wirkte. Zu diesem Zeitpunkt konnte ich immer nur raten, was um mich her vor sich ging, und oft erfüllten mich solche Spekulationen mit Schmerz.

Was auch immer mein Vater unternahm, um die Kluft zwischen uns zu überbrücken: Nie fühlte ich mich ihm nahe. Ich konnte nur Kälte ihm gegenüber empfinden. Er war ein wenig herzlicher, aber im ganzen war das Verhältnis getrübt. Ich wollte endlich Klarheit, und er wollte mir auf der geistigen Ebene irgend etwas beweisen. Immer wenn ihm der Zeitpunkt geeignet erschien, nahm er mich für ein kurzes Ritual mit Wasser und Asche zum Ahnenheiligtum mit. Als er mich an jenem Abend bat, ihm in den Medizinraum zu folgen, wußte ich, daß unsere Beziehung einen Schritt weiter gekommen war. Aber worin dieser Schritt bestand, das wußte ich nicht. Irgend etwas hatte sich zwischen uns geändert. Erst die Zukunft würde zeigen, worum es sich handelte.

Wiedereingewöhnung

Die kalte Jahreszeit von November bis Januar war vorbei. Die Tage der Hitze waren gekommen. Im April wurde es naß, der Regen strömte. Die Felder wurden zur Aussaat vorbereitet, und die Luft roch schwül wie ein Ei vor dem Ausschlüpfen des Kükens. Jeden Morgen folgte ich meinen Brüdern auf die Felder und beobachtete sie bei der Arbeit. Ich mußte mir sagen, daß ihre Kenntnisse in der Feldbestellung den meinigen, die auf einem anderen Gebiet lagen, ebenbürtig waren. Anfangs hatte ich versucht, ihnen zu helfen, stellte mich aber so ungeschickt an, daß ich sie eher behinderte. Deshalb meinte mein Vater, ich solle lieber erst beobachten und lernen, wie man es machte.

Bevor man aussäen kann, bedarf es einer Aussaatzeremonie. Sie begann mit einem gemeinsamen Ritual im Haus des Häuptlings des Erdheiligtums. Jeder Haushaltsvorstand brachte dem Priester ein paar Mustersamen. Bei uns waren es rote Hirse, weiße Hirse, Mais, Erdnüsse, Bohnen und besondere Getreidesamen, die mein Vater nicht beim Namen nannte, weil ein Name sie getötet hätte. Bei den Dagara gibt es Dinge, die man nicht an sich schätzt, sondern wegen ihrer Wirkungen. Und die Dagara vermeiden es peinlich, sie beim Namen zu nennen, um sicherzustellen, daß ihre magischen Kräfte nicht verlorengehen. Im Dorf fällt all dies unter den Begriff »Yélé« oder »Bomo«.

Die Samen, die mein Vater nicht benannte, waren magische Samen. Sie sollten nicht zu Pflanzen heranwachsen, sondern standen zu den ausgesäten Samen in einer Beziehung wie der Schäfer zu seinen Schafen. Vater sagte, Großvater habe sie immer in seinem Medizinraum gehabt und sei mit ihrer Hilfe fähig gewesen, alles, was auf der Farm vor sich ging, zu beobachten. Auch einen Lehmtopf mit

Wasser benutzte Großvater als Überwachungsinstrument. Mein Vater hingegen weiß nicht, wie er mit diesem Topf umgehen soll. Er schreibt das seiner schlechten Beziehung zu seinem eigenen Vater zu, eine Folge des Umstands, daß er nicht das Vorrecht genossen hatte, mit seinem Großvater Umgang zu pflegen. Mein Vater hatte auch das Geheimnis der namenlosen Samen verloren, die wußten, wann etwas mit den Ackerpflanzen nicht in Ordnung war. Vater besaß überdies keinen Medizinraum wie Großvater. Viel Wissen war mit Großvaters Tod verlorengegangen, aber trotz dieser Unvollständigkeit wurde die Überlieferung weitergegeben. Kolonialismus und Christentum waren verantwortlich für diese Diskontinuität der Stammestraditionen. Hätte Vater während all dieser Jahre die Religion seiner Vorfahren nicht abgelehnt, hätte ihm Großvater weit mehr alte Traditionen vermitteln können.

Zu Beginn der Aussaatzeremonie nahm der Priester des Erdheiligtums einen Samen aus jedem Korb und legte ihn dem Geist des Erdheiligtums in den Schoß. Am nächsten Tag vollzogen die Dorfbewohner, im allgemeinen Männer, ein ähnliches Ritual auf ihren Feldern, in Gegenwart ihrer ganzen Familie. Und auf dieses Ritual folgte dann die wirkliche Aussaat der Feldfrucht.

Um eine Frucht zu säen, bückt sich der Säende, meist eine Frau, und gräbt mit einer Hacke, die sie in der Rechten hält, ein kleines Loch. Dort hinein legt sie mehrere Körner, die sie zwischen Daumen und Zeigefinger der linken Hand hält. Hierauf wird das Loch wieder zugeschüttet. Die ganze Handlung dauert einige Sekunden. Die rechte Hand gräbt, die linke streut Samen aus, die rechte Hand schüttet das Loch wieder zu. Regnet es in der Nacht, gehen die Samen auf, falls nicht, kommen die Vögel und scharren sie heraus, sobald die Felder verlassen sind. Vögel riechen auch unter der Erde vergrabene Samen. Außerdem schauen sie den Leuten tagsüber bei der Aussaat zu, und passen den richtigen Augenblick ab.

Von Anfang Mai bis Mitte August begaben wir uns jeden Morgen auf die Felder und arbeiteten bis spätnachmittag im Schweiße unseres Angesichts. Manchmal brachte uns meine Mutter das Mittagessen, bevor die Sonne im Zenit stand, und wir aßen schweigend, wie es bei den Dagara Sitte ist. Nach der Mahlzeit ruhten wir nicht. Es fiel mir sehr schwer, mit vollem Bauch nach dem Mittagessen zu arbeiten. Im Seminar pflegten wir einen langen Mittagsschlaf zu machen, und mit Gewohnheiten, guten oder schlechten, bricht man nicht so leicht. Abends war ich immer so erschöpft, daß ich mich nur noch waschen und essen konnte, um dann müde ins Bett zu fallen.

Meine Brüder waren nach dem Abendessen immer noch putzmunter, saßen im Anwesen und erzählten sich Geschichten oder gaben sich Rätsel auf, bis sie einschliefen. Die Regenzeit ist anstrengend, aber noch anstrengender für jemanden, der körperlich nicht mehr an das Stammesleben gewöhnt ist. Mein Leben im Seminar war bequemer gewesen, ruhiger. Es stellte weit weniger Anforderungen an die Physis, selbst beim Sport. Dagegen ist das Stammesleben eine ständige physische Herausforderung. Man pflügt die Erde mit den bloßen Händen, rennt auf der Jagd bis zur Erschöpfung einer Antilope hinterher, schleppt riesige Holzbündel zum Feuerplatz. Unaufhörlich ist der Körper beansprucht. Kein Wunder, daß mein Volk keine Gewichtsprobleme hat. Jeder verbrennt unzählige Kalorien pro Tag, weshalb die Nahrung auch nie zu reichen scheint. Meine jüngeren Brüder benahmen sich immer so, als ob sie am Verhungern wären. Sie schlangen enorme Mengen hinunter und schnüffelten doch immer noch herum, als ob sie keinen Bissen gegessen hätten. Guillaume sagte mir einmal, er wisse gar nicht, was satt sein ist. Er höre nur auf zu essen, weil nichts mehr da sei.

Wenn meine Mutter kochte, servierte sie immer zweimal, einmal für die Männer und einmal für die Frauen. Vater hatte den Vorsitz bei den Männermahlzeiten, Mutter bei den Frauenmahlzeiten. Wir saßen im Kreis um die Schüssel, die Erwachsenen auf Hockern, die Jüngeren auf dem angewinkelten linken Bein. Die Abendmahlzeit, etwa um 10.00 Uhr eingenommen, war die wichtigste. Dabei kam die ganze Familie zusammen, einschließlich Besuchern, da bei den Dagara traditionsgemäß keinem Gast Nahrung verweigert wird.

Das Abendessen begann mit der Handwaschzeremonie. Zuerst kam der männliche Vorsitzende, danach der nächstälteste und so fort, bis sich der Jüngste gewaschen hatte. Der erste Bissen wurde immer dem Geist des Erdheiligtums geweiht. Man nennt ihn den Reinigungsbissen. Auf diese Zeremonie verzichtete mein Vater niemals. Er nahm ein Stück Kuchen, tauchte es in die Soße, murmelte kurz ein paar Worte und warf das Stück achtlos weg, als ob es ihm nicht schmeckte. Aber dem Hund schmeckte es – mochte es auch nicht für ihn, sondern für den Geist des Erdheiligtums bestimmt sein. Manchmal schnappte er es noch in der Luft auf und ließ es im Rachen verschwinden, als wäre ihm ganz gleich, wie es schmeckte.

Dann bereitete mein Vater, der so tat, als hätte er davon nichts bemerkt, einen zweiten Bissen für sich selbst. Seine Portion war größer. Er steckte alles auf einmal in den Mund, schob den Bissen einige Male hin und her und schluckte ihn mit gesenktem Kopf hinunter. Das war das Zeichen, daß die Mahlzeit »sauber« war. Jetzt flogen sieben Hände auf die Schüsseln zu und griffen herzhaft hinein. Man genoß das Mahl in Schweigen. Bei den Dagara gibt es keinen Teller für jeden extra, weil in einer wirklichen Gemeinschaft eigene Teller nur Eigenbrötelei verursachen. Von den älteren erwartete man, daß sie als erste fertig waren und den jüngeren den Rest überließen. Jeder, der rülpst, muß sofort aufhören, weil er damit zu erkennen gibt, daß er randvoll ist.

Mit den Fingern zu essen, ist eine reizvolle Kunst. Man muß nach jedem Bissen seine Finger einzeln abschlecken.

Erst kommt der vordere Teil aller vier Finger dran, dann der Rücken und schließlich der Daumen. Am Schluß muß die ganze Hand in den Mund gesteckt und sorgfältig abgelutscht werden. Der Vorsitzende der Mahlzeit ist verpflichtet, darüber zu wachen, daß diese Regeln genau befolgt werden. Infolgedessen hört man während einer Mahlzeit nur die Stimme des Vorsitzenden, der schlechte Essensgewohnheiten, meist beim Fingerabschlecken, tadelt. Sehr hungrige Kinder nehmen sich oft nicht die Zeit, ihre Finger sauber abzuschlecken. Es muß also jemand da sein, der ihnen gute Tischmanieren beibringt.

Im Seminar gab es zwar Löffel, Gabeln und Messer, aber wir durften auch immer mit den Fingern essen. Nur wenn ein Priester dabei war, verwies er es uns schweigend. So war das einzige aus meiner Kindheit, was ich nicht vergaß, das Essen mit den Fingern. Ich legte im Seminar auch immer Wert darauf, weil ich so meiner Meinung nach mit der Stammesüberlieferung in Berührung blieb.

Meine Brüder waren wahre Meister beim Essen mit den Händen. Wenn sie sich, um die riesige Schüssel herumsitzend, eifrig dem Essensritual widmeten, war es, wie wenn sie an einem Kunstwerk arbeiteten. Die Geschicklichkeit, mit der sie die Bissen, fest oder flüssig, zum Mund führten, hatte etwas Religiöses an sich, als wäre die Nahrung etwas Lebendiges und brächte jenen, die ihrer bedurften, Leben. Der Umstand, daß man gemeinsam ißt, trägt sehr zum rituellen Charakter der Mahlzeiten bei.

Ich brauchte eine Weile, bis ich mich daran gewöhnte, daß man aus einer gemeinsamen Schüssel aß. Im Seminar hatte ich einen eigenen Teller und Besteck gehabt, und so war es mir ziemlich unangenehm, an einem Essen teilzunehmen, das trotz der feinen, kunstvollen, genau gezielten Bewegungen der Speisenden im Grunde doch eine Art wilder Wettbewerb war. Die Geschwindigkeit, mit der meine Brüder aßen, verblüffte mich und erstickte jeden Versuch mitzuhalten im Keim.

Am Anfang ließ ich mir Zeit und dachte nicht daran, daß ich zu wenig kriegen könnte. Deshalb wurde ich niemals richtig satt. Zuerst schwieg ich, aber meine Mutter bemerkte es und griff diskret ein. Sie brachte mir immer einen Extrateller auf mein Zimmer, bevor sie schlafen ging. Eines Abends fragte ich sie nach dem Grund dafür.

Nach einigem Zögern antwortete sie: »Ich glaube, ich werde es niemals verwinden, daß ich fünfzehn Jahre ohne dich sein mußte.«

»Aber ich habe keinen Hunger. Ich esse doch mit allen anderen.«

»Das brauchst du mir nicht zu sagen. Ich bin deine Mutter.«

»Seit wann bist du meine Mutter?«

Da brach sie in Tränen aus. Sie tat mir sehr leid. Aber meine Bosheit machte mir bewußt, daß ich ihr noch nicht ganz verziehen hatte. Ich kam mir grausam und undankbar vor, doch etwas hielt mich zurück, mich zu entschuldigen. Gierte mein verwundetes Ich noch immer danach, sich von den Gefühlen anderer zu ernähren?

Mutter verteidigte sich. »Als wir feststellten, daß du weg warst, weinte ich monatelang ununterbrochen. Ich hatte einen Riesenkrach mit deinem Vater und verlangte von ihm, dich zu suchen und wieder zurückzubringen. Und er ging auch mehrere Male weg, manchmal einige Tage lang, bevor er doch wieder mit leeren Händen zurückkam.«

»Wohin ging er da? Ich war doch nur auf dem Hügel! Da konnte er mich doch gar nicht verfehlen!«

»Ich wußte, und auch er wußte sehr gut, wo du warst. Der Priester, der Priester... diese Priester! Vater suchte dich eben gegen den Willen des fremden Gottes, aber wir kämpften trotzdem. Natürlich war das zwecklos. Der Priester sagte immer, nur Gott könnte dich freigeben, vorausgesetzt, er überlegte es sich überhaupt anders. In der Zwischenzeit würde es Gott auf keinen Fall zulassen, daß sich jemand einmische. Also betete dein Vater um deine

Freilassung, und ich weinte um sie. Ich konnte nicht beten. Ich war zu wütend auf Gott. Glaub mir, es war ein Alptraum.«

Nach Auffassung meiner Mutter war ich also ein Opfer des Willens Gottes. Welch ein Gedanke! Ironisch fragte ich sie: »Gut, vielleicht war es Gottes Wille, daß man mich kidnappte. Aber wessen Gott? Du glaubtest daran, daß der Priester auf dem Hügel die Macht besaß, den Willen Gottes zu erkennen, zu erkennen, was Gott glücklich und wütend machte oder gleichgültig ließ? Eine seltsame Macht fürwahr!«

Das meiste hatte ich auf Französisch gesagt. Obwohl ich jetzt schon fast neun Monate zuhause war, war mein Wortschatz noch nicht groß genug, um alles in gutem Dagara zu sagen. Da ich meine Sprache schon so früh verloren und unter furchtbarem Druck eine andere hatte lernen müssen, konnte ich mich auf Dagara niemals mehr so flüssig wie auf Französisch oder Englisch unterhalten. Ich kann nicht einmal in meiner Muttersprache denken und tat es auch niemals, soweit ich mich zurückerinnere.

Aber trotz meiner Sprachschwierigkeiten verstand mich meine Mutter. »Hast du viel gelitten?« fragte sie, von Schluchzen geschüttelt.

»Den Wegen Gottes zu folgen, bringt immer Leid und Schmerz. Aber ich war nicht allein, und das machte es mir leichter.«

»Wie war es dort?«

»Wo? Auf dem Missionshügel? Du weißt doch, wie es auf dem Missionshügel ist. Das Seminar ist ganz genauso, nur viele Male größer, ein Haus nach dem anderen. Es ist ein ganzes Dorf. Wir lebten dort wie ein Stamm. Unsere Ältesten waren Weiße. Ihre Vorfahren lebten weit weg in Europa. All unsere Zeit verbrachten wir damit, Bekanntschaft mit ihnen zu schließen.«

»Mochtest du die weißen Männer dort?«

»Ich mochte den Gott, den ich dort für mich entdeckte.

Den Gott, an den ich glauben sollte, mochte ich nicht. Einige Vorfahren aus der Geschichte des weißen Mannes respektierte ich durchaus, aber ich mochte nicht, daß man sie als meine Vorfahren bezeichnete, und noch weniger gefiel mir, daß meine eigenen Ahnen niemals erwähnt wurden.«

»Natürlich. Man kann unmöglich die Vorfahren eines Volkes lieben, das nimmt, ohne zu fragen, und im Namen seines Gottes Wunden zufügt. Ich hasse es, so zu sprechen, aber du bist mein Sohn.«

»Großvater war bei mir, während ich dort lebte. Er hat mir geholfen, es durchzustehen.«

»Dein Großvater Bakhye?«

»Ja, er war immer da, bei allen einschneidenden Erlebnissen. Ich weiß nicht, ob dies der entscheidende Punkt war, aber er hielt mich in Kontakt mit meinen Ahnen.«

»Wie machte er das?«

»Manchmal erschien er mir im Traum. Manchmal brauchte ich gar nicht erst einzuschlafen. Wenn ich vor Sehnsucht nach Schlaf brannte, weil ich auf eine Absurdität, die mir vorgesetzt wurde, keine Antwort wußte, kam mir Großvater immer von selbst in den Sinn.«

Mutter schaute etwas verwundert drein, aber ich wußte, sie verstand mich. Es war ja mein Großvater gewesen, der als erster gesehen hatte, was ich später würde durchmachen müssen, und er verstand auch, es war Teil der Last, »Malidoma« zu sein – der Last des Mannes, der seinen Feinden Freund sein muß.

»Eines Tages solltest du deinem Vater davon erzählen. Ich bin sicher, er würde es gerne hören. Und bitte, laß mich dir Essen bringen. Ich weiß, du bist erwachsen, du solltest schon verheiratet sein. Aber bitte, laß mich die fünfzehn Jahre, die du nicht bei mir warst, nachholen. Ich bin eine Mutter. Darf ich dich in mich einschließen?«

»Gut, ich werde essen. Aber ich bin auch müde.«

»Also iß und schlaf dann!«

Ich hatte jetzt das Gefühl, eine Brücke verband Mutter und mich. Soeben war sie errichtet worden – aber vielleicht war sie auch schon vorher dagewesen.

Der August ist in den Tropen ein feuchter Monat. Aber der Überfluß an Regen gilt als nichts Schlechtes. Es ist auch der Monat, wo die Hirse schneller wächst und die Feldarbeit nicht mehr so anstrengend ist. Man fängt jetzt an, von der Ernte zu sprechen, und auch über »Baor«, was »Wissen« bedeutet, sich aber im Grunde auf die Initiation bezieht.

Eines Abends begab ich mich nach dem Essen in mein Zimmer, während die übrige Familie zusammensaß und sich Geschichten erzählte. Meine Mutter pflegte eine Schibaum-Öllampe in meinem Zimmer für mich brennen zu lassen. Ihr Licht war so schwach, daß man einen halben Meter herangehen mußte, um überhaupt etwas zu sehen. Aber es gab keine Möglichkeit, nachts mehr Licht zu machen, und niemand war auch darauf angewiesen. Ich besaß Licht, weil ich noch kein richtiger Bewohner des Dorfes war.

Denn bei den Dagara ist Dunkelheit etwas Heiliges. Es ist verboten, sie zu erhellen, denn Licht verscheucht den Geist. Unsere Nacht ist der Tag des Geistes, der Ahnen, die dann kommen und uns erzählen, was vor uns auf dem Lebensweg liegt. Nachts ein Licht anzuzünden hieße, keinen Wert auf diese wunderbare Gelegenheit zu legen, den Weg gezeigt zu bekommen. Eine solche Einstellung wäre bei den Dagara unmöglich. Die einzige Ausnahme von der Regel ist ein Freudenfeuer. Es strahlt zwar mächtige Helligkeit aus, ist aber nicht verboten, weil immer auch Trommeln dabei sind, und das Dröhnen der Trommeln löscht das Licht aus.

Man erwartet von jedem Dorfbewohner, daß er lernt, wie man sich in der Dunkelheit verhält. Mir hatte man Licht gegeben, weil ich die Fähigkeit, mit der Dunkelheit umzugehen, verloren hatte. Jedesmal, wenn die Leute das schüchterne Licht der Schibaum-Öllampe in meinem Zimmer sahen, suchten sie eilig das Weite. Für sie bewies das Licht, daß hier ein Mensch mit den Elementen des Kosmos sein Spiel trieb. Kein junger Mann besuchte mich jemals nachts.

Diesen Abend, als Mutter die Lampe entzündet und mich verlassen hatte, kam mein Vater herein, so leise, daß ich ihn nicht eher bemerkte, als bis er sich räusperte, um seine Anwesenheit und seine Absicht zu sprechen zu bekunden. Auch ich räusperte mich nun. Aber ich hatte nichts zu sagen. Es war immer eine Art Unbehagen und Leere da, wenn ich mit Vater allein war. Ein Abgrund lag zwischen ihm und mir, und es sah so aus, als ob wir beide erst hineinspringen müßten, um herauszufinden, wie wir schicksalsmäßig ineinander verstrickt waren. Aber keiner von beiden wagte einen Anfang zu machen. Keiner von beiden wußte auch, wie er es anstellen sollte.

Vater wandte sich mit dem formellen Dagaragruß an mich, der etwas Ernstes ankündigt. Er sagte, er sei im Dorfrat gewesen und wolle mit mir darüber sprechen.

»Fand die Versammlung meinetwegen statt?« fragte ich.

»Ja. Und auch früher schon haben einige deinetwegen stattgefunden.«

»Ihr habt euch also meinetwegen getroffen, seit ich zurückgekommen bin?«

»Ja, natürlich! Nicht, weil du der erste bist, der ins Dorf heimgekehrt ist, sondern weil du als erster diese Art Wissen zu uns gebracht hat. Was du weißt, ist kein gewöhnliches Wissen. Es bedeutet, daß du den Baor des weißen Mannes in dir trägst. Sein Geist lebt jetzt in dir. In gewissem Sinne bist du noch gar nicht hier. Es ist, als wäre dein eigentliches Selbst noch woanders und suche immer noch den Weg nach Hause. Du sitzt hier vor mir, wie der Priester, der vor fünfzehn Jahren hierher kam und dich uns weggenommen hat. Deine Seele ist in seiner Hand. Und das ist es, worüber sich der Rat Gedanken gemacht hat.«

»Bin ich verantwortlich dafür, daß mir die Seele gestohlen wurde?«
»Du weißt, daß du es nicht bist. Niemand macht dir Vorwürfe, niemand ist dafür verantwortlich. Das Schicksal ist immer unerforschlich.«
»Dann wäre ich besser nicht nach Hause gekommen.«
»Das kannst du auch nicht sagen, denn du bist ein Werkzeug des Schicksals. Dein Name ist dein Schicksal. Niemand weiß, ob es richtig oder falsch war zurückzukommen. Aber deinem Schicksal entkommst du nicht.«
»Und warum interessiert man sich dann so für mich?«
»Das habe ich dir schon erklärt. Du trägst etwas in dir, etwas sehr Feines, etwas, was aus deiner Berührung mit den Weißen stammt – und jetzt möchtest du hier leben, wo einst deine Heimat war. Aber du kannst hier nicht leben, wie du bist, ohne daß du diesen Ort in das verwandelst, was du bist. Genau das hat ja der weiße Mann mit dem Land des schwarzen Mannes getan. Er konnte hier nicht leben, ohne daß er unsere Heimat nach seinen Bedürfnissen ummodelte. Die Menschen dieses Dorfes wissen alle sehr genau, daß die Wege des weißen Mannes Tod bedeuten. All diese Weißen, die hierherkamen und uns in Not stürzten, sind von den notleidenden Geistern ihrer Vorfahren besessen. Das liegt daran, daß die Menschen dort, woher die Weißen kommen, nicht trauern. Und da ihre Toten nicht in Frieden ruhen, können es auch die Lebenden nicht. Das ist entsetzlich. Diese Menschen sind innerlich leer. Wer im Inneren nichts besitzt, kann niemandem etwas bringen.

Du bist kein Weißer. Und da du hier geboren bist, muß man dafür sorgen, daß du zu diesem Ort paßt. Man muß dir ermöglichen, vollständig heimzukommen, bevor dein weißes Wesen das ganze Dorf verwandelt und zwingt, zu dir zu kommen. Wenn ein Mensch sich so verändert hat wie du, gibt es nur zwei Möglichkeiten: Entweder stirbst du in dein altes Wesen hinein – und das ist schmerzhaft –, oder du zwingst alles andere, in dich hineinzusterben. Die erste Möglichkeit ist menschlich, die zweite nicht. Im ersten Fall ist Weisheit am Werk, im zweiten Fall ist Furcht am Werk. Die Ältesten möchten dir Gelegenheit geben, dich an dein Dorf anzupassen, bevor du es dir anpaßt.«

»Was haben also die Ältesten vor?«

»Was sie wirklich denken, weiß ich nicht. Aber ich glaube, sie machen sich schwere Sorgen. Dein Wissen bindet dich an einen Ort, der uns nicht vertraut ist – und doch bist du hier. Eins unserer Probleme ist, ob es für dich möglich ist, hier und dort zugleich zu sein.«

Mit dem, was Vater sagte, konnte ich nichts anfangen. Ebensowenig wußte ich darauf zu antworten. Doch der Ernst in seiner Stimme sagte mir, für die Ältesten handelte es sich um eine Angelegenheit höchster Priorität. Aber was gingen mich ihre Sorgen an?

»Du hast gesagt, mein Wissen bindet mich an anderer Stelle. Und jetzt fragst du, ob ich an zwei Orten gleichzeitig sein kann. Aber war ich das nicht schon, seit ich dieses Anwesen hier verließ? Während ich weg war, habe ich ständig davon geträumt, wieder daheim zu sein, und jetzt sehe ich alles, was ich hier erlebe, unter dem Vorzeichen des Seminars. Ich kann nicht einfach vergessen, wie man liest und schreibt, und ich möchte nicht, daß man mir wegen allem, was hinter mir liegt, Vorwürfe macht.«

»Ich weiß, wie dir zumute ist, und ich versuche auch keineswegs, dich für dein Wissen zu bestrafen. Genausowenig macht dir der Rat Vorwürfe deiner Vergangenheit wegen. Einige der Ältesten betrachten deine Erlebnisse unter den Weißen sogar als gutes Omen. Sie haben gesehen, daß du lesen und schreiben kannst, aber sie möchten, daß du dir zum Wissen des weißen Mannes noch etwas hinzuerwirbst, so daß du hier wirklich leben kannst.

Das Problem, das du für uns bedeutest, betrifft keinen einzelnen, es betrifft eine ganze Gemeinschaft. Wir müssen versuchen, aus der Vergangenheit zu lernen. Alle haben wir unter dem weißen Mann gelitten, sei es in der Schule, sei es in der Kirche oder auf den Straßen, wo wir für ihn gearbeitet haben. Der Geist, der die Weißen umtreibt, ist von extremer Ruhelosigkeit – und sehr mächtig, wenn er diese Ruhelosigkeit verteidigen muß. Wohin er auch kommt, bringt er eine neue Ordnung mit, die Ordnung der Ruhelosigkeit. Fortwährend lebt er in Spannung und Unbehagen, das ist die einzige Art für ihn, zu existieren. Unsere Gemeinschaft hat lange gebraucht, bis wir das begriffen haben. Der weiße Mann ist nicht stark – er ist nur erschreckt. Er ist bleich vor Schrecken, sonst wäre er nicht weiß. Sein Schrecken verzehrt ihn, und er kämpft mit ihm um sein Leben. Solange er mit sich selbst nicht in Frieden lebt, wird er niemand anderen auf der weiten Welt in Frieden lassen. Die Ältesten wünschen nichts anderes, als den weißen Mann in deiner Seele zur Ruhe kommen zu lassen. Sie wissen noch nicht wie, aber sie möchten es versuchen.«

»Und was haben sie nun vor?«

»Baor – Initiation. Sie haben mich aufgefordert, dich zu fragen: Wärst du damit einverstanden, dich dieses Jahr dem Baor-Ritual zu unterziehen? Du würdest dadurch den Weg deiner Ahnen kennenlernen und höchstwahrscheinlich mehr mit uns zusammenwachsen, als es jetzt der Fall ist.«

»Habe ich eine Wahl?«

»Ich weiß nicht... Ich würde sagen ›nein‹, aber niemand weiß, was noch passiert. Soviel aber weiß ich: Wenn du Baor erlebst, kommt deine Seele wieder nach Hause, und du wirst aufhören, ein Fremder für dich und uns zu sein.«

Mit anderen Worten, nach Auffassung des Rates war ich noch gar nicht heimgekehrt. Ich kannte mich nicht und wußte nicht, wie tief der Riß war, der durch meine Seele ging. Aber die Ältesten waren sich auch der Kräfte bewußt, die in mir wirkten, und ihre Sorgen mündeten letztlich in den Wunsch, die Kräfte in mir zu befrieden, die mich nicht nach Hause kommen ließen. Kein Zweifel, ich paßte nicht mehr in dieses Dorf, nicht einmal mehr in meine Familie. Ich hatte geglaubt, das würde sich mit der Zeit schon geben. Je mehr ich mich an das traditionelle Leben gewöhnte, dachte ich, desto leichter würde ich den Mantel der Bildung abwerfen können, der mich von meinem Volk trennte. Ich würde wieder voll in das Reich der Natur integriert werden, aus dem das Dorf seinen Sinn bezog. Stammeskulturen leben im Rhythmus der Natur. Die Menschen des Westens dagegen suchen ihren Sinn anscheinend im Reich der Maschine, wo es weder Frieden noch Ganzheit, nur unaufhörliche Bewegung gibt. Im Westen hasten die Menschen nur sinnlos und aufgeregt auf der vielspurigen Bahn des Fortschritts weiter.

Und nun waren die Ältesten zum Ergebnis gekommen, daß ein sicherer Weg, mich zu heilen, der wäre, daß ich zu den Ahnen in die Schule ging und nach unserer Sitte ausgebildet wurde. So etwas war niemals zuvor versucht worden. Als hätte er meine Gedanken verfolgt, nahm Vater den Faden meiner Überlegungen auf.

»Diese Situation hat es noch nie zuvor gegeben – ein Mann, der Baor betritt, obwohl er schon eine andere Einweihung erhalten hat. Ich weiß nicht, wie tiefe Spuren die Erlebnisse bei den Weißen in dir hinterlassen haben, und auch sonst dürfte es niemand wissen. Aber über eins sind wir uns alle einig: Baor wird eine schwere Aufgabe für dich sein. Denn du weißt Dinge, die du bei Baor besser nicht wüßtest. Dieses Wissen wird wie eine Mauer vor dir stehen und dich daran hindern, so in dich hineinzugraben, wie man bei dieser Art Erfahrung graben muß.«

Das war wirklich Stoff zum Nachdenken. Ich wußte also Dinge, die ich bei der Einweihung besser nicht wußte. Und es dämmerte mir, daß Bildung im Sinne der Weißen vom Standpunkt der Überlieferung aus seelische Bereiche besetzt, die eigentlich für etwas anderes reserviert sind. Meine Kenntnis des Lesens und Schreibens bedeutete also, daß ich, solange ich lebte, niemals Zugang zu bestimmten Bereichen der Stammesüberlieferung finden würde.

Mein Vater fuhr fort: »Zwei Wahrsager hatten den Auftrag erhalten, eine Medizin für dich zu finden, die dir hilft. Erinnerst du dich, was wir bei Guisso taten? Die anderen haben nur nicht direkt mit dir gearbeitet. Letzte Nacht berichteten sie dem Rat, sie seien der Ansicht, ihre Medizin könne dich nicht vollständig verwandeln. Das bedeutet, es gibt Dinge in dir, die sich dagegen wehren, aufgebrochen zu werden. Aber die Schwierigkeit ist, daß, wenn dein Baor erfolgreich sein soll, diese Dinge aufgebrochen werden müssen. Es wäre besser, wenn diese Dinge vor Baor in dir aufgebrochen würden, sonst liefe alles nur auf einen nutzlosen Versuch hinaus. Ich mache mir Sorgen um dich. Ich kann dir weder zu- noch abraten. Ich überbringe dir nur die Worte der Ältesten. Aber ich möchte, daß du lebst.«

»Warum glauben die Wahrsager, daß die für mich zubereitete Medizin sich nicht voll auswirken kann?«

»Es steckt ein Geist in dir, etwas Totes, das sich gegen das Leben wehrt. Und dieses Ding wird Widerstand leisten, sobald du versuchst, lebendig zu werden. Doch wenn du wie einer von uns leben willst, muß dieses Ding unbedingt sterben. Schon jetzt macht es sich zum Kampf bereit. Ein Feuer brennt in dir und treibt dich zu Gewalttat und Widerstand. Läßt du dieser Gewalttätigkeit freien Lauf, wird sie dich umbringen. Ich weiß nicht, was diese Gewalttätigkeit in dir nährt, niemand weiß es anscheinend, doch ist es ein Geist, der aus der Welt der Weißen stammt. Er ist zwar nicht lebendig wie ein menschliches Wesen, aber er wittert schon seinen Tod.«

Ich konnte Vaters Sorge, was meine Reife für die Einweihung betraf, gut verstehen, begriff aber nicht, warum er so um mein Leben fürchtete. Ich wußte nichts über Baor. Als kleines Kind war ich zu sehr mit Großvater beschäftigt gewesen, um überhaupt zu bemerken, daß

Leute eingeweiht wurden. Ich mußte an seine Worte denken, daß ich alles, was er mir sagte, noch nicht richtig verstehen könnte. Würde mir jetzt Baor helfen, zu verstehen, was er mir mitgeteilt hatte?

Angst vor dem Tod hatte ich nicht. War ich denn nicht schon gewissermaßen gestorben, so zwischen zwei Welten eingeklemmt? Wenn Baor ein Ausweg aus dieser Falle war, welche Wahl blieb mir dann? Konnte ich nein sagen, wenn ich durch Baor endgültig heimkehrte? Und warum machten sie so viel Aufhebens um mich, wenn sie mir doch nichts Besseres zu bieten hatten, um meine zerrissene Seele zu retten?

Bis zu einem gewissen Grad war ich auch neugierig, warum Vater so zögerte. Was bedeutete Baor wirklich? Welche Gefahren waren damit verbunden? Ich fragte ihn deshalb, und er gab zur Antwort: »Es kommen immer Unfälle dabei vor. Jedes Jahr sterben Leute beim Baor. Es gehört dazu. Und wenn Leute, die niemals außerhalb des Ahnenkreises standen, Baor zum Opfer fallen können, wie wird es dann jemandem ergehen, der fast zeitlebens außerhalb stand? Das ist es, weshalb ich Angst um dich habe!«

Vater hatte jetzt keine Lust, über Einzelheiten zu sprechen, so gerne ich mehr darüber erfahren hätte. Er blieb dabei, er könne mir nichts darüber sagen. Das Wissen um die Erfahrung würde mich daran hindern, sie zu machen. Ich dagegen war davon überzeugt, daß ich, je mehr ich wußte, desto größere Chancen hatte, am Leben zu bleiben.

Schließlich sagte er nachdrücklich und überzeugend: »Das Wissen um Baor wird dich nicht vor Baors Gefahren bewahren. Es wird dich nur davor bewahren, überhaupt initiiert zu werden. Und das kannst du nicht brauchen. Du kannst nicht Baor wollen und gleichzeitig geschützt sein wollen – das wäre, wie wenn du Tag und Nacht zugleich begehrtest. Der Grund, weshalb du Baor brauchst, ist gerade, daß du so geschützt aufgewachsen bist. Schutz ist Gift für die beschützte Person. Das liegt daran, daß nie-

mand einen anderen wirklich schützen kann. Wenn du etwas schützt, verkümmert das, was du schützt!
Die Menschen kommen mit einem Ziel ins Leben, das es ihnen ermöglicht, sich selbst zu schützen. Du bist selbst dein bester Wächter, und du unterziehst dich Baor, um dich selbst vor dem tödlichen Schutz anderer Leute zu bewahren. Würde ich dir sagen, wie mein eigener Baor aussah, so würde ich dich für den Rest deines Lebens beschützen müssen, und das wäre tödlich.«

Dies alles wirkte ungeheuer seltsam auf mich. Wie war unser Gespräch überhaupt bis zu diesem Punkt gediehen? Ich wurde plötzlich mißtrauisch und verwirrt, wie wenn diese ganze Idee mit Baor eine Art Falle wäre, um mich loszuwerden. Hatte ich nicht im Seminar Romane gelesen, wo so etwas passierte?

Als ich versuchte, über diese Ängste mit meinem Vater zu sprechen, weigerte er sich, die Unterhaltung fortzusetzen. »Es ist schon spät geworden, und mit Tagesanbruch müssen wir zur Arbeit. Abends werden uns die Ältesten sehen wollen. Auch das wollte ich dir noch sagen.«

Er verließ mich, ohne mir gute Nacht zu wünschen.

Das schüchterne, rötliche Licht, das wie Blut aus meiner Lampe hervorströmte, flackerte und erlosch. Ich hatte kein Öl mehr, sie zu nähren. Mein Kopf war schwer von Gedanken, aber ich war zu erschöpft, mich ihnen hinzugeben. Ich wollte nachdenken, doch ich wollte auch schlafen. Willenlos sank ich aufs Lager und überließ mich dem Schlaf.

Die Versammlung am Erdheiligtum

Am nächsten Tag kam Vater etwas früher als gewöhnlich von den Feldern zurück. Ich konnte ihn fast nachdenken hören, so heftig strampelte er in einem Netz von logischen Widersprüchen, bei deren Lösung ihm doch keiner helfen konnte. Er sah zum Erbarmen aus. Ich wußte, er tat sein Bestes, um meine Zuneigung und Vergebung wegen meiner Entführung, meiner so problematischen Heimkehr und der bevorstehenden Initiation zu gewinnen.

Er wanderte hin und her wie ein Mann, der nach etwas sucht, ohne zu wissen, was es ist. Mich bemerkte er nicht. Ich saß außerhalb des Anwesens am selben Platz, an dem ich mich bei meiner Ankunft niedergelassen hatte. Nach einer Weile kam mir in den Sinn, daß er mich vielleicht deshalb nicht bemerkte, weil der Platz, an dem ich saß, besondere Eigenschaften hatte. War es ein Platz, an dem jeder unsichtbar wurde? Vielleicht legte aber auch nur ein besorgtes, bewölktes Gemüt einen Schleier über seine Augen.

Vater verschwand im Anwesen, und ich entschloß mich, ihm zu folgen, falls er mit mir über die bevorstehende Versammlung sprechen wollte. Ich sah ihn nicht, aber vor seiner und meiner Tür bemerkte ich eine Aschenlinie. Da verstand ich, daß die Begegnung mit den Ältesten für ihn sehr wichtig war. Sonst hätte er dieses Ritual nicht vollzogen. Asche streut man, wenn etwas schiefzugehen droht und man das Unglück aufhalten muß. Wovor hatte er Angst? Vater kam jetzt aus dem Medizinraum, wo er zu tun gehabt hatte. Er trug immer noch etwas Asche bei sich. Er begab sich zum Heiligtum der Ahnen im Ziegenschuppen. Ich folgte ihm.

Er kniete nieder. Ich ebenfalls. Es roch nach Ziegen- und Schafsmist. Vor uns erhoben sich zwei Statuen, die einander an den Händen hielten, die Dagarasymbole der männlichen und weiblichen Ahnen, die so wichtig für das Wohlergehen des Stammes sind. Aber man konnte die Statuen nicht deutlich erkennen, weil sie zum Teil hinter einer Lehmwand verborgen waren und auf einem Podest aus Lehm standen.

Vater streckte nun die Hand mit der Asche aus und sprach erregt: »Es sind keine schlechten Nachrichten, die ich euch hier unterbreite. Ein Mann von Ehre verläßt sein Heim niemals, ohne ein Wort zu euch, den wahren Wächtern dieses Anwesens, gerichtet zu haben. Ich bin gekommen, euch zu sagen, daß wir jetzt zum Rat der Ältesten gehen. Und ich bitte euch, mit uns zu sein und uns zur Wahrheit anzuleiten. Alles, was ich möchte, ist Frieden für diese Familie und jedes ihrer Mitglieder. Mögen wir dort in Frieden ankommen und in Frieden wieder zurückkehren. Ich bringe euch diese Asche, damit ihr alles abwehren könnt, was dieser Begegnung schaden könnte.«

Mit diesen Worten streute Vater die Asche rings um die Statuen. Wir standen noch eine Weile schweigend und verließen dann den Raum.

Wir kamen als erste am Versammlungsort an, einer kleinen Lichtung vor dem Haus des Priesters des Erdheiligtums. In der Mitte der Lichtung befand sich ein Kreis aus sechs Steinen, in dessen Mittelpunkt die Statue Daweras, des Gesetzgebers der Gemeinschaft, stand. Aus einer gewissen Entfernung sah die Statue genau wie das Kreuz aus, an dem Jesus starb. Sie war aus Holz von einem unbekannten Baum. Doch wenn man näher geht, sieht sie furchterregend aus. Oben hat sie das Antlitz eines Ältesten in Trance, der seine Hände, wohl zur Versöhnung, ausstreckt. An beiden Seiten des Körpers rinnt Wasser herab, aus den Füßen schlagen Flammen. Es war gewiß nicht beruhigend, diese Figur anzuschauen. Als ich sie ansah, wurde ich plötzlich sehr nervös.

Der Gott Dawera kann sehen, ohne selbst gesehen zu

werden, und ist die Verkörperung der höchsten Gerechtigkeit. Er bewacht den Stamm, hält immer nach Gesetzesbrechern Ausschau und warnt alle, die sich einbilden, sie könnten bei kleineren Übertretungen, wie Diebstahl oder Lügen, straflos davonkommen. Steht jemand im Verdacht zu lügen, fordert man ihn auf, bei diesem Symbol zu schwören. Jeder vermeidet nach Möglichkeit, in Gegenwart Daweras etwas zu äußern, weil er einem bis auf den Grund der Seele blickt. Deshalb und weil das Ganze dem christlichen Kreuz so ähnlich sah, hatte ich plötzlich Angst vor der Versammlung.

Die Ältesten trafen einer nach dem anderen ein. Zuerst kam der Priester des Erdheiligtums, Kyéré. Der Versammlungsplatz lag direkt hinter seinem Anwesen, und doch kam er zu spät. Kyéré war so alt, daß er an zwei Stöcken humpelte. Er stellte einen Stock vor sich hin, lehnte sich darauf und zog seinen Fuß nach. Dann wiederholte er das Ganze mit dem anderen Bein. Er glich einem ferngesteuerten Skelett. Ich fühlte das Bedürfnis, dem alten Mann zu helfen, wußte aber nicht wie. Auch zögerte ich, weil ich nicht wußte, was mein Vater darüber denken würde und ob so etwas hier Sitte war. Und wollte Kyéré überhaupt Hilfe? Er schien es nicht eilig zu haben. Alle drei bis vier Meter machte er eine Pause, die länger dauerte, als er für die kurze Entfernung gebraucht hatte. Dann begann die Quälerei von vorne.

Schließlich gelangte er zu einem der großen Granitsteine, ließ seine Stöcke aus den Händen gleiten und setzte sich. Er wirkte ganz unirdisch. Sein Geist war seinem Körper dermaßen unähnlich, daß man den Eindruck hatte, zwei Lebewesen stritten in ihm miteinander. Der Abstand, den er zu seinem Körper gewonnen hatte, war der unverkennbare Beweis für die Arbeit des Geistes in einem Menschen, der weiß, was letztendlich zählt. Kyéré legte nicht den geringsten Wert mehr auf äußere Schönheit, aber unter der Oberfläche seines ausgemergelten Körpers lebte ein

Geist, viel schöner als jede physische Verkörperung des Göttlichen. Im Vergleich zur Schönheit, Integrität, Ehrenhaftigkeit und Lebendigkeit des Geistes, der in ihm wohnte, empfand ich die Häßlichkeit seines Körpers als etwas ganz Belangloses.

Dieser Priester des Erdheiligtums erinnerte mich an Großvater, und ich begriff, warum der Weise seinen Körper so wenig beachtet. In seiner Welt wirkt Schmutz nicht negativ aufs Leben, weil Schmutz für ihn nichts Schlechtes ist. Diese Erdenmenschen leben wie Mutter Erde. Ihre Sauberkeit liegt im Geist. Ich fragte mich, ob jene, die von der Obsession besessen sind, möglichst schön auszusehen, nicht in Wirklichkeit ihr häßliches Innere vor der Außenwelt verbergen müssen. Unsere oberflächliche Wertschätzung äußerer Schönheit könnte durchaus eine unbeholfene Reaktion auf die Erinnerung an wahre Schönheit sein und wenig mit wahrer Schönheit zu tun haben. In diesem Fall würde die äußere Schönheit eines Menschen nur an die wahre Schönheit des Geistes hinter dem Äußeren erinnern. Diese Ältesten hatten das längst begriffen und investierten ihre Energien dort, wo sie wirklich zählten, im Bereich der Seele.

All dies ging mir durch den Kopf, während ich beobachtete, wie sich der Priester des Erdheiligtums setzte. Jetzt trafen auch die anderen Ältesten ein, eilig und schweigend. Die Sonne ging schon unter. Alle waren zu spät gekommen.

Auf jedem der sechs Steine saß nun ein Mann. Denn jedem Ältesten war bis zu seinem Tod ein Stein zugewiesen. Sobald ein Stein durch Todesfall vakant wurde, suchte der Häuptling des Erdheiligtums einen anderen Mann unter den Großvätern und Urgroßvätern der Gemeinschaft aus. Nachfolger des Priesters des Erdheiligtums selbst ist immer der älteste Sohn seiner ersten Frau. So existierte dieser Steinkreis seit unvordenklichen Zeiten. Die einst grauen Steine sind jetzt durch den langen Gebrauch glatt poliert und schwarz geworden.

Der Häuptling eröffnete die Sitzung, indem er sich laut räusperte: »Wir sind heute nacht zusammengekommen, um unseren Garten zu begießen. Aber es handelt sich nicht um das übliche Begießen. Denn was hier in unserem Garten wächst, braucht viel mehr Wasser, als wir gedacht hatten. Vor einigen Monaten fand dieser unser Enkel seinen Weg zurück zu seinen Wurzeln, heraus aus der Wildnis, wo der weiße Mann wohnt – der Menschen jagt. Aber wenn die Geister mit jemandem etwas vorhaben, überlebt er auch das Nicht-Überlebbare.

Wir wissen, es hat seinen guten Grund, daß dieser junge Mann hier ist. Ich habe euch zusammengerufen, um gemeinsam mit euch herauszufinden, ob wir ihm irgendwie helfen können, endgültig heimzukommen. Als wir uns das letzte Mal trafen, sagte Bofing, unser Wahrsager und Aschewerfer,* er könne uns nicht sagen, ob dieser Junge sich Baor unterziehen und lernen könne, was zu lernen ist. Wir wollen nun untersuchen, ob diese Möglichkeit besteht.«

Da nahm ein untersetzter, kräftiger Ältester, der direkt dem Häuptling gegenüber saß, das Wort, so plötzlich, daß es fast auf eine Unterbrechung des Häuptlings hinauslief. »Was tun wir hier eigentlich? Sollen wir einem Wanderer, der uns fremd geworden ist, weil er zu lange ausblieb, erlauben, den Frieden unseres Rates zu stören? Es ist nicht das erstemal, daß jemand aus der Wildnis zurückkehrt. Ist denn seine Ankunft etwas so Besonderes, daß wir ihn zu uns einladen müßten? Warum lassen wir diesen noch gar nicht eingeweihten Knaben zu unserem heiligen Ort kommen und noch dazu mit einem Vater, der offensichtlich nicht weiß, was einen Ältesten zu einem Ältesten macht? Wir verletzen damit doch alle unsere Grundsätze und profanieren diesen heiligen Kreis. Unsere Vorfahren werden uns dafür verdammen.«

---

* Ein Aschewerfer verhandelt mit den Geistern bei einem Konflikt, an dem ein Mensch und ein Geist beteiligt sind.

»Fiensu«, antwortete der Häuptling, »wir sprechen hier über einen sanften Regen, nicht über ein Unwetter. Als ich Dogo ausschickte – wir alle waren damit einverstanden, er solle die Medizin zubereiten, die diesen Jungen durch Baor geleiten kann –, um in dieser Angelegenheit wahrzusagen, gaben uns die Ahnen eine Antwort, die mich überzeugte, es sei ganz in Ordnung, diesen Jungen und seinen Vater hierher einzuladen. Du kannst nicht leugnen: Die Dämmerung verhüllt den kommenden Tag, sonst wärst du nicht darauf gefaßt, daß der Tag kommt. Die Bestimmung dieses Enkels ist uns seit seiner Geburt bekannt. Wir wollen ihm ein Angebot unterbreiten, ein riskantes Angebot, zugegeben, und wir wollen ein Ja von ihm hören, damit wir endlich weiterkommen.«

»Na gut, aber warum hast du uns das nicht längst gesagt?«

»Als wir uns das letztemal trafen, war uns allen klar, daß wir es mit einer heiklen, gefährlichen Angelegenheit zu tun hatten. Wir waren uns einig, wir müßten im Interesse des Dorfes, nicht im Interesse eines Einzelnen handeln. Und auch wenn alles bis ins Letzte untersucht worden wäre, wir sind hier verantwortlich und müssen mit der größten Sorgfalt vorgehen!«

Fiensu tat mir leid. Offensichtlich haßte er alles, was aus dem Rahmen fiel, und hatte wenig Sympathie für jemanden, der nicht in seine Schubladen paßte.

Dogo, der neben ihm saß, ergriff nun das Wort. »Als mich der Häuptling bat, die Geister um Rat zu fragen, wußte ich nicht, was auf mich zukam. Ich wußte nur, daß Bofing, als er wahrsagte, nicht garantieren konnte, daß seine Medizin das ganze Baor über wirken würde, denn er war nicht in der Lage, den ›Siè‹ (das Double) des Jungen zu lokalisieren.«

Ich schrak auf, als ich das hörte. Der Siè ist der Geist einer Person, der Teil von ihr, der mit der Welt der Ahnen in Verbindung steht. Eine Person, die unter schweren psychischen Konflikten leidet, hat, so heißt es, ihren Siè verloren. Getrennt von seinem Double zu leben bedeutet, in Chaos, Schrecken und Unsicherheit zu leben.

Dogo fuhr fort: »Ich weiß nicht, wie jemand ohne seinen Siè leben kann. Ich nehme an, so etwas passiert, wenn jemand von einer fremden Lebensart vereinnahmt wird. Aber Bofing ist dieses Jahr kein Mitglied des Baor-Ausschusses, er wird also auch die Wirkung dieser Medizin auf den Jungen nicht verfolgen können. Doch Guisso, der sich mit dem Jungen seit seiner Ankunft beschäftigt hat, kennt ihn besser als jeder andere und glaubt, er werde Erfolg haben. Ich habe die Geister um eine Entscheidung gebeten, ja oder nein, und sie habe ich dann auch dem Häuptling mitgeteilt. Deshalb hat er diese Versammlung einberufen.«

»Danke, Dogo, für diese schöne Erklärung«, sagte Fiensu. »Aber die Wolke in meinem Kopf hatte sich schon verzogen, bevor du mir das alles sagtest. Was ich sagen möchte, ist nur, daß jemand uns vorher hätte informieren müssen. Doch irgendwie gefällt es mir nicht, daß wir so einen Aufruhr um diesen Jungen veranstalten. Letzte Regenzeit kam einer genau wie er aus Ghana zurück. Der Bursche war völlig in Ordnung. Er brachte eine Menge schöner Dinge mit, dann verließ er uns wieder.«

»Das ist alles gut und schön, Fiensu«, warf Kyéré ein, »aber wir alle wissen, daß diese Rückkehr etwas anderes ist. Es hat den Anschein, als hätte dieser Junge sein Selbst zurückgelassen. Und doch möchte er bleiben, er möchte einer von uns sein.«

Aus mir unverständlichen Gründen lenkte Fiensu immer noch nicht ein. Sein Sarkasmus wurde vielleicht noch dadurch herausgefordert, daß er das jüngste und stolzeste Mitglied des Rates war. »Ich meine, jemandem, der Sprache auf ein Stück Papier malt, ist nicht zu trauen«, fing er wieder an. »Dieser Junge spricht einfach zu schnell. Er hat vor niemandem Respekt. Er schreit seine Familie an – sein Vater kann es bezeugen. Wenn wir nichts dagegen unternehmen, und zwar rasch, könnte er sich als Sand in unserer Nahrung erweisen. Es muß etwas geschehen!«

Da kam mir Bofing zu Hilfe. Er sprach, als wolle er an Fiensus Mitleid appellieren. »Ich dachte, deshalb gerade sind wir heute abend zusammengekommen. Wir wollen über einen unserer Söhne sprechen. Ich erinnere mich an Malidoma als kleines Kind, mit hellen Augen, freundlich, gehorsam. Wir alle setzten unsere schönsten Hoffnungen auf ihn. Bakhye, sein Großvater, der dort saß, wo du jetzt in diesem Rat sitzt, erzählte uns alles über ihn, was wir wissen mußten – er sei ein guter Junge mit einem guten Geist, der uns helfen würde, weiter auf unseren Wegen zu gehen. Sollen wir ihn jetzt hartherzig zurückstoßen, wo er doch die Welt durchquert hat, um zu unseren Herzen zurückzukehren?«

Ich konnte mich an keinen Ältesten erinnern, der in mir ein zu den schönsten Hoffnungen berechtigendes Kind gesehen hatte, und ich glaubte auch nicht an eine solche Zukunft. Aus der Richtung zu schließen, die dieses Treffen nahm, schien eher das Gegenteil der Fall zu sein. Ich hatte Schwierigkeiten gemacht, und deshalb war ich an diesen Platz geraten. Mußte mich dieser Mann nicht schon verteidigen?

»Du bist ein sentimentaler Narr«, sagte Fiensu zornig, entschlossen, nicht nachzugeben. Ich verlor meine letzte Sympathie für ihn. »Als dieser weiße Priester Malidoma auf seinem Rücken davontrug, glaubst du, daß er da nicht wußte, er verfertige eine Zeitbombe, die eines Tages zurückkommen und unser Dorf zerstören würde, unseren Lebenssaft? Vergossenes Wasser läßt sich nicht mehr einsammeln.«

»Aber was ist mit der Bestimmung, die diesem Jungen von Geburt an mitgegeben ist?« wandte Kyéré ein. »Er ist das erste männliche Kind und muß Priester seiner Familie werden, wenn sein Vater stirbt. Wir wissen alle, daß wir, wenn er nicht initiiert wird, unseren Vorfahren ungehorsam sind, zum ersten Mal. Wir müssen dieses Risiko eben eingehen. Wir müssen Malidoma zu uns zurückholen, oder er geht uns verloren.«

Dieses leidenschaftliche Argument des Priesters des Erdheiligtums schien seine Wirkung auf Fiensu nicht zu verfehlen. Er verfiel in Schweigen, aber ein beredtes Schweigen, das zeigte, daß er etwas ausbrütete. Schließlich sagte er: »Unser Wissen ist nicht das beste Wissen. Das des weißen Mannes ist besser – und das weiß dieser Junge. Ich persönlich kann mit dem weißen Mann nicht mithalten, und es gefällt mir nicht, gegen etwas zu kämpfen, wenn ich weiß, ich kann nicht gewinnen. Ich habe eine Idee – lassen wir doch Malidoma dorthin zurückgehen, woher er gekommen ist.«

»Er ist einer von uns, Fiensu«, erwiderte der Häuptling.

Vater, der nicht mehr länger an sich halten konnte, wandte sich nun beschwörend an die Ältesten. »Er kam aus der Wildnis zurück, weil er uns wirklich liebt. Er will dieses Dorf nicht wie all diese anderen grünen Jungen verlassen, die vom modernen Leben träumen und in die Städte gehen wollen. Lassen wir sie alle so einfach ziehen, lassen wir meinen Sohn ziehen, so werden wir sterben, ohne eine Spur zu hinterlassen. Mit unserer Kultur wird es aus sein. Und wir sind dann dafür verantwortlich.«

»Und ich bleibe dabei, schickt ihn weg«, beharrte Fiensu. »Es gibt Dinge in einem Menschen, die kannst du niemals auslöschen. Wir können seine Erlebnisse nicht auslöschen.«

Bofing widersprach. Er argumentierte wie vorher. »Schicke ihn weg, und du wirst die Dinge, die er niemals vergessen kann, noch um ein weiteres vermehren. Was er erlebt hat, kann gut für uns sein!«

»Ich kann nicht sehen, wie«, sagte Fiensu. »Wenn wir wissen möchten, was er weiß, müssen wir ihn bitten, es uns beizubringen. Und wenn wir das tun, räumen wir ihm entschieden zuviel Macht ein. Glaubst du, es tut einem

Knaben gut, seine Ältesten zu belehren? Ich glaube es nicht.«

Bofing war anderer Meinung. »Was haben wir schon für Alternativen? Wenn wir nicht wissen wollen, was er weiß, bedeutet das, daß wir ihn nicht bei uns haben wollen. Das wäre schrecklich.«

»Nein, schrecklich ist«, entgegnete Fiensu, »wenn wir ihm erlauben, jeden mit seiner Krankheit anzustecken.«

»Fiensu, ich möchte jetzt Schluß machen, bevor du alle mit deiner Streitsucht ansteckst«, ergriff Kyéré wieder das Wort. Er konnte sich nicht mehr beherrschen. »Als ich diesen Morgen die Vorfahren über Malidoma um Rat fragte, erhielt ich die Anweisung, wir sollten uns diesem Jungen öffnen und ihn willkommen heißen, weil er uns in der ganzen Zeit seines Exils niemals vergessen hat. Die Ahnen sagten mir, er sei, als er noch im Dorf lebte, immer in Großvaters Nähe gewesen, bei unserem Bakhye, seinem wirklichen Lehrer. Ich erfuhr auch, er sei zurückgekommen, weil ihn sein Großvater dazu aufgefordert habe. Die Ahnen sagten, er würde unser Mund sein, und durch ihn werde der weiße Mann unser Freund werden. Laßt uns doch auf unsere Weisheit hören und erkennen, was unsere Pflicht ihm gegenüber ist. Wir werden ihm Baor anbieten. Und jetzt frage ich den Vater dieses Jungen, was er sich für seinen Sohn wünscht.«

Ich hätte dem Häuptling für das, was er da gesagt hatte, um den Hals fallen können. Ich hatte das Gefühl, er kenne mich besser, als ich mich selbst. Aber seine Frage schien Vater überrumpelt zu haben. Er blickte umher und schaute mich hilfesuchend an. Schließlich forschte er in den Gesichtern der sechs Ältesten. Als er sah, wir alle warteten darauf, daß er sprach, räusperte er sich und begann: »Dank für die Ehre, daß ich das Wort ergreifen darf. Ich fühle mich wie ein Kind hier. Ich weiß, als Vater sollte ich wissen, was ich mir für meinen Sohn wünsche. Aber ihr wißt, ich bin seit seines Großvaters Tod nicht oft mit ihm zusammen gewesen. Mein Wunsch ist, er möge alles in seinen Kräften Stehende tun, um zur Familie und zur Dorfgemeinschaft zu gehören. Aber ich weiß nicht, ob das auch sein Wunsch ist. Ich weiß nicht, was ich hier noch sagen soll.«

Da schaltete sich Fiensu wieder ein. »Was willst du damit sagen, junger Mann?« fragte er meinen Vater.

»Ich meine, der Wunsch meines Sohnes ist auch mein Wunsch.«

»Ich warte immer noch darauf, daß der Mann in dir spricht«, entgegnete Fiensu. »Bis jetzt hat er noch nicht gesprochen.«

»Ich muß einfach ehrlich sein mit allem, was meinen Sohn betrifft. Ich weiß nicht, wie ich für ihn sprechen soll. Nur er weiß es. Meine Antwort kam mir aus dem Herzen, aus dem Bauch.«

»Habt ihr gehört? Hier ist ein Mann, der nicht einmal seine Rolle seinem eigenen Sohn gegenüber kennt. Bist du der Vater dieses Jungen oder sein Sohn?« Ich haßte diesen Mann. Ich durchschaute ihn auch. Er war vom Häuptling gedemütigt worden und versuchte jetzt, seine Wut an meinem Vater auszulassen.

Da konnte ich nicht mehr an mich halten. »Der Wunsch meines Vaters ist auch mein Wunsch«, rief ich. Sicher, ich hatte meine Einwände gegen Vater, aber ich konnte nicht tatenlos zusehen, wie er angegriffen wurde. »Sein Wunsch ist, daß ich eingeweiht werde. Der Wunsch des Häuptlings ist, daß ich eingeweiht werde. Es ist jedermanns Wunsch, daß ich eingeweiht werde. Und auch ich möchte eingeweiht werden. Ob es dann glückt oder nicht, ich habe nichts zu verlieren. Wenn mir etwas zustößt und ich nicht durchkomme, ist das meine Sache. Ich werde alles tun, um zu meinem Dorf und zu meiner Familie zu gehören.«

Fiensu fuhr von seinem Steinsitz auf, wie von der Tarantel gestochen. Er packte seine Machete und hob sie hoch in die Luft. »Wer hat dich aufgefordert zu sprechen?« schrie er. »Seit wann sprechen Babys mit ihren Ältesten, ohne dazu aufgefordert zu sein?«

Plötzlich sprachen alle durcheinander. Ich hatte den Eindruck, sie bemühten sich, Fiensu zu beruhigen, ohne ihn merken zu lassen, er sei im Unrecht. Ich wußte, ich hatte mich unschicklich verhalten, aber das war mir jetzt egal. Was ich gesagt hatte, tat mir nicht leid. Nur fühlte ich mich etwas unbehaglich, daß ich die Heiligkeit einer Ratsversammlung gestört hatte. Meine Wut auf Fiensu hatte nichts mit dem Rat zu tun. Für mich war er in erster Linie Mensch, dann erst Mitglied des Rates.

Schließlich gelang es dem Häuptling, sich Gehör zu verschaffen. »Ruhig jetzt! Wir wollen doch diesem Jungen nicht den Eindruck vermitteln, daß unsere Versammlungen sich immer so abspielen. Ich habe gefragt und eine Antwort erhalten. Die wollten wir doch hören. Man kann nicht nackt in den Regen hinauslaufen und dann erwarten, trocken zu bleiben. Es ist das erstemal, daß sich der Rat direkt mit Einzelpersönlichkeiten abgibt. Ein Bruch mit der Tradition verlangt auch einen Bruch mit der Art und Weise, die Dinge zu handhaben. Ich habe gar nichts gegen das Verhalten dieses Jungen. Zu lange hat dieser Rat die Tatsache nicht zur Kenntnis genommen, daß ein neuer Tag mit Macht heraufdrängt. Wir bleiben hoffnungslos zurück, ohne es überhaupt zu bemerken. Und soll unser Rat in dieser Gemeinschaft weiter bestehen bleiben, so müssen wir uns mehr um jene kümmern, die aus der Wildnis zurückkehren. Wir können das Geschehene nicht ungeschehen machen. Unsere jüngste Vergangenheit wimmelt sogar von Fremden, die von weit her in unser Land gekommen sind und gegen unseren Willen bei uns bleiben.«

»Sehr richtig!« Der Mann, der das sagte, hatte seit seiner Ankunft noch nicht gesprochen.

Ein anderer Mann warf ein: »Ich glaube, die alten Tage gebären neue Sonnen. Aber was ich nicht weiß, ist, wie wir sie zum Leuchten bringen sollen.«

»Dank dir, Daziè, danke dir, Signè«, sagte Kyéré und zeigte auf mich. »Dort sitzt, mitten unter uns, ein Ausdruck dieser neuen Sonne. Er sagte, er wolle die Möglichkeit bekommen, zu leuchten. Ich sage, wir müssen ihm das erlauben und ihm noch unseren Segen dazu geben. Er weiß Dinge, die wir nicht wissen. Lassen wir ihn noch dazulernen, was wir wissen. Wer weiß, was aus ihm entstehen wird, wenn er im Feuerofen zweier Wissenspfade gebrannt wird. Was meint ihr, ihr alle?«

»Ich bin einverstanden«, erklärte Daziè. »Ich weiß, daß zumindest etwas Gutes für uns dabei herausspringen wird, falls das Böse es nicht behindert. Die Leute, die ihm all sein Wissen beibrachten, wissen nichts über uns, und wir nichts über sie. Wer ist der weiße Mann? Wie sieht seine Medizin aus? Wer beantwortet uns diese Fragen? Ich denke, daß wir, wenn wir diesem kleinen Jungen den Bauch öffnen, eine Unmenge Dinge sehen werden, die wir uns von Anfang an hätten aneignen sollen. Ich lebe nicht gerne mit etwas zusammen, was ich nicht kenne. Aber ebensowenig möchte ich es nur deshalb ablehnen, weil ich es nicht verstehe. Wir alle sind der Überzeugung, daß es immer einen Grund gibt, wenn zwei Dinge zusammenkommen. Deswegen sage ich, lassen wir diesen Jungen eingeweiht werden.«

Alle anderen stimmten zu, nur Fiensu schwieg. Er brütete vor sich hin. Eine Weile sah es so aus, als ob der ganze Rat nur auf ihn wartete und alles von ihm abhing. Das spürte er auch, weshalb er schließlich sagte: »Wenn es der Rat so wünscht? Wer bin denn ich, daß ich nein sagen könnte?«

Der Häuptling dankte ihm, und alle nickten beifällig. Wir konnten einander kaum noch erkennen. Die Nacht hatte uns still und heimlich verschluckt. Die Versammlung war zu Ende, wir gingen auseinander.

Bevor er ging, begab sich Fiensu zum Häuptling und sagte: »Kyéré, würdest du so gut sein und mir das nächstemal nicht mehr so mitspielen?«

»Ich verspreche dir, es wird nicht wieder vorkommen.«
»Vielen Dank!«
Auch mein Vater und ich gingen zum Häuptling, um uns zu verabschieden. Als wir auf ihn zutraten, hörte ich ihn murmeln: »Dir nicht mehr so mitspielen, Fiensu? Noch ist es nicht so weit!« Dann grüßte er meinen Vater und lächelte mir zu. Er besaß keine Zähne mehr.
Diese Nacht versuchte ich umsonst einzuschlafen. Etwas Entscheidendes hatte sich ereignet. Ich hatte einer Ratsversammlung beigewohnt und gesehen, wie hart um Entscheidungen gerungen wurde. Ich begriff jetzt, warum mein Vater gezögert hatte, als er Baor mir gegenüber erwähnte. Eine Seite meines Lebensbuches war umgeschlagen worden. Ich würde eingeweiht werden, sobald die Ernte vorbei war.

Die erste Nacht im Einweihungscamp

Die Zeit floß dahin. Die Hirsefelder standen üppig, die Ernte war gut. Vorbei war es mit der harten Arbeit des Sammelns und Transportierens der Körner von den Feldern auf die Dächer der Häuser, wo sie darauf warteten, in die Kornspeicher gebracht zu werden. Jetzt war Mußezeit, und die Dorfbewohner konnten sich geistigen Fragen und der Initiation widmen. Die Trockenzeit wäre schmerzhaft langweilig, wenn es sonst nichts zu tun gäbe. Eines Nachmittags saß ich mit meiner Schwester draußen, als ein Ausrufer zu meines Vaters Haus gerannt kam. In einem Dagara-Dorf gilt der Ausrufer als Bote des Geistes. Er grüßt die Leute nicht und verhält sich auch sonst nicht normal, ist er doch von seiner Botschaft wie besessen. Er benimmt sich immer höchst aufgeregt, denn er muß seinen Geisterauftrag unbedingt erfüllen.

Atemlos blieb er vor uns stehen, murmelte etwas und malte ein Kreuz auf die Lehmwand des Frauenquartiers. Er sagte nichts und sang statt dessen ein seltsames Lied. Schon wollte er wieder gehen, da trat ich ihm in den Weg.

»Warte doch eine Minute. Was bedeutet das alles?«

»Was, das weißt du nicht? Ein Kind, das in diesem Haus wohnt, wird zum Mann – wenn es solange lebt...«

Diese Antwort durchbohrte mich. Ich mußte mich setzen. Ich hatte gedacht, Baor sei für die Mitte der Regenzeit geplant.

Meine Schwester sah, wie bestürzt ich war, und versuchte, mir zu erklären. »Man darf es dir erst einen Tag zuvor sagen. Wenn du es vor der Zeit weißt, läuft etwas falsch.«

»Dann fängt also meine Einweihung morgen an? – Und ich bin überhaupt nicht darauf vorbereitet.«

»Daß du es nicht weißt, ist deine Vorbereitung.«

»Wußte es sonst jemand in diesem Haus?«

»Wie sollte es jemand wissen? Der Einweihungsausschuß tagt streng geheim.«

Seit jenem Abend am Versammlungsort hatte ich mich an den Gedanken der Einweihung so ziemlich gewöhnt. Aber jetzt brachte die plötzliche Nähe des Ereignisses mein Blut doch in Wallung. Diese Nacht konnte ich nicht schlafen. Sobald ich die Augen schloß, sah ich überall Geister. Die ganze Nacht lebte ich im Land der Geister, und das einzige Mal, als ich einschlief, erschien mir Großvater. Er war in dieselben Lumpen gekleidet wie vor fünfzehn Jahren.

Er begrüßte mich auf Französisch. Das versetzte mir einen Schock, und ich rief: »Großvater, du sprichst Französisch?«

»Natürlich! Ich bin doch tot. Ich möchte dir nur sagen, daß dir jetzt ein neuer Leidensweg bevorsteht.«

Ich war noch im Halbschlaf. Ich setzte mich im Bett auf, um sicherzugehen, daß ich alles verstand, was Großvater sagte.

Er bemerkte das und fuhr fort: »Ich sagte, diese Einweihung sei ein neuer Leidensweg für dich. Aber jetzt ist es die richtige Schule. Ich hoffe, du fühlst dich stark genug. Wenn du einen Kontomblé siehst, denk einfach daran, du hast schon früher welche gesehen.«

Als ich erwachte, konnte ich mich nicht daran erinnern, wie mich Großvater verlassen oder wie der Traum geendet hatte. Ich wachte auf, weil Vater kam und mich informierte, wir müßten noch einiges erledigen, bevor ich aus dem Dorf gebracht würde. Dann verschwand er wieder.

Mein Gehirn lief auf Hochtouren. Ich saß auf dem Bett und versuchte mit mir ins reine zu kommen. Nichts Aufregendes passierte dann bis zum Nachmittag, als mich Vater wieder rief. Das Haus schien verlassen zu sein. Ich verließ mein Zimmer und betrat den Innenhof, wo Vater auf mich wartete. In der einen Hand hielt er Asche, in der anderen eine Schüssel Wasser. Er reichte sie mir, und ich folgte ihm in den Medizinraum.

Dort knieten wir nieder, und er begann: »Walei«, sagte er, womit er die Geister begrüßte. »Beim Aufgang der Sonne, bei den Mächten des Lebens, bei euch, die ihr die Regeln für das Überqueren der Erkenntnisbrücke von Nicht-Person zu Person aufgestellt und mit Sinn erfüllt habt! Hier steht einer, der sein warmes Heim verläßt und auf der Suche nach dem Pfad der Erinnerung zu euch kommt. Die Straße ist gefahrvoll, der Ausgang ungewiß. Aber mit eurem Schutz, auf den wir vertrauen, wird er als Mann zu uns zurückkehren. Laßt ihn lebend zurückkommen!«

Vater bedeutete mir, ihm das Wasser zu reichen, und spritzte es auf die Geister, die Statuen der männlichen und weiblichen Vorfahren. Vorher hatte er schon seine Asche auf sie gestreut. Hierauf fuhr er fort: »Nehmt diese Asche und gebt ihm die Macht seiner Ahnen. Nehmt dieses Wasser, um unseren Vertrag zu besiegeln, damit er zurückkomme mit einem Herzen, das seinem Stamm, und einer Seele, die seinen Ahnen wieder zugewandt ist.«

Nun wandte er sich zu mir und sagte: »Die Zeit ist da. Ich habe dir jetzt nicht mehr viel zu sagen, bis... Ich werde dir überhaupt nichts mehr sagen, außer du kommst zurück. Ich habe getan, was einem Vater möglich ist, das Übrige liegt in deinen Händen. Bitte komm zurück zu uns.«

Als ich Vater hinaus ins Anwesen folgte, stand die ganze Familie draußen und starrte uns an. Ich spürte, wie mir ihre Sympathie entgegenschlug. Meine jüngeren Brüder schauten mich an, als ob mir eine lange Reise bevorstünde und ungewiß wäre, wann ich zurückkehrte. Ich hatte tatsächlich keine Ahnung, wie lange ich wegbleiben würde. Zusammen marschierten wir nun in Richtung der Außenbezirke des Dorfes. Und während wir uns dem Busch näherten, schlossen sich uns immer mehr Leute an. Am Rand des Waldes stand, eng gedrängt, eine große Gruppe Jugendlicher, vielleicht dreizehn, vielleicht vierzehn Jahre alt. Sie sahen so jung aus, daß ich mich ganz fehl am Platze fühlte. Alle waren sie nackt.

Nacktheit ist in unserem Stamm durchaus üblich. Es ist nichts, dessen man sich schämen müßte. Es ist nur ein Ausdruck dafür, daß man sich mit dem Geist der Natur verbunden fühlt. Nackt zu sein heißt, ein offenes Herz zu haben. Normalerweise laufen Kinder bis zur Pubertät und sogar noch länger nackt herum. Erst der Import billiger Stoffe aus dem Westen durch »Goodwill« und andere christliche Organisationen führte dazu, daß Nacktheit Schamgefühl hervorrief.

Die nackten Knaben sangen. Beim Näherkommen verstand ich die Worte:

> Meine kleine Familie verlasse ich heute.
> Meiner großen Familie begegne ich morgen.
> Vater, sei nicht traurig, ich komme wieder.
> Mutter, weine nicht, ich bin ein Mann.
>
> Wenn die Sonne aufgeht und die Sonne untergeht,
> Verschmilzt mein Körper mit ihr,
> Und eins mit euch und eins mit ihr
> Werde ich sein bis in Ewigkeit...

Als die Kandidaten der Einweihung durch die Menge schritten, legten sie Hemden und Hosen ab. Ihre Familien umarmten sie. Einige Angehörige ergriffen ihre Hände und schluchzten heftig. Vielleicht war es das letztemal, daß sie ihnen auf Wiedersehen sagten. Es waren so viele junge Männer da, daß ich sie gar nicht zählen konnte. Viele von ihnen kannte ich nicht. Mein Vater forderte mich auf, mich auszuziehen. Ich gehorchte, schämte mich aber. Doch niemand achtete auf meine Nacktheit. Im Dorf erregt ein Angezogener mehr Aufmerksamkeit als ein Nackter. Meine Schwester weinte und ergriff meine Hand. Etwas ärgerlich über diese Sentimentalität machte ich mich los und schloß mich der Gruppe Kandidaten an, die sangen:

> Um ein Mann zu werden, muß ich gehen.
> In den Schoß der Natur muß ich zurück.
> Aber wenn ich wiederkomme,
> Singe ich für euch die Freude der Wiedergeburt.
>
> Meine kleine Familie verlasse ich heute.
> Meiner großen Familie begegne ich morgen.
> Vater, sei nicht traurig, ich komme wieder.
> Mutter, weine nicht, ich bin ein Mann.

So sangen wir, als wir in den dunklen Busch eindrangen und von den Bäumen verschluckt wurden. Eine Marschordnung gab es nicht. Ich ließ mich einfach von den anderen Jungen mitziehen. Meine Füße bewegten sich automatisch. Wie viele Jungen gingen hier in den Busch, um initiiert zu werden? Wie viele Dörfer waren hier vertreten? Ich hätte gern jemanden gefragt, doch empfand ich eine Art spürbaren Widerstand gegen das Stellen von Fragen. Die Luft ringsum war mit Bedeutsamkeit geladen, mit etwas so Großem, daß der Versuch, es in Worte zu fassen, es entweihen, ja das ganze Unternehmen in Frage stellen würde. Also blieb ich ruhig und benahm mich wie die anderen. Außerdem sangen die Leute und gingen so schnell, daß an ein Gespräch gar nicht zu denken war. Ich entschloß mich, bei der erstbesten Gelegenheit zu fragen, wer die anderen Initianden waren.

Das Einweihungslager war eine notdürftig gerodete Lichtung mitten im Busch. Um den Busch erstreckte sich eine Savanne mit hohem Gras, umgeben wie mit Schutzwällen von Bergen und Hügeln. Wenn ich mir früher einen Platz vorgestellt hatte, wo das Wunderbare und Übernatürliche das Natürliche war, hatte ich immer an Talismane und Medizininstrumente gedacht – auf Elefantenhaut aufgenähte Hyänenschwänze für visionäre Stimmung, Mut und Entschlossenheit, getrocknete Löwenherzen für Aufgaben, die besondere Unerschrockenheit erforderten, Jagdtrophäen für mystische Rituale, Beutel aus Katzenfell mit nichtmateriellen Angriffswaffen usw. Aber die Lichtung sah nicht anders aus als ein einfacher runder Platz, wo die Bauern die geernteten Feldfrüchte vor dem Transport nach Hause zu stapeln pflegen. Vielleicht war ja auch Baor nichts anderes als eine Rückkehr zur Einfachheit oder eine Ernte der Einfachheit. In diesem Fall waren wir die Früchte.

Das Gelände war in zwei kreisförmige Bezirke geteilt. Der größere diente zum Unterricht und als Schlafplatz für die Neophyten. Dreißig Meter davon entfernt, befand sich der andere für die fünf Ältesten, denen der Vollzug der Baor-Rituale oblag. Jeder der fünf Ältesten besaß als Bett eine brandneue Strohmatte. Im Zentrum des Kreises der Ältesten befanden sich ein Feuerplatz und eine kleine Hütte. Meiner Vermutung nach enthielt sie die »Lehrmittel« für die nächsten sechs Wochen. Alles in allem gewann man den Eindruck, daß die Ältesten genau wußten, wie sie uns einführen wollten.

Unser Kreis andererseits war praktisch leer, als wir dort ankamen. Wir sammelten Baumblätter, um uns Betten für die Nacht zurechtzumachen, und Trockenholz für das Feuer. Sobald wir auftauchten, zogen sich die Ältesten zurück, und ein Beauftragter, ein Trainer, gab uns Anweisungen. Er war für seine Aufgabe ausgebildet worden und für die Organisation verantwortlich. Wir wußten, die Ältesten hielten sich irgendwo auf, sahen sie aber erst bei Einbruch der Nacht, als sie plötzlich wie aus dem Nichts auftauchten und mit unserem Training begannen.

Während wir so unser Nachtlager vorbereiteten, fragte ich mich, ob man auch ans Abendessen gedacht hatte. Niemand sprach oder stellte Fragen, und das allgemeine Schweigen begann mich nervös zu machen. Schließlich fragte ich meinen Freund Nyangoli, ob uns Frauen aus dem Dorf das Abendessen bringen würden, da wir seit Morgen nichts gegessen hatten. Nyangoli streifte geschickt die Blätter von einem Zweig, den er von einem Baum abgerissen hatte. Ohne den Kopf zu wenden, antwortete er trocken: »Wenn eine Frau hier auftauchte, würde sie in Stücke gerissen und einzeln geröstet werden.«

»Aber was sollen wir dann essen?« fragte ich verwundert.

»Wir sind nicht hier herausgekommen, um zu essen. Wenn du Hunger hast, iß, wo du kannst, solange du nur das Programm nicht durcheinanderbringst.«

Ich wechselte das Thema: »Weißt du, wie viele wir hier sind?«

»Dreimal zwanzig plus drei, fünf Dörfer insgesamt«, entgegnete er. So drücken die Dagara dreiundsechzig aus.

Als die Dunkelheit dieser ersten Nacht hereinbrach, rief uns unser Trainer zu, wir sollten den Feuerkreis zurechtmachen. Dabei benutzte er seinen Jagd-Wélé und pfiff die Worte eher, als daß er sie sang. Der Wélé sieht wie eine zwölf Zentimeter lange Flöte aus, mit zwei Löchern rechts und einem Loch links. Die Dagara-Sprache ist eine Klangsprache, d.h., sie wird im Singsang gesprochen. Und bei wichtigen rituellen Anlässen ist es üblich, die Worte auf dieser Flöte zu blasen. Jeder Ton hat eine bestimmte Bedeutung, und die Leute nehmen dann die Botschaft ernster.

Die Aufforderung des Trainers erging, während sich einige von uns außerhalb des Initiationskreises befanden und noch trockenes Holz und frische Blätter sammelten. Ich verstand wenig von dieser Musiksprache und begriff nur, daß wir uns irgendwie um die »Sonne der Nacht« versammeln sollten. Der Rest war reines Kauderwelsch für mich. Die Sätze waren äußerst kompliziert, als ob der Trainer ein persönliches Interesse daran hätte, seine Musiksprache so raffiniert zu gestalten, daß jemand mit derart dürftigen Musikkenntnissen wie ich nicht mehr mitkam.

Nyangoli spürte meine Not und übersetzte mir. »Er sagt, die Sonne schickt sich an schlafen zu gehen. Als die Decke der Dunkelheit sich übers Land der Götter breitete, hätten sich die Ahnen an die Ältesten gewandt. Sie hätten sie aufgefordert, ihn, den Trainer, in Bewegung zu setzen. Und deshalb wolle er uns nun für die Unterrichtszeremonie zusammenrufen. Das ist es, was er gesagt hat, Wort für Wort.«

»Und was hat es zu bedeuten?«

»Nichts«, antwortete Nyangoli gleichgültig. »Schon bald werden die Ältesten uns sagen, was wir hier draußen sollen. Das ist alles.«

Mir wurde jetzt allmählich bewußt, daß ich mich auf unbekanntem Terrain befand. Das erste Mysterium war die Botschaft der Flöte gewesen. Wie viele würden noch folgen?

Als wir zum Initiationskreis zurückkehrten, waren schon beinahe alle dort versammelt. Die Sonne war untergegangen, Dämmerung umgab uns, bereit, sich mit ihrem letzten Rest Tageslicht von der Nacht verschlingen zu lassen. In der Mitte des Kreises hatte man ein kleines Loch gegraben. Darum herum steckte man Trockenholzstücke in den Boden, legte kleinere Holzstücke darauf und türmte sie auf, bis eine Feuerstelle entstanden war. Der Trainer überwachte das Ganze. Kandidaten, die nicht mithelfen konnten, weil wir einfach zu viele waren, schauten entweder zu oder machten weiter ihre Betten. Als der Holzstoß fertig war, war es stockdunkel.

Der Trainer steckte die Hand in den Medizinbeutel und holte zwei Feuersteine heraus. Er legte trockenes Gras neben die Feuerstelle und schlug die Feuersteine aneinander. Ein Funke sprang heraus und aufs Gras, hatte aber keine Wirkung. Der Trainer wiederholte den Vorgang mehrere Male, bis endlich Rauch aus dem trockenen Grashaufen aufstieg. Ein Junge kniete nieder und blies in die Flammen. Er schien keine Eile zu haben, sondern begann langsam und mit geschlossenen Augen, als wollte er den glimmenden Funken, der sich in das trockene Gras hineinfraß, in sein Inneres aufsaugen. Währenddessen murmelte der Trainer ein paar Worte – ein Gebet zu den Gottheiten des Südens, zum Gott des Metalls und zu Daziè, dem Lichtbringer.

Sein Gebet war zu Ende, als das Gras endgültig Feuer gefangen hatte. Hierauf entzündete er ein Bündel aus trockenen Hirsestengeln an dem brennenden Gras. Er hielt die Stengel in die Luft, betete wieder zu den Göttern und berührte jetzt das Holz mit dem Feuer. Schon bald drängte es die Schwärze der Nacht zurück. Unsere Schatten schwankten rhythmisch mit den Flammen, die im Takt ihrer eigenen Musik tanzten. Wie im Banne einer unsichtbaren Macht, stimmte die ganze Schar das Lied des Lichtes an:

O Licht des brennenden Feuers,
Reinige mich vom Schlamm der Nacht,
Der auf meinen Lidern liegt.

O Werkzeug meines Sehens,
Schließe mir nicht die Lider,
Auch wenn du das Holz zu Asche verzehrst.

Könnte ich sehen ohne dein Licht?
Könnte ich leben ohne deine Wärme?
Könnte ich leben, wenn du nicht lebst?

O Licht des brennenden Feuers...

Ich konnte mich nicht erinnern, dieses Lied schon früher gehört zu haben, aber die Musik war einschmeichelnd, beruhigte (ich mußte immer noch unaufhörlich ans Essen denken) und besänftigte das Herz. Ich murmelte ein wenig mit und wünschte, ich könnte wie alle anderen mitsingen. Aber ich war zu lange weggewesen. In der Mitte des Kreises, den wir instinktiv gebildet hatten, stand der Trainer und leitete den Chor. Die Melodie drang einem unter die Haut, bis das Herz lichterloh brannte. Sehr schnell fiel ich ihren Rhythmen, Worten und Klängen zum Opfer. Wir hielten einander an den Händen und schunkelten im Takt hin und her. Es war wie ein Rausch, nachts mitten im Busch so zu singen – selbst mit leerem Magen...

Diesen Augenblick wählten die Ältesten für ihren dramatischen Auftritt. Sie sahen wie lebende Skelette aus, halb nackt, Gesicht, Hals, Bauch und Rücken mit weißen Streifen bemalt. Jeder Älteste trug Zeremonienhosen aus Baumwolle. Sie waren voluminös und wirkten aus der Ferne wie geblähte Beutel. Die dünnen, schwarzen Körper der Ältesten waren in der Dunkelheit nicht sichtbar, nur die aufgemalten weißen, fast phosphoreszierenden Streifen. Jeder Älteste trug auch seinen Medizinbeutel aus Katzenhaut. Sie schritten in einer Linie, langsam, schweigend, unerschütterlich. Solange sie noch die Dunkelheit einhüllte, weit weg vom Feuer, leuchteten ihre Körper. Aber als sie näherkamen, ins Licht, hörte das Leuchten auf.

Ihre Gegenwart steigerte unsere Inbrunst beim Singen. Wir sangen immer lauter, als ob das Alter an sich Kräfte freimachte, die uns jetzt plötzlich zur Verfügung standen. Unsere Lehrer wanderten inzwischen um das Feuer im Mittelpunkt des Kreises herum – dreimal im Uhrzeigersinn, dreimal gegen ihn. Sie sangen nicht mit. Als sie stehenblieben, hörte der Gesang wie durch Zauberei schlagartig auf. Niemand forderte uns auf aufzuhören – das Lied kam uns sozusagen einfach abhanden. Es verließ uns, als ob eine Kraft es von unseren Lippen gelöst hätte, wie eine Kalebasse den durstigen Lippen des Trinkers entzogen wird. Das nun folgende Stillschweigen war ebenso dicht wie die Finsternis hinter uns im Busch.

Jetzt holte einer der Ältesten etwas aus seinem Beutel: eine Tasche, an der eine Art Schwanz befestigt war, wie wenn lange, geheimnisvoll strähnige Haare aus ihr herauswüchsen. Er führte sie an den Mund und murmelte ein paar leise Worte. Nur die Lippen bewegten sich. Dann hielt er das Schwanzende in Richtung des Feuers und äußerte einige Laute in Ursprache. Da färbte sich das Feuer violett und prasselte hoch auf. Wir hielten einander immer noch an den Händen. Der Älteste trat nahe ans Feuer heran und sprach wieder in Ursprache. Mit jeder seiner Bewegungen flammte das Feuer höher auf, bis es als violette Säule fast sechs Meter hoch in der Luft stand. Von da an hörte und dachte ich nichts mehr.

Das violette Feuer sah wie ein Geist mit Flammenarmen aus, der einen brennenden Stock hielt. Die Beine schienen mit Flammengewändern bedeckt, die pfeifend und zischend prasselten. Die Ältesten waren unversehens aus der Mitte des Kreises verschwunden, wie vom Erdboden verschluckt. Nur dieser Geist blieb und dröhnte mit tiefer Stimme. Plötzlich wußte ich, was in den nächsten sechs mal fünf Tagen (fünf Tage bilden eine Dagara-Woche) auf uns zukommen würde, obwohl es mir niemand erzählt hatte. Es war, als ob es mir direkt ins Bewußtsein gegossen worden wäre. Ich hätte nicht sagen können, ob es schon vorher darin oder erst gekommen war, als sich das Feuer in einen Geist verwandelt hatte. Kann sich eine durstige Kehle erquickt fühlen, ohne das kühle Wasser am Gaumen gespürt zu haben? Oder ein hungriger Magen gefüllt fühlen, ohne daß die Zunge das Essen geschmeckt hat? Irgendwie war das Programm des Baor in uns hineingegossen worden. Später stellte ich fest, daß auch alle anderen wußten, was ich jetzt wußte.

Ich bezweifle, ob das Ganze länger als dreißig Minuten dauerte. Doch als ich zu mir kam, wurde der Geist wieder zu einem normalen Feuer. Er zog sich langsam – widerstrebend, als befürchte er eine Falle – ins Feuer zurück. Der für diesen Zauber verantwortliche Älteste stand vor dem Feuer. Er war dünn, hoch gewachsen und blickte streng. Mit Körper und Geist konzentrierte er sich völlig auf seine Schöpfung. Die Augen standen weit offen und quollen hervor. Die anderen Ältesten standen am selben Platz wie vorher. Sie waren die ganze Zeit dort gewesen, und ich hegte den Verdacht, mein Eindruck, sie seien verschwunden, hatte etwas mit der geheimnisvollen Erscheinung im Feuer zu tun.

Jetzt befahl der Trainer, wir sollten uns setzen. Vier Älteste postierten sich rings um uns, in vier verschiedenen Ecken – den vier Himmelsrichtungen –, das Gesicht einander zugewandt. Der fünfte Älteste, der für die eigentliche Initiation Verantwortliche, stand immer noch in der Mitte des Kreises neben dem Feuer. Langsam im Kreise gehend, sprach er unaufhörlich und mit fliegendem Atem, als habe er es sehr eilig. Irgendwie klangen seine Worte vertraut, sowohl mir als auch – wie ich später herausfand – allen anderen. Es war, wie wenn er etwas, was wir alle schon wußten, nur in Worte faßte, etwas, was uns niemals bewußt geworden war und was wir niemals verbalisiert hatten.

Und er sagte folgendes: Der Platz, an dem er stand, war der Mittelpunkt. Jeder von uns besaß einen Mittelpunkt, von dem er sich seit seiner Geburt mehr und mehr entfernt hatte. Geboren zu werden bedeutete, den Kontakt mit seinem Mittelpunkt zu verlieren, und aus einem Kind ein Erwachsener zu werden hieß, sich immer weiter davon zu entfernen.

»Der Mittelpunkt ist sowohl innen als auch außen. Er ist überall. Aber wir müssen uns seiner bewußt werden, müssen ihn finden und bei ihm bleiben. Denn ohne den Mittelpunkt können wir nicht sagen, wer wir sind, woher wir kommen und wohin wir gehen.«

Er erklärte weiter, das Ziel Baors sei, daß wir unseren Mittelpunkt fänden. Dieser Unterricht habe nur den Zweck, all das Unglück wieder in Ordnung zu bringen, das sich im Lauf von dreizehn Regenzeiten in unserem Leben angesammelt hatte. Ich war jetzt zwanzig. Wäre ich immer zuhause gewesen, hätte ich dies alles schon vor sieben Jahren erleben können. War es nicht vielleicht schon zu spät dafür? Aber dann dachte ich doch, besser spät als niemals.

»Kein Mittelpunkt eines Menschen deckt sich mit dem eines anderen. Findet also euren eigenen Mittelpunkt, nicht den Mittelpunkt eures Nächsten, nicht den Mittelpunkt eures Vaters, eurer Mutter, eurer Familie oder eures Vorfahren, sondern den Mittelpunkt, der euch und nur euch gehört.«

Während er sprach, hielt er seinen Medizinbeutel so, daß der Schwanz nach oben wies. Er wanderte langsam wie von einer unsichtbaren Macht bewegt und beseelt von kraftvoller Jugend, die keine Müdigkeit kennt. Er sagte, jeder von uns sei ein Kreis, wie der Kreis, den wir um das Feuer gebildet hatten. Wir seien beides, der Kreis und sein Mittelpunkt. Ohne Kreis kein Mittelpunkt und umgekehrt. Wir lauschten aufmerksam, wurden von innen her still.

»Wo ein Mittelpunkt ist, da gibt es auch vier Lebensabschnitte im Kreis: den aufsteigenden Abschnitt im Osten, die rechte Seite, d. h. den Norden, den untergehenden Abschnitt im Westen und die linke Seite, den Süden. Jeder Mensch ist ein Kreis. Der untergehende Abschnitt verkörpert die Kühle des Wassers. Er sorgt für den Frieden des Körpers und der Seele und überbrückt den Abgrund zwischen Äußerem und Innerem. Er führt uns zu unserer Familie, zum Dorf, zur Gemeinschaft. Er macht ›viele‹ aus uns. Der Gott der untergehenden Seite ist der Gott des Wassers, das wir trinken, des Wassers, das uns den Durst löscht.

Die Gegenseite ist der aufgehende Abschnitt, das Feuer. Der Gott, der uns handeln, fühlen, sehen, lieben und hassen läßt. Feuer besitzt Macht, die große Macht der Bewegung, sowohl in als auch außerhalb von uns. Außerhalb von uns drängt es uns zueinander, drängt uns zur Ausführung unserer Pflichten, zum Entwurf unseres Lebens. Durch diese aufgehende Kraft in uns und bei uns agieren und reagieren wir. Das Feuer in uns zieht die geistigen Kräfte von außerhalb in uns hinein. Das Feuer in uns verursacht, daß unsere wirkliche Familie – jene Menschen, zu denen wir uns auf den ersten Blick hingezogen fühlen – uns erkennt. Vom Reich der Vorfahren aus ist dieses Feuer in jedem von uns zu sehen. Es leuchtet wie die Sterne, die ihr über eurem Kopf funkeln seht. Stellt euch einmal vor, was geschehen würde, wenn ihr dieses Feuer nicht in euch hättet! Ihr wäret tote Sterne, unsichtbar, wild, gefährlich.

Ja, dieses Feuer in uns ist niemals tot, und deshalb braucht es auch niemals wiedergeboren zu werden. Wenn wir, ohne es gesagt zu bekommen, wissen, wir müssen ein bestimmtes Opfer oder Ritual vollziehen, so wissen wir es, weil es das Feuer uns sagt. Mittels des inneren Feuers sprechen wir unablässig mit jenen, die wir bei der Geburt verlassen haben. Das Feuer ist das Seil, das uns mit unserer wahren Heimat verbindet. Wir haben sie verlassen, als wir in die Geburt hineinstarben. Wir verlassen unsere wahre Heimat, um in dieses Leben hier einzutreten, aber darin liegt nichts Unrechtes. Ihr werdet das Warum verstehen, lange bevor ihr hier ausgelernt habt. Aber meine Aufgabe ist es nicht, euch das zu erzählen. Warum auch? Niemandem kann ich seine höchstpersönliche Wahrheit mitteilen – wer bin ich denn, um so etwas auch nur zu versuchen?«

Der Älteste blieb stehen, doch niemals ließ er das Feuer mit den Augen los. Er starrte mit solcher Intensität hinein, als sähe er wieder einen Geist daraus emportauchen. Von den vier Ecken des Kreises aus betrachteten ihn die anderen Ältesten. Ich konnte genau sehen, wie das Feuer in ihren Augen tanzte, die niemals blinzelten.

Für die Dagara ist das Feuer etwas ganz anderes als für die Menschen des Westens, sowohl buchstäblich als auch figürlich. Die beiden Begriffe sind fast völlige Gegensätze. Im Westen gilt Feuer als etwas Wildes, Gefährliches, Unzähmbares. Es treibt den Menschen zu unbeherrschbarer Leidenschaft und rastlosem Streben nach materiellen Dingen. Auf mich wirkte es immer komisch, daß es in Amerika und Europa Feuerwehren gibt. Für einen Dagara wird die verrückte Angst, die das Feuer im westlichen Menschen erzeugt, dadurch verursacht, daß der Sinn des Feuers sich ins Gegenteil verkehrt hat. Die Menschen des Westens haben ihr Lebensziel vergessen.

Meine Augen schweiften von dem Ältesten zu den Neophyten am Feuer. Jeder nahm eine andere Haltung ein. Teils wirkten sie wie Versteinerungen, teils wie Strohpuppen. Sie hatten die Herrschaft über ihre Körper verloren. Für kurze Zeit hatte ich das Gefühl, ich sei die einzige Person mit Bewußtsein hier. Die anderen hatten sich weit mehr als ich mit den Lehren des Ältesten im Kreismittelpunkt verbunden. Aber wie gelang ihnen das? Warum blieb ich ein Außenseiter, unfähig, den Zustand höchster Intensität zu erreichen, den ich in allen Gesichtern las?

Während meine Augen im Zirkel umherwanderten, bestätigten sie mir nur meine Einsamkeit. Niemand bemerkte meine Blicke. Jeder ging voll im Geschehen auf. Warum fiel es mir so schwer, mich gleich allen anderen den Dingen hinzugeben? Wer oder was lenkte mich ab?

Ich versuchte, mich wieder zu konzentrieren. Aber je mehr ich es versuchte, desto mehr empfand ich, wie allein ich in diesem Kreis regungsloser Männer war. Ich spürte nicht einmal meinen Nebenmann. Mein Körper hatte aufgehört, andere Menschen zu registrieren, da niemand mehr da war, der auf ihn reagierte. Nicht einmal meine Furcht voll zu erleben war mir möglich: Jemand anderes fürchtete an meiner Stelle... Ich hatte den Eindruck, ich sei der einzige Mensch im Kreis, der den Ältesten nicht hörte, obwohl er immer noch weitersprach.

Da schlug plötzlich meine Wahrnehmungsweise um. Alles war ins Gegenteil verkehrt. Der Älteste hatte die ganze Zeit gesprochen, hatte niemals aufgehört, zu sprechen und ins Feuer zu starren. Doch diese neue Wahrnehmungsweise half mir ebenfalls nicht, in die Wirklichkeit zurückzufinden. Statt dessen hatte ich das Gefühl, ich spränge nur von einem Widerspruch in einen anderen, von einer seltsamen Wahrnehmung in eine andere, und als nähme ich die Wirklichkeit auf jeden Fall abnormal wahr. Ich legte zu großen Wert darauf, Sinn in etwas hineinzulegen, das wahrscheinlich nur dazu gedacht war, meine gewöhnliche Wahrnehmungsweise in Frage zu stellen.

Es wurde mir bewußt, daß ich von einem unwiderstehlichen Drang überwältigt wurde, alles, was ich sah und erlebte, zu analysieren und intellektualisieren. Und dieser Impuls, alles in Frage zu stellen, war kalt und ziellos. Und wie müde wurde ich es, mit meinen Gedanken nirgends anzukommen! Wie müde, denkend dauernd Niederlagen einstecken zu müssen! Ich saß in der Falle, gefangen hinter dicken Mauern, und versuchte vergeblich auszubrechen. Aber wo würde ich herauskommen, wenn mir der Ausbruch doch gelang?

Etwas in mir schrie laut auf. Es wollte diesem Bann der Isolation entrinnen. Wo war ich denn, wenn ich der einzig Lebendige in diesem Kreis war? Wo waren diese Menschen – die Ältesten, die Neophyten, wo mein Freund Nyangoli, der da neben mir saß, steif wie ein Stück Holz? Das Feuer prasselte immer noch laut, hatte aber ebenfalls aufgehört, sich zu bewegen. Alles und jedes um mich herum war wie ein Museumsstück, und ich war der Museumsbesucher.

In diesem Augenblick rückte der Wald näher heran. Ich war mir ganz sicher: Die Bäume hatten sich herangewegt. Wie weit, das konnte ich nicht sagen. Es war mir, als ob alles ringsum – außer das seltsam unbewegliche Feuer und meine Gefährten – lebendig geworden wäre, seltsam lebendig. Um diesen Zustand zu beurteilen, hatte ich keinen Maßstab als meine absolute Sicherheit.

Überall um mich herum und unter mir empfand ich plötzlich pulsierendes Leben, bis zum kleinsten Stückchen Erde. Die Art, wie sich dieses Leben ausdrückte, war überirdisch: Töne waren blau oder grün, Farben laut oder leise. Ich sah leuchtende Visionen und Erscheinungen, atmende Farben inmitten totaler Unbeweglichkeit. Alles schien voller Sinnhaftigkeit. Sogar der wie versteinerte Kreis von Menschen gehörte zu dieser Symphonie der Sinnhaftigkeit. Jeder einzelne war die Gesamtsumme aller hier anwesenden Strahlungen. Trotzdem waren die Menschen nicht verantwortlich für diese Tätigkeit des Universums um sie herum – sie hingen von ihr ab und dienten ihr doch zugleich auch.

Am seltsamsten anzusehen war der Älteste im Mittelpunkt des Kreises. Er wirkte wie ein aus vielen Teilen zusammengesetztes, immaterielles Wesen, ein Amalgam aus Farben, Tönen und unzähligen Formen. Alle Teile, aus denen er bestand, auch die kleinsten – die Zellen und Bakterien in seinem Körper, selbst die winzigsten Atome – waren lebendig geworden. Er selbst bewegte sich nicht, nur die Farben, Töne und Gestalten. Ohne es in Worte fassen zu können, verstand ich doch, was hier vor sich ging. Denn in einem solchen Zustand des Bewußtseins gibt es keinen Unterschied zwischen Bedeutung und Sein. Die Dinge waren zu ihrer eigenen Bedeutung geworden, und ich wußte plötzlich: Das war die Lektion dieses Abends. Ich begriff auch, dies war die Art des Wissens, mit der ich mich allmählich bekanntmachen mußte – nicht, indem ich mich außerhalb meiner selbst begab, sondern dadurch, daß ich in mich und andere hineinschaute. Aber für den Augenblick konnte ich nichts anderes tun, als zu empfinden und zu bewundern, wie die Wirkungen der feinen, unsichtbaren Welt meiner Blindheit ein Schnippchen schlugen und sich ein Recht auf meine Wahrnehmung sicherten. Wie ruhig man wird, wenn man sich Auge in Auge der reinen kosmischen Energie gegenübersieht!

Ein Versuch zu sehen

Ich weiß nicht mehr genau, wie diese Veranstaltung endete. Woran ich mich noch erinnere, ist ein riesiger, tonnenschwerer Felsblock, der mir entgegengeschleudert wurde. Ich sah ihn auf mich zufliegen, so schnell, daß keine Zeit zum Ausweichen blieb. Ich konnte nur noch die Hände wie einen Schild vors Gesicht ausstrecken. Diese Verteidigungsgeste war aber kaum mehr als ein Scherz. Denn schon traf mich der Felsen mit einem großen Krach. Ich sah mich plötzlich, flach wie eine Pappfigur, auf dem Boden liegen ... Aber kein Felsen war mehr da! Da hörte ich eine vertraute Stimme: »Malidoma, du bist spät dran.«

Ich blickte umher und bemerkte, daß ich aufrecht saß, wie vor der Vision am Feuer. Es war Nyangoli, der zu mir sprach. Es war kein Felsblock gewesen, der mich getroffen hatte, sondern nur Nyangoli, der mich sanft streichelte, um mich auf sich aufmerksam zu machen. »Ich mußte dich anstoßen, um dich hierher zurückzuholen«, erklärte er. »Du möchtest sicher nicht zurückbleiben.«

Das Feuer war fast herabgebrannt. Die Flammen hatten das letzte Holzsplitterchen verzehrt und erloschen jetzt. Kein Ältester war mehr zu sehen, weder im Mittelpunkt des Kreises noch sonstwo. Nur der Trainer war noch da. Er fragte, ob jeder zurückgekommen sei, doch als niemand antwortete, schien ihn das auch nicht zu stören. Er kannte die Antwort schon. »Die Nacht eurer Erziehung hat jetzt begonnen«, sagte er. »Es wird eine schlaflose Nacht sein, bis zur Morgenröte des Erwachens. Ihr werdet noch mehr Wunder erleben, ganz andere Dinge sehen und spüren, und euch von Grund auf verwandeln. Ich bin beauftragt, euch zu sagen, daß dies kein Kinderspiel ist. Ich habe bemerkt, daß es einigen von euch schon schwerfällt, sich in die Gruppe einzufügen. Ihr müßt lernen, keinen Widerstand zu leisten. Wir sind hier nicht auf dem Schlachtfeld. Ihr müßt den Tod annehmen, um zu leben. Deshalb seid ihr hier. Niemals findet ihr das neue Leben, wenn ihr schon gleich zu Anfang wieder zurückfallt.«

Keine Ahnung, wovon er da sprach! Ich schaute zu Nyangoli hinüber und hoffte von ihm, Aufklärung zu erhalten. Aber er wandte sich ab. Ich schaute Touri an, der links von mir saß. Er lächelte schmerzlich, als täte ich ihm leid und als ob er wünschte, er könnte mir helfen.

»Morgen fangen wir an, mit eurem ›Sehen‹ zu arbeiten«, fuhr der Trainer fort. »Ihr müßt lernen zu ›sehen‹. Ohne gutes Sehen könnt ihr nicht weitermachen. Aber sobald ihr gelernt habt, gut zu sehen, könnt ihr, jeder für sich, eure Plätze in dieser Welt aufsuchen und jedes Stückchen eurer selbst entdecken. Für heute möchte ich, daß ihr schlaft. Legt eure müden Glieder für die Nacht zur Ruhe und haltet eure Geister wach. Ab jetzt wird es ohne Pause weitergehen, bis alles vorbei ist.«

Teils verstand ich ihn, teils nicht. Der verstehende Teil wußte, meine Tage und Nächte würden jetzt wie in einem Traum verfliegen, in dem Welten zusammenstießen und Realitäten aufeinandertrafen. Ich würde nur am Leben bleiben, wenn ich mich aufs äußerste anstrengte. Ich durfte dem Initiationsprozeß nicht den geringsten Widerstand entgegensetzen und keine eigenen Regeln und Maßstäbe aufstellen, um den in Gang kommenden Informationsfluß zu kontrollieren. Ich wußte auch, daß ich etwas verlernen mußte. Alle meine früheren Ideen über die Welt mußten sich ändern. Die Wirklichkeit wandelte sich, und ich mußte mitarbeiten. Falls ich es nicht tat, würde mich der Strom der Realität wahrscheinlich trotzdem und unfreiwillig mit sich fortreißen. Vom ersten Tag an setzte die Stammeserziehung einen Schlußpunkt unter alles Bisherige. Es war unwiderruflich zu Ende.

Aber es war auch ein Teil in mir, der nicht wußte, wie er

sich zu all diesem Neuen stellen sollte. Myriaden von Fragen warfen sich meiner Reise ins Land überlieferten Wissens entgegen. Ich sehnte mich nach Debatten, nach Theorien, nach Kritik – eindeutig ein Erbe der Welt der Weißen. Doch mußte ich mir auch sagen, daß man unmöglich ununterbrochen Fragen stellen kann. Man kann nicht dauernd Theorien ausarbeiten, um seinen Erlebnissen einen Rahmen zu geben oder ihnen das Dach einer Theorie überzustülpen. Vor meinen Augen enthüllten sich allmählich die Techniken des Lernens im Sinne der Überlieferung und wischten meine vorgefaßten Meinungen über die richtigen Lernmethoden vom Tisch. Der Gegensatz zwischen dem neuen Zustand des Bewußtseins und meinen Gewohnheiten im Seminar war derselbe wie der zwischen flüssig und fest. Das Dagara-Wissen war flüssig in dem Sinne, daß das Gelernte lebte, atmete, flexibel und spontan war. Was ich lernte, ergab einen Sinn nur im Kontext von Beziehungen. Es war nichts Festes, selbst wenn es einmal den Anschein haben mochte. Zum Beispiel sind Bäume nichts Bewegungsloses, sondern reisen wie wir von Ort zu Ort. Im Gegensatz dazu war das mir übertragene westliche Wissen etwas Festes. Es ist zu einem solchen Grad in logische Regeln gepreßt, daß es steif und unflexibel wird. Die Kenntnis, die man aus einem Buch bezieht, aus dem festgelegten Kanon schriftlicher Überlieferung, ist sehr verschieden von dem lebendigen, atmenden Wissen, das ein Ältester überträgt – und erst recht verschieden von dem Wissen, das aus dem Inneren, aus der Seele kommt.

Dennoch konnte ich es nicht lassen, mir Fragen zu stellen. Konnte eine Realität einer anderen widersprechen? Was war das für eine neue Realität, in die ich eingeführt werden sollte? Worauf gründet sich »Realität« überhaupt? Im Zeitraum von wenigen Stunden hatte ich soviel neue Informationen gewonnen, daß ich sie schon als nutzlosen Ballast empfand. Aber wie das passiert war, das durchschaute ich nicht. Was war denn geschehen? Ein alter

Mann hatte zu sprechen angefangen, und plötzlich stellte sich bei mir Wissen ein oder Erinnerung. Ich mußte unbedingt etwas gegen meine mentale Rastlosigkeit unternehmen, sie abschneiden oder beherrschen lernen. Andernfalls war es, das wußte ich, mein Untergang. Woher ich das wußte? Ich spürte es einfach. Es war eine Gewißheit, unfehlbar und unwidersprechlich.

Diese Nacht vergaß ich, was Essen ist. Der Hunger, den ich abends noch gespürt hatte, verschwand wie in Panik vor dem Geschehenen. Ich war dermaßen angespannt, daß ich mich um etwas so Profanes wie Hunger nicht mehr kümmern konnte. Ich pulsierte rhythmisch in den Schwingungen der Erde mit: Grün, Gelb, Blau, Weiß – überall um mich her konnte ich diese Farben sehen. An allem Lebendigen hafteten sie, einzeln oder in Kombinationen. Die Initianden lagen auf ihren provisorisch aus Stroh und Blättern aufgeschütteten Betten. Die Nacht war kalt, so kalt, daß ich alles gegeben hätte, um meinen nackten Körper zudecken zu können. Doch nur kalte Blätter waren da, unter die ich und die anderen Schüler kriechen konnten. Wir waren nackt und würden für die ganze Zeit der Initiation nackt bleiben. Beim Anhauch des kalten, staubtrockenen Windes schauerte ich furchtsam zusammen. Es war schon eine Weile her, daß uns der Trainer entlassen hatte. Doch schlief ich noch nicht und spürte, daß auch sonst niemand schlief. Welcher Bann hielt uns gefangen? Vielleicht hatte der Trainer ganz recht, und ich leistete Widerstand, stellte Fragen und widerstrebte. Daher versuchte ich mich ganz leer zu machen und konzentrierte mich auf meine Ruhelosigkeit. Eine Zeitlang empfand ich mich wie außerhalb meines Körpers, als stünde ich vor mir selbst und betrachtete mich. Das war doch nicht möglich, dachte ich! Aber ich konnte es mir jetzt nicht mehr leisten, etwas in Zweifel zu ziehen. Ich kam zu dem Schluß, es handle sich nur um einen Trick des Bewußtseins, den ich später schon verstehen würde. Für den Augenblick wollte ich nichts als schlafen und den rastlosen Gedanken entkommen. Ich machte mein Denken zum Thema seiner eigenen Tätigkeit.

Während ich weiter diesen Standpunkt außerhalb von mir einnahm und meinen Körper fixierte, wurde meine Aufmerksamkeit von etwas dahinter gefesselt. Ein Paar Augen schien dort in der Dunkelheit zu schweben ohne die dazugehörige Person. Sie mußten schon längere Zeit dort gewesen sein, ich hatte sie aber erst bemerkt, als sie blinzelten. Sie waren eindeutig auf mich gerichtet, und ich starrte zurück. Der dazugehörige Körper – wie er auch gestaltet sein mochte – hielt sich in der gestaltlosen, furchteinflößenden Finsternis verborgen. Alles, was ich sah, waren zwei glimmende, ovale Linsen, die von links nach rechts, von rechts nach links rollten. Aber sobald ich mich auf diese Augen konzentrierte, waren die Fragen, Einwände und Ängste, an denen ich mich bis dahin aufgerieben hatte, verschwunden. Die Augen wirkten magnetisch, verführerisch, betörend – und doch, das wußte ich, waren sie fähig, nach Belieben die schauderhafteste Panik hervorzurufen. Während die Augen beobachteten, wie ich sie beobachtete, war ich frei von Furcht. Ich weiß nicht, wie lange dieser Sehkampf dauerte. Ich hatte jedes Gefühl für Zeit verloren. Plötzlich erhoben sich die Augen in die Luft, als gehörten sie einem Riesenvogel. Ich warf meinen Kopf in den Nacken und sah zu, wie sie sich entfernten. Immer noch war meine Perspektive sonderbar verdoppelt – ich sah mich selbst vor diesen Augen und gleichzeitig die Augen hinter meinem schlafenden Körper...

Ich fror schrecklich und bemerkte, daß der Tag schon anbrach. Der Trainer goß kaltes Wasser auf die Schläfer. Dieses unwürdige Weckritual wurde während der ganzen Prüfungszeit im Busch beibehalten.

»Hier könnt ihr nicht bleiben. Auf, alle aufstehen!«, rief er. Ich setzte mich auf und betrachtete den Trainer, wie er Wasser auf die letzten Schläfer spritzte. Einige sprangen aggressiv vom Bett hoch. Ein Bursche schnellte auf, murmelte etwas, warf sich in die Luft wie ein Akrobat und landete wieder auf den Füßen, geduckt und kampfbereit. Als ihm klar wurde, daß er sich nur in einem Alptraum befand, blickte er beschämt umher, senkte den Kopf und setzte sich.

»Beeilt euch«, befahl der Trainer. »Gleich gibt's Essen. Sobald die Sonne aufgeht, beginnt der Unterricht über das Baumwissen. Ihr braucht nicht zu essen, wenn ihr nicht wollt. Je leerer der Magen, desto besser der Kopf. Andere Dinge in uns lassen sich besser füttern, wenn der Körper nicht gefüttert ist.«

Aber ich sah nirgendwo Essen. Wo sollte es Frühstück geben? Im Dorf? Doch niemand aus dem Dorf durfte uns zu Gesicht bekommen bis zum letzten Tag. Zu erschöpft, um mir weitere Gedanken zu machen, entschloß ich mich, so zu tun, als ob ich wüßte, wo es Essen gäbe. Ich sah, daß Nyangoli in den Busch ging, und folgte ihm. Er bewegte sich, als bemerke er mich nicht, doch ich wußte, er spürte mich hinter sich. Schweigend folgte ich ihm, bis er an einem Gaa-Baum stehenblieb. Er kletterte hinauf und verzehrte droben die Gaa-Früchte. Ich zögerte etwas, dann tat ich es ihm nach. Wir aßen schweigend. Ich verstand allmählich, daß Nyangoli dieses Schweigen brauchte. Es half ihm offenbar, denn er sah nicht so verstört und verloren aus wie ich. Irgendwie sagte mir seine Haltung, es gäbe eine subtile Methode, auf diese harten Schulungsmethoden zu reagieren. Ich fand diese Haltung bemerkenswert bei jemandem, der sieben Jahre jünger war als ich.

Gefrühstückt war schnell – ich war nicht besonders hungrig nach einer Nacht am Rande des Wahnsinns. Ich hörte mit dem Essen der Gaa-Früchte auf, sobald mein Freund aufhörte. Während wir zusammen zum Lager zurückgingen, wagte ich es, ein Gespräch anzuknüpfen. »Diese Nacht hatte ich einen schrecklichen Traum«, sagte ich, mich an ihn herandrängend. »Das ist jedem so gegan-

gen«, antwortete er, ohne ein Anzeichen von Neugierde zu geben.
»Woher weißt du das?«
Nyangoli blieb stehen und schaute mir in die Augen. Es war, als ob er ein verborgenes Wissen daraus hervorholen wollte. Sein Gesicht war kalt und ausdruckslos, doch in seinem Blick lag eine gewisse Anteilnahme. Anscheinend wollte er etwas sagen, im letzten Augenblick aber hielt er sich zurück. Ich hatte gehofft, er würde mir antworten, doch tat er es nicht. Schließlich bemerkte er, er hoffe, ich werde mir selbst eine Chance geben und das Bevorstehende in mich eindringen lassen.

Als wir zum Initiationslager zurückkamen, war es fast verlassen. Den Anwesenden wurde die Hausaufgabe dieses Tages gegeben: Baumwissen zu erwerben. Ich hatte eine große Versammlung wie letzte Nacht erwartet, aber nichts dergleichen geschah. Statt dessen wurden wir in Gruppen zu fünf bis fünfzehn eingeteilt und mußten ein Stück in den Busch hineingehen. Jeder Initiand mußte sich einen dicken Baum aussuchen. Wir sollten uns dann 20 Meter vom Baum entfernt hinsetzen, -stellen oder -knien und ihn fest anschauen. Man erwartete von uns, daß wir etwas sahen, sagte uns aber nicht, was. Jeder Älteste wurde einer bestimmten Zahl Schüler zugeteilt. Offensichtlich sollte er diese eintönige Übung überwachen und sicherstellen, daß wir auch sahen, was wir sehen sollten.

Der Baum, den ich mir aussuchte, war etwa zehn Meter hoch, der Stamm knapp einen Meter im Durchmesser: ein Yila-Baum. Ich suchte mir einen bequemen Platz zum Hinsetzen und begann zu starren. Die Sonne war schon höhergestiegen, und die Kühle des Morgens wich rasch einer angenehmen Wärme. Ich schaute den Baum getreulich an, wie man mich geheißen hatte. In den folgenden fünf Stunden ereignete sich nichts, nur daß die Übung immer aufreibender wurde. Ich hatte ja nichts zu tun, als einen Baum zu fixieren. Die Sonne, die mich vorher aufgewärmt und von der Kälte der Nacht befreit hatte, fing jetzt an, mich zu braten.

Um mich von dieser Folter etwas abzulenken, versuchte ich an etwas anderes zu denken. Hatte ich im Seminar nicht Schlimmeres erlebt? Handelte es sich hier wirklich um einen Sehtest, oder wurden wir nur auf Ausdauer geprüft? Die Sonnenhitze verdrängte alle anderen Wahrnehmungen. Sie überwältigte mich. Ich bekämpfte diese Ablenkung und dachte, wie schön es wäre, wenn ich diese Prüfung bestünde und bewiese, ich sei den anderen ebenbürtig. Doch es war unmöglich, die Hitze nicht zur Kenntnis zu nehmen. Schweiß lief mir in die Augen, die bald schmerzhaft zu brennen anfingen. Die einzige Möglichkeit, diese Not zu lindern, war, mir die Augen mit dem Handrücken zu reiben. Aber auch die Hände waren schweißbedeckt, so daß das gar nichts nützte. Also schloß ich die Augen. In meinem Kampf gegen die bösartige Hitze vergaß ich den Baum. Ich ließ mich von meiner Aufgabe abziehen.

Während ich so mit geschlossenen Augen dasaß, überkamen mich Ungeduld und Unzufriedenheit mit mir, wie mit jemandem, der etwas tun soll, aber nicht fähig dazu ist. Hilflos war ich einem harmlosen Naturgeschehen ausgeliefert. Das irritierte mich ungeheuer. Ich mußte unbedingt etwas unternehmen. Die Augen weiter geschlossen, stand ich auf, um mir Pflanzenblätter oder sonst etwas zusammenzukratzen, was mir als Handtuch dienen konnte. Plötzlich rief eine Stimme hinter mir: »Zurück an die Arbeit, Marsch!«

Ich sagte, ich könne nichts sehen, weil mir Schweiß in die Augen gedrungen sei. Der Älteste lachte, als sei das völliger Unsinn.

»Was willst du eigentlich?« fragte er. »Glaubst du, du siehst besser, wenn du deine Augen reibst? Aber mach, was du willst. Es steht eine Pflanze genau vor dir, die wird dir helfen.«

Ich wischte mir die Augen mit der Pflanze und nahm meine frühere Stellung wieder ein. Der Alte, der mit mir gesprochen hatte, trug einen zerfetzten, seinen ausgemergelten Körper kaum bedeckenden »Balbir«. Er kaute Kolamehl, und der Saft troff ihm aus dem rotgefärbten Mund. Den Rest der Nuß schob er rhythmisch zwischen den zahnlosen Kiefern hin und her. Bequem im Schatten eines Baumes sitzend, beobachtete er mich interessiert, als wäre ich ein Versuchsobjekt in einem geheimen Experiment.

Ich wandte mich wieder meiner Seh-Hausaufgabe zu. Die Positionsänderung hatte meinem Körper gutgetan. Für eine Weile war er wieder bereit mitzumachen. Der Schweiß kühlte jetzt sogar, und die von der Sonnenhitze bewirkte Ablenkung war nicht mehr so stark. Auf dem Weg zurück zu meinem Baum hatte ich bemerkt, daß einige andere Schüler ziellos umherstreiften. Warum nahm sie sich der Älteste nicht statt meiner vor? Ich war mir fast sicher, ich hatte mindestens drei Jungen ins Lager zurückgehen sehen.

»Du wirst nie irgendwo ankommen, wenn deine Gedanken ein Ding betrachten und deine Augen ein anderes. Die Jungen, die du gerade gesehen hast, sind mit ihrer Aufgabe schon fertig und haben frei.«

Es war wieder der Älteste von vorhin. Ich gab keine Antwort. Woher wußte er, daß ich an etwas anderes dachte, geschweige denn an diese anderen Schüler? Er mußte gesehen haben, daß ich erstaunt aufblickte, als ich nach meiner Augenpflege an meinen Platz beim Baum zurückkehrte. Du kannst unmöglich die Gedanken eines anderen lesen, sagte ich bei mir. Ermutigt durch diesen Schluß, ließ ich meine Gedanken wieder wandern, während die Augen weiter auf den Yila-Baum fixiert waren. Wenig später begann der Älteste zu singen. Wollte auch er sich dadurch von dieser langweiligen Aufgabe ablenken? Jemandem zuzusehen, der etwas fixierte, mußte ebenso öde sein, wie ins Nichts zu starren.

Bei diesem Gedanken wurde mir wohler, aber nicht für lange. Das Lied, das der Älteste sang, war kein gewöhnliches Lied. Es war eine alte Heilermelodie. Man konnte Worte auf sie singen, die gut zur gegenwärtigen Situation paßten.

> Der blinde Mann hatte zwei Augen.
> Er sah Dinge, die sich bewegten
> Und Dinge, die sich nicht bewegten.
> Er dachte, er sei nicht blind,
> Und war stolz darauf zu sehen,
> Aber aufgefordert, die Bewegung zu sehen
> In dem Ding, das sich nicht bewegt,
> Kam er zu dem Schluß, er sei blind.
> Seine Augen wollten nicht glauben,
> Daß das Ruhende nicht ruhte,
> Und daß Bewegung aufhören konnte.
> Denn das einzige, was die Bewegung konnte,
> War, sich zu bewegen, zu bewegen, zu bewegen.
> Sehen ist zu Blindheit geworden.
> Und was sich nicht bewegt,
> Weiß, du belügst dich selbst,
> Wenn du dem, was du jetzt siehst, traust.

Ich lauschte dem Ältesten, wie er sein Klagelied sang, immer und immer wieder, und mein Körper reagierte ganz sonderbar. Statt das Lied auf normale Weise mit den Ohren zu hören, hatte ich das Gefühl, ich hörte es in meinem Körper, meinen Knochen, meinem Blut und meinen Zellen. Bei jeder Wiederholung schien mir der Sinn des Liedes ein anderer und half mir irgendwie. Meine Augen waren zwar weiter auf den Baum gerichtet, doch meine Gedanken bei dem Sänger. Bald bestand kein Zweifel mehr: Der Gesang des Ältesten handelte von mir.

»Siehst du jetzt etwas?«

Er hatte aufgehört zu singen. Es war mir klar, er erwartete, daß ich jetzt etwas sah. Ich wollte ihm schon sagen, mein Baum würde niemals aufhören zu sein, was er war. Auch wenn ich ihn noch so sehr anstarrte, blieb er doch immer nur ein Yila-Baum. Statt dessen entschloß ich mich, lieber höflich zu sein. Also antwortete ich mit einem einfachen Nein.

»Schau weiter hin«, sagte er nur und fing wieder an zu singen.

Ich warf ihm einen raschen Blick zu. Er schaute nicht einmal in meine Richtung und schien sich nicht im geringsten um mich zu kümmern.

Gegen Abend wurde es kühler. Rings um mich hörte ich die Stimmen meiner Mitschüler, einige vertraut, andere weniger. Ich blieb also wieder hinter der Gruppe zurück, denn sie hatten ihre Aufgabe offenbar schon gelöst. Aber ich sagte mir auch, bald würde ich erlöst sein. Der Tag war fast vorüber.

Jetzt trat ein anderer Ältester zu meinem Supervisor, und sie sprachen über mich. Ich lauschte aufmerksam.

»Wie macht er sich?« fragte der Neuankömmling.

»In seinem Bauch ist er durch und durch ein Weißer. Er kann nicht sehen«, erwiderte mein Supervisor. »Die Medizin des weißen Mannes muß seinen ›Vuur‹ (Geist) zerstört haben. Aber seine Seele ist noch in ihm. Ich habe ja vor einem Jahr schon gesagt, er sollte besser, in seinem eigenen Interesse, nicht eingeweiht werden. Doch Kyéré hieß mich schweigen, als sei ich ein Narr. Also, wenn dieser Junge nicht einmal seine Augen auswischen kann, wie, glaubst du, soll er seinen Körper reinigen? Wir sind kaum einen Tag bei Baor, und er bleibt schon zurück.«

Es folgte ein Augenblick der Stille, unterbrochen nur durch Husten und Spucken. Obwohl ich nicht gut sehen konnte, fühlte ich doch ihre Anwesenheit ungemein deutlich. Jetzt fragte mich der Neuankömmling, ob ich etwas sehen könne. Ich antwortete, ich könne nichts sehen, außer diesen verdammten Baum, nur diesen verdammten Baum. Da lachte er mitleidig und wandte mir wieder den Rücken.

Sie nahmen ihr Gespräch wieder auf. Mein Supervisor sagte: »Man sollte doch meinen, einem Menschen wie ihm würde so etwas leichtfallen, da er ein bißchen Blut des weißen Mannes im Medizinbeutel hat. Er kann denken wie sie. Und heißt es nicht, daß die Medizin des weißen Mannes ungeheuer mächtig ist? Sie sind übers Meer in andere Weltteile gefahren, wirklich wunderbar. Dieser Junge hier ist mir ein Rätsel. Ich kenne mich nicht aus mit ihm.«

Die Stimme meines Supervisors klang ernst, als spräche er das Verdammungsurteil über mich. Ich fragte mich, warum ich ihm leid tat. Ich tat doch, was man mir gesagt hatte, oder versuchte es wenigstens. Es war nicht meine Schuld, wenn ich nichts in dem Baum sehen konnte.

»Was er in der Schule des weißen Mannes gelernt hat, muß seine Fähigkeit, durch den Schleier zu dringen, verdorben haben. Sie haben ihm etwas angetan, was ihm jetzt sagt, er solle diesen Baum nicht sehen. Aber warum tun sie so etwas? Du darfst einem Kind doch nicht beibringen, sich selbst zu schaden. Was muß das für ein Lehrer sein, der so etwas lehrt! Nein, das kann ihm der weiße Mann nicht angetan haben! Könnte es so sein, daß die Macht des weißen Mannes erst wirksam wird, wenn er die Wahrheit begräbt? Wie kann sich ein Mensch Wissen erwerben, wenn er nicht sehen kann?«

Der zweite Älteste war jetzt wirklich aufgebracht. Er sprach offenbar gar nicht mehr mit meinem Supervisor, sondern quälte sich mit einer theoretischen Frage. Auch ihm war ich offenbar ein Rätsel. Es war etwas an mir, etwas an der Art, wie ich mich gegen meine Lektionen sperrte und mein Körper falsch auf die wichtigsten Instruktionen reagierte, das diese alten Weisen neugierig machte. Sie beäugten mich wie ein Hund, der zum erstenmal einen Wurm sieht.

Die Welt des Feuers und das Lied der Sterne

Während ich weiter den Baum beobachtete, wußte ich, ich wurde dabei beobachtet. Auch nachdem ich das Gespräch meiner Lehrer mitangehört hatte, fragte ich mich immer noch, was sie wirklich von mir dachten. Ich schwankte zwischen zwei Möglichkeiten, mich einzuschätzen. Einerseits sah ich mich als lebendes Beispiel dafür, daß sich die Medizin des weißen Mannes erfolgreich gegen die Stammesmedizin durchsetzte – sie war eine Kraft, mit der man rechnen mußte. Andererseits war ich davon überzeugt, daß man mich für einen kompletten Narren hielt. Die erste Vorstellung erfüllte mich mit Stolz. Vielleicht, so dachte ich, würden mich die Ältesten weitermachen lassen, weil sie erkannten, daß sie nichts gegen mich vermochten. Aber der zweite Gedanke zog mich schnell wieder vom hohen Roß. Als die Zeit verging und mein Baum immer noch Baum blieb, mußte ich mir sagen, mein zweiter Gedanke müßte eigentlich die erste Stelle einnehmen. Verstieß ich irgendwie gegen die Regeln? Durch welchen Schleier sollte ich da hindurchdringen? Meine Hausaufgabe war es, in einer gewissen Entfernung vom Baum dazusitzen und ihn niemals aus den Augen zu lassen. Außer daß ich für einen Moment aufgestanden war, um mir den Schweiß aus den Augen zu wischen, hatte ich doch im Grunde nichts getan, wodurch ich mich als schlechter Schüler erwiesen hätte. Ich hatte immerhin demonstriert, daß ich einen ganzen Tag lang geduldig, gehorsam und aufmerksam sein konnte.

Die Dunkelheit brach herein. Die Ältesten entfernten sich, der Trainer kam. »Das wär's für heute«, sagte er. »Wenn du nichts sehen konntest, solange du Licht hattest, was erwartest du dir dann von der mondlosen Nacht? Hast du vor, dich des Sternenlichts zu bedienen?«

Ich ergriff die Gelegenheit, mit dem Trainer zu sprechen

und fragte ihn, was ich eigentlich hätte sehen sollen. Ich konnte ihn jetzt einmal genauer betrachten, da er direkt vor mir stand. Er starrte vor Dreck, sein Bauch war voller Schwielen. Er stank, als hätte er vor kurzem mit den Geiern geaast. Auch war er sehr groß und kohlschwarz. Aber seine Schwärze schien mir künstlich zu sein, erworben durch jahrelange absichtliche Unsauberkeit.

Ich wußte, die meisten Bewohner im Dorf nahmen nur einmal im Jahr ein Bad mit Seife. Doch auch die so selten badeten, sahen sauberer aus als dieser Trainer. Bei ihnen konnte man immerhin noch ein paar Poren sehen. Doch dieser Körper hier war mit einer dicken, stinkenden schwarzen Kruste bedeckt. In seinem Gesicht leuchteten zwei grelle Farben: Rot und Weiß. Das Weiße in seinen Augen bewegte sich ganz schrecklich. Die Augäpfel rollten fürchterlich in den Höhlen. Es ist zwar Dagara-Sitte, möglichst niemandem direkt in die Augen zu schauen – das würde bedeuten, in die geheime Welt des anderen einzudringen –, doch der Trainer schien es darin weitergebracht zu haben als alle anderen. Während er so vor mir stand, ließ er seine Augen nie auch nur für den Bruchteil einer Sekunde auf mir ruhen. Statt dessen schossen sie vor und zurück, nach links und nach rechts, als folgten sie den irren Bewegungen eines Gegenstands hinter mir. Die rote Farbe in seinem Gesicht lag auf dem Mund, der wie ein Vulkan wirkte. Er leckte sich die wulstigen, rissigen Lippen genüßlich wie nach einem köstlichen Mahl. Sein Mund war das einzig Saubere an seinem Körper.

Er brach den Bann, indem er sich entfernte. Ich stand auf, streckte mich und folgte ihm in einem gewissen Abstand. Plötzlich wurde mir klar, daß ich an diesem Tag versagt hatte. Nicht wegen der Bemerkungen des Trainers, sondern ich fühlte es in der Tiefe meines Wesens. Doch wußte ich immer noch nicht, was ich hätte sehen sollen oder was mich daran gehindert hatte. Der Tag war vorüber, die Nacht war da. Die Einweihung ging weiter, andere Dinge würden mich beanspruchen, aber das Versagen würde weiterwirken. Eine vorgeschriebene Frist hatte ich jetzt schon nicht eingehalten. Das war eine Enttäuschung für mich, doch schlimmer noch war die Furcht, die jetzt in mir hochkroch, als ich mich daran erinnerte, was Vater über die Gefahren der Initiation gesagt hatte. War etwas an dieser Baumstarrübung, das mich töten konnte?

Zurück im Lager, sah ich, wie Nyangoli mit den anderen Initianden sein Bett machte. Er nahm Notiz von meiner Ankunft, wie auch die anderen, ließ sich aber in seiner Beschäftigung nicht stören. Die Hitze des Tages hatte die weichen Blätter, auf denen wir nachts zuvor geschlafen hatten, getrocknet, sie mußten durch frische ersetzt werden. Niemand sagte mir, was ich als nächstes tun sollte, also machte ich mich auch an den Bettenbau. Es wurde immer dunkler. Einige waren schon mit den Betten fertig und kümmerten sich um das Lagerfeuer für die Nachtwache. Nyangoli aber wartete auf mich. Er half mir sogar beim Ausbreiten der Blätter für mein Bett. Das tröstete mich etwas, ich schaute ihn an und hoffte auf etwas Sympathie. Aber er blickte weg, wahrscheinlich war es ihm peinlich, daß ich versagt hatte.

Ich verstand seine Zwangslage. Die anderen Schüler machten ihm wahrscheinlich Vorwürfe wegen seiner Freundschaft mit einem weißgewordenen Schwarzen. Ich mußte an ein Ereignis vor einem Jahr denken, als ich noch nicht lange im Dorf zurück war. Nyangoli zeigte mir, wie man mit Pfeil und Bogen umgeht, und einige Kinder lachten ihn aus, weil er den Vater gegenüber einem älteren Burschen wie mir spiele. »Du kannst keinen Mann aus einer Frau machen,« sagte einer von ihnen lachend. »Mwin (der höchste Gott) hat es selbst einmal versucht, als er ein menschliches Wesen mit männlichen und weiblichen Organen schuf. Er hat seinen Fehler längst korrigiert – mach du es ihm also nicht noch nach.«

Nyangoli brachte tatsächlich ein Opfer durch seine

Freundschaft mit mir. Obwohl er kein Wort sagte, während er mir beim Bettenmachen half, wußte ich, daß seine Handlung Ausdruck tiefster heimlicher Sympathie war. Ich war sehr gerührt.

Durch Nyangoli hatte ich gelernt, daß die Dörfler Hemmungen hatten, über esoterisches Wissen zu sprechen und wie sehr sie das Verborgene liebten und achteten. Seitdem machte ich weniger Worte über bestimmte Themen, über die man, wie ich bemerkte, nicht sprach. Aber dieses Schweigen über bestimmte Tabus hatte mich doch niemals davon abgehalten, von Nyangoli zu lernen. Allein seine Gegenwart und Handlungen sprachen sehr deutlich von diesen unausgesprochenen Dingen, und seine Körpersprache sagte mehr als viele Worte. Niemals wurde mir das klarer, als wenn er mir, wie jetzt, half.

Als wir mit dem Bett fertig waren, gingen wir hinüber zum Lagerfeuerkreis. Niemand hatte unsere Abwesenheit bemerkt oder schien sich daran zu stoßen, daß wir zu spät kamen. Der Älteste setzte gerade den Zunder in Brand, und die von ihm erzeugten Funken verwandelten sich rasch in ein großes Feuer, das die Gesichter all jener beleuchtete, die es eifrig fütterten. Wir nahmen unsere Plätze in dem Kreis ein und warteten schweigend.

Da erhob sich der Klang der »Kuor«, der Zeremonientrommel, und sprach die Worte des Rituals, das jetzt begann. Meist waren es hohe Töne, doch ab und zu von tiefen Baßklängen unterbrochen. Die Bedeutung der Rhythmen war mir nicht unmittelbar verständlich. Doch Musik intensivierte den geweihten Augenblick und gab ihm Dauer. Als ob es der Trommel zugehört hätte, antwortete das Feuer spontan, schleuderte die Flammen empor und wechselte seine Farbe von Orange in Violett. Die Stimme der Trommel erdröhnte direkt hinter mir, aber ich hätte nicht sagen können, ob sie nah oder fern war. Das war auch weiter nicht wichtig, solange man nur ihre Stimme hörte und ihre Wirkung empfand. Bald öffnete sich der Kreis im Süden. Fünf Schüler traten herein, gefolgt von den Ältesten. Die Schüler trugen Farbtöpfe, die sie neben dem Feuer abstellten.

Die Ältesten begaben sich an die Ecken der vier Himmelsrichtungen, und der Trainer musterte die Töpfe und ihre Inhalte, um dann Medizin hineinzugießen. Ich hatte keine Ahnung, welche Überraschungen diese Nacht für uns bereithielt, und fühlte mich etwas unbehaglich beim Gedanken daran, wie sehr mich die Ereignisse der letzten Nacht mitgenommen hatten. Und als ich erst noch an mein Versagen dachte, wurde mir angst und bange. Wenn eine Erfahrung die nächste bedingte, wenn der Erfolg bei der einen den Erfolg bei der nächsten gewährleistete, dann war ich heute nacht im Feuerkreis der am schlechtesten vorbereitete Initiand.

Der Älteste im Mittelpunkt des Kreises nahm einen der Töpfe und begann mit einem Pinsel den Körper des Trainers zu bemalen. Zuerst wählte er rotleuchtende Farbe und zog ihm mehrere Linien übers Gesicht von einem Ohr zum anderen. Dann kamen Linien über und unter der Nase von einer Backe zur anderen, und schließlich machte er noch einen Kreis um den Mund.

Mir war die Symbolik dieser Gesichtsbemalung fremd, obwohl ich sehr deutlich empfand, daß die Linien eine Bedeutung haben mußten. Während der Älteste den Trainer bemalte, redete er die ganze Zeit in Ursprache. Das ist die Sprache, die die Ältesten bei Erfüllung ihrer besonderen Pflichten sprechen. Es ist die Sprache des Geistes und der Schöpfung. Unter bestimmten Umständen geäußert, hat sie die Kraft, das Geäußerte lebendig zu machen. Ursprache ist auch gefährlich und kann tödlich sein. Ich kann mich noch an das erstemal erinnern, als ich sie Großvater während meiner Kindheit sprechen hörte. Er benutzte sie als Vergeltungswaffe gegen einen Geier, der ihm auf die Glatze gekackt hatte. Er faßte den Baum, auf dem der Vogel saß, scharf ins Auge, sprach ein paar Sätze, und das arme Tier stürzte krachend zu Boden. Als ich hinübereilte, um es zu packen, war es zu Asche zerfallen. Wegen dieser gewaltigen Macht der Ursprache wird sie nur besonders ausgewählten Ältesten anvertraut.

Als ich den Ältesten beim Malen beobachtete, kam mir auch in den Sinn, es müsse eine Verbindung zwischen seinen Worten und der fast mechanischen Präzision seiner Malerei geben. Der Weg, den der Pinsel nahm, wirkte beinahe magisch. Es war wie ein Tanz, der auf die Sprache der Trommel Antwort gab. Das Tanzen des Pinsels antwortete außerdem auf das Tanzen der Flammen. Es wurde mir bewußt, daß eine Verbindung zwischen dem Rhythmus der Trommel, dem Tanz des Feuers und dem Malvorgang bestand. Schließlich war das Muster auf dem Gesicht des Trainers fertig. Es enthielt verschiedene Farben: Weiß, Rot, Grün, Blau und Gelb.

Jetzt kam die Brust des Trainers dran. Der Älteste zog eine lange, weiße Vertikallinie von unterhalb des Halses bis zum Nabel, hierauf eine Reihe gelber Horizontallinien, die die senkrechte Linie von Ost nach West kreuzten. Mit diesen Linien auf der Brust sah der Trainer aus, als lägen seine Rippen über der Haut. Noch komplizierter wurden die Muster, als der Älteste auch die Beine bemalte.

Aber bald wurde meine Aufmerksamkeit von den Mustern zu den Worten hingezogen, die der Trainer und der Älteste wechselten. Es begann als Gemurmel, das einem normalen Informationsaustausch glich. Aber bald schienen sie Gebete als Teil des Rituals zu rezitieren. Sie redeten nicht in der Ursprache, aber auch nicht in gewöhnlicher Sprache. Und immer lauter dröhnte die Trommel, immer höher und heller flackerte das Feuer, während der alte Mann sich mit dem Trainer beschäftigte und ihn in ein Phantom verwandelte.

Als er fertig war, warf er den Pinsel ins Feuer, das heftig aufloderte und prasselte. Jetzt betraten die anderen Ältesten den Kreis und hatten im Nu die fünf Schüler bemalt, die beim Tragen der Farbtöpfe geholfen hatten. Hierauf kamen diese Schüler einzeln zu uns und bemalten jeden von uns mit der Farbe, die ihm gerade zur Hand war. Einer kam zu mir mit einem Topf voll grüner Farbe. Ich schloß die Augen. Er führte den Pinsel auf und nieder, nach rechts und nach links über meinen ganzen Körper. Die Farbe war warm. Ich fragte mich, ob ich sie jemals wieder abbringen würde...

Ich öffnete die Augen wieder. Der Kreis sah wie im Märchen aus. Das Feuer war prachtvoll und lebte jetzt. Es hatte aufgehört, Feuer zu sein. Es war zu einem leuchtenden Zauberkreis geworden, Fenster in eine wundersame, von Liliputanern bevölkerte Welt. Sie schwebten inmitten des Kreises, eine seltsame Melodie singend. Ich betrachtete diese Wesen, wie magnetisch angezogen von ihren unaufhörlichen Bewegungen. Sie hingen mitten in der Luft. Ich erkannte jetzt, daß sie nur so klein wirkten, weil sie weit weg waren, doch war mir auch klar, daß sich die Dinge in dem Feuer genau vor mir abspielten. Das Lied, das jetzt aus dem Feuer aufstieg, kam nicht unbedingt von den schwebenden Wesen, sondern schien aus allem und jedem hervorzudringen. Der leuchtende Feuerkreis wurde größer und größer. Ich hätte nicht sagen können, was hier wirklich vor sich ging, aber das war mir auch gleichgültig. Es war einfach großartig.

Alle begannen jetzt eine dieser Melodien zu singen, zu denen einem plötzlich die Worte einfallen, als hätte man sie in einem früheren Leben gelernt. Ich verlor die sezierende Neigung meines Verstandes und wurde unwiderstehlich ins Geschehen mit hineingezogen. Ich sang aus vollem Hals, klatschte in die Hände und tanzte. Die anderen konnte ich nicht mehr sehen, wußte aber, sie waren alle da. Ich nahm ihre Gegenwart durch andere Sinne als die normalen fünf wahr. Bald erlebte ich sogar mich selbst auf die gleiche Art, als wäre ich unsichtbar, doch um so wirklicher, zwingender, mächtiger, durch nichts in meiner Identität zu erschüttern. Ein herrliches Gefühl! Niemals zuvor hatte ich etwas so Reales, so Echtes, so Menschliches erlebt.

Aufgefordert, in den Kraftkreis des Feuers zu springen, zögerte keiner von uns. Ich weiß nicht mehr, wer diese Aufforderung aussprach, glaube aber nicht, es war ein Ältester. Sie kam vielmehr von den Engeln, die im Feuerkreis schwebten. Das Land im Feuer war weite Natur mit Bäumen, die brannten, aber nicht verzehrt wurden. Das Feuer, in dem sie brannten, war so hell und rein wie das reinste Gold der Welt. Und ich war mittendrin.

Auch das Gras stand in Flammen, golden und nicht verbrennend. Ich kam zu einem Fluß – er strömte goldflüssig dahin, wie frische Lava, die sich den Berg herabwälzt. Der Fluß gab mir die Erfahrung einer unbeschreiblichen Leichtigkeit, tausendmal stärker als jede irdische Erfahrung. Ich sprang in einem Moment der wahnsinnigsten Ekstase hinein, und die Wirkung des Wassers war dermaßen mächtig, daß ich das Bewußtsein verlor.

Als ich wieder erwachte, war die Nacht weit fortgeschritten. Ich konnte das an der Stellung des Hirtensternes ablesen, der schon hoch am Himmel stand. Die Morgendämmerung nahte bereits. Ich lag naß und kalt am Ufer eines mir gut bekannten Dorfflusses, an die drei Kilometer von dort entfernt, wo wir abends die Bemalungszeremonie erlebt hatten. Aber ich war mehr erschöpft und verwundert als erschreckt. Ich stand auf und machte mich auf den Weg zurück ins Einweihungslager, während sich die Erinnerungen in mir überstürzten.

Etwas fiel mir auf: Obwohl es noch stockfinstere Nacht war, war ich mir doch keinen einzigen Augenblick unsicher, wohin ich gehen mußte. Irgendwie wurde ich durch eine unwiderstehliche Kraft, die ich als selbstverständlich empfand, ins Lager zurückgezogen.

Bei meiner Ankunft dort war der Tagesanbruch nicht mehr weit. Die wenigen Schüler, die ich sah, schliefen fest. Nyangoli und Touri befanden sich nicht auf ihren Laublagern. Sie waren wohl ebenfalls von dieser wunderbaren Nacht aufgesogen worden. Ich legte mich auf die kalten Blätter, konnte aber nicht einschlafen, versuchte es auch nicht. Statt dessen betrachtete ich den Himmel über mir. Es stieg ein unendliches Heimweh in mir auf, Stimmen aus weiter Ferne riefen mich zu sich...

Sie schienen aus den winzigen Sternen, die am Himmel blinkten, hervorzukommen. Ein Gefühl qualvollster Trauer, das ich nicht in Worte fassen kann, überkam mich, und ich überließ mich ihm ohne Widerstand, als wäre es ein ganz natürliches Gefühl. Mein Verstand machte nicht den leisesten Versuch zu analysieren, was mir im Verlauf der Nacht widerfahren war. Die schweigende Dunkelheit sprach mir Trost ins Herz, ich spürte die freundlichen Bäume und das Gras und das Lager. In dieser unsichtbar anwesenden Stille breitete sich die intensive Empfindung, ich sei zu Hause und getröstet, wieder in mir aus.

Andere Schüler betraten das Lager und begaben sich schnurstracks zu den Betten. Sie wirkten wie sich bewegende Schatten. Endlich sah ich auch Nyangoli zurückkehren. Er blickte mich überrascht an, streckte sich aufs Lager und fiel sofort in tiefen Schlaf. Ich hatte keine Lust, ihn zu stören. Bald stimmte der Vogel der Morgenröte sein Lied an und verkündete den Geistern und allen Nachttieren, es sei Zeit, sich zurückzuziehen. Ich hatte den scheuen, geheimnisvollen Vogel der Morgenröte noch niemals gesehen, doch hatte mir mein Bruder einmal erzählt, er sähe wie eine Eule mit flammenden Augen aus. Ich lauschte seinem Lied, während meine Augen auf den dunklen, blinkenden Himmel geheftet blieben. So bewußt war mir das Leben ringsum, daß ich das Gefühl hatte, der ganze Busch wimmle von Lebewesen. Die Bäume schimmerten freundlich, als wollten sie auf die kalte Brise der Dämmerung antworten, und diese Brise schien zahllose Gestalten mit sich zu führen, einschließlich der Geister, die zu ihrem Ursprung zurückkehrten.

Nyangoli begann zu schnarchen. Ich empfand das wie eine Aufforderung zu ruhen, solange die Möglichkeit dazu bestand. Die Stille der Nacht, das stumme Zwiegespräch mit den Sternen, das Lied des Vogels der Morgenröte und der Tanz der Bäume erzeugten in mir die Empfindung tiefen Friedens und der Sehnsucht. Wie gern hätte ich mich mit den Sternen dort droben in den unendlichen Räumen des kosmischen Reiches vereinigt! Da war die Nacht, und da war der Busch, und da war ich. Nichts sonst zählte. Ich nahm nicht einmal Notiz davon, daß ich still vor mich hingeweint hatte, bis die Sterne blasser wurden.

Meine Tränen waren Sehnsuchtstränen. Ich wollte mich mit den Sternen vereinigen. Die Tränen schickten eine Botschaft zu ihnen hinauf, die ich in menschlichen Begriffen nicht ausdrücken konnte, und ich fühlte, der Himmel nahm meine Tränen als Antwort auf das Licht der Sterne an. Die hellen, funkelnden Lichter kamen näher und näher, bis ich nur noch ein paar von ihnen sehen konnte. Und je näher sie kamen, desto größer und heller wurden sie. Die Sterne brachten mir den Tag, ihren Tag, pulsierend, die Substanz atmend, die den Kosmos in seiner Bahn hält.

Und je näher mir die Sterne kamen, desto lauter wurde dieses Atmen. Das von ihnen ausstrahlende Licht wurde so blendend, daß ich die Augen schließen mußte. Gleichzeitig wußte ich, daß das keine Halluzinationen waren. Wie lange ich in diesem Zustand verharrte, weiß ich nicht. Ich wußte nur, daß mich Nyangoli aufweckte und mir sagte, der Tag sei da.

In den Armen der grünen Herrin

Am nächsten Tag erhielt ich die Anweisung, meine Sehübung wieder aufzunehmen. Die anderen waren schon fort, wahrscheinlich machten sie mit ihrer Initiation weiter. Es war keine Zeit, mit Nyangoli zu sprechen, weder nach dem Aufwachen bei Tagesanbruch noch während der günstigeren Frühstückszeit. Aber schon dadurch, daß ich mit ihm zusammen war, fühlte ich mich besser. Mein Freund verkörperte alles für mich, was ich selbst werden wollte. In seiner Nähe zu sein, bedeutete, einen festen Rahmen für meine Orientierungslosigkeit zu haben, und das tröstete mich irgendwie.

Als ich meine Position vor dem Baum wieder einnahm, bemerkte ich, daß ich nicht so unruhig war wie tags zuvor. Es gelang mir, relativ ausgeglichen an die Arbeit zu gehen und mich ernsthaft darauf zu konzentrieren. Und heute war ich auch mehr dazu aufgelegt, die vor mir liegende Straße zu erkunden. Aber heute beobachtete mich auch eine größere Anzahl neugieriger Ältester als gestern. Vier der fünf Ältesten hatten sich eingefunden, um zu sehen, wie ich auf den Yila-Baum starrte. Es mußte ihnen jemand gesagt haben, am Rande der Initiationszeremonien spiele sich etwas Ungewöhnliches ab. Ich empfand die Bangigkeit eines Menschen, der überwacht wird – wirklich dumm, genau wie in der Schule, wenn ich gesündigt hatte und das verhaßte Ziegensymbol tragen mußte.

Ich mußte also diesen Alten zeigen, daß ich doch nicht ganz so dumm war. Ich konzentrierte meine Augen auf den Baum. Ich gab mich dem Gedanken hin: Mein Blick hat Substanz und Bedeutung – der Blick in meinen Augen ist eine Herausforderung. Ich war entschlossen, die Dichte des Physischen durch intensivstes Sehen zu besiegen. Es war mir inzwischen klar geworden, daß man von mir erwartete, etwas anderes als den Baum selbst zu sehen – etwas, was zwar auch der Baum war, aber gleichzeitig etwas noch Ungeformtes, Unverkörpertes, Reines. Ich starrte konzentriert. Ich war zuversichtlicher als gestern, ablenkende Tendenzen waren minimal. Zum erstenmal hatte ich damit aufgehört, mir Fragen zu stellen. Ein Ziel war zu erreichen, und ich hatte keine Lust, noch länger hinter allen anderen hinterherzutrotten. Also rückte ich dem Baum mit dem Bohrer meines Blickes zu Leibe.

Die Sonne stieg, mit ihr kam die Hitze. Sie drang mir tief in den Körper und brachte jede Zelle am Wege zum Kochen. Während ich mich an dem Baum festschweißte, schweißte sich die Hitze an mir fest. Es war ein harter Kampf. Ich wollte nicht noch einen weiteren Tag durch die Auseinandersetzung mit der Sonne und anderen Ablenkungen verlieren. Diesmal wollte ich es unbedingt besser machen. Ich begann damit, daß ich einfach entschied, die Sonne existiere nicht. Nur ich und mein Baum existierten im ganzen Universum. Doch je näher die Sonne dem Zenit kam, um so schwieriger wurde es, die Hitze zu ignorieren. Um das Maß voll zu machen, leistete sich ein Insekt den Spaß, mich in den nackten Rücken zu stechen. Instinktiv holte ich aus und schlug hart zu. Ich hörte, wie mich die Ältesten auslachten, ein paar Worte austauschten und wieder lachten. Derweilen schwoll eine große Partie meines Rückens an. Wahrscheinlich war es eine Biene gewesen.

Es juckte fürchterlich, und ich wollte mich kratzen. Das konnte ich mir andererseits nicht leisten, sonst wäre ich wieder ausgelacht worden. Es machte den Ältesten offensichtlich Vergnügen zuzusehen, wie ich mit meinen Schwierigkeiten kämpfte. Da entschloß ich mich, meinen Rücken Rücken sein zu lassen. Mittlerweile rann mir der Schweiß, den mir die Hitze ausgepreßt hatte, die Glieder hinab und kitzelte mich an den empfindlichsten Stellen. Ich suchte fieberhaft nach einer Methode, weniger an diesen Schweiß zu denken. Aber hier war ich am Ende meines

Lateins. Es ging über meine Kraft. Der Versuch, den Schweiß zu ignorieren, führte nur dazu, daß ich noch mehr daran dachte. Der Schweiß reizte auch die Einstichstelle von vorhin. Wie um mich unbedingt an sich zu binden, schmerzte sie plötzlich furchtbar. Es zuckte mir in den Händen zu kratzen. Die Ältesten bemerkten es und murmelten wie vorher miteinander. Ich sah, wie sie einmütig die Köpfe schüttelten und dann wieder wegsahen.

Da faßte ich einen Entschluß. Sollte ich mich nur eines Baumes wegen noch länger foltern lassen? Da ich den Ältesten nicht offen Trotz bieten konnte (das hätte mein Ende bedeutet), würde ich sie überlisten. Sie erwarteten, daß ich etwas sah. Also mußte ich ihnen etwas bieten. Wie sollten sie darauf kommen, daß ich nur log? Während meines Jahres im Dorf hatte ich von der Stammeserziehung immerhin so viel verstanden, daß der Schüler immer genau zu der Sache hingeführt wird, die gerade in seiner eigenen Welt lebt. Ich hatte auch verstanden, daß das Selbst im Universum dieser Ältesten autonom war. Kenntnis bedeutete, daß man seine eigene Welt kannte, wie sie wirklich war, nicht wie jemand einem sagte, daß sie sein sollte.

War nicht diese Sehaufgabe der Ältesten nur dazu gedacht, uns in Verbindung mit diesem Universum des Selbstes zu bringen?

Ich rief zu den Ältesten hinüber, ich sähe eine mich anstarrende Antilope, riesengroß, mit bräunlichem Fell, mit einem weißen Streifen an der Seite und zwischen den Augen. Sie blicke mich an, als wolle sie mich jagen. Und ich fragte die Ältesten: »Kann ein Baum zur Antilope werden und umgekehrt?« Dabei achtete ich darauf, niemals in ihre Richtung zu blicken. Denn dann hätten sie schnell entdeckt, daß etwas nicht stimmte. Ich wollte den Eindruck erwecken, ich stünde ganz im Bann dieser Erscheinung. Damit hoffte ich, meine Erfindung glaubwürdig erscheinen zu lassen.

Doch erreichte ich gerade das Gegenteil. Ich sah zwar

nicht zu ihnen hinüber, konnte aber ihre Überraschung fast körperlich in der Atmosphäre spüren. Sie sprangen auf, wie durchzuckt von einem Schock. Der Älteste, der tags zuvor mein Supervisor gewesen war, fragte mich, was die Antilope sonst noch tue. Ich sagte: »Sie sitzt auf ihren Hinterbeinen.« Da brachen alle in ein schallendes Gelächter aus und lachten und lachten. Sie konnten sich gar nicht mehr halten vor Lachen. Mir erschien es wie eine Ewigkeit.

»Eine Antilope, die auf ihren Hinterbeinen sitzt?« stieß mein Supervisor unter Lachkrämpfen hervor: »Dann schau nur weiter hin.«

Sie glucksten und jappsten und schlugen einander fröhlich auf den Rücken. Als sie sich endlich wieder beruhigt hatten, sagte einer: »Hab ichs euch nicht gleich gesagt? Dieser Junge kämpft gegen sich selbst. Ich kann es noch gar nicht glauben. Diese Falschheit kann nicht aus ihm selbst stammen. Er selbst wäre niemals darauf gekommen. Die Weißen haben ihn soweit gebracht. Er hat zu lange bei ihnen gelebt und ist jetzt ebenfalls zum Lügner geworden. Wäre sein ›Vuur‹ nicht weißgefärbt, würde er wissen, daß in seinem Leben kein Platz für Lügen ist.«

Ich fühlte mich wie von Dolchen durchbohrt. Ich schämte mich so sehr, daß ich am liebsten im Erdboden verschwunden wäre, hier auf der Stelle, den Ältesten aus den Augen. Woher wußten sie, daß ich log? Und konnte ich jetzt jemals ihr Vertrauen wieder gewinnen, nachdem ich es so töricht aufs Spiel gesetzt hatte? Alles, was ich tun konnte, war vorzugeben, ich höre sie nicht. Nachdem sie genug gelacht hatten, ignorierten sie mich wieder. Da stiegen mir heimlich Tränen in die Augen und rannen mir, vermischt mit Schweiß, die Backen hinunter.

Ich weinte, weil ich wieder versagt hatte. Was stimmte bloß nicht mit mir, daß ich einfach nicht fertigbrachte, was man von mir verlangte? Hier saß ich vor diesem Baum und bestand meine erste Einweihungsprüfung nicht. Dadurch empfand ich es noch schlimmer und unerträglicher, daß ich anders war als die anderen. Denn hier war ich – und man lachte mich aus. Hier war ich – man ertappte mich bei einer Lüge. Meine Gefühle waren ein Gemisch aus allem: Einsamkeit, verletztem Stolz, Zorn und der Empfindung, fremd, verurteilt, getrennt zu sein.

Durch den Vorhang meiner Tränen gelang es mir aber doch noch, weiter auf den Baum zu starren. Plötzlich begann ich zu ihm zu sprechen. Hatte ich endlich entdeckt, daß er ein eigenes Leben besaß? Ich erzählte ihm alles über meine Enttäuschung und meine Trauer, und daß er mich dem beschämenden Gefühl, gelogen zu haben und ausgelacht zu werden, überlassen habe. Ich klagte, mein Versagen müsse daran liegen, daß sich der Geist meines Großvaters schon vor langer Zeit seinen Pflichten entzogen habe. Er hatte mich hierhergebracht, nur damit ich gedemütigt und zum Abfall geworfen wurde. An die Adresse Großvaters gewendet, rief ich aus, er stehe zwischen mir und diesem Baum und verhindere meine Stammeserziehung. Das aber verdiente ich nicht. Und ich bat ihn, mich wieder von hier wegzubringen, wenn er mir schon keine normale Erziehung wie für jeden anderen im Lager garantieren könne.

Hierauf sprach ich wieder zu dem Baum, nicht ärgerlich, sondern respektvoll. Ich sagte ihm, daß ich nichts sehen konnte, sei jedenfalls nicht sein Fehler, nur meiner. Ich sei einfach unfähig. Ich müsse jetzt mit meiner eigenen Leere und meinem Mangel an Sehvermögen fertig werden, denn ich wisse, er werde immer da sein, wenn ich ihn brauchte, um meine eigenen Fehler und Unzulänglichkeiten zu erkennen.

Meine Worte waren ehrlich. Ich empfand, was ich sagte. Mein Schmerz war etwas gedämpft worden, und ich spürte, ich konnte mich jetzt besser auf den Baum konzentrieren. Es war mehrere Stunden nach Mittag, aber die Zeit war mir ziemlich gleichgültig. Jetzt gab es Wichtigeres zu tun, denn plötzlich blitzte es wie Wetterleuchten in meinem Bewußtsein auf. Ein kühler Schauder rann mir das Rückgrat hinab, bis in den Boden hinein, auf dem ich die letzten eineinhalb Tage gesessen war. Mein ganzer Körper wurde kalt. Die Sonne, der Wald, die Ältesten und ich selbst begriffen, daß ich mich jetzt in einer anderen Realität befand und Zeuge eines Wunders wurde. Alle Bäume um meinen Yila-Baum glühten wie Feuer, wie atmende Lichter. Ich fühlte mich schwerelos, im Mittelpunkt eines Universums, wo alles auf mich blickte, wie auf ein nacktes, schwaches, unschuldiges Kind. Für einen Moment beschlich mich tiefe Furcht, ähnlich der Empfindung, wenn einem bewußt wird, der Tod sei unwiderruflich. Tatsächlich dachte ich, ich sei tot. Irgend etwas mußte geschehen sein, während ich versuchte, mich von dem beschämenden Gefühl zu erholen, bei einer Lüge ertappt worden zu sein.

Um meinen Eindruck zu erhärten, dachte ich an die schweren Erlebnisse des Tages zurück – die glühende Sonnenhitze und den Schweiß, der mir in die Augen lief und wie Pfeffer brannte. Ich hatte jedes Gefühl für die Zeit verloren. So, sagte ich mir, müßte die Welt auf ein Kind wirken, das seinen ersten Atemzug machte. Aber ich hatte die Empfindung, meiner Sinne doch noch mächtig zu sein. Ich konnte denken und reagierte auf Sinneseindrücke, empfand aber die stechende Sonne und meine rastlosen Versuche, mich anzustrengen oder meine Aufgabe zu ignorieren, nicht länger. Wo ich jetzt war, war nichts als Wirklichkeit.

Als ich meinen Blick wieder bewußt auf die Yila richtete, entdeckte ich, daß es gar kein Baum war. Wie hatte ich sie jemals so sehen können? Ich weiß nicht, wie diese Veränderung vor sich gegangen war. Es ging hier nicht mehr rational zu, sondern wie im Traum. Wie aus dem Nichts erschien an der Stelle, wo der Baum gestanden hatte, eine große, von Kopf bis Fuß schwarzgekleidete Frau. Sie glich am ehesten einer Nonne, sah jedoch keineswegs fromm aus. Das Gewand war aus Seide und schwarz wie die Nacht. Über das Gesicht hatte sie einen Schleier gezogen, doch war mir klar, daß dieser Schleier ein ungemein schönes, mächtiges Wesen verbarg. Ich spürte ihre starke Ausstrahlung, eine unwiderstehliche, magnetische Anziehungskraft. Dieser Anziehungskraft nachzugeben war, wie nach einem Tag Wüstenwanderung Wasser zu trinken.

Mein Körper war wie schwebend. Ich fühlte mich als kleines Kind, das von einer Amme beruhigt wurde, indem sie Schlaflieder sang und mich rhythmisch auf den Armen wiegte. Man könnte es auch so beschreiben, daß ich schwerelos in einem kleinen Teich schwamm. Meine Augen hefteten sich auf die Frau im Schleier. Immer stärker wurde ich von ihr angezogen. Für einen Augenblick überfielen mich Schüchternheit, Unbehagen und das Gefühl, ihrer nicht wert zu sein. Ich schlug die Augen nieder. Als ich sie doch wieder hob, hatte sie ihren Schleier gelüftet. Ihr Gesicht war unirdisch schön. Sie war grün, hellgrün. Sogar ihre Augen waren grün, obwohl sehr klein und leuchtend. Sie lächelte. Ihre Zähne waren purpurrot, Licht strömte von ihnen aus. Aber das Grüne in ihr hatte nichts mit der Hautfarbe zu tun. Sie war grün von innen her, wie wenn ihr Körper von grünem Fluidum erfüllt wäre. Ich weiß nicht, woher mir die Sicherheit kam, aber dieses Grün war der Ausdruck einer unendlichen Liebe.

Nie zuvor war mir so viel Liebe entgegengeströmt. Es war mir, als hätte ich sie ein Leben lang entbehren müssen. Ich dankte dem Himmel, der sie mir schließlich wieder geschickt hatte. Die grüne Herrin und ich, wir kannten einander schon, aber ich konnte nicht sagen, wo, wann oder wie wir uns begegnet waren. Auch die Art unserer Liebe war unbeschreiblich. Es war keine romantische oder Kindesliebe. Es war eine Liebe, die über alle Begriffe hinausging. Wie zwei Liebende, die unerträglich lange voneinander getrennt waren, stürzten wir aufeinander zu und flogen einander in die Arme.

Das Gefühl, ihren Körper zu umarmen, zerriß den meinen in unzählige Stücke, aus denen Millionen bewußter

Zellen wurden, alle sich danach sehnend, sich mit dem Ganzen, das sie darstellte, zu vereinigen. Konnten sie sich nicht mit ihr vereinigen, konnten sie nicht mehr leben. Eine jede setzte sich in Bewegung, von Liebe getrieben, um in ihr aufzugehen. Es gibt keine Worte für die Empfindung, in den Armen der grünen Herrin im schwarzen Schleier zu liegen. Wir explodierten einer in den anderen hinein, in einer kosmischen Berührung, die uns in unzähligen ineinander verschränkten Gestalten durch den Äther treiben ließ. Es war mir, als bewegte ich mich rückwärts in der Zeit und vorwärts im Raum.

Während sie mich umarmte, sprach die grüne Frau mit der sanftesten Stimme lange auf mich ein. Sie war so viel größer als ich, daß ich mich wie ein kleiner Junge in ihren starken Armen fühlte. Sie drückte mir die Lippen dicht auf eine Stelle am linken Ohr und sprach so süß und zart, daß ich jedes ihrer Worte in mich einsog. Die ganze Zeit weinte ich laut, nicht weil ihre Worte so traurig waren, sondern weil sie in mir ein unbeschreibliches Gefühl des Heimwehs und der Sehnsucht erzeugten.

Der Mensch weiß oft nicht zu empfangen, weil er nicht weiß, um was er bitten soll. Manchmal bekommen wir nicht, was wir brauchen, weil wir nicht wissen, was uns fehlt. Wenn es Glück war, was ich empfand, so könnte kein Mensch diese ungeheuren Wonnen auch nur einen Tag lang ertragen. Man müßte tot oder in ein Wesen verwandelt sein, das mit diesen unirdischen Gefühlen umgehen könnte, um ihnen gewachsen zu sein. Das Wesen in uns, das sich nach dieser Art Empfindungen und Erlebnissen sehnt, ist nicht mehr menschlich. Es weiß nicht, daß es in einem Körper lebt, der nur ein bestimmtes Maß solcher Erfahrungen auf einmal erträgt. Empfänden die Menschen immer so, könnten sie wahrscheinlich nichts anderes tun, als für den Rest ihres Lebens unaufhörlich Tränen des Glücks zu vergießen. Und in diesem Fall wäre das Leben sicher sehr kurz.

Der Mensch fühlt stets und ständig einen Mangel. Sobald wir ausdrücken, was uns fehlt, verfälschen wir es schon durch Worte. Verstünden wir das wirkliche Verlangen unseres Herzens endlich einmal, so würden wir bemerken, für welch nichtige Dinge wir eigentlich unsere Energie verschwenden. Würden wir immer bekommen, was uns unserer Meinung nach fehlt, so wäre unser jämmerliches Arsenal erbärmlicher Wünsche schnell erschöpft. Beschämt würden wir entdecken, daß wir uns die ganze Zeit selbst betrogen hatten.

Liebe verzehrt ihren Gegenstand mit Heißhunger. Also nehmen wir nur ihren Schatten wahr. Glück dauert nicht ewig, weil wir nicht die Kraft haben, es auszuhalten. Es besitzt den Appetit eines wilden Raubtieres, das lange Hunger gelitten hat – nur soviel Liebe und Seligkeit und Glück ist in der Natur – dem Ort, der war, bevor wir darin existierten.

Die Worte, die die grüne Herrin zu mir sprach, kann ich nicht wiederholen. Sie leben in mir, geschützt vom Vorrecht des Geheimnisses. Es zu enthüllen hieße, es zu entehren und zu verkleinern. Die Kraft der Natur beruht auf ihrem Schweigen. Menschliche Worte können den Sinn nicht wiedergeben. Menschliche Sprache hat Zugang nur zum Schatten des Sinns. Die Worte der grünen Herrin waren gesprochen, um im Schweigen lebendig zu bleiben. Lassen wir es also dabei bewenden.

Jetzt löste ich mich aus der Umklammerung, erhob mein tränennasses Gesicht zu dem ihren und las Abschied in ihren Augen. Wohin wollte sie zurückkehren? Wohin es auch war, ohne mich durfte sie nicht gehen. Meine Liebe für sie war dermaßen groß, daß ich jeder Gefahr Trotz geboten hätte, um bei ihr zu bleiben. Auch bestand ja kein Grund, uns nach so langer Trennung schon wieder zu verabschieden. Doch ihre Miene drückte aus, wohin sie jetzt ging, könnte ich ihr nicht folgen. Hier handle es sich um einen jener Imperative, denen man ohne zu feilschen gehorchen müsse. So war es, und nicht anders. Verzweifelt klammerte ich mich noch fester an ihren weichen Körper, unfähig zu einer anderen Reaktion. Meine Augen schlossen sich, als mein Griff fester wurde, und unter meinen Händen wurde der weiche Körper rauh.

Als ich die Augen wieder aufschlug, sah ich mich, wie ich verzweifelt den Yila-Baum streichelte. Er war noch derselbe wie zuvor. Die Ältesten waren herangetreten und beobachteten mich. Einen von ihnen hörte ich sagen: »So machen sie es immer. Zuerst leisten sie Widerstand und stellen sich taub, obwohl doch eine Unmenge Ereignisse auf sie wartet, und wenn es dann passiert, wollen sie gar nicht wieder loslassen. Kinder sind so widersprüchlich. Das Erlebnis, dem sie vorher mit Lügen ausweichen wollten, nehmen sie dann mit Freuden an.«

Diese Worte waren offenbar an mich gerichtet. Ich schaute zu dem Ältesten auf, der gesprochen hatte. Er sah mir in die Augen, und ich fühlte kein Bedürfnis mehr, mich am Stamm festzuklammern.

»Geh jetzt, such dir etwas zu essen und mach' das Bett für die Nacht«, sagte er freundlich.

Jetzt zeigte sich, daß die Sonne untergegangen war. Mein Erlebnis hatte mehrere Stunden gedauert! Und doch, wie kurz war die Zeit gewesen!

Als ich wieder in den Lagerkreis zurückkam, waren die Schüler mit ihren Schlafplätzen schon fast fertig. Nyangoli hatte getreulich und still auf mich gewartet. Er schien erleichtert, als ich auftauchte, so erleichtert, daß er zum erstenmal, seit wir ins Lager gekommen waren, von sich aus das Wort an mich richtete: »Du lebst also noch! Walei!«

»Ja, natürlich«, erwiderte ich und war ganz in Stimmung zu einem kleinen Plausch. »Der Tag war anstrengend, aber nicht allzu schlimm.«

»Ich merke, du wirst allmählich ein Buschmensch. Das wird dir in den nächsten Tagen sehr zugute kommen. Wie soll ich es ausdrücken – aber vom ersten Tag an hatte ich Angst um dich. Jetzt, glaube ich, muß ich mir keine Sorgen mehr machen. Ich sehe es deinen Augen an, daß du auf die andere Seite gehen kannst. Als du hier ankamst, warst du noch nicht so weit.«

»Was ist die andere Seite?« forschte ich nach. Ich empfand, daß ich insoweit noch nichts gelernt hatte. Hier wurde mir Gelegenheit geboten, meine Neugier zu befriedigen.

»Als du hier ankamst, war dein Siè außerhalb von dir. Das ist gefährlich, was den Zweck, zu dem wir hier sind, anbelangt. Man muß seinen Siè in sich selbst behalten, um sicherzugehen, daß man zu dieser Seite der Wirklichkeit zurückgezogen wird, wenn man sein Lernpensum erfüllt hat. Andernfalls vergißt die Seele, daß sie mit dem Körper verbunden ist, und verläßt einen. Es muß jemand heute etwas unternommen haben, um dich zu heilen.«

»Du meinst, ein Medizinmann hat ein Ritual zelebriert, um aus der Entfernung meinen Siè festzumachen?« fragte ich. »Aber wer könnte das sein?«

Ich wußte, was es bedeutete, wenn der Siè außerhalb des Menschen ist. Ein solcher Mensch wird hochmütig, unbeherrscht und unbescheiden und ist unglaublich empfindlich gegen Kritik. Ich wußte auch, der einzige Weg, so etwas wieder in Ordnung zu bringen, ist eine Zeremonie mit einem schwarzen Huhn. Als ich aus dem Seminar zurückgekehrt war, hatte mein Vater einmal so etwas gemacht, ohne mir weitere Erklärungen zu geben. Nach dem Ritual hatte er mir gesagt, wenn man vorher über den Zweck Bescheid wisse, verhindere man die Wirkung. Nie hatte ich davon gehört, daß jemand diese Zeremonie auch aus der Ferne vollziehen könnte. Doch irgend etwas in mir war stärker geworden und hatte Hilfe empfangen.

Es wurde schon dunkel, mein Schlafplatz war noch nicht hergerichtet. Nyangoli half mir, die alten Blätter durch frische zu ersetzen, dann begaben wir uns zur übrigen Gruppe für die übliche Feuerzeremonie.

Die Rückkehr zur Quelle

Mein Erlebnis mit dem »Sehen« der grünen Herrin im Baum bedeutete eine große Veränderung. Von jetzt ab nahm ich die Dinge anders wahr und konnte auch besser auf die Erlebnisse reagieren, die mein Unterricht in dem Freilichtklassenzimmer im Busch mit sich brachte. Aber dieser Perspektivenwechsel berührte meine Fähigkeit zur Logik umd zum gesunden Menschenverstand in keiner Weise. Ich verfügte jetzt eher über eine Alternative, in der Welt zu sein, die meiner früheren, im Jesuitenseminar erworbenen geistigen Beschaffenheit parallellief.

Mein Sehhorizont hatte sich unverhältnismäßig erweitert. Ich erkannte allmählich, daß das Auge ein Apparat ist, der, selbst bei bestmöglichem Funktionieren, immer noch verbessert werden kann, und daß »sehen« mehr bedeutet, als nur physisch zu sehen. Ich verstand, daß das menschliche Sehvermögen sich seine eigenen Hindernisse schafft und aufhört, wirklich zu sehen, wenn es die Konvention so will. Seit meinem Erlebnis mit dem Baum begriff ich auch, daß wir oft aus nächster Nähe von Wesen beobachtet werden, die wir selbst nicht sehen. Wenn wir diese außerweltlichen Geschöpfe einmal erblicken, ist das oft nur dadurch möglich, daß sie selbst sich von uns sehen lassen – und nur, nachdem sie sich in einen Zustand der Unantastbarkeit versetzt haben. Und ist es nicht auch so, daß alles und jedes sein Geheimnis hat?

Was wir im Alltag sehen, ist nicht die eigentliche Natur. Nicht, weil sie uns anlügt, sondern weil sie die Wirklichkeit so verschlüsselt, daß wir unter gewöhnlichen Umständen mit ihr zurechtkommen können. Die Natur sieht so aus, wie sie aussieht, weil wir so sind, wie wir sind. Wir könnten nicht zeitlebens auf dem ekstatischen Niveau eines Heiligen leben. Nur zu bald wären unsere Sinne erschöpft und würden wir unsere täglichen Pflichten vernachlässigen. Dennoch muß einmal die Zeit kommen, wo man lernt, sich als ganzheitliche Persönlichkeit zwischen diesen beiden Weisen des Sehens hin- und herzubewegen.

Die Stammeserziehung besteht aus drei Teilen: Ausdehnung des individuellen Sehvermögens, Zerstörung der Gewohnheit des Körpers, sich nur auf einer Ebene des Daseins zu bewegen, und Vermittlung der Fähigkeit, in andere Dimensionen zu reisen und wieder zurückzukehren. Der Ausbau des eigenen Sehvermögens und seiner Fähigkeiten ist nichts Übernatürliches, im Gegenteil: Es ist sehr natürlich, Teil der Natur zu sein und einen größeren Horizont zu besitzen.

Die Festgefahrenheit des Körpers zu überwinden ist der schwierigste Teil der Einweihung. Wie bei der Sehübung, gibt es auch dabei mannigfache unbewußte Widerstände. Auch mit zahlreichen Ängsten muß man fertig werden. Man muß auf die Rückseite der Furcht gelangen und die großen Wüsten des Schreckens und der Panik durchqueren, um schließlich bei der Ruhe anzukommen, die man bei Abwesenheit aller Furcht empfindet. Erst dann vollzieht sich eine wirkliche Änderung. Es mag seltsam klingen, daß man keine Angst haben soll, obwohl doch das Wesen förmlich danach schreit. Aber dies ist eine Grundbedingung für die Reise zu anderen Welten. Eine Metamorphose findet nicht statt, solange der Körper durch seine eigene Schwere hinabgezogen wird. Man muß sich einem Prozeß des immer wieder Neulernens unterziehen, sich seine Lektionen gleichsam einhämmern und das neue Wissen gründlich konsolidieren. Diese Art Erziehung ist nicht mehr und nicht weniger als eine Rückkehr zum eigenen wahren Selbst, das bedeutet, zum Göttlichen in uns.

Nach meinem einschneidenden Erlebnis mit der grünen Herrin verstand ich allmählich, wann es sinnvoll war, das Neugelernte zu analysieren, und wann man besser darauf verzichtete. Als Nyangoli und ich uns diese Nacht der

Gruppe für die Feuerzeremonie anschlossen, wußte ich, das Erlebnis würde weniger dramatisch ausfallen als vorher. Ich hatte mich wieder mit der Energie der Pflanzenwelt vereinigt. Deren Eindrücke waren die Vorbereitung für die nächste Erlebniskette. Als das Feuer emporflammte und die Dunkelheit aus dem Kreis verjagte, hatte ich das Gefühl, heute nacht sei ein besonders stiller Zauber darin enthalten. Während sich die Dunkelheit zurückzog, hörte ich das Feuer zu ihr sprechen und fühlte nichts Bedrohliches oder Gewaltsames in den gigantisch aufschießenden Flammen.

Einer der Ältesten stimmte leise einen Feuertanzgesang an, während der Älteste im Mittelpunkt sprach: »Das Feuer sieht ..., das Feuer träumt ..., das Feuer lebt.« Er spuckte hinein, und sofort sprühte eine Purpurflamme laut zischend auf, als hätte man Benzin hineingeschüttet. Zufrieden mit dem Ergebnis, machte der Älteste weiter: »Das Feuer lebt, und heute nacht ist die Nacht des Feuers – unseres inneren Feuers, das brennt wie dieses hier außen. Vereinigen wir uns mit diesem Feuer, werden wir eins damit, damit unsere Träume lebendig werden. Denn im Schoß des Feuers ruht das Leben unserer Vorfahren. In ihm ist alles, was wir immer gewesen sind, was wir wirklich sind und was wir jetzt im Augenblick sein müssen.«

Mit diesen Worten umschritt der Alte langsam das Feuer. Manchmal schwoll seine Stimme im Crescendo an und jagte uns einen Schauer über den Rücken. Jeder Schwankung seiner Stimme folgte die Trommel, wie wenn er und das Feuer einmütig die Botschaft des Feuers verkündeten, dessen Macht in uns allen lebte. Zugleich schienen sich die Flammen unaufhörlich zu verwandeln und bewegten sich durch alle Farben des Regenbogens, je nach den Worten des Ältesten. Wir standen im Kreis, Hand in Hand, im Dunkeln. Es herrschte absolutes Stillschweigen.

Eine Zeitlang hörte man nur drei Stimmen: die Stimme des Feuers, das dem Ältesten antwortete, die Worte des

Ältesten, der zum Feuer sprach, und die Stimme der Trommel. Die beiden letzteren waren uns vertraut – Bestandteil der gewöhnlichen Welt –, doch die Stimme des Feuers wurde immer sonderbarer. Unter den Worten des Ältesten wurde es größer und größer, heißer und heißer. Und plötzlich überlief uns eine Kältewelle. Ich zitterte und bemerkte, daß es allen anderen ebenso erging. Ich wollte überlegen, wie etwas so Heißes so kalt sein konnte, hatte aber keine Zeit dazu. Denn jetzt befand sich der Älteste im Innern des Feuers, drehte sich im Kreis und sprach dabei. In der Hand hielt er einen Hyänenschädel, helleuchtend und in einem unirdischen Feuer glühend.

Jedesmal, wenn sich die Stimme des Ältesten höher schraubte, dröhnte auch die Trommel lauter, schlug das Feuer höher und wurde der Schädel noch leuchtender, bis ihm ganze Lichtfluten entströmten. Wir alle konzentrierten uns fest auf den Mittelpunkt des Kreises, und es war mir, als ob unsere geballte Aufmerksamkeit das Phänomen erzeugte, dessen Zeugen wir jetzt wurden. Denn es dauerte nicht lange, und mein Hörsinn schien sich zu verwirren. Seltsame Geräusche waren plötzlich zu vernehmen. Was da an mein Ohr drang, klang wie ein unentwirrbares Gebrabbel und Geplapper. Von überall her kamen Stimmen auf mich zu. Die von hinten waren am aufdringlichsten, so daß es schon zum Fürchten war. Die Stimme des Ältesten dagegen entfernte sich, die Trommel wurde schwächer, und das Feuer hatte keinen Mittelpunkt mehr. Es war, als ob ich mich selbst jetzt mittendrin befände, nur daß ich ungeheuer fror, statt Hitze zu empfinden.

Die Stimmen hinter mir plapperten inzwischen vor mir. Sie gehörten bestimmten Wesen, roten Geschöpfen, ebenso wirklich wie ich. Manche waren groß, andere klein ... doch ohne festumrissene Gestalt. Sie standen in Scharen an einem sehr ungewöhnlichen Ort, wie ich noch keinen gesehen hatte. Er schien kein Fundament zu haben und wirkte eher wie ein von unzähligen Sternen umgebener dunkler Teppich, wodurch die Illusion entstand, diese Wesen stünden mitten im Weltraum. Ich hatte das Gefühl, wir flögen gemeinsam im Kosmos umher. Keines dieser Geschöpfe hatte Ähnlichkeit mit einem mir bekannten Menschen. Trotzdem war mir der Platz vertraut, und ich wußte, ich gehörte zu ihnen. Ich stand im Mittelpunkt des Schauspiels, das sich nun entfaltete, und beobachtete mich dabei. Sie hörten mir aufmerksam zu, während ich, gekleidet in ein superelegantes Kostüm, mich an sie wandte. Ein Teil von mir war Zuschauer, ein anderer Teil eifriger Schauspieler in diesem Drama, und er machte seine Sache gut.

Auf einem Altar vor mir lagen drei kleine Mädchen. Ich wußte nicht, wo ihre Eltern waren, aber ich kannte meine Aufgabe. Ich streckte die Hände zum Altar aus und sagte etwas, ohne mich dabei zu hören. Plötzlich fiel ein Lichtstrahl aus einer unsichtbaren Quelle auf die Babys und begann gegen den Uhrzeigersinn zu kreisen, zuerst langsam, dann immer schneller. Währenddessen betete die Menge in einer Sprache, die ich damals verstand, an die ich mich aber jetzt nicht mehr erinnere. Nach einer Zeit, die mir sehr lang vorkam, erhoben sich die Babys und der Altar. Sie waren jetzt in einer Planetenkugel eingeschlossen.

Der Planet mit den Babys im Mittelpunkt drehte sich und schoß dann plötzlich nach Süden davon. Ich senkte die Hände und faltete sie über der Brust, wie um einer Gottheit zu danken, daß sie mir geholfen hatte. Auch die Menge verneigte sich und bedankte sich in ihrer Sprache.

Jetzt verschwand die Beleuchtung, die von nirgendwoher zu kommen schien, urplötzlich wieder, aber ich hatte es nicht anders erwartet. Instinktiv versuchte ich auf die Wünsche dieser Wesen zu antworten und auf sie zuzugehen. Doch das wollte und wollte nicht glücken. Ein Kraftfeld hinderte mich daran. Jedesmal, wenn ich ein Stückchen näherkam, wurde ich sanft wieder zum Ausgangspunkt zurückgestoßen.

Und jedesmal, wenn ich an das Kraftfeld stieß, flammte ein gewaltiger Blitz auf, wie wenn sich zwei Hochspannungsdrähte berührten. Auf mich hatte das keine Wirkung, aber die Menge vor mir reagierte mit ungeheurer Intensität. Dreimal hatte ich Kontakt mit dem Kraftfeld, und jedesmal fiel die Menge in ekstatische Verzückung. Ich wünschte, ich könnte an diesen Wonnen teilhaben, war aber ebensowenig Herr meiner Handlungen, wie sie die Macht hatten, mich aufzuhalten. Als ich das Kraftfeld zum drittenmal berührte, taumelte ich zurück, die Hände jedoch weiter zu den Wesen ausgestreckt. Ich sah, wie ich kleiner wurde, als zöge mich eine unwiderstehliche Kraft von ihnen fort, die ich liebte und die mich liebten. Noch konnte ich die Tausende nach mir ausgestreckten Hände sehen, wie einen letzten Versuch, mich zurückzuholen oder zum Dank für den Segen, den ich ihnen gebracht hatte. Dann aber entschwand ich zusehends ihren Blicken, zurück zum Nordabschnitt des Feuerkreises – Norden, dem Ort des Wassers.

Mein Traum hatte lange Zeit gedauert. Ein paar andere Schüler waren ebenfalls schon aus der Traumwelt zurück, doch ein Großteil befand sich noch dort, unter ihnen auch der Älteste im Mittelpunkt des Kreises und der Trommler, dessen Hand mitten im Takt stehengeblieben war. Der Anblick war sehr reizvoll. Er sah wie eine Statue aus, geschnitzt aus dem besten Zeremonienbaum. Und alle anderen, die sich noch im Traumzustand befanden, standen nicht weniger reglos, einige mit weit aufgerissenen, manche mit geschlossenen Augen. Letztere waren nicht schrecklich anzusehen, erstere schon – ihre Augen waren ins Unendliche gerichtet. Die furchtbaren Tiefen, in die sich ihr Blick verloren hatte, waren niemandem sonst zugänglich. Und niemandem war es möglich, in ihre Träume einzubrechen. Die mit geschlossenen Augen sahen irdischer aus. Man konnte sich vorstellen, sie seien im Gebet versunken oder schliefen einfach.

Eine Zeitlang stand der ganze Kreis der Neophyten und Ältesten an der Grenze zweier Welten. Die einen waren schon in die enge Wirklichkeit unserer Welt zurückgekehrt, die anderen wehrten sich dagegen, zumindest im Augenblick noch. Jetzt aber kam der Älteste im Zentrum, der die Traumreise in Gang gesetzt hatte, wieder zu sich. Ich sah, wie er die linke Hand bewegte und seine Augen blinzelten. Er holte tief Atem und räusperte sich.

Sofort folgten ihm ein paar andere Schüler. Einer stieß einen kleinen Überraschungsschrei aus, als könne er gar nicht an diese Welt glauben, in die er jetzt zurückgebracht war. Aber ein gutes Drittel der Initianden träumte immer noch fest, einschließlich des Trommlerältesten. Der alte Mann im Zentrum ging mit ein wenig Asche hinüber zu seinem Kollegen. Er bestreute ihn damit, sprach ein paar Worte, und schon fing der Trommler wieder an zu trommeln.

Aber es war seltsam, wie er seine Tätigkeit wieder aufnahm. Zuerst vollendete er den unterbrochenen Takt, dann jedoch begann er mit einem ganz anderen, sehr synkopischen Rhythmus, mit dem er mitbrummte. Seine Stimme war sehr, sehr schlecht, und ich dachte bei mir, es wäre besser, wenn er die Kraft der Trommelsprache nicht mit einer so irdischen Begleitung verhunzte.

In der Dagara-Kultur ist die Trommel ein »Fahrzeug«, das den Zuhörer in andere Welten befördert. Nur der Klang der Trommel besitzt die Macht, jemanden auf eine solche Reise zu schicken. Und dieser Zauber wirkt auch nur, wenn der Trommler seinem Instrument ganz spezielle Rhythmen, nicht nur einfach Schlaggeräusche entlockt. Die mit Hilfe der Trommel unternommenen Reisen betreffen übrigens nicht nur den Zuhörer, sondern auch den Trommler selbst. Und wohin die Klänge gehen, dorthin müssen alle mit. Sich der Trommel verweigern heißt, sich der Reise verweigern. Zu vergessen, wie man trommelt, heißt, zu vergessen, wie man empfindet.

Jetzt aber, nachdem der Trommler zur Erde zurückgekehrt war, fanden neue Kraftwirksamkeiten im Kreis statt. Jene von uns, die noch halb dort und schon halb hier gewesen waren, kamen nun endgültig zurück. Einige sahen so aus, als seien sie eben erst aufgewacht. Sie gelangten nun wieder zu vollem Bewußtsein und bemerkten, wo sie waren.

Der Älteste im Mittelpunkt des Kreises nahm sich derer an, die noch nicht zurück waren. Zu jedem sagte er ein paar Worte, spuckte sie an, und wie durch Zauber kehrten sie ins Leben zurück, einige nur sehr widerstrebend, wie aus tiefem, noch nicht voll ausgekostetem Schlaf gerissen. Sie murmelten protestierend, gehorchten dann aber und blieben wach. Andere schrien auf, von der plötzlichen Störung schockiert, und fuhren überrascht hoch. Sie blickten umher, kamen jedoch rasch zu sich und blieben dann ruhig sitzen.

Meist war dieser Aufwachvorgang ziemlich komisch, doch lachte niemand. Als der letzte zur Erde zurückgeholt war, hörte der Trommler auf, und wir lauschten aufmerksam, während der Älteste wieder das Wort ergriff.

»Unsere Vorfahren pflegten zu sagen, daß man den Unterschied zwischen hier und dort nur kennt, wenn man auch die andere Welt besucht hat. Ihr wißt jetzt, wo ihr wart, bevor ihr Mitglied der Stammesfamilie wurdet. Ihr wißt, was ihr dort getan habt, also wißt ihr auch, wozu ihr hierhergekommen seid. Ihr wißt, wie gut ihr dort eure Sache gemacht habt, also wißt ihr auch, wie ihr anderen, die hier sind, helfen müßt. Niemand darf jetzt einem anderen schildern, wohin er gegangen ist und was er gesehen und erlebt hat, bis die Initiation zu Ende ist.

Denn diese Informationen sind nur für euch selbst bestimmt. Sie gehören euch. Was ihr in der anderen Welt gelernt habt, darf niemals die Grube eures Bewußtseins im Bauch verlassen, sonst verliert ihr es wieder und müßt in den Stürmen des Alltags mühsam danach ringen. Laßt nicht zu, daß euch eure Zunge verführt. Ihr müßtet euch dann wünschen, sie lieber abgebissen zu haben. Was ihr gelernt habt, ist wie ein Fisch im Wasser. Es auszusprechen bedeutet, den Fisch aus dem Wasser zu ziehen. Dann hört er auf zu atmen, und ihr wäret Mörder und Ermordete zugleich.

Unsere Vorfahren haben überlebt, weil sie wußten, wie man Dinge unausgesprochen läßt. Wollt ihr ebenfalls am Leben bleiben, lernt dann von ihrer Weisheit. Es hängt ganz von euch ab. Alle, die ihre Aufgabe noch nicht erledigt haben, müssen heute nacht im Schlaf den Körper verlassen, um sie zu Ende zu bringen. Ihr seid jetzt imstande zu sagen, wo ihr seid, wer ihr seid und was ihr tut. Ihr wißt jetzt, daß euer Körper nur eine Hülle ist und daß sich, solange ihr euch darin befindet, nur eine begrenzte Zahl von Dingen verrichten läßt.

Gewöhnt euch daran, euren Bewußtseinszustand immer auf die euch zugeteilte Aufgabe einzustellen. Achtet darauf, wie ihr die Dinge betrachtet. Seid euch stets des Standpunktes bewußt, von dem aus ihr auf sie blickt. Euer Leben hängt davon ab. In den nächsten Tagen werdet ihr in Situationen, ähnlich jenen, durch die ihr soeben hindurchgegangen seid, geraten. Ihr müßt dann stets wissen, wo ihr gerade seid. Versagt ihr dabei, wird man euch kaum helfen können.«

Hier unterbrach sich der Alte. Er ging hinüber zu dem Trommler und flüsterte ihm etwas ins Ohr. Dann wandte er sich nach Westen und machte das gleiche mit dem dort postierten Ältesten, ebenso mit dem Ältesten im Süden und im Norden. Hierauf kam er in den Mittelpunkt zurück, schritt ein paarmal im Uhrzeigersinn ums Feuer und nahm seine Rede wieder auf. Er hielt jetzt nicht mehr den Hyänenschädel in der Hand, sondern einen Spazierstock.

»Die Traumwelt ist real«, sagte er. »Sie ist realer als das, was ihr jetzt seht. Warum? Ich werde euch keine Antwort darauf geben. Ihr müßt sie selbst finden. Ihr wißt am besten, was ihr erlebt, ihr seid eure besten Augenzeugen. Aber seid euch darüber im klaren, daß wir keine Kenntnisse oder Landkarten über die Grenze zwischen diesen Welten besitzen. Wenn also einer in der Traumwelt verlorengeht, steht es weder in meiner noch in der Macht meiner Kollegen, ihn zurückzuholen. Der Tod wird sich ihm verweigern. Man kann nicht sterben in der Traumwelt, und das ist eine fürchterliche Sache.

Denn weil ihr dort dann mit einem Körper weilt, werdet ihr schwer leiden. Es ist schrecklich. Ein paar von unserem Stamm befinden sich in einem solchen Zustand dort. Wenn wir in Trance sind, kommen sie immer zu uns, um zu erkunden, ob endlich jemand den Weg zurück nach Hause für sie entdeckt hat. Seid also bitte wachsam! So sehr wir euch wünschen, daß ihr das Geheimnis eurer Natur kennenlernt, so wenig wünschen wir euch, daß ihr dabei Schaden nehmt. Wir möchten euch Gelegenheit geben, den Schaden des Vergessens wiedergutzumachen, der durch euer Wachstum schon entstanden ist. Aber es würde uns sehr leid tun, wenn einer von euch ins Unglück geriete.«

Wieder machte der Älteste eine Pause. Er wirkte unglaublich menschenfreundlich, so wie er uns da Vorsicht einschärfte. Er strahlte Würde, Stolz und Weisheit aus. Aber vor allem fiel uns seine Schlichtheit auf. Ich glaubte seinen Worten, obwohl ich das meiste, was er sagte, nicht verstand. Trotzdem konnte ich mir nicht helfen, ich mußte mich fragen, was denn so Furchtbares daran wäre, wenn man in einer dieser fremden Welten zurückbliebe. Aus eigener Erfahrung wußte ich, daß ich jedesmal, wenn ich mich in überirdische Bereiche begeben hatte, am Ende der Reise Trauer empfand. Hatte ich mich durch die Rückkehr von etwas grundlegend Wichtigem, etwas viel Bedeutungsvollerem als der sinnlosen Welt hier, abgeschnitten? Für den alten Mann war das Glücksgefühl, das man dort empfand, anscheinend ein Grund mehr, uns einzuschärfen, ja nicht zu lange dort zu bleiben. Denn dann würde vielleicht der Wunsch in uns auftauchen, nicht mehr zurückzukehren. Warum legte er sonst so großen Wert darauf, daß wir zurückkamen, und warum waren die Schüler, die den Weg zurück verloren hatten, so unglücklich?

Bis jetzt hatten wir jedesmal, wenn wir zwischen den Dimensionen reisten, unsere Körper zurückgelassen. Aber ich wußte, das gerade hinter uns liegende Erlebnis hatte nur den Sinn einer Vorbereitung darauf, auch unseren Körper mitzunehmen. Bisher war ich nur in einem Körper gereist, der ein Schatten meines wirklichen Körpers war, und war dann wieder zurückgekehrt. Dabei hatte ich mich nicht anders gefühlt, als in dem Körper, den ich jetzt bewohnte.

In dieser Nacht schlief ich schlecht. In meinem Bewußtsein drängten sich die Bilder. Die grüne Herrin kam zurück und sprach kurz mit mir. Sie brachte mir Nachricht von Freunden. In ihrer grünen Hand hielt sie ein Bündel mit Kräutern. »Das soll deine erste Medizin sein«, sagte sie.

Auch die Augen erschienen wieder. Dieses Mal verstand ich die Botschaft in ihrem Blinzeln. Sie bedeuteten keine Gefahr für mich. Sie wollten nur mit mir reden. Als Antwort blinzelte ich mit meinen Augen zurück. Als der Morgen kam, fühlte ich mich genauso, wie als ich zu Bett ging. Anscheinend hatte mein Körper überhaupt nicht geruht. Doch konnte ich nicht sagen, ob ich nur müde war oder an allzu großer Anspannung litt. Den anderen Schülern ging es offenbar nicht besser. Manche sprachen laut, andere schluchzten heftig. Vielleicht träumten sie ihre Träume zu Ende. Ich hörte ihnen eine Weile zu und versuchte, sie zu verstehen. Aber sie sprachen in »Zungen«, und ich verstand sie nicht. Also hörte ich wieder weg.

Die Öffnung des Tors

Der nächste Tag war randvoll ausgefüllt. Es gab alles mögliche zu tun, niemand hatte Zeit, sich zu unterhalten. Zuerst einmal mußten wir auf Befehl der Ältesten wie wildgewordene Tiere im Camp herumlaufen, während sie in ihren Quartieren irgend etwas vorbereiteten. Der Himmel war dunstig vor vom Wind emporgewirbeltem, gelben Staub, der wie ein dünner Schleier über der Sonne lag. Trotz dieses Dunstes war es heute nicht kühler als gestern. Je höher die Sonne stieg, desto größer wurde die Hitze. Und auch das wilde Rennen half nichts dagegen. Bisher hatten wir niemals rennen müssen, und ich fragte mich, ob wir für die vor uns liegende Aufgabe in einer besonderen physischen Verfassung sein sollten.

So machten wir weiter, bis die Sonne fast ihren Höchststand erreicht hatte. Wir liefen schon beinahe mechanisch, ohne unsere Körper noch zu spüren, und beteten nur, wir möchten uns nicht zu Tode laufen. Mit grimmigem Humor überlegte ich, ob die Ältesten auf diese Weise vielleicht prüfen wollten, wie weit wir die Lektionen der Nacht zuvor verdaut hatten.

Immer wieder blitzten mir beim Rennen Traumerfahrungen durchs Bewußtsein, wie um mich vor der Monotonie und Qual des Laufens in der glühenden Hitze zu schützen. Denn diese Bilder verdrängten die Körpergefühle und lenkten meine Aufmerksamkeit auf anderes. Wieder sah ich mich, wie ich für eine Schar Gläubiger Mittlerdienste leistete. Welche Religion steckte hinter dieser im Traum erlebten Zeremonie? Wo hatte sie wohl stattgefunden? Ich hatte gehört, daß wir im allgemeinen von anderen Planeten, die entwickelter sind und weniger der Fürsprache bedürfen als der unsrige, auf die Erde kommen. Unser Wandel auf diesem Planeten geht auf unsere Entscheidung zurück, an der Entwicklung der Erde im Sinne ihres kosmischen Ursprungs mitzuwirken und bei anderen, weniger entwickelten Menschen ein Bewußtsein ihrer himmlischen Herkunft zu erzeugen. Unsere Ältesten lehrten uns, manche Bewohner des Universums hätten ein ebenso großes Bedürfnis nach Hilfe, wie andere, Hilfe zu schenken. Diese Erde war einer der vielen Orte, wo jene, die helfen wollten, sich diesen Wunsch leicht erfüllen konnten, und jene, die Hilfe brauchten, sie ohne weiteres erhielten. Doch konnte ich Hilfe geben, wo ich doch selbst so sehr auf Hilfe angewiesen war?

Endlich forderte man uns auf, wieder zu den fünf Ältesten zurückzugehen. Der Trainer, der den Dauerlauf geleitet hatte, blieb stehen. Er streckte die Hand aus: »Schließt eure Augen, bildet eine Linie, faßt einander am Ellbogen und wandert langsam in den Bezirk der Ältesten hinein. Öffnet eure Augen erst wieder, wenn ich es sage.«

Ich schloß die Augen und trabte hinter Nyangoli her. Als wir zu den Quartieren der Ältesten kamen, sah ich, wie vier Älteste eine Büffelhaut in knapp einem Meter Höhe über einem Kreis vom selben Durchmesser ausgespannt hielten. Der Kreis war mit Asche und einer schwarzen Medizin gekennzeichnet. Um den Kreis, teils im Schatten der Büffelhaut, sah ich ein paar Hühnerfedern, ein Anzeichen dafür, daß ein Opfer gebracht worden war. Die Ältesten waren hochgradig erregt. Sie hielten die Haut fest in den Händen. Der einzige, der sich nicht daran beteiligte, war als Krieger gekleidet, sein Körper mit der rosa phosphoreszierenden Farbe der Unsichtbarkeit bemalt. Auf dem Rücken trug er einen prallgefüllten Katzenfellbeutel mit Zaubersachen. Mit der linken umfaßte er einen Stab. Er war gerade mit einem Gesang zu Ende, den er lange vor unserer Ankunft begonnen haben mußte, denn er schwitzte wie wir.

Kurz nach unserer Ankunft also hörte er zu singen auf und umkreiste die vier Ältesten, die die Haut hielten. Der

Trainer wies uns an, zwei Linien zu bilden und stillzustehen, wenn uns dann der Älteste die Aufgabe des heutigen Tages erklärte. Hierauf nahm sich der Trainer die Trommel, setzte sich am Zeremonienplatz und vollführte langsame, abgemessene Schläge. Seine Hände waren naß vor Schweiß, was merkwürdig heisere Klänge ergab, als ob die Trommel von solchen Händen nicht gern geschlagen werden wollte.

Aus der Entfernung sah die von den Ältesten gehaltene Büffelhaut wie das vor kurzem fertiggestellte Dach einer Hütte aus, das man nur noch an Ort und Stelle anbringen mußte. Ich bemerkte, wie darunter ein grüner, gelatineartiger Stoff herabtropfte, der mich an die Gärungsstoffe von Algen während der Regenzeit erinnerte. War es der Umstand, daß ich dieses seltsame Phänomen mitten in der Trockenzeit erblickte, oder hatte es einen anderen Grund – jedenfalls vermittelte mir der Raum unter der Haut die Empfindung extremer Kälte.

Der amtierende Priester kam jetzt zu uns herüber und fing zu sprechen an. Ich warf einen langen Blick auf seinen Zauberstab. Es waren überirdische Wesen darauf geschnitzt, zwei Reihen Gesichter, halb menschlich, halb tierisch. Beide Gesichterreihen befanden sich auf einer Figur, die mich an das Gebilde erinnerte, das mein Vater »den Zustand der Seele vor Eintritt in den menschlichen Körper« zu nennen pflegte – eine ovale Figur, so geschnitzt, daß man den Eindruck hatte, sie könnte sich jeden Augenblick in etwas anderes verwandeln oder im Verein mit den zwei Gesichterreihen darauf etwas Neues erzeugen. Die geschnitzten Gesichter schnitten Grimassen wie in furchtbarer Qual. Die Spitze des Stabes hatte die Gestalt einer Kuppel, von der geschnitzte Lichtstrahlen herabströmten. Ersichtlich bestand eine Beziehung zwischen der heutigen Aufgabe und dem, was dieser Stab versinnbildlichte.

»Heute werdet ihr eine Zeit mit eurer ganzen Persönlichkeit – dem irdischen Körper und der Seele – in der

Welt, die unter uns liegt, verbringen«, begann der Älteste. »Aber ihr braucht keine Angst zu haben. Ihr werdet durch ein Lichtloch hindurchschlüpfen. Eurem Körper kann es nichts anhaben. Es wird ihn nur ein bißchen erhellen, so daß ihr euch in der anderen Welt lang genug aufhalten könnt, um euch an euren Ausgangspunkt dort zu erinnern. Wer hier wirklich zu leben gewillt ist, geht dorthin und kommt wieder zurück. Wer hier nicht wirklich zu leben gewillt ist, geht dorthin – und kommt nicht wieder.

Ich möchte aber annehmen, daß ihr alle den Wunsch habt, eure Pflichten auf dieser Erde zu erfüllen. Letzte Nacht habt ihr gesehen, worin diese Pflichten bestehen. Und ihr wißt alle, daß ihr hier seid, weil ihr dort tot seid. Die Welt, in die ihr heute gehen sollt, ist wieder ganz anders. Wenn ihr dort nur belanglose Gedanken habt, könnt ihr euch vielleicht einreden, ihr könntet dort bleiben. Aber ihr könnt es nicht! Und wenn ihr dort bleibt, ohne hier durch alle Tiefen von Leben und Tod zu gehen, werden euch die Leute dort als Gespenster betrachten, genauso wie wir hier in dieser Welt mit Gespenstern zu tun haben.«

Der alte Mann schwieg. Ich verstand wenig von seinen Worten, aber es bestand kein Zweifel: Jetzt wurde es wieder ernst. Ich verstand allmählich, weshalb das gelatineartige, kalte Zeug aus der Haut tropfte. Es war das Lichtloch. Mittels dieser Haut nahm das Licht Verbindung zu einer anderen Welt auf. Aber wie genau wirkte die Haut?

Der Älteste ergriff wieder das Wort. »Ihr geht jetzt einer nach dem anderen durch das Lichtloch hindurch. Jeder muß bis dicht an die Haut heranrennen und dann hinaufspringen.« Mit diesen Worten hüpfte er zum Spaß ein wenig und lachte dabei.

»Drückt die Beine fest zusammen, wie eine Frau, die weiß, was Anstand ist. Haltet auch die Arme eng an den Körper gepreßt, sonst werden sie beim Sausen durch das Lichtloch abgerissen. Euer Körper kann erst in Licht verwandelt werden, wenn er vollkommen im Licht steht. Sollten eure Hände über den Kreis hinausragen, während euer Körper durch das Loch fällt, wird der Rumpf von den Händen getrennt, und ihr findet nie mehr zurück. Das sind äußerst wichtige Vorsichtsmaßregeln! Vergeßt sie ja nicht!« Er spuckte die Kolanuß aus, die er beim Sprechen im Mund hin- und hergeschoben hatte, und hustete laut.

Jetzt plötzlich ergab alles einen Sinn für mich. Das Lichtloch war das Tor zu einer anderen Welt. Ein Zugang war erst möglich, wenn alle Körperzellen in eine Art Lichtenergie verwandelt waren. Wir würden uns, solange der Vorgang dauerte, wie Geister fühlen, es sei denn, es gab Mittel und Wege, das Ganze auf eine Ewigkeit auszudehnen. Aber ich konnte mir keinen Grund vorstellen, warum ich als Geist in einer Lichtwelt mit den gewöhnlichen Bürgern dort zusammenleben sollte.

Der Älteste fragte, ob wir alle verstanden hätten, worum es ging. Niemand sagte ein Wort, und er nahm unser Schweigen als Zustimmung. Er fuhr fort: »Seid ihr einmal im Loch, laßt euch aber nicht endlos fallen. Ihr würdet zu tief stürzen und euch verlieren. Achtet statt dessen, sobald ihr drin seid, auf die vielen farbigen Lichtlinien. Ihr seht sie, wenn ihr die Augen offen haltet, aber das bedarf einer gehörigen Anstrengung. Niemand kann sie euch abnehmen. Die Linien sind euretwegen dort. Ergreift sie und haltet euch an ihnen fest. Und wenn ihr einen Lichtdraht umfaßt habt, werdet ihr schweben. Da ist nichts Schreckliches dabei. Einfach schweben. Für alles andere ist Sorge getragen. Versteht ihr?«

Wieder folgte das nachdenkliche Schweigen der Zustimmung. Ich stellte mir schon vor, wie ich mich in eine wilde Welt stürzte, die diesmal kein Traum war, und sie erforschte. Es war inzwischen Nachmittag geworden, und die Sonne brannte uns heiß auf die Haut, als wollte sie den Schweiß auftrocknen. Der Älteste war bereits wieder zu seinen Kollegen gegangen, und sie besprachen sich ein letztes Mal, bevor es losging.

Niemals hatte ich mich so allein gefühlt, so verantwortlich für mich selbst, so besorgt um mich. Die früheren Erlebnisse hatten jeweils ihre eigene Intensität besessen. Wir hatten bisher Gelegenheit erhalten, mit der Traumwelt, dem Reich des Übernatürlichen und der Magie Bekanntschaft zu schließen und uns daran zu gewöhnen. Insoweit hatten wir uns bisher allen Listen dieser alten Männer gewachsen gezeigt.

Doch diesmal wurden wir als ganze Personen weggeschickt: Körper und Seele zusammen. Wobei die Möglichkeit bestand, daß man nicht mehr zurückkam. Damit war wirklich nicht zu spaßen. Ich konnte mir nicht vorstellen, was passierte, wenn ich nicht mehr zurückzukehren vermochte. Was wäre das für ein Zustand, nicht sterben, aber auch nicht leben zu können – ein Gespenst, gefangen in einem Riß zwischen den Welten, getrennt von hier und dort, ohne Hoffnung auf Hilfe? »Nein«, dachte ich, »das ist unmöglich...«

Dann aber fielen mir die Horrorgeschichten meines Vaters von Kindern ein, die zur Einweihung gingen und niemals zurückkamen, und von dem abgründigen Schrecken, wenn Schamanen die Verlorenen im Orakelwasser oder in Muscheln sahen, wie sie um Hilfe schrien. Damals waren mir diese Geschichten wie Märchen vorgekommen. Jetzt war ich von ihrer Realität überzeugt.

Diese alten Männer setzten uns jetzt also einem höchst gefährlichen Initiations-Ritus aus. Was tun? Es gab kaum eine Wahl. Man konnte in dieser Situation nicht einfach »nein« sagen.

Inzwischen hatten die Ältesten zu singen begonnen und schwangen die Büffelhaut hin und her. Ich hatte den Eindruck, jetzt tropfe mehr grüne Gelatine heraus. Die Ältesten redeten lauter in ihrer Ursprache, während die Trommel einen wie gehetzten Rhythmus vorgab. Rings um uns baute sich ein gewaltiges Kraftfeld auf. Zuerst empfand ich es als Kühle, bald jedoch als Eiseskälte. Unsere Körper reagierten mit heftigem Zittern auf den plötzlichen Temperatursturz. Meine Zähne klapperten, es war mir, als verlöre ich jede Herrschaft über die Glieder.

Die grüne Gelatine wurde violett und flackerte wie brennendes Methangas. Das Lichtloch war rund, nicht mehr als einen Meter im Durchmesser. Als das Singen und Trommeln aufhörte, spannten die Ältesten ein Fenster in die Welt aus, von der uns der Häuptling soeben erzählt hatte. Ich sah nur einen kleinen Teil davon. Es sah wie ein Stück Himmel aus, doch vielleicht war es auch nur die Widerspiegelung des Himmels, von der Substanz im Lichtloch violett gefärbt.

Nun trat der Älteste zu uns und sagte: »Das Tor ist offen. Ich werde das überprüfen, indem ich einen Stein hineinwerfe. Macht der fallende Stein ein Geräusch wie von prasselnden Flammen, ist das Tor gelungen. Falls nicht, fällt er einfach zu Boden. Und das hieße, wir haben es nicht richtig gemacht.« Und während er sich dem magischen Kreis zuwandte, hörte ich noch, wie er, mehr für sich selbst, hinzufügte: »... was unmöglich ist ...«

Er hob einen Stein auf, trat an den Kreis heran und schleuderte den Stein direkt auf die Haut, genau durch das Tor hindurch. Der Stein verschwand, wir hörten ein Geräusch wie von verhaltenem, sich in der Ferne verlierendem Donner. Befriedigt befahl der Älteste, der erste möge eintauchen.

Der Junge am Anfang der Reihe rannte die zehn Meter, die ihn von dem Höllenkreis trennten, und sprang auf die Haut hinauf. Wir sahen, wie er hinabfiel, die Beine voran, die Arme steif nach unten gestreckt, genau durch die Haut hindurch – und in der Welt drunten verschwand. Ich hatte den Eindruck, sein Körper wurde violett, kurz bevor er verschwand, aber es ging alles viel zu schnell. Seinem Verschwinden folgte ein Donnergrollen und ein unheimlicher Schrei. Ich fühlte, wie es mir kalt über den Rücken lief. Würde ich nicht auch selbst bald an die Reihe kommen?

Die Ältesten beugten sich vor, als spähten sie nach dem Jungen aus. Einer sagte: »Jetzt muß er dort sein.« Der amtierende Älteste war in höchster Erregung. Er hielt seinen Zauberstab empor, hoch in die Luft, anscheinend um böse Geister abzuwehren. Denn sie könnten ein Interesse an einem Ritual haben, an dem lebende Wesen mit Blut in den Adern teilnahmen – Blut, dem Öl der Toten. Der Älteste umschritt den Kreis einige Male und befahl dann den vier anderen, die Haut fest zu spannen. Sie zogen fest an und schüttelten die Haut wie einen Behälter, den man ausschütten will.

Zuerst hatte sich das violette Licht höher und höher hinaufgestreckt und hartnäckig an der Haut festgeklammert. Aber als sie die Schüttelbewegung machten, riß es sich los und flog an die zehn Meter hoch die Luft. Geräuschvoll landete kurz darauf ein Lichtfleck auf dem Boden, und siehe da, es war unser Junge, offensichtlich noch ganz im Bann eines Alptraums, der sich auf seinem Gesicht spiegelte.

An Teilen seines Körper züngelten Flammen des violetten Feuers, die er hastig abzustreifen suchte. Zuerst war sein Körper noch violett, dann grün und schließlich dunkel wie gewöhnlich. Der Junge rührte sich eine Weile nicht mehr, stand dann auf und ging zu den Ältesten hinüber. Sie entließen ihn, er solle sich nach etwas zu Essen umschauen. Ich blickte neidisch und neugierig zu ihm hinüber. Was hatte er erlebt? Er würdigte uns, die wir warteten, bis die Reihe an uns kam, keines Blickes, sondern schritt hinweg, offenbar froh, daß die Prüfung überstanden war.

Inzwischen war wieder ein Tor fertig. Der amtierende Älteste befahl dem zweiten in der Reihe loszurennen. Der Junge lief und sprang und verschwand in dem Kreis wie ein in einen dunklen Tümpel geworfener Felsbrocken. Wieder vernahm man das grollende Geräusch. Das Violett des Kreises wurde dunkler. Brauchte das Kraftfeld, das das Tor erzeugt hatte, jetzt mehr Energie, um sich aufrechtzuerhalten? Wieder spähten die Ältesten hinab. Ihre Blicke waren ebenso besorgt und interessiert wie zuvor.

Doch dieses Mal schwoll das Trommeln frenetisch an. Der Trommler wurde zur lebendigen Statue, in höllischem Bunde mit dem hier vonstatten gehenden diabolischen Ritual. Menschen in Resonanz mit magischen Kräften bewegen sich nicht mehr normal. Es war, als hätte der Trommler einen schweren epileptischen Anfall. Die Muskeln verkrampft, das Gesicht zur entsetzten Grimasse verzogen, starrte er ins Unendliche, von fremden Kräften wie von einem Elektroschock geschüttelt. Seine Hände trommelten in wilder Jagd auf das Fell, der eigene Wille war ausgeschaltet. Er schien nichts Menschliches mehr an sich zu haben.

Da schrie der amtierende Älteste wieder: »Anziehen!« Die vier Ältesten spannten die Haut, das runde Tor schien nur widerstrebend Folge zu leisten. Dieses Mal sah es so aus, als bräuchten die Ältesten mehr Kraft als vorher. Schließlich gab das Tor nach, und blitzschnell wurde das violette Licht von der Haut abgestoßen. Der Lichtball schoß in die Luft, stieg empor und krachte dicht daneben zu Boden. Anders aber als der vorige Ball, der den Jungen sofort nach seinem Aufprall aus sich entlassen hatte, drehte sich dieser Ball brüllend um sich selbst, bis der Junge daraus auftauchte. Der Initiand blieb liegen und rührte sich nicht mehr.

Sofort rannte der amtierende Älteste zu ihm hinüber und schlug mit seinem Stab auf ihn ein. Der arme Bursche schrie, wie tödlich verwundet. Er lag in einer Lache grünlich schleimiger Flüssigkeit, teils wirkte sein Körper wie zerfetzt, teils wie verbrannt. Er schrie jetzt unaufhörlich, während die Trommel die schrecklichen Schreie zu übertönen suchte. Sie wurden zu einem Geheul und Gewinsel, bei dem sich allen Versammelten vor Entsetzen die Haare sträubten.

Ich wollte ihm helfen, auf die Füße zu kommen und

seine Wunden zu versorgen. Doch konnte weder ich noch jemand anderes hier etwas ausrichten. Es war mir unerklärlich, was ihm zugestoßen und wie er in diesen Zustand geraten war. Er lag auf der Seite, das Gesicht uns zugewandt, die Arme mit einer dünnen Schicht grüner Gelatine bedeckt, und versuchte, die Flammen an seinem Körper zu löschen. Denn noch waren nicht alle violetten Flammenzungen verschwunden. Aber die Versammlung überließ ihn jetzt seinem Schicksal und machte weiter. Ein neues Tor wurde geöffnet, ein anderer Junge erhielt Befehl, hinabzutauchen...

Die nächsten fünf Springer schafften es prima. Jeder Eintritt endete mit einer Rückkehr, ähnlich der des ersten Initianden. In objektiver Zeit gemessen, dauerte jede Passage ein bis drei Minuten. Doch diese kurze Zeit war wie eine Ewigkeit. Mittlerweile war der verletzte Junge in der Sonne eingeschlafen. Er lag in einer Lache grünlicher Flüssigkeit, die inzwischen geronnen und hart geworden war. Selbst der dünne Film auf dem Arm hatte eine Kruste gebildet. Während ich ihn wie gebannt betrachtete, bemerkte ich, daß etwas Sonderbares mit ihm vorging. Auch er gerann und wurde hart wie ein Felsen. Er sah jetzt mehr wie ein Kunstwerk, ein liegender Akt aus als wie ein wirklicher Mensch. Unbeweglich lag er da, Glanz und Kraft des Lebens waren gewichen.

Für einen Augenblick durchzuckte mich der Gedanke: »Er ist tot.«

Allmählich war ich an der Reihe. Drei andere Jungen hatten ihre Sache gut gemacht, und ich war jetzt der fünfte. Wie betäubt von dem ungeheuerlichen Anblick des unglücklichen, zu Stein gewordenen Jungen und der Schnelligkeit, mit der die Zeremonie weiterging, wußte ich nicht mehr, worauf ich mich konzentrieren sollte. Ich kam zu dem Schluß, die Not unseres Mitschülers war hier wichtiger als alles andere. »Warum hat er sich so verwandelt?« fragte ich mich in Panik. Ich mußte eine Antwort haben, bevor ich dran kam, sonst überstand ich die Reise ebenfalls nicht. Meine Augen jagten von dem Jungen zum Tor und wieder zurück – als etwas noch Schrecklicheres passierte: Die Ältesten zogen an der Haut, und nichts ereignete sich.

Plötzlich kam alles zum Stillstand. Der amtierende Älteste sagte etwas in Ursprache. Er zog eine graufarbene Medizin heraus, mischte sie hastig mit Wasser und goß sie genau dorthin, wo der Junge verschwunden war. Der Älteste füllte nun seinen Mund mit Wasser aus einem Zauberbeutel und spie einen langen Strahl aus, der wie ein flüssiger, durch eine Stahlplatte gebohrter Sporn in den Kreis hineinschoß. Der Kreis verwandelte sich in Rauch, eine Wolke bildete sich. Als der Älteste den Mund geleert hatte, reckte er seinen Stab gegen die Wolke und rief: »Mouké, Souja, vapla, namati.«

Jedes Wort erzeugte ein lautes Geräusch inmitten der sich ballenden Wolke, doch nichts geschah. Da bedeckten die vier Ältesten die Wolke mit der Haut und warteten. Nach einer Weile zogen sie fest an den vier Enden. Wieder nichts. Der amtierende Älteste und die anderen wiederholten den Vorgang, dann ein drittesmal. Während sie angstvolle Blicke austauschten, wurde mir klar, daß ich hier Zeuge einer mißglückten Rückkehr wurde. Sie nahmen ihre Arbeit wieder auf.

Mein Herz krampfte sich zusammen, und ich schauderte. Ich hatte den Tod gesehen – einen seltsamen Tod, da nichts zurückgeblieben war, um die Lebenden an eine schmerzhafte Trennung zu erinnern. Meine Augen waren fest auf den sich verwandelnden Körper des leidenden Jungen geheftet gewesen, weshalb ich nicht gesehen hatte, wie der letzte Kandidat durch das magische Tor sprang. Also hatte ich keine Ahnung, wer er war. Doch konnte ich mir sehr gut vorstellen, wie er um Hilfe schrie, während er in unendliche, unergründliche Tiefen hinabfiel.

Etwas Endgültiges war geschehen, gerade bevor die Reihe an mir war. Aber weniger bestürzte mich das

Schicksal des Jungen als die furchtbaren Möglichkeiten, die es mir selbst in Aussicht stellte. Der Älteste hatte ersichtlich ganz recht gehabt, als er sagte, wir sollten auf die Gefahren achten und vorsichtig sein. War dieser Junge ungehorsam gewesen? Würde ich es jemals wissen? War es möglich, daß er sich nicht an dem farbigen Lichtdraht festgehalten hatte? Gab es etwas, das dieser Junge jetzt wußte, aber die Ältesten nicht, und das seinen Sturz in den Riß zwischen den Welten verursacht hatte? Aber was auch passiert war, alles schien mir ungerecht zu sein – sein Verschwinden ebenso wie der Umstand, daß ich jetzt ebenfalls das Tor passieren mußte...

Zum Teil war ich wütend und nahe daran zu rebellieren. Mußte die Einweihung so hart und gefährlich sein? War Wachstum unbedingt etwas Gewaltsames? Warum erforderte es derart riskante Rituale? Bis heute waren die Aufgaben schwer, aber wenigstens nicht lebensgefährlich gewesen. Doch hier hatte es eine Katastrophe gegeben, höchstwahrscheinlich einen Toten. Niemand konnte etwas für den verschwundenen Jungen tun. Er war für alle Ewigkeit gefangen. Und dann war da ja noch dieses schlafende Ding dort drüben, auf das niemand mehr achtete. War er auch schon tot? Wenn nicht, brauchte er doch unverzüglich Hilfe.

Aber Hilfe war das letzte, was er bekam. Denn alle anderen waren nur darauf bedacht, ihre Aufträge zu erfüllen. Wie der Junge, der unwiderruflich in den Riß zwischen den Welten gestürzt war, war auch dieser hier in einem Riß eingeklemmt. Der Unterschied war nur, daß er in der frischen Luft dieser Welt lag. Konnte Wissen, so fragte ich mich erneut, nicht auf sicherere Art erworben werden?

Durch das Lichtloch

Es trennte mich jetzt nur noch ein Junge von der Passage durch das Vulkantor, dessen unfreundliches Brüllen meine Nerven bis zu unerträglicher Spannung reizte. Mit aller Anstrengung versuchte ich den schrecklichen Gedanken zu verdrängen, daß etwas schiefgehen könnte und ich ebenfalls als grünes, gespenstisches, menschliches Gelatinebündel endete, Überrest einer seelischen Katastrophe. Alles hing jetzt davon ab, daß ich mich konzentrierte, unaufhörlich die Gebete der Ahnen sprach und mich dem Tor zur anderen Welt so ruhig wie ein heimkehrender Spaziergänger näherte. Doch wie unter solchen Umständen Ruhe bewahren? Hier lag das Fenster zur Unterwelt direkt vor mir. Legende war Wirklichkeit geworden, keine Möglichkeit, dieser Notsituation zu entkommen. Jetzt mußte ich alle Kräfte sammeln, die mir das Universum bei der Geburt mitgegeben hatte, und jedes Stückchen Bewußtsein, über das ich verfügte, denn jetzt wurde es ernst mit der Initiation.

Zum erstenmal in meinem Leben hatte ich Todesangst. Alles, was ich einst für wichtig gehalten hatte, wurde bedeutungslos angesichts der Realität »Tod«. Ein gnadenloser Rächer zerstörte alles in mir, es wurde zu nichts.

Für die Dorfältesten, die sich offen gegen meine Einweihung in die Geheimnisse der Ahnen ausgesprochen hatten, wäre mein Tod der Beweis, daß es tatsächlich töricht gewesen war, mich initiieren zu wollen. Und in Zukunft würde man Einweihungen dieser Art unterlassen. Mir war klar, daß diese Leute auf keinen Fall recht behalten durften. Ich mußte um meinet- und der Menschen willen, die nach mir kamen, am Leben bleiben. Bilder aus dem Seminar stürmten auf mich ein. Ich sah mich im Klassenzimmer, auf dem Spielplatz, in der Kapelle und im Refektorium und versuchte, dieser chaotischen Welt einen Sinn abzugewinnen, die, wie ich inzwischen erkannt hatte, nicht die meine war. Der Traum, in dem mich mein Großvater heimrief, das Handgemenge mit dem Priester, die Wanderung durch den Dschungel, der Schrecken einer ungewissen Zukunft – all dies sagte mir, es sei meine höchste Pflicht, auch diese Reise hier erfolgreich zu beenden. Woher, so fragte ich mich selbst, kommt denn meine Furcht? Habe ich so lange auf meine eigentliche Ausbildung gewartet, nur um dann die Beute des Zweifels zu werden, ob ich sie bewältigen würde?

Jetzt mußte der Junge vor mir zum Tor hinüberrennen. Es war mein bester Freund, Nyangoli. Er rannte wie wild. Still hatte er gewartet, bis er an der Reihe war, geduldig wie ein Schaf vor dem Tor des Schlachthauses. Viele Male hatte ich in der letzten halben Stunde versucht, ihn in meine Sorgen mit hineinzuziehen. Vergeblich, er blieb für sich. Erst jetzt wurde mir bewußt, daß seine kühle, schweigsame Gegenwart eine Art Trost ausgestrahlt hatte. Nyangoli sprang in den brennenden Kreis und verschwand wie ein Blitz. Ich wartete auf ihn und hielt ihm die Daumen. Denn ich dachte, wenn er durchkam, würde das meine Chancen verbessern. Nicht lange, und er kam heil und gesund wieder zum Vorschein. Anders als die Jungen vor ihm stieß er keinen Schrei aus, und kein Stöhnen kam aus seiner Kehle.

Er streifte die kleinen violetten Feuerzungen vom Körper wie Schmutz von einem Anzug und ging davon. Dieser junge Mann war ein unvergleichlicher Meister der Wirklichkeitsbewältigung. Während er wegging, kreuzten sich unsere Blicke. Dieser kurze Kontakt war alles, was ich im Moment brauchte. Er gab mir Kraft, Berge zu versetzen.

Schnell war das Tor wieder hergerichtet. Ich war an der Reihe. Ich hörte den Befehl des amtierenden Ältesten: »Lauf!« Ich holte tief Luft und stürzte vorwärts. Mein Körper war schwerelos, kaum daß ich ihn spürte, der

Lichtkreis jagte auf mich zu, näher und näher, als liefe nicht ich zum Tor, sondern das Tor zu mir. Bald füllte es meinen ganzen Gesichtskreis aus. Noch einen Meter, ich sprang hoch hinauf – und tauchte unter.

Zuerst spürte ich äußerste Kälte, wie in einem Kühlschrank. Dann fiel ich, fiel in rasendem Tempo. Die Schnelligkeit war schwindelerregend, sinnverwirrend. Es war mir unmöglich, den Sturz unter Kontrolle zu bringen. Ich wollte schreien, doch verfügte ich nicht mehr über die Mittel, aus denen ein Schrei entsteht.

Ich konnte die Augen nicht öffnen. Aber ich wußte, mit jeder Sekunde stürzte ich viele Dutzend Kilometer. Wohin ich fiel? Welch seltsame Schwerkraft mich in die Tiefe riß? Hier war keine Zeit, solche Fragen zu stellen, geschweige denn sie zu beantworten. Worauf es jetzt ankam, was ich dringend tun mußte, war, meine Augen zu öffnen und einen Lichtdraht zu ergreifen. Dieser Gedanke überfiel mich wie ein Blitz. Doch mein wilder Sturz machte jede bewußte Handlung unmöglich. Ich war der Sklave der Geschwindigkeit, mit der mich die Tiefe zu verschlingen drohte.

Da sammelte ich das letzte mir verbliebene Stückchen Willenskraft und konzentrierte es auf meine Augen. Ich mußte sie einfach öffnen. Das wäre die rettende Tat. Ich riß das Bewußtsein von meinem Sturz los und richtete es auf die Augen. Mit jeder neuen Anstrengung ging es schon besser, zwar geringfügig, aber immerhin. Ich wußte, ich konnte etwas erreichen, wenn ich nicht nachließ und mit aller Kraft meine Augenlider zu heben suchte.

Und langsam, wie bei sich aufhellender Nacht, kam das Licht. Zuerst war es wie ein Nordlicht, dunkle Flächen durchschossen von Streifen extremer Helligkeit – Strahlen von solcher Kraft, daß ich an einen sich ausdehnenden Kosmos oder an eine entstehende Welt denken mußte. So mächtig war das Licht, daß es mich unter normalen Umständen blind gemacht hätte. Doch irgendwie gelang es mir, die Augen zu diesem Himmel der Unterwelt aufzuschlagen, ohne vernichtet zu werden. Rings um mich her krachte es wie von unaufhörlichen Explosionen, und bei jeder entstand ein gewaltiges Kraftfeld, das das Universum im Gleichgewicht hielt.

Doch sehr rasch veränderte sich dieses Leuchten und verwandelte sich in unzählige Farben, eine Symphonie gleißender Drähte, alle in Bewegung und lebendig. Mein Selbsterhaltungstrieb gewann die Oberhand, und ich packte den mir am nächsten liegenden. Mein Sturz hörte auf, plötzlich und geräuschlos, brutal, doch ohne Schmerz. Ich wußte, mein Fall war zu Ende. Ich brauchte einen Augenblick, um zu mir zu kommen und mir ins Gedächtnis zurückzurufen, was für die Rückkehr notwendig war.

Wie lange war ich gefallen? War es genug oder zuviel? Aber darüber konnte ich jetzt nicht nachdenken. Denn plötzlich erregte etwas anderes mein Interesse: der Lichtdraht, den ich mit den Händen umklammert hielt. Es war ein Bündel aus unzähligen Fasern, die ein Ensemble von Lichtwellen bildeten und mich an die Milchstraße erinnerten. Doch im Vergleich dazu sieht die Milchstraße recht gewöhnlich aus. Sie hat nur eine Farbe, ist dunstig und relativ eintönig. Die Lichtstreifen dagegen, die ich in der Hand hielt, waren ein lebendiges Bündel, in dem sich winzige Zellen mit immer wechselnden Farben langsam auf- und abbewegten. Es sah wie eine dünne Röhre mit durchsichtigem Glas aus.

Jede Zelle blitzte und glitzerte. Sie waren lebendig, wie das ganze Bündel. Jede Zelle lebte, als Ganzes in einem Ganzen. Das spürte ich deutlich. Aber die Beziehung zwischen den einzelnen Zellen und dem Lichtbündel wurde mir nicht klar. An welcher Stelle hielt ich überhaupt das Bündel? Keine Ahnung. Meine Hände, die es fest umschlossen hielten, konnte ich nicht sehen. Das war mir ein

Rätsel. Und als ich an mir herabsah, in der Erwartung, meinen nackten Körper zu sehen, war auch dieser unsichtbar. Ich war nicht vorhanden, und doch war ich da – eine unsichtbare Erscheinung, die sich im Licht der Unsichtbarkeit badete.

War es möglich, daß jemand blind für seine eigene Gegenwart war? Vielleicht hing meine Unfähigkeit, mich zu sehen, direkt mit meiner veränderten Wahrnehmung zusammen? Aber warum konnte ich alles ringsum sehen, nur mich selbst nicht? Daß ich meinen Körper nicht sah, konnte jedoch meine Überzeugung, er sei da, nicht beeinträchtigen. Vielleicht, kam mir in den Sinn, war mein Körper nur ersetzt durch eine überwältigende Gegenwart von Bewußtsein. Vielleicht war ich in einen Bereich so intensiver Sichtbarkeit gefallen, daß mein grober Körper darin keinen Platz hatte. Zugleich spürte ich, daß ich keineswegs erschrocken war, nicht einmal angespannt. Denn es bedurfte keiner großen Energie, dieses Lichtbündel festzuhalten. Daraus zog ich den Schluß, ich müsse auch noch schwerelos sein.

Jetzt kam mir der Gedanke, doch einmal zu prüfen, ob ich noch einen Körper hatte oder nicht. Ich führte meine linke Hand zur Brust, aber ich tastete umsonst. Es war keine Brust da. Trotzdem wußte ich, sie war da, genauso wie ich wußte, daß meine Hand da war. Ein Nichts kann nicht nach etwas suchen. Der Älteste hatte mir zwar versichert, ich würde in meinem Körper hierherkommen, doch hatte ich jedes Gefühl für Körperlichkeit, wie sie auf der Erde existiert, verloren. Ich war jetzt nur noch für mein Bewußtsein sichtbar.

Wo aber hielt sich dann mein physischer Körper auf? Es blieb mir wenig Zeit, entsprechende Nachforschungen anzustellen. Ich mußte meine volle Aufmerksamkeit wieder auf die unmittelbare Umgebung richten. Die mächtigste Erscheinung war das Licht. Überall atmete und lebte es. Der Raum zwischen mir und der Lichtquelle war nur undeutlich zu erkennen, mit schwachen Konturen wie eine Stadt bei Nacht. Auch in diesem Raum spürte ich Erscheinungen, wenngleich von geringerer Mächtigkeit. Irgend etwas bewegte sich, wie wenn sich hier Bewußtsein oder Intelligenz regte, ohne sich durch meine Gegenwart stören zu lassen. Es war mir, als könne ich ein riesiges Gesicht mit zahllosen Augen erkennen, das sich an mir vorbei und nach oben bewegte. Aber ich vergaß diese Erscheinung lieber schnell wieder, aus Furcht, ich könnte in Panik geraten.

Während ich mich auf die Umgebung konzentrierte, schien etwas in mir zu erwachen. Ich hörte auf einmal – eine Wahrnehmung, die mir vorher nicht bewußt gewesen war. Was ich hörte, hätte ich nicht sagen können, aber es klang wie unter Wasser. Es war wieder das donnerartige, grollende Geräusch, das ich schon vor meinem Sprung durch das Tor mehrere Male gehört hatte. Waren es Tage, die seither vergangen waren?

Ich hörte auch etwas wie eine Mischung aus Gelächter und Gejammer. Die Töne schwebten auf und ab, auf Wellen in die Unendlichkeit getragen. Sie kamen nicht aus einer bestimmten Richtung, sondern wie von überall her. Ich versuchte den Atem anzuhalten, um deutlicher zu unterscheiden, bemerkte aber nur, daß es keinen Atem zum Anhalten gab. Andererseits wußte ich, ich atmete genauso sicher, wie ich einen Körper hatte. Ich konnte atmende Geräusche rings um mich hören, das Geräusch meines eigenen Atems und den Atem von jemand anderem. Und es wurde mir klar, daß hier jemand für mich und sich zugleich atmete.

Unterdessen umschwebten mich die unirdischen Unterwassergeräusche, auch sie ohne bestimmbare Quelle. Bald folgten weitere Laute, die von unten heraufdrangen. Als ich hinabsah, um ihrem Ursprung nachzugehen, verlor ich beinahe die Fassung. Der Raum unter mir war furchtbar. Elementargewalten wüteten in einer Art Vulkan, der in unendliche Tiefen reichte. Über diese Endlosigkeit war ich nicht überrascht – so etwas hatte ich erwartet, da ich unendlich weit und schnell gefallen war. Aber dieser Vulkan in Tätigkeit war nicht gerade sehr beruhigend. Die Lichtdrahtbündel endeten im Krater. Sie wurden wahrscheinlich von der aus ihm aufsteigenden Energie genährt. Und wie ein Lebewesen öffnete und schloß der Vulkan seinen Krater periodisch.

Bei jedem Schließen stiegen dunkle Räume entlang den Drähten empor und verursachten überall eine starke Trübung des Lichts. Bei jeder Öffnung dagegen wurden Myriaden Lichtzellen in die Drähte gepumpt, woraus ein mächtiger Lichtstrahl entstand, der den Kosmos bis ins Unendliche entzündete. Diese Zyklen von Dunkelheit und Licht traten in unregelmäßigen Zeitabständen auf. Auch schien der feuerspeiende Krater einen unendlichen Durchmesser zu haben. Erst jetzt wurde mir klar, daß alle Töne, die ich hörte, von dorther kamen.

Ich hatte das Gefühl, mich mitten in einer ungeheuren Intelligenz zu befinden, die von meiner Anwesenheit wußte und auf mich einzuwirken trachtete. Immer noch hielt ich das Lichtbündel fest, ebenso die Empfindung, daß ich mich mit Bewußtsein und Körper zugleich in dieser sonderbaren Welt befand.

Von Anfang an, seit ich an diesen Ort gesprungen war, empfand ich eine Art Hysterie. Ich hätte unaufhörlich schreien können. Es war aber keine Hysterie der Angst, sondern nur eine Folge des schwindelerregenden Sturzes. Obwohl ich meinen Fall gestoppt hatte, als ich dieses Bündel ergriff, war ich noch im Zustand entsetzlicher Erregung. Zuweilen erlebte ich das wie eine Art Schock. Im nächsten Augenblick wieder hatte ich das Gefühl, unzählige Ameisen kröchen mir über den Körper und erzeugten einen unwiderstehlichen Juckreiz. Doch konnte ich ihn nicht beseitigen, da es keinen Körper gab zum Kratzen.

Es gibt Augenblicke, in denen es unmöglich ist, Gefühle in Worte zu kleiden, und die Sprache vollkommen versagt.

Worte sind ihrem Wesen nach begrenzt, bloße Wiedergabe der Realität, von Menschen geschaffene Symbole. Die Wirklichkeit besteht unabhängig von Sprache.

Aus meiner Schwerelosigkeit zog nun mein endliches Bewußtsein den Schluß, auch die Welt unter mir sei schwerelos. Alles artikuliere sich dort in Licht und Finsternis. Doch die eigentlichen Gesetze dieser Welt waren zu kompliziert, als daß ich sie hätte erkennen können. Trotzdem gewann ich den deutlichen Eindruck, jedes ihrer Elemente habe eindeutig einen Sinn und sei unersetzlich.

Ich weiß nicht, wie lange ich dort unten blieb und diese kosmischen Hieroglyphen vor mir zu entziffern versuchte. Ich war ernstlich in meiner Bewegungsfreiheit eingeschränkt, an einem Bündel von Lichtdrähten hängend, die sich wie Gummi anfühlten. Es gab Momente, wo ich mir glühend wünschte, irgendwo hingehen und Nachforschungen anstellen zu können. Sofort mußte ich dann wieder daran denken, was die Ältesten gesagt hatten, auch daran, daß ich ziemlich lang gebraucht hatte, die Augen aufzumachen. Vielleicht war ich zu weit in die Tiefe gesaust, um wieder herausgezogen werden zu können?

Aber die Versuchung, loszulassen und auf Erkundungstour zu gehen, ließ sich nicht abschütteln. Sie betörte mich und wurde immer verführerischer. Könnte ich nur die Umgebung erforschen! Ich würde mehr Wissen erlangen und mein Bewußtsein unglaublich erweitern. Besonders neugierig war ich auf einen Berg einige Kilometer vor mir, der mich an die ägyptischen Pyramiden erinnerte. Sie waren in den Geographiebüchern im Seminar abgebildet gewesen. Nie hatte ich etwas Schöneres gesehen als diesen lebendigen Berg, gekrönt mit Gold und leuchtenden Saphiren und blitzendem Metall. Jeder Teil von ihm pulsierte, bewegte sich und lebte.

Der Berg zog und zog und ließ mich nicht mehr los. So zwingend war seine Macht, daß ich, um ihr nicht zu erliegen, die Augen abwenden mußte. Sofort fragte ich mich wieder, warum ich nicht, wenn mir schon ein Besuch verwehrt war, wenigstens einen Blick auf den Berg werfen sollte. Und ich schaute wieder hin, und er sah noch schöner, noch verführerischer, noch unwiderstehlicher aus. Wieder war es meine einzige Rettung wegzuschauen.

Auch die Musik, die ich hörte, kam von ihm her. Es war eine so schmelzende, süße Melodie, daß ich hätte weinen mögen. Als ich das drittemal zu dem Berg hinüberblickte, war es mir, als sähe ich jemanden darin. Hoch droben am Abhang zeigte sich etwas, was wie ein Spiegel oder eine Tür aussah, und jemand stand darin. Dieser Jemand fixierte mich oder etwas hinter mir. Allerdings konnte ich nur den oberen Teil sehen, der seltsam gefärbt zu sein schien – rosa, grünlich und rötlich. Das Wesen mußte ziemlich groß sein, da der Berg doch weit entfernt war und es trotzdem riesig wirkte. Mit seiner Brust füllte es zwei Drittel der großen Öffnung aus.

Besonders unangenehm waren seine Augen: wie feurige Kugeln, die häßlich aus den Höhlen traten. Jede Kugel enthielt einen roten und einen grünen Ring, die sich unaufhörlich gegen den Uhrzeigersinn ineinander drehten. Von Zeit zu Zeit rollten die Augen von links nach rechts und wieder von rechts nach links, wie um zu beweisen, daß sie lebten. Als ich in sie hineinblickte, spürte ich, wie mich eine gewaltige magnetische Kraft überwältigte und endgültig zu dem Berg hinüberzog. Ich folgte willenlos. Irgendwie gelang es mir noch, das Lichtbündel, das ich hielt, nicht loszulassen.

Je näher ich kam, desto schneller ging die Reise. Mit jeder Sekunde schien sich die Geschwindigkeit zu verdoppeln. Schnelligkeit schien immer noch schnellere Bewegung zu erzeugen. In der nächsten Sekunde würde ich an den Berg krachen. Aus Angst vor dem Aufprall schloß ich die Augen. Plötzlich ein lauter Knall. Ich spürte ein gräßlich schmerzhaftes Brennen am ganzen Körper, öffnete die Augen und ließ das Lichtbündel los.

Ich war aus dem Tor gezogen worden! Kleine Flammen züngelten mir überall am Körper. Mit bloßen Händen versuchte ich hastig, sie zu löschen, aber zu langsam. Ich mußte schneller machen, sonst verzehrte mich das Feuer. Es war keine Zeit, darüber nachzudenken, was geschehen war. Der Schmerz war unerträglich. Ich wälzte mich auf dem Boden. Als die Flammen schließlich gelöscht waren und ich mich von meiner unsanften Rückkehr etwas erholt hatte, bemerkte ich, daß der Junge nach mir in der Reihe schon durch das Tor geschickt worden war. Alle, die noch warteten, betrachteten mich neidisch.

Aber die Ältesten kümmerten sich nicht um mich. Sie waren einfach zu beschäftigt. Ich hatte zwar das Gefühl, den ganzen Nachmittag im Lichtloch verbracht zu haben, doch hatte sich die Sonne keinen Zentimeter von der Stelle bewegt. Ich lag auf dem Boden, erschöpft. Dann stand ich auf und warf einen Blick auf den Körper, der mir so lange unsichtbar gewesen war. Überall darauf verteilt, befanden sich Brandstellen – auch jetzt noch sind die Narben sichtbar – und begannen von dem Schweiß zu schmerzen, der mir jetzt auf der Haut perlte. Beim Weggehen mußte ich mich auf jedes Bein besonders konzentrieren und es ganz bewußt heben und senken. Ich mußte mich erst wieder daran erinnern, wie man ging, und üben. Dachte ich nicht immer einzeln an meine Beine, hatte ich das Gefühl, sie verschwänden mir unter dem Leib. Ich muß ausgesehen haben, als durchquerte ich ein Minenfeld. Aus irgendeinem Grund konnte ich einen Fuß unendlich lange in der Luft halten, ohne aus dem Gleichgewicht zu geraten. Der andere Fuß schien vollkommen in der Lage zu sein, mich für alle Zukunft allein zu tragen.

Auch mein Sehen hatte sich verändert und war überempfindlich geworden. Einzelheiten, die ich vorher automatisch übersehen hätte, traten plötzlich in aller Deutlichkeit hervor. Eine Termite, die ich mit bloßem Fuß fast zertreten hätte, wurde plötzlich gewaltig groß und machte dadurch auf sich aufmerksam. Sobald ich die Richtung meines Fußes änderte, wurde sie wieder klein. Ich sah ein Spinnennetz, und die Spinne schwoll riesig an, gerade noch rechtzeitig, daß ich nicht in das Netz hineinrannte. Und auch sie nahm wieder normale Größe an, sobald ich vorbei war.

Aber so etwas konnte mir jetzt nicht mehr imponieren. Was hätte jetzt noch mein Staunen erregen können! Der Horizont der Wirklichkeit war über alle Dimensionen hinausgewachsen. Dessen war ich mir sicher, nicht weil ich so erschöpft war, sondern weil ich einfach zuviel gesehen hatte. Was jetzt geschah, verstand ich aus den Tiefen meines Innern heraus mit einer Logik, die nicht aus dem Gehirn stammte.

Zurück im Lager, begegnete ich Nyangoli, der gerade aus dem tiefen Busch kam. In der einen Hand trug er einen toten Affen, in der anderen etwas Feuerholz.

»Würdest du mir helfen?« fragte er. »Die Sonne ist noch nicht untergegangen, und wir sollten noch vor Einbruch der Dunkelheit unsere erste wirkliche Mahlzeit zu uns nehmen. Wir wissen ja nicht, welche Prüfungen uns noch bevorstehen.«

»Wo hast du den Affen her?« fragte ich, nur um etwas zu sagen.

Nyangoli war ein geschickter Jäger, der mit den bloßen Händen töten konnte. Er witterte Wild auf einen halben Kilometer Entfernung und stellte es mit der Präzision eines Jagdhundes.

»Eine ganze Horde saß auf einem großen Baumstamm mitten im Fluß. Du weißt, Affen können nicht schwimmen. Ich brachte einen mit dem Stock aus dem Gleichgewicht und ließ ihn ertrinken. Das ist alles!«

Er machte Feuer. Wegen meiner schmerzhaften Verbrennungen ertrug ich es nicht, beim Feuer zu stehen. Nyangoli warf einen Blick auf die Wunden, sagte aber nichts. Auch ich fragte ihn nicht nach seinen Erlebnissen. Wir sprachen über Belangloses. Nyangoli erklärte mir, wie man Stachelschweine jagt – wie man sie nachts entdeckt und lähmt, bevor man sie tötet. Er erzählte mir auch, wie er vor einigen Jahren von seinem Vater die Technik der Großwildjagd erlernt hatte. Und wie sein Vater ihn in der Medizin der Unsichtbarkeit unterrichtet hatte. Diese Medizin war die einzige Methode, große Tiere wie Büffel, Löwen oder Elefanten zu jagen, ohne selbst zum Gejagten zu werden.

Nyangoli sagte, er wisse niemals, ob er wirklich unsichtbar sei, da er das Tier nicht fragen könne. Sein Vater hatte ihm immer eingeschärft, auf keinen Fall ein Tier anzugreifen, solange er noch unsichtbar war. Ich sagte, das verstünde ich nicht.

»Ich auch nicht«, fuhr Nyangoli fort, »wenigstens am Anfang. Denn ich dachte, wenn ich das Tier verfehlte und es verrückt wurde, wäre es doch gut, mich noch versteckt zu halten. Aber weißt du, ein Tier ist kein Narr. Wenn es bemerkt, daß du es unsichtbar jagst, geht es selbst zum Sehen zwischen den Dimensionen über und nagelt dich dort fest, so daß du niemals mehr in diese Welt zurückkannst. Denn wenn du versteckt, also unsichtbar bist, bist du nicht mehr von hier. Doch das Tier braucht sich nicht vor dem Jäger zu verstecken, weil... « Hier zögerte er, und ich dachte, er ist drauf und dran, mir ein Familiengeheimnis zu entdecken. Schließlich fuhr er fort, »weil es das nicht braucht, basta. Das ist ein Jägergeheimnis. Doch du verstehst sicher: Als ich hörte, auf diese Art versteckt zu sein, bedeutet, sich dem Tier auszuliefern, schreckte ich davor zurück, es auch nur zu versuchen.«

»Wie also jagst du dann große Tiere?«

»Ich jage sie nicht, ich brauche es nicht.«

Wieder trat ein langes Schweigen ein, während sich Nyangoli auf den Affen konzentrierte, den er am Spieß briet. Inzwischen ging ich in Gedanken zu meinen Erlebnissen in der Unterwelt zurück. Ich konnte die Erinnerung an die

Augen, die mich herausgezogen hatten, nicht abschütteln. Ebensowenig gelang es mir, einen Zusammenhang zwischen dem Berg, der Öffnung darin und der horizontalen Reise herzustellen, die damit endete, daß ich aus dem Tor gestoßen wurde. Wie war es möglich, vertikal hineinzugehen und so weit zu fallen, um dann horizontal wieder aufzutauchen?

Wir aßen schweigend. Das Affenfleisch schmeckte großartig. Es war ein bißchen zäh, doch war es die erste richtige Mahlzeit seit wer weiß wie lange. Während wir aßen, ging die Sonne unter. Auch die anderen Schüler kamen nun zurück und versammelten sich in kleinen Gruppen. Sie machten es entweder wie wir, kochten sich das Abendessen, oder saßen und unterhielten sich ruhig.

Verstummt man nach so schwerwiegenden Erlebnissen immer oder war uns einfach nicht nach ernstem Sprechen zumute? Es war sonderbar, daß wir so wenig Wert darauf legten, über die hinter uns liegende Prüfung zu reden. Hier war die einzigartige Gelegenheit, mit meinem vertrautesten Freund Gedanken über diese seltsame Erfahrung auszutauschen, statt dessen plauderten wir, wie wenn nichts geschehen wäre. Und wie um dies zu bestätigen, sagte uns der Einbruch der Dunkelheit, es sei Zeit, uns dem Kreis wieder anzuschließen. Gemeinsam hörten wir den Ruf und verließen schweigend unseren Essensplatz.

Die Welt am Grund des Teichs

Diese Nacht träumte ich, ein Stier spucke mir ins Gesicht. Am Anfang des Traums gingen mein Vater und ich in ein nahegelegenes Dorf, um einen Wahrsager über meine Zukunft zu befragen. Bei den Worten des Wahrsagers kam es mir so vor, als träte ich in ein neues Leben, ein Reich des Sinnes, ein, als entdeckte ich einen neuen Weg, die Welt und meine Aufgabe in ihr zu entziffern. Alles, was die beiden Männer taten, wirkte vertraut und klang vertraut. Der Wahrsager holte seinen Medizinbeutel und schüttete seltsame Dinge auf den schmutzigen Boden. Seine Werkzeuge waren sehr unkompliziert: getrocknete Vogelfüße mit zusammengebundenen Krallen, verformte Tierknochen, Metallstücke, Kupferdraht, wahrscheinlich von der Bremse eines aufgegebenen Fahrrads, ein Talisman, versteckt in der sorgfältig genähten Haut eines geheimnisvollen Tieres. Weiter gab es Stücke von Mais-»Thud«, dem Strunk, um den herum die Körner wachsen, verschiedene Steine und andere Objekte, deren Ursprung mir nicht klar war. All diese Dinge waren dermaßen alt, daß man sie kaum noch identifizieren konnte.

Den Namen des Wahrsagers kannte ich nicht. Aber das spielte hier keine Rolle, denn mein Vater kannte ihn gut und hatte ihn oft um Rat gebeten. Und der Wahrsager kannte mich als den Sohn meines Vaters, das genügte. Bei meinem christlichen Namen konnte er mich nicht nennen. Er konnte das R nicht aussprechen, er hatte zu viele Zähne verloren.

Was die Orakelsitzung im einzelnen ergab, daran erinnere ich mich nicht. Im Gedächtnis haften blieb mir nur, daß offenbar jeder einzelne der so unscheinbaren Gegenstände ein ganzes Buch war, das man durch die Überlieferung öffnen und lesen konnte. Der Wahrsager hatte einige

Gegenstände ausgesucht und eine Geschichte mit ihnen konstruiert, in der ich das Mittelpunktsymbol war. Ich war fasziniert von der Selbstverständlichkeit, mit der er in seinem Reich herrschte und aus dem Buch eines alten Tierknochens eine ausführliche Geschichte über mich herauslas: Ich war zerkaut und in die Sonne gespuckt worden, wo ich trocken und steif dalag, nicht mehr fähig, den Befehlen meines Schicksals zu gehorchen.

Ich mußte denken: Ein schönes Knochenbuch!

Jetzt suchte sich der Wahrsager einen anderen Gegenstand heraus, ein Metallstück. Er hielt es in der Hand und sprach von weit entfernten Ländern und Kulturen mit Drähten und Metallen. Er beschrieb Menschen, die in seltsamen, sich selbst bewegenden Kästen fuhren. In diesen Kästen waren Teile verborgen, die sich ruhelos hin- und herbewegten, und viele andere Metallgeheimnisse nicht von seiner Welt. Er sprach und sprach monoton über diese Medizindinge. Für ihn steckte hinter ihrer scheinbaren Trivialität eine Unmenge an Information.

Als wir gingen, war es dunkel. Meines Vaters Fahrrad hatte kein Licht, weshalb wir sehr langsam fuhren, aber trotzdem auf dem schmalen Weg nach Hause in ein Schlagloch nach dem anderen krachten. Vater erriet den Weg nur, denn die Nacht war so dunkel, daß die Bäume, noch schwärzer als die Nacht selbst, gerade noch sichtbar waren. Kaum waren wir in das Dorf eingefahren, als sich die Kette vom Zahnkranz löste. Wir mußten anhalten, um sie wieder zu befestigen. Da stand ich also in der Dunkelheit und konnte keinen Schritt weit sehen, während mein Vater die Kette des unsichtbaren Fahrrads reparierte. Und plötzlich tauchte ein riesiger Stier aus dem Nichts auf.

Ich konnte ihn sehen, weil er ganz weiß war, mit nur einem dunklen Flecken zwischen den Augen. Er blickte noch wilder und schrecklicher als ein gewöhnlicher Stier, da er auf den Hinterbeinen stand, wodurch er fast zweimal so groß wie normal wirkte. Eines seiner Vorderbeine deutete auf mich, während das andere wie wild in der Luft herumruderte. Anscheinend hielt er sich nur mit knapper Not im Gleichgewicht. Und er sprach die Silbe: »Du, du, du, du«, immer und immer wieder. Jedesmal sprühte er mir einen Schwall schleimigen Speichels ins Gesicht. Panik ergriff mich. Ich konnte nicht schreien.

Mit der Kette beschäftigt, bemerkte mein Vater für eine Weile nichts. Aber als er sich erhob und der furchtbaren Bestie ansichtig wurde, stöhnte er und griff nach der Machete, die am Fahrradrahmen hing.

Im selben Augenblick wandte sich der Stier, senkte die Vorderbeine und jagte auf ein Gebüsch zu. Mein Vater rannte ihm nach, doch als der Stier im Gebüsch verschwand, gab Vater auf und kam zu mir zurück. So erschrocken war ich noch nie gewesen. Wir bestiegen das Rad und fuhren ohne weitere Vorkommnisse heim, obwohl ich immer noch wie gelähmt vor Schrecken war. Als wir nach Hause kamen, sagte mein Vater: »Es war der Wahrsager. Er wollte uns auf die Probe stellen.«

Als ich morgens erwachte, steckte mir der Schreck über dieses entsetzliche Wesen noch in den Knochen. Nachdenklich blickte ich umher. Voller Erleichterung erkannte ich, daß es nur ein Traum war. Aber ich war mir sicher, der Traum war eine Botschaft von meinem Vater. Was bedeutete er? Nyangoli bemerkte meine gequälte Miene und tätschelte mir freundlich die Schulter. Wir standen auf und schlossen uns den anderen an, die sich um den Trainer versammelten.

Der Trainer führte uns im Gänsemarsch westwärts, den Bergen entgegen. Als wir die Stelle passierten, wo tags zuvor die Zeremonie mit dem Lichtloch stattgefunden hatte, war keine Spur von dem verletzten Jungen mehr zu erkennen. Statt dessen war die Stelle, auf der er gelandet war, mit Mistwürmern bedeckt. Niemand schien groß darauf zu achten. Doch ich spürte genau, daß auch die anderen Jungen nicht vergessen hatten. Ich fragte mich, was wohl schlimmer war: hinter dem Tor gefangen zu sein oder verbrannt herausgezogen und in Stücke zerfetzt zu werden.

Ich mußte wieder an die Eiseskälte des Tores denken und fühlte, wie mir ein Schauder den Rücken hinablief. Wie schrecklich mußte es sein, für alle Ewigkeit nackt im eisigen Klima zu leben, ohne liebe Menschen, die einem Trost zusprachen. War es überhaupt erlaubt, sein Leben zu riskieren, nur um übersensitiv zu werden? Denn erst jetzt wurde mir immer deutlicher bewußt, wie extrem sensitiv ich geworden war. Es gab so viele Einzelheiten, die auf mich eindrangen und meine Sinne überfluteten, daß ich sie gar nicht ordnen konnte.

Schweigend verließen wir das Lager und wanderten in die Wildnis hinaus, auf die Berge zu. Die Ältesten ließen sich heute nicht sehen. Wo mochten sie sein? Als wir den Bergen näherkamen, befahl uns der Trainer, uns etwas zu essen zu suchen, bevor wir weitermarschierten. Dies war das erstemal, daß eine allgemeine Essenspause angeordnet wurde. Er mußte es uns nicht zweimal sagen. Der Zug spritzte auseinander wie von einem Jäger angegriffene Wanderratten. Nyangoli und ich erholten uns allmählich von dem heißen Fußmarsch. Er machte sich aus einem abgebrochenen Ast einen dicken Stock zurecht und zerteilte den Busch vor uns, während wir weitergingen.

Es gab hier viele Obstbäume, mir waren sie unbekannt. Trotzdem hatte Nyangoli offenbar kein Interesse an Obst. Während er Zweige zur Seite schlug, hielt er die Augen aufmerksam auf den Boden geheftet. Ich hatte nichts in der Hand. Er sagte mir, ich solle mir ein paar Steine nehmen. Wir sprachen kaum. Plötzlich sprang ein Kaninchen aus einem Busch, den Nyangoli getroffen hatte, und lief direkt auf mich zu. Instinktiv hob ich die Hand mit dem Stein, doch da fiel mir ein, daß Kaninchen die Kinder der Kontombili sind. Ich mußte an den kleinen Ältesten denken, wie er auf einer Wolke saß und mich darauf aufmerksam machte, daß auch Kaninchen Mütter haben.

Ich brachte es einfach nicht über mich. Tatenlos sah ich zu, wie das Tierchen an mir vorüberrannte. Nyangoli betrachtete mich überrascht, sagte aber nichts. Wir setzten die Jagd fort.

Nicht lange, und ich hörte, wie er fest auf den Boden schlug. Als ich neben ihm war, hob er eine riesige Natter auf, deren Kopf er vom Rumpf getrennt hatte.

»Das dürfte für uns beide reichen«, sagte er.

Mir war nicht ganz wohl dabei. Seit meiner Rückkehr ins Dorf hatte ich keine Schlange gegessen. Ja, ich wußte nicht einmal, ob meine Familie Schlangen aß. Jeder Clan hatte ein Essenstabu, aber das meine kannte ich nicht, weil es mir niemand gesagt hatte. Doch jetzt konnte ich mich mit solchen Skrupeln nicht abgeben, ich war einfach zu hungrig.

Wir schlossen uns der Gruppe wieder an und fügten uns der Marschordnung ein. Die Sonne hatte fast den Zenit erreicht, als wir am ersten Gebirgszug anlangten. Wir waren nicht mehr so schnell vorangekommen wie anfangs, weil es immer steiler und heißer wurde. Wir hatten uns die Bäuche vollgeschlagen und fühlten uns träge und unbehaglich. Alle schwitzten wir.

Unter dem gewohnten Schweigen erreichten wir den Gipfel des ersten Berges. Rings um uns breitete sich die flache Grasebene, nur ab und zu gesprenkelt von niedrigen Bäumen. In der Nähe weideten Kühe und Stiere. Einer sah so aus wie jener, der mich im Traum angegriffen hatte. Er blickte mir kurz in die Augen und trollte sich wieder. Weiter im Westen lag eine Kette größerer Berge. Wir hatten beim ersten Gebirgszug angehalten. Der nächste war etwa einen Tagesmarsch entfernt.

Der Trainer setzte sich. Wir alle waren erschöpft und setzten uns ebenfalls. Niemand fragte, ob dies die Stelle war, wo wir die Ältesten treffen sollten. Aber gerade in diesem Augenblick tauchten sie auf und schritten auf uns zu, alle fünf im Gänsemarsch, jeder mit Medizinbeutel und

Wanderstab. Aber sie gingen an uns vorüber, als ob wir Luft wären, und wandten sich weiter südlich, dorthin, wo das Vieh graste. Kaum waren sie verschwunden, als uns der Trainer befahl, aufzustehen und ihnen zu folgen. Eine Zeitlang liefen wir in ihre Richtung, bis wir plötzlich feststellten, daß sie jetzt hinter uns waren. Wie war das möglich? Niemand hatte eine Erklärung dafür. Wir drehten um, setzten uns und warteten. Die Sonne brannte uns auf die nackte Haut.

In einigen Metern Entfernung setzten sich nun die Ältesten und bedeuteten uns, uns auf dem steinigen Boden vor ihnen niederzulassen. Hatten sie gar nicht bemerkt, daß wir schon saßen? Einer zog einen Tabaksbeutel hervor, bestehend aus einem hohlen Kürbis mit einem Deckel aus Leguanhaut. Das Tabakpulver mußte den Kürbishals verstopft haben, denn der alte Mann griff sich einen kleinen spitzen Stock und begann im Kürbis herumzustochern. Er schlug ihn sich mehrere Male ans Knie und spähte mit einem Auge hinein. Zufrieden nickend, reichte er nun den Beutel einem Kollegen, der sich den Tabak auf die Handfläche schüttete und dann zwischen Zähnen und Unterlippe deponierte.

So teilte sich der Rat der Ältesten den Tabak, während wir ihnen gegenübersaßen, einige sie beobachtend, andere mit ihrer Verdauung beschäftigt.

Der Leiter der Ältesten ergriff nun das Wort. »Ich sehe, ihr seid bereit, ins Reich der Schatten und des Nebels zurückzukehren, von wo ihr gekommen seid. Wer nicht weiß, woher er kommt, kann auch nicht wissen, warum und zu welchem Zweck er hierhergekommen ist. Das Leben hat keinen Sinn, wenn man vergißt, wofür man da ist. Gestern habt ihr alle gesehen, daß es Leben auch in anderen Dimensionen gibt. Nicht wahr?«

In seiner Frage schwang Skepsis mit. Dachte er, wir glaubten ihm nicht? Einige von uns nickten, andere gaben Laute der Zustimmung von sich.

»Ich möchte, daß ihr gut vorbereitet seid, wenn ihr dorthin zurückkehrt, wo ihr wart, bevor ihr hierherkamt. Vor eurer Geburt hat sich eure Familie informiert, wer ihr wart und was eure Aufgabe in dieser Welt ist. Und ihr habt die Geburt in einer bestimmten Familie gewählt, weil eure Aufgabe dadurch leichter zu erfüllen ist. Noch im Mutterleib habt ihr die Lebenden an bestimmte Dinge erinnert. Aber würdet ihr ihnen glauben, wenn sie euch das jetzt wiedererzählten? Hättet ihr genügend Vertrauen zu ihnen? Ihr hättet es nicht! Denn wenn wir hierherkommen und menschliche Gestalt annehmen, ändern wir unsere Meinungen in Windeseile. Wenn ihr nicht wißt, wer ihr seid, folgt ihr dem Wissen des Windes.

Es gibt Einzelheiten über eure Identität, die ihr ganz allein herausfinden müßt. Und ihr seid hierher zur Einweihung gekommen, um sie herauszufinden. Um auf diesen Planeten zu gelangen, mußtet ihr euch in einen tiefen Abgrund stürzen. Um dorthin zurückzukehren, woher ihr kamt, müßt ihr das gleiche tun.«

Ich wußte, der Älteste sprach nur bildlich. In dem Berg vor uns befanden sich keine wirklichen Abgründe, in die wir uns hätten stürzen können. Und wären sie dort gewesen, hätte die Übung so sehr dem gestrigen Erlebnis mit dem Lichtloch geglichen, daß es nur eine nutzlose Wiederholung gewesen wäre.

Etwas Seltsames ging in mir vor. Zum erstenmal seit Beginn der Einweihung bereiteten mir die Worte der Ältesten kein Unbehagen. Ich stellte fest, daß ich ruhig bleiben und auch mein dauerndes Fragebedürfnis in Zaum halten konnte. Mein Herz schlug jetzt gleichmäßig weiter, selbst vor einem aufregenden Abenteuer. Das Gefühl, ich könnte dabei auch umkommen, war nicht mehr so stark wie anfangs. Diesmal war ich mir sogar sicher, ich würde am Leben bleiben.

Es lag jetzt auf der Hand, daß wir in die Berge gegangen waren, um noch einmal in die höllischen, hermetisch abgeschlossenen Bezirke einer anderen Welt einzutauchen, einer Welt, die wieder anders war als die früher erlebten. Wie viele Welten gab es überhaupt? Diese sichtbare Welt, und unzählige weitere Dimensionen der Wirklichkeit? Die Ältesten zweifelten anscheinend nicht an der Existenz all dieser Welten. Sie kannten sehr viele von ihnen.

Ich mußte an die Worte eines Medizinmanns denken, dem ich einmal erklärt hatte, warum ich die Schule des weißen Mannes verlassen hatte. Er sagte: »Unser Innerstes weiß besser als wir, welche Welten existieren, und es kennt mehr Dinge, als wir wahrhaben wollen. Der Geist und unser Innerstes sind eins. Unser Innerstes sieht mehr, weit mehr, als wir in der gewöhnlichen Welt wahrnehmen. Nichts können wir uns vorstellen, das nicht schon in den äußeren und inneren Welten wäre. Dein Innerstes antwortet nur und empfängt. Es erzeugt die Dinge nicht, es kann sich nichts einbilden, was nicht existiert. Es ist ein großer Segen, daß du und dein Innerstes identisch sind. Es ist aber auch ein Fluch. Wenn du dich nämlich weigerst, die Existenz deines Innersten zu akzeptieren, verweigerst du dich dir selbst, und das ist schlimm.«

Sollte es also so sein, daß alles, was ich mir vorstellen kann, irgendwo in einer anderen Welt schon existiert? Wo ist dann der Ort des nicht Realen? In der Welt meines Volkes gibt es nichts als Realität. Einen Gegensatz zu ihr gibt es nicht. Wenn uns etwas begegnet, was wir als unmöglich ansehen, z. B. ein Büffel, der in ein Loch mit 30 cm Durchmesser fällt oder eine ganz neue, vor unseren Augen entstehende Landschaft, dann würde ein Ältester diese Auffassung als Ergebnis unserer eigenen Beschränktheit angesichts einer neuen Vorstellung interpretieren. Gerade dadurch, daß wir uns gegen Bewußtseinserweiterung wehren, begünstigen wir das Unreale. Wir nähren dann nämlich den Teil unseres Egos, der unser Wachstum und neue Erfahrungen begrenzen möchte. Im Rahmen der Stammeswelt dehnt sich die Landschaft des Bewußten unaufhörlich weiter aus. Nach der Anschauung eines Dorfbewohners ist also das Unreale nur eine neue, noch unbestätigte Realität im Arsenal des Bewußten. Sie wird uns von den Vorfahren überbracht. Und wenn wir ihr nur Gastfreundschaft gewähren, wird sie schnell ein Teil von uns werden.

Inzwischen war es Abend geworden. Niemand schien es eilig zu haben. Die Ältesten plauderten ruhig. Unterdessen teilte uns der Trainer in fünf ungleiche Gruppen ein, die Erdmenschen, die Feuermenschen, die Naturmenschen, die Wassermenschen und die Eisenmenschen. Hierauf wurde jede Gruppe einem Ältesten zugeteilt, der sie mit sich wegführte. Die Feuermenschen stiegen den Berg hinunter, die Naturmenschen gingen ein Stück und machten dann halt, die Eisenmenschen begaben sich in den nahegelegenen Busch und die Erdmenschen sollten bleiben, wo sie waren.

Ich gehörte zu den Wassermenschen. Unser Ältester brachte uns zu einem Canyon auf der anderen Seite des Berges. Drunten floß ein knapp ein Meter breiter Bach zu Tal. Wir folgten ihm stromaufwärts, bis wir an eine große, höhlenartige Öffnung im Berg gelangten und eintraten. Drinnen befand sich ein Teich, dessen kaltes Wasser geräuschvoll sprudelte und Fontänen emporsprühte. Weiter rückwärts im Raum war eine enge Öffnung, zu eng, um sich hindurchzuzwängen, aus der ebenfalls Wasser strömte. Sie war von Pflanzen umwuchert. Wir setzten uns rings um den Teich. Es war kühl dort am Rand des Wassers, ohne Sonnenschein. Niemand sprach ein Wort. Wir waren ganz Empfindung.

Es war gut zu schweigen. Ich hatte gar keine Lust zu raten, was uns bevorstand. Ich wollte nur, daß mein Körper die Kühle des Wassers und den Frieden, den es in Herz und Verstand senkte, empfand.

So saßen wir lange Zeit, bevor der Anführer das Wort nahm: »Dieses Wasser befindet sich hier seit unvordenklichen Zeiten. Es bedeckt den Eingang zur Welt der Ahnen. Nur die Kranken werden zur Heilung hierhergebracht. Dieses Wasser ist das Dach einer Welt, die ihr jetzt besuchen sollt. Ihr werdet nun einer nach dem anderen in den Teich springen. Er hat keinen Grund wie der Dorffluß. Statt dessen tut sich dort eine Welt auf. Wenn ihr hineinspringt, verschwendet eure Zeit nicht im Wasser, sonst ertrinkt ihr. Laßt euch nur einfach so schnell wie möglich sinken, bis es nicht mehr weitergeht. Falls ihr jetzt noch Angst habt, legt sie ab, oder ihr ertrinkt.«

Er zog Medizin aus seiner Tasche und gab jedem von uns zu essen. Zuerst schmeckte sie bitter, aber dann fühlte man sich wie betrunken oder betäubt. Er befahl uns nun, aufzustehen und ihm zu folgen, während er um den Teich herumschritt. Ich schaute hinunter ins Wasser. Ich konnte den Grund sehen, im kristallklaren Wasser war er deutlich zu erkennen. Offenbar war es nicht tief, aber ganz sicher war ich mir nicht. Wir waren zu neunt, gingen einer hinter dem anderen und warteten auf weitere Anweisungen. Plötzlich packte der alte Mann einen dünnen, kleinen Knaben und warf ihn ins Wasser. Der Junge stieß einen lauten Schrei aus, als er in den Teich platschte, und verschwand wie von unsichtbaren Kräften hinabgesogen. Die Fontänen hörten für eine Weile auf, und ein paar Blasen trieben an der Oberfläche.

Aller Augen waren auf das Wasser gerichtet. Wie durch Zauberei sahen wir den Knaben, die Hände vor sich ausgestreckt, gleich einem Vogel am hellen Himmel hinabtauchen. Bald war er weit weg und entschwand unseren Blicken. Das Wasser sprudelte wieder. Instinktiv warf ich einen Blick hinter mich, wo der Älteste stand und mich mit maliziösem Lächeln anschaute, das zu sagen schien: »Jetzt bist du dran, Junge.«

Ich wartete nicht, bis er mich ins Wasser warf. Ich hielt die Luft an und sprang selbst hinein. Sogleich wurde ich von einer mächtigen Strömung ergriffen. Ich hielt die Augen geschlossen. Es war mir, als bewege ich mich nicht nach unten, sondern flöge eher horizontal unter dem Berg hinweg. Immer noch mit fest geschlossenen Augen, hörte ich lautes Geschrei und Gekreische und wurde weiter vorwärtsgerissen, unwiderstehlich nach Norden. Als ich die Augen öffnete, war kein Wasser mehr da.

Eine Zeitlang dachte ich, ich sei ertrunken, erkannte aber sogleich, daß das nur eine mentale Reaktion auf die fremde Umgebung war. Rings um mich her herrschte Dämmerung. Ich konnte nicht sehr weit sehen und nicht sagen, ob ich aufrecht stand, saß oder immer noch flog. Ich hatte das Gefühl, ich wäre ein gestaltloses Bewußtsein inmitten nebliger Wesen, die mich umgaben. Nur Schatten waren zu sehen, einige neblig, einige rauchig, einige hell, andere dunkel. Sie waberten wie Wolken oder Rauch. Einige hatten eindeutig plastische Gestalten, während andere wie zweidimensionale Scherenschnitte wirkten oder ganz undefinierbare Umrisse besaßen.

In dieser neuen Welt konnte ich mich selbst deutlich sehen, hatte aber das Gefühl der Schwerelosigkeit. Es fiel mir sehr schwer, fest auf dem Boden zu bleiben. Eine Kraft wollte mich unbedingt nach oben ziehen. Ich mußte dieser Anziehung widerstehen, koste es, was es wolle. Die Anstrengung, meine Füße auf dem Boden zu halten, war qualvoll. Die Welt unter Wasser war unserer Welt in keiner Weise vergleichbar. Und niemand von uns hätte gewiß ein besonderes Interesse, darin zu leben. Die Stimmen, die ich überall gehört hatte, waren jetzt besser zu unterscheiden. Es war Musik – ein Gespräch zwischen Trommeln, Xylophon und Singstimmen. Irgendwie spürte ich mehr, als daß ich sie sah, die Gegenwart eines Wesens dicht bei mir, doch empfand ich keine Angst oder Neugierde oder Überraschung. Ich war einfach da.

Dieses Wesen hatte mir seit meiner Ankunft Informationen ins Herz strömen lassen. Ich hatte keine Kraft, mich dagegen zu wehren oder darauf einzuwirken. Als ich schließlich das Wesen erblickte, das sich da mit mir beschäftigte, war es ein Delphin. Er war gekommen, um mich wie eine Mutter zu säugen.

Die Macht der Stille ist groß. Sie erzeugt Stille in allen Dingen, denen man begegnet. Sie vibriert im Rhythmus kosmischer Einheit. Sie ist überall und steht jedermann und jederzeit zur Verfügung. Sie ist wir selbst, die Kraft in uns, die uns stark, vertrauens- und liebevoll macht. Sie ist Betrachtung, die uns betrachtet. Frieden heißt loszulassen – zum Schweigen zurückzukehren, das nicht ins Reich der Worte eindringt, weil es zu rein ist, um in Worten enthalten zu sein. Das ist der Grund, weshalb der Baum, der Stein, der Fluß, der Berg still sind.

Es war kein Wasser in dieser Welt unter dem Teich. Vielleicht war meine Reise überhaupt nur eine Illusion. Als ich in der Höhle wieder zu mir kam und in dem seichten Wasser des Teiches stand, konnte ich mir nicht helfen, ich mußte weinen. Ich war jetzt wieder in eine fremde Welt zurückgekehrt. Wie in dem Erlebnis mit der grünen Herrin, stieg nach meiner Unterwasserreise eine mächtige Sehnsucht in meinem Herzen auf. Ich fühlte schreckliches Heimweh nach allem, was ich unter Wasser gesehen und erfahren hatte. Ich wußte, alles, was ich brauchte, war diese Ganzheit und dieser Friede. Jeder brauchte ihn, in jedem Augenblick seines Lebens. Die Rückkehr in die Höhle war wie ein Auszug aus der Heimat. Mein Gesicht war so naß von Tränen wie mein Körper vom Wasser.

Niemand sonst befand sich in der Höhle. Als ich hinaussah, erblickte ich, kaum hundert Meter entfernt, den Stier, den ich nachts zuvor im Traum gesehen hatte. Er stand jetzt nicht auf den Hinterbeinen, sondern starrte mich intensiv an, als ob auch er mich aus einem früheren Traum wiedererkannte. Die Sonne schickte sich an unterzugehen. Mein Erlebnis unter Wasser hatte offenbar den ganzen Nachmittag und Abend gedauert. Ich hörte zu weinen auf und starrte intensiv auf den Stier zurück. Seine Augenlider flatterten wild. Er wandte sich, trabte den Hügel hinunter und verschwand. Kurz danach erschien der Älteste an seinem früheren Platz und ging auf den Teich zu. Verstohlen schaute er zu mir hinüber. Anscheinend sollte ich nicht wissen, daß er mich ansah. Ich war wahrscheinlich der erste, der zurückkam.

Der Älteste winkte mir, ich sollte die Höhle verlassen. Als ich mich ihm näherte, streckte er die Hände zu mir aus. Spontan hielt ich ihm die meinen entgegen. Sie begegneten sich, und ich hatte das Gefühl, wieder einen Großvater zu haben. Meine Hand in der seinen, bestiegen wir nun, er voran, ich hinter ihm, den Gipfel des Berges, wo wir den Ältesten an diesem Tag schon begegnet waren.

»Du bist sehr lange dort gewesen«, sagte er, »fast den ganzen Tag. Ich dachte schon, du würdest niemals mehr wiedergeboren werden. Bleib stark!«

Als wir uns dem Treffpunkt näherten, waren alle anderen schon dort. Der Älteste ließ meine Hand los, bevor wir vor die anderen traten. Alle schwiegen. Wortlos nahmen wir unsere Plätze wieder ein, ich bei den jungen Leuten, der alte Mann beim Rat der Ältesten.

Begräbnisse, Lektionen und Reisen

Diese Nacht hatten wir keine nächtlichen Zeremonien mit Feuern und Trommeln im Lager. Alle waren ungewöhnlich still, wie in tiefer Meditation begriffen. Und niemand wünschte die anderen zu stören. Ich bemerkte nicht einmal Nyangoli neben mir. Er war bei den Erdmenschen gewesen, während ich ins Wasser eintrat. Das Ende unseres Trainings näherte sich. Ich wußte nicht, wie weit wir noch zu gehen hatten, aber irgendwie war mir klar, daß wir eine gewaltige Strecke zurückgelegt hatten. Die Bedeutung der meisten Prüfungen begriff ich noch nicht voll und hätte sie auch nicht in Worten ausdrücken können. Jede Initiation hat ihre esoterische und exoterische Seite. Im Lauf der Jahre ist mir klar geworden, daß man vieles sagen kann, vieles aber auch nicht. Aussprechen verkleinert das Ausgesprochene. Nur was uns zur zweiten Natur geworden ist, läßt sich anderen mitteilen. Ich bin auch zur Überzeugung gelangt, daß Dinge um so lebendiger sind, je mehr sie von Schweigen umgeben sind. Sinnhaftigkeit bedarf keiner Worte, um zu existieren.

Trotzdem gibt es Zeiten, wo Worte an unser Ohr dringen müssen. Meine Erfahrungen würden ohne vermittelnde Worte nicht zu Ihnen gelangen können. Aber denken Sie daran: Das Wort ist nicht die Bedeutung, und die Bedeutung ist nicht das Wort. Bestenfalls sind Worte Fahrzeuge, ziemlich gebrechliche, notdürftige Hilfsmittel menschlicher Verständigung. Das liegt daran, daß Bedeutungen keinen Körper besitzen. Nach Auskunft der Schamanen würden Bedeutungen, kämen sie ganz unverhüllt zu uns, uns in sich – also in Bedeutungen – verwandeln, d. h., sie würden uns töten. Deshalb müssen wir uns mit dem Geflüster und dem bloßen Schimmer der Bedeutungen zufriedengeben. Aber je näher wir ihnen kommen, desto weiser werden wir.

Zwei Nächte hintereinander mußten wir einander jetzt Schreckliches antun. In der ersten Nacht sollten die einen die anderen wie auf einem Friedhof bestatten, in der zweiten Nacht war es umgekehrt. Das war eine harte, aufreibende Arbeit. Die Tage verbrachten wir damit, uns die eigenen Gräber zu graben, und die Nächte, uns darin zu bestatten. Jeweils einem Initiandenpaar hatte der Trainer eine Machete und eine Hacke gegeben. Es stand uns frei, ein tiefes, senkrechtes Grab oder ein flaches, horizontales auszuheben. Jene, die ein vertikales wählten, erhielten ein zusätzliches Werkzeug, weil es schwer war, in die hartgebackene Erde einzudringen. Ein paar von ihnen änderten ihre Absicht nach einer Weile, weil sie nach einem knappen Meter mühsamen Grabens auf Felsen stießen. Jeder suchte nach einem weichen, lockeren Plätzchen, um dann dort zu erleben, wie es sich anfühlt, zur letzten Ruhe gebettet zu sein.

Den ganzen Tag trommelte der Trainer ununterbrochen. Die Atmosphäre war makaber. Man konnte den Tod förmlich riechen. So viele Qualen hatten wir schon überstanden. Warum sollten wir jetzt unsere Körper in ein Grab legen, wo wir doch noch lebten? Die Ältesten hatten keine Erklärung dazu abgegeben. Sie waren nicht einmal aufgetaucht. Es war der Trainer, der das Begräbnisprojekt leitete. Am Nachmittag war es so weit. Alle, die stehend begraben werden wollten, hatten ein Loch gegraben, das ihnen bis zum Kinn reichte. Wer auf dem Rücken liegen wollte, hatte sich ein horizontales Loch gescharrt.

Mit Einbruch der Dunkelheit erging der entsprechende Befehl. Der Trainer überwachte die Zeremonie. Er ging von Grab zu Grab und half auf seine Weise beim Begräbnis. Mit Asche streute er einen weißen Kreis um jedes Loch und träufelte irgendein Öl auf den Körper des zu begrabenden Knaben. Dann nahmen er und der andere Junge, der Grabwächter, ihn auf die Arme und legten ihn ins Grab. Und während sich der Trainer zum nächsten Paar begab, füllte der Gefährte des Jungen das Grab mit Erde. Als der Trainer zu Nyangoli und mir trat, hatten wir noch nicht vereinbart, wer als erster dran war. Mein Herz klopfte gewaltig. Ich entschloß mich, noch bis morgen Nacht zu warten.

Aber Nyangoli, dem das alles gar nichts ausmachte, ließ sich bereitwillig Öl auf den Körper träufeln und mit Hilfe des Trainers in die Erde legen. Wir hatten ein horizontales Grab. Ich schaufelte jetzt das Loch mit Erde zu. Ein paar dicke Brocken fielen auf Nyangoli, und er beschwerte sich scherzend, er sei doch noch gar nicht tot. Etwas langsamer machte ich weiter, bis nur noch sein Kopf über dem Boden herausschaute. Dann trat ich aus dem Aschekreis zurück, um mir meinen Freund etwas genauer zu betrachten. Nyangoli war nur noch ein lebender Kopf. Seine Augen bewegten sich in dem trüben Licht hin und her, wie zum Ausgleich für die plötzliche Reglosigkeit, zu der sein Körper verurteilt war.

Er wirkte entsetzlich zerbrechlich und verletzlich. Ich fragte ihn, ob er etwas empfand. Er antwortete nur, wir hätten lieber ein senkrechtes Grab anlegen sollen, weil dann nicht die ganze Nacht das Gewicht der Erde auf uns lasten würde. Schließlich bemerkte er, er wolle jetzt lieber nicht mehr reden, weil er spüre, es läge eine wichtige Aufgabe vor uns. Also schwieg ich und kroch dichter an ihn heran. Ich setzte mich, legte ihm die Hand auf den Kopf und wartete. Nyangolis Augen waren geschlossen.

Schreie zerrissen die Stille der Nacht. Sie kamen aus dem Nichts, aus allen Richtungen gleichzeitig. Ich zitterte. Kalter Schweiß lief mir den Rücken hinab, und Gänsehaut bedeckte den ganzen Körper. Ich betrachtete Nyangoli. Seine Augen waren noch geschlossen, sein Atem ging sehr langsam. Die Stirn war heiß. Ich fühlte mich gedrängt, mit ihm zu sprechen, aber dann fiel mir ein, er wolle lieber nicht reden.

Jetzt vernahm man wieder die Schreie, diesmal gleichzeitig und von Worten begleitet. Ich hörte jemanden: »Laß mich, laß mich, ich will noch nicht gehen. Bitte, sag ihm doch jemand, er soll mich in Ruhe lassen.«

Eine andere Stimme jammerte, überall sei Feuer. Aus dem Busch sei eine riesige Flamme geworden, und wir müßten unverzüglich fliehen. Unaufhörlich wiederholte der Betreffende, er werde gehen, auch wenn sonst niemand wolle. Er habe keine Lust zu warten, bis er zu Asche verbrannt sei. Dieser unaufhörliche Refrain ließ mich erschaudern. Es war mir klar, daß die Stimme von einer überwirklichen Ebene kam. Der Junge, dem sie gehörte, schien sich außerhalb des Grabs zu befinden und sich frei zu bewegen. Aus allen Richtungen drangen mir seine Schreie ans Ohr.

Nun fielen andere Stimmen ein und vollführten ein grausiges nächtliches Konzert: Geheul und klägliches Gewimmer, das stundenlang anhielt und sich in meinen Ohren schließlich in Halluzinationen verwandelte. Lang war die Nacht, zu lange, als daß ich es überleben würde. Nyangoli aber bestürzte mich. Er sagte nichts, tat nichts. Sein Atem ging langsam und regelmäßig. Langes Schweigen verging zwischen dem Ein- und Ausatmen, und ein noch viel längeres zwischen jedem Zyklus. Neben ihm sitzend, schlief ich endlich ein, meine Hand ruhte auf seinem Kopf... Als ich die Augen wieder öffnete, brach der Tag an. Ich öffnete sie nicht wegen des Lichtes, sondern weil der Trainer die Trommel schlug. Immer noch weinten Stimmen. Doch jetzt war die Zeit der »Auferstehung« gekommen, und ich wartete, bis mir der Trainer die nächsten Anweisungen gab. Er ging von Grab zu Grab und trug eiskaltes Wasser bei sich, das er den Begrabenen auf den Kopf goß. Dabei murmelte er seltsame Worte. Hierauf befahl er, die Gräber wieder freizuschaufeln.

Langsam verstrich der Morgen. All die wiederauferstandenen Initianden waren krank und schwach. Sie legten sich hin, während wir uns um sie kümmerten und ihnen zu trinken und zu essen brachten. Nyangoli, der, nachdem sein Körper völlig freigeschaufelt war, gut eine weitere Stunde im Grab geblieben war, konnte noch lange Zeit danach nicht still sitzenbleiben. Ich hatte mich entfernt, um süße Früchte zu holen, während er ausgestreckt dalag. Als ich zurückkehrte, probierte er seine Beine. Unsere Augen trafen sich, aber wir blieben stumm. Ich wollte gar nicht wissen, was er durchgemacht hatte – oder besser, ich wußte es schon. Als die Nacht herankam, schlug mir mein Herz in der Brust. Sollte diese Prüfung die härteste von allen werden?

Und so war es tatsächlich. Die Prüfung des Lebendig-Begrabenseins hatte nichts mit Angst zu tun, aber sie war qualvoll. Qual ist eine Schwester der Angst. Die beiden sind seltsam miteinander verschwistert. Angst ist Widerstand gegen den Tod, Qual verstärkt diesen Widerstand. Das Lebendig-Begrabensein hatte aber noch eine andere Seite – das Gefühl des vollständigen Ausgeliefertseins. Nachdem ich begraben war, empfand ich in den ersten wenigen Augenblicken nichts als Schwere, eine ungeheure, auf mir ruhende Last. Da begriff ich, warum Nyangoli die Bemerkung gemacht hatte, wir hätten lieber ein senkrechtes Grab anlegen sollen.

Das nächste, was ich erlebte, war ungeheure Hitze, die mir den Schweiß aus allen Poren trieb. Sie war es, die die Qual erzeugte. Ich schloß die Augen und versuchte an etwas anderes zu denken. Aber Schmerz und Qual lassen sich nicht verdrängen. Jede Anspannung der Muskeln verringert den Schmerz etwas, gerade so viel, daß man diese Stellung eine Zeitlang beibehalten möchte. Aber man kann die Muskeln nicht unaufhörlich anspannen, weil man dann nicht mehr atmen kann. Und sobald man die Luft einzieht, kommt der Schmerz wieder. Atmen ist für den Schmerz, was das Öl fürs Feuer.

Ich war der erste, der zu schreien anfing. Schreien löst den Schmerz, weil Schmerz eine andere Sprache des Körpers ist. Die Antwort auf Schmerz und Qual ist der Schrei.

Während du schreist, hört der Schmerz zu oder wartet, bis du erschöpft bist, um dann selbst wieder zu sprechen. Auf diese Weise entsteht ein endloses Zwiegespräch zweier ungemein störrischer Wesen.

Es gibt keine Worte dafür, wie es ist, lebendig begraben zu sein. Die ersten paar Stunden, als ich noch bei Bewußtsein war, versuchte ich nur, mich nicht allzu dumm anzustellen, nachdem Nyangoli die Nacht zuvor die Situation so blendend gemeistert hatte. Doch Nyangoli war ein Übermensch. Kein normaler Mensch konnte eine ganze Nacht in soviel Erde verpackt und in so großer Hitze verbringen, ohne einen Laut von sich zu geben. Die Hitze eines nackten Körpers in der Erde, die keinen Weg findet, sich zu verflüchtigen, bleibt gefangen und kommt zu einem zurück. Wenn man zu schwitzen anfängt und es überall juckt, gibt es keine Rettung. Man kann sich ja nicht bewegen. Allmählich verwandelt der Schweiß die an den Körper angrenzende Erde in eine zähflüssige, glühendheiße Schlammschicht. Und wenn die Hitze noch ansteigt, weil die Erde immer schwerer wird, erträgt es der Geist irgendwann nicht mehr, im Körper zu sein, und verläßt ihn. Als meine Halluzinationen begannen, fühlte ich mich besser, weil kein Schmerz mehr da war. Es kam ein Augenblick, wo all das Schreien und Heulen keine Wirkung mehr auf den qualvollen Schmerz hatte. An diesem Punkt gewann etwas anderes die Oberhand.

Alles um mich her wurde plötzlich hell, wie wenn die Sonne aufgegangen wäre. Träume ich, fragte ich mich, oder bin ich aus dem Körper ausgetreten? Ringsum tobte eine Horde in Rauch gehüllter Menschen, oder besser, Rauch in menschlichen Gestalten. Ich wußte, ich war noch begraben, und erwartete, herausgeholt zu werden, da der Tag so plötzlich angebrochen war. Doch diese Rauchmenschen würden mich sicher nicht ausgraben. Sie umtanzten mich nur, als ob sie auf irgendeine Reaktion von mir warteten. Da wurde mir klar, hier war jeder sich selbst der Nächste.

Ich stellte fest, daß ich die Hände mit Leichtigkeit bewegen konnte. Kein Gewicht lag mehr auf dem Körper. Also stieg ich selbst aus dem Grab und fühlte mich herrlich. Ich schwitzte nicht mehr, alle Qual war vergessen. Ich wunderte mich, wo der Schmerz wohl geblieben sein mochte.

Die Nebelhorde drängte sich nun an mich heran. Zumindest ihre Gesichter waren fest und real. Meist waren es weiße Gesichter, Gesichter wie die meiner Lehrer im Seminar. Andere Gesichter waren schwarz, doch sie waren in der Minderzahl. Wieder andere waren weder schwarz noch weiß – ich konnte sie nicht einordnen. Alle waren sie mir vertraut, doch ihre Namen kannte ich nicht. Sie sahen weder ärgerlich, noch überrascht, noch neugierig drein. Sie schauten mich einfach an. Ich ging in den Busch hinein, und sie folgten mir, zuerst langsam, dann immer hastiger. Lange Zeit wanderte ich, bis ich auf eine Lichtung kam. Dort blieb ich stehen und setzte mich. Auch sie setzten sich.

Von da an entglitt mir die Herrschaft über die Dinge. Eine Kraft, größer als ich, größer als die Nebelmenschen, größer als all unsere Kraft zusammengenommen, erteilte uns Befehle. Wir konnten nicht widerstehen. Unser Kreis begann im Uhrzeigersinn zu schwingen, langsam zuerst, dann immer schneller, so schnell, daß wir zu einem einzigen Bewußtsein verschmolzen, einem einzigen sich bewegenden Wesen im offenen Weltraum. Ich fror immer mehr, während wir uns durchs weite Universum drehten. Ich fror schließlich dermaßen, daß ich es nicht mehr aushielt und mich heftig schüttelte, um warm zu werden. Da schlug ich meine Augen auf.

Der Trainer hatte mir kaltes Wasser auf den Kopf gegossen. Die Feuchtigkeit floß überall an mir herab.

Ungerührt fing nun Nyangoli an, mich auszugraben. Ich war zu schwach, um noch zu registrieren, daß das Ende der Prüfung gekommen war. Er grub mich aus, doch war ich nicht imstande, mich zu bewegen. Er ließ mich liegen, und der Wind streichelte mir den Körper, während Nyangoli auf Nahrungssuche ging. Ich schlief ein. Als ich wieder erwachte, stand die Sonne hoch am Himmel, und es war schon heiß. Der Morgentau verdunstete schnell vom Gras, nur in der Luft lag noch ein bißchen Kühle.

Auch dieser Tag verlief sehr ruhig. Gemeinschaftsaktivitäten fanden nicht statt, weil die Ältesten uns einzeln sehen wollten. Den Beginn machten sie mit den Feuermenschen. Es waren etwa fünfzehn. Einer nach dem andern gingen sie und kamen zurück, die Mienen unverändert. Ich war nicht wirklich neugierig, was sich bei diesen Begegnungen abspielte, obwohl es das erstemal war, daß wir seit dem Verlassen des Dorfes die Ältesten privat treffen sollten.

Ich wußte jetzt nicht mehr genau, wie viele Tage wir schon im Lager verbracht hatten. Aber soviel wußte ich, daß die Rückkehr nahe bevorstand. Das spürte ich einfach. Teilweise war es mir allerdings ganz gleichgültig, ob ich überhaupt zurückkehrte. Ich hätte für den Rest meines Lebens unbeschwert im Busch leben können. Ich fühlte mich wohl in der Natur und war mit ihr eins. Das war etwas Unverlierbares. Die Pflanzen ringsum glühten violett, und die Bäume bewegten ihre Äste, als wären sie sich meiner Gegenwart bewußt. Ich war glücklich, daß man auf diese Weise Notiz von mir nahm. Die Natur liebte mich, und ich war glücklich, sie wiederzulieben.

Ich konnte die Natur sogar hören, ihre unaufhörlichen schnellen Liebesschwingungen und auch die langsamen Bewegungen. Wie eine Amme nährte sie mich durch Nase und Poren, sie pflegte die lebenswichtigen Organe. Ich spürte, daß sie sich auch selbst ernährte, auf eine mir unbegreifliche Weise. Doch soviel wußte ich, es waren keine Mahlzeiten, wie ich sie hätte einnehmen können. Die Bäume und Gräser waren meine Freunde.

Während die anderen ihre Gespräche führten, machte ich einen Spaziergang im Busch und genoß es, die Wunder der Natur wiederzuentdecken. Meine Fähigkeit zur Wahrnehmung hatte sich ungeheuer erweitert und umspannte das Kleinste und das Größte. Ich bemerkte das winzigste kriechende Insekt, verborgen unter dem kleinsten Grashälmchen. Ich unterschied die Charaktere der Bäume und großen Pflanzen. Selbst ihre Wurzeln waren mir unter der Erde sichtbar. Manche waren wie ein sich nach allen Richtungen ausbreitendes Netz, andere bestanden nur aus einer einzigen Knolle, auf deren Spitze die Pflanze aufrecht und genügsam stand. Ich sah auch die Medizin- und Heilkraft in ihnen allen.

Ich mußte an unseren blinden Heiler im Dorf denken, der nachts arbeitete und tagsüber schlief. Der Mann war so geübt im Zwiegespräch mit den Bäumen, daß er sogar seine Medizinmann-Kollegen mit seinem Talent, Medizin aus der Natur zu gewinnen, verblüffte. Die Sitzungen mit ihm endeten stets um Mitternacht. Er pflegte dann den Patienten aufzufordern, ihm in den Busch zu folgen. Und dort sprach er zu Mutter Natur in einer fremden Sprache und übergab ihr eine Liste der Krankheiten. Sie antwortete summend und brummend und sagte ihm, welche Pflanzen er sammeln sollte.

Das ganze Pflanzenreich erwachte in der Dunkelheit, jeder Baum und jedes Kraut – und alle redeten auf einmal. Für den gewöhnlichen Menschen war es Kauderwelsch, doch für den blinden Heiler ergab es Sinn. Er übersetzte die Pflanzensprache seinen Patienten. Zum Beispiel erzählte ihm der oder jener Baum, seine Frucht, getrocknet, gestoßen, mit Salzwasser vermischt und dann getrunken, sei ein Gegenmittel gegen die fragliche Krankheit. Eine andere Pflanze erzählte ihm vielleicht, sie allein könne nichts für ihn tun, aber wenn der Patient eine andere Pflanze anspreche (deren Namen der Heiler kannte) und ihre Substanzen mische, würden sie gemeinsam die und die Krankheit vernichten.

Manche Bäume sagten, sie wollten jetzt nicht berührt oder gestört werden, weil sie gerade »Amanda« durchmachten, einen Prozeß der Metamorphose, der totale Abgeschiedenheit erforderte. In einem solchen Zustand konnten ihre Bestandteile dem Menschen äußerst schädlich sein. Wieder andere Pflanzen halfen gerade ihren Nachbarn und konnten deshalb den Menschen nicht dienen. Ihre Medizin, die den anderen Bäumen viel Gutes tat, wäre für die Menschen nur schädlich.

Der Heiler war vollkommen auf dieses Zwiegespräch mit der Pflanzenwelt angewiesen. Oft pflegte er zu sagen, das Pflanzenreich sei besser als die Welt des Menschen, weil es mehr wisse und feiner geartet sei als wir. Die Pflanzen kommen ohne uns aus. Doch wir können uns nur mit Hilfe der Pflanzenwelt weiterentwickeln.

Als ich in unser Quartier zurückkam, wurden schon die Wassermenschen interviewt. Ich hatte keine Ahnung, wie weit die Ältesten mit ihnen gekommen waren, während ich mich im Busch aufhielt. Doch schon sah ich, daß eben der letzte zurückkam. Also war ich wohl als nächster dran. Niemand hatte etwas dagegen. Die Ältesten saßen im Kreis. Jener, der mit mir auf den Berg gestiegen war, forderte mich auf, mich in den Kreis zu setzen. Sie streckten die Hände zu mir aus und sprachen ein sehr langes Gebet. Es war ungemein beruhigend.

Ich senkte den Kopf und konzentrierte mich auf das Gebet. Die Worte verstand ich nicht, weil sie gleichzeitig Dagara und auch nicht Dagara waren. Als das Gebet zu Ende war, nahm das Oberhaupt des Einweihungsausschusses Asche und streute einen Kreis um mich. Ein anderer holte eine schwarze, klebrige Substanz und salbte mich an der Stirn, am Rückgrat, am Ellbogen und der Brust, jedesmal in Form eines Kreuzzeichens. Sodann sprach die ganze Gruppe wieder in dieser fremden Sprache, einer nach dem anderen. Ersichtlich rezitierten sie ein Gebet, das Wort für Wort hergesagt werden mußte und immer nur von einer Person.

Auf diese Weise ausgesprochen, dauerte das Gebet sehr,

sehr lange. Es war zu Ende, als sie alle zusammen dieselbe Formel dreimal aussprachen.

Jetzt sagte das Ratsoberhaupt: »Die nächsten zwei Tage sind wichtig. Kennst du diese Gegend?«

»Nein«, antwortete ich.

»Das macht nichts«, fuhr der Älteste fort. »Die Berge, die wir gestern aufgesucht haben, wirst du schon wiederfinden. Geh dorthin zurück und suche eine Höhle, deren Eingang wie ein Ei geformt ist. Du wirst nicht lange brauchen, da nirgends eine andere derartige Höhle existiert. Begib dich bei Einbruch der Dunkelheit zu dieser Höhle. Geh hinein und lasse dich in die Welt der Kontombili entführen. Es besteht kein Grund zur Angst. Es ist dort wie hier, doch dort ist nicht hier. Kehre dann zurück und bring mit, was diese Wesen dir geben. Das wird deine erste Medizin sein. Komm unbedingt zurück, vor Sonnenaufgang mußt du wieder hier sein! Niemand wird dich auf dieser Reise begleiten. Du bist also ganz auf dich selbst angewiesen. Hast du verstanden?«

Ich sagte ja, da ich glaubte, ich dürfte weiter keine Fragen stellen. Die Gegenwart dieser im Kreis um mich sitzenden Ältesten wirkte sehr sonderbar auf mich. Es ging eine betäubende Schwingung von ihnen aus, und es war mir unmöglich, Fragen zu stellen. Was meinten sie bloß damit, daß ich eine Höhle betreten und mich in eine andere Welt entführen lassen sollte, die wie hier aussah, aber nicht hier lag? Trotzdem hatte ich solches Zutrauen zu ihnen entwickelt, daß ich mir verbot, Fragen zu stellen. Was geschehen mußte, würde geschehen. Man hatte mich aufgefordert, dorthin zu gehen und etwas mit zurückzubringen.

Ich hatte inzwischen gelernt, daß es sich für einen erwachsenen Dagara nicht ziemte, neugierig oder mißtrauisch zu sein. So etwas wäre nur das Zeichen, daß jemand für wirkliche Erfahrungen noch nicht reif genug war. Der vor einem Rätsel stehende Dagara stellt keine Fragen, weil Fragen und Antworten nur die Möglichkeit zerstören, selbst etwas zu lernen. Fragen sind die Methoden des Verstandes, Geheimnisse zu zerstören. Ein reifer Dorfbewohner hat sich daran gewöhnt, mit Fragen zu leben, während in seinem Herzen schon die Antwort »tanzt«. Außerdem hatte ich jetzt keine Angst mehr. Und Angst nährt das Informationsbedürfnis. Früher hätte mir das Herz heftig in der Brust gepocht, es hätte angefangen, wie wahnsinnig zu schlagen. Aber jetzt empfand ich nur Stolz auf das Vorrecht, im Mittelpunkt von soviel Weisheit und Kraft zu stehen.

Zum Lager zurückgekehrt, fragte mich Nyangoli, ob ich diese Nacht mit ihm zusammen wandern wolle. Bei ihm ging es in dieselbe Richtung, zum selben Berg, doch war seine Höhle weiter entfernt als die meine. Noch andere Jungen wollten sich uns anschließen. Der Tag verging ohne weitere Vorkommnisse. Die Vorbereitungen auf die Reise nahmen uns ganz in Anspruch und verboten uns, viel zu reden. Niemand stellte seinen besonderen Auftrag in Frage. Die bevorstehende Aufgabe lastete schwer auf uns, während wir den Sonnenuntergang abwarteten. Bevor noch das Gestirn hinter dem Horizont verschwunden war, erklang die Trommel und kündigte an, es sei Zeit zu gehen.

Langsam verließen wir das Lager und drangen ins Waldesdickicht ein, in Richtung aufs Gebirge. Wir kamen weit langsamer voran als tags zuvor, weil die Nacht schon hereinbrach. Das Ganze wurde noch schlimmer, weil wir plötzlich das Gefühl hatten, daß uns irgendwelche Kräfte begleiteten, die uns dauernd von der Straße abzubringen suchten. In Wirklichkeit gab es keine Straße. Wir selbst waren die Straße – eine Patrouille aus fünf Jungen, unterwegs zu den Bergen.

Wir erreichten eine Lichtung, von wo aus wir den Himmel sehen konnten. Ebele schlug vor, eine Weile zu rasten. Nach unserer Schätzung hatten wir gerade die Hälfte des Weges zurückgelegt. Nyangoli zeigte uns Sternbilder – das Dreieck, den Hundsstern, den Affenstern und den Kaninchenstern – und meinte, obwohl es schon fast Mitternacht sei, müßten wir jetzt weitergehen. Da verschwand plötzlich der Sternenhimmel, und ein riesiger Vogel in Gestalt einer Taube tauchte auf, mit weit ausgebreiteten Schwingen und roten Augen. Keiner von uns hatte bisher einen solchen Vogel gesehen, höchstens in Erzählungen von ihm gehört.

Der erste Junge, der ihn erblickte, schrie auf und sprang in den Wald, wo er am dichtesten war. Instinktiv folgten wir ihm. Der Flügelschlag des Taubenvogels ließ die Baumwipfel rauschen und drückte das hohe Gras zu Boden. Er verfolgte uns offensichtlich. Wir rannten, so schnell wir konnten, und versuchten einander nicht aus den Augen zu verlieren. Wir spürten den sausenden Wind von den Schwingen des Taubenvogels.

Fast waren wir am Fuß des Berges angelangt, als sich der Vogel hoch emporschwang, im Nu verschwand und uns erschöpft keuchend zurückließ. Warum waren wir eigentlich davongelaufen?

Jetzt begannen wir darüber zu sprechen, wo unsere jeweiligen Bestimmungsorte lagen. Jeder hatte den Auftrag, in eine bestimmte Höhle einzudringen. Da ich wußte, Nyangoli war ein Erdmensch, fragte ich ihn, wo die eiförmige Höhle lag. Er erklärte mir, in der zweiten Kette. Da hatte ich also noch weit, er ebenso, da seine Höhle sich am anderen Ende des Berges befand. Als wir den ersten Bergzug erreichten, verließ einer der Jungen die Gruppe. Wir wanderten schneller als tags zuvor, weil das Ziel jetzt greifbar vor uns lag. Bald stießen wir auf einen Fluß. Das Wasser strömte ruhig, dunkel und mächtig. Ohne zu zögern, schritt Nyangoli hinein, wir folgten ihm. Überall war der Fluß ziemlich seicht, nur an einer Stelle reichte uns das Wasser bis zu den Schultern. Als wir uns dem Ufer näherten, stieß der Junge am Ende der Reihe einen Schrei aus. Er rief, er sei von etwas Großem gebissen worden. Vor Schrecken blieb ich stehen. Aber als er weiterschrie, er könne nicht mehr atmen, packte mich Nyangoli an der Hand und zog mich aufs Ufer zu.

Es war so finster, daß niemand auch nur vermuten konnte, was sich auf den Jungen gestürzt hatte. Das Ding konnte überall im Fluß sein und auf jeden von uns als sein nächstes Opfer zuschwimmen. Bei dieser Vorstellung fuhr mir der Schreck in die Glieder. Das Wasser kam mir plötzlich sehr kalt vor. Was für ein Wesen konnte einen Menschen mitten in der Nacht so blitzschnell verschlingen? Auch die anderen Jungen eilten hastig aufs Ufer zu. Als wir in Sicherheit waren, war das Geschrei des unglücklichen Jungen verstummt. Auf der Oberfläche des dunklen Wassers, das die Nacht noch dunkler färbte, war nichts zu sehen. Tränen rannen mir die Wangen hinab, als ich dort stand und mir eingestehen mußte, er war rettungslos verloren. Die anderen Initianden waren nicht einmal stehengeblieben, um ihm eine Schweigeminute zu widmen.

Wir gingen jetzt weit langsamer, da wir uns schon fast an der Flanke der zweiten Bergkette befanden. Das Unglück machte mir schwer zu schaffen. Ich konnte mich nicht auf die vor mir liegende Aufgabe konzentrieren. Wer wird der nächste sein? fragte ich mich. Nyangoli verließ mich, als wir die Flanke des Berges erreichten. Im Weggehen deutete er noch auf meine eiförmige Höhle. Etwas in uns zwang uns, auf Worte zu verzichten. Wie durch Telepathie hörte ich Nyangoli sagen, er werde mich bei Sonnenaufgang wieder im Initiationsquartier treffen. Und schon war er verschwunden, verschluckt von der Nacht.

Auch die anderen Jungen waren nicht mehr zu sehen. Ich wußte, sie waren nicht weit, doch die Nacht hatte uns unter sich begraben. Ich war allein.

Reise in die Unterwelt

Die eiförmige Höhle war nicht weit, doch der Weg war steil. Es ging ständig bergauf. Ich schätzte, in der dichten Finsternis der Nacht würde ich eine halbe Stunde dorthin brauchen. Doch kam ich immer langsamer voran. Es war unmöglich, die Beschaffenheit des Terrains vorherzusagen: überall Felsen. Manche lagen versteckt, und der Fuß stieß sich schmerzhaft an ihnen, andere waren so groß, daß sie umgangen werden mußten.

Und auch wenn keine Felsen da waren, kam ich auf den lockeren Geröllhalden nicht viel besser voran. Halt suchend, glitten meine Füße immer wieder aus, während der Berg steiler und steiler wurde. Bald mußte ich die Hände zu Hilfe nehmen. Meine Gedanken wanderten zu Nyangoli und den anderen hinüber, die jetzt ebenfalls zu ihren Höhlen unterwegs waren. Wie hart hatten sie wohl zu kämpfen? Dachten sie auch an mich?

Plötzlich hörte ich unregelmäßige Atemzüge, wie von einem schnüffelnden Tier. Ich versteckte mich hinter einem Felsen und lauschte angestrengt. Nicht lange, und ich hörte überall Geräusche, den Klang von Hufen und Klauen, Keuchen, Räuspern, Bellen. Aus der Dunkelheit über mir tauchte ein dünner, schneeweißer Mann auf, der bergab wanderte. Er war etwa einen halben Meter groß. Sein langes, dichtes Haar stand nach allen Richtungen von dem kleinen Kopf ab, wie durch irgendein Fett gesteift. Ich konnte ihn nur sehen, weil er von einem Lichtschein umgeben war, hell wie der Tag. Auf dem Fuß folgte ihm eine Herde von Tieren aller möglichen Arten. Den Anfang machte eine Schar Stachelschweine, einige groß, andere klein, sie marschierten in lockerer Ordnung, hatten wild glühende Augen und über und über mit Stacheln bedeckte Leiber.

Hinter ihnen kamen die kleinen Eichhörnchen. Unablässig hüpften sie herum, sprangen aus der Reihe und wieder zurück. Die meisten anderen Tiere in der Herde kannte ich nicht. Nur einige der größeren identifizierte ich an ihren Hörnern und Gestalten: Antilopen, Gazellen, Büffel, Strauße, Elefanten, Rhinozerosse, Löwen und Giraffen. Es war eine endlose Reihe. Ich mußte an die im Dorf zirkulierenden Geschichten denken, nach denen die Tiere im Busch untergetaucht waren, als die weißen Kolonisten mit ihren Gewehren kamen und Massenjagden und Massenschlächtereien einführten. »Aha«, dachte ich, »dorthin sind sie also geflohen – sie verstecken sich in der Höhle, solange die Menschen wach sind, und kommen nachts heraus, um ungestört Futter zu suchen!«

Mit angehaltenem Atem wartete ich, bis die Parade an mir vorbeigezogen war. Wahrscheinlich waren sie zum Fluß drunten unterwegs. Am Ende des Zuges schritt wieder ein dünner Mann. Er hatte einen Rohrstock geschultert und eine beige Kluft an. Bis zum Abstand von zehn Zentimetern leuchtete seine Haut wie der helle Tag. Er bemerkte mich nicht, oder falls er es tat, ließ ich ihn gleichgültig. Er ging hinter einem Tier, das wie ein Pferd mit einem Flügel mitten auf dem Rücken aussah. Kein Zweifel, diese Tiere waren aus der Höhle, in die ich gehen sollte, gekommen. Sie mußte ungeheuer groß sein, um so viele beherbergen zu können.

Das Schnüffeln, das ich anfangs gehört hatte, stammte von einem Tier von etwa der Größe eines Waschbären. Angelockt von dem ungewöhnlichen Geruch, der von mir ausging, hatte er den Zug wie ein schwänzender Schuljunge verlassen und sich den Weg zu mir herübergeschnüffelt. Jetzt stand er hinter dem Felsen, der mich vor ihm verbarg. Er sog tief die Luft ein und schob sich wie ein geübter Jäger langsam an mich heran. Meine Gedanken überstürzten sich. Ich mußte mich schnellstmöglich entscheiden, wie ich mich zu meinem neuen Gefährten stellen sollte. Wie wäre es mit einem Felsbrocken, schwer auf den stummen Schädel geschmettert? Dann wäre ich für den nächsten Tag auch die Nahrungssorgen los. Nach Erfüllung meines Auftrags konnte ich das Tier auf dem Weg zurück zum Lager mitnehmen und es braten, während ich mit meinen Freunden Abenteuergeschichten austauschte.

Das dumme Vieh kam immer näher. Ich hielt den Atem an und den Felsbrocken in der Hand, bereit, im selben Moment wieder auszuatmen, in dem der Stein ein tödliches Loch in den Kopf des Tieres schlug. Nie zuvor hatte ich so etwas gemacht. Plötzlich erstarrte, gerade als ich ausholen wollte, mein Arm in der Luft. Wie gelähmt erkannte ich, daß das Wesen, das ich für einen Waschbären gehalten hatte, in Wirklichkeit ein Kaninchen war. Zu meinem Erstaunen begann es zu sprechen und enthüllte mir das Geheimnis meiner Reise in die Unterwelt. »Du hast es immer noch nicht begriffen, Mann! So viele Jahren sind vergangen, und du hast nichts anderes im Kopf, als mich zu töten!«

Die Stimme kam nicht wirklich aus dem Maul des Kaninchens, sondern von irgendeiner undefinierbaren Quelle her. Sie war wie eine unsichtbare Nadel, die mich in die empfindlichste Stelle meines Wesens piekste. Ich konnte dem Gespräch weder ausweichen noch antworten. Was meinte er mit dem »so viele Jahre sind vergangen«? Das war mir ein Rätsel. Unsere Augen bohrten sich ineinander, die seinen leuchtend, meine beleuchtet.

Das Kaninchen hatte so etwas wie einen Schluckauf, der regelmäßig nach ein paar Worten seine Rede unterbrach. »Du bist jetzt unterwegs und besuchst mich in meiner Wohnung (Schluck), doch in deiner versuchst du mich immer noch zu töten (Schluck). Mein Vater hat mich zu dir geschickt (Schluck), ich soll dir sagen, daß er auf dich wartet (Schluck). Man hat ihn für dich als Führer ausgesucht (Schluck). Ich hoffe, daß wir, wenn du von deinem Besuch zurück bist (Schluck), endlich Freunde werden (Schluck).

Siehst du (Schluck), als du mich damals als Kind im Busch jagtest, lotste ich dich zu meinem Vater (Schluck). Ich wußte, du würdest rennen, wohin ich rannte (Schluck). Du dachtest, du fändest mich, aber ich war es, der dich fand (mehrere Schluckaufs). Erinnerst du dich noch, was dir mein Vater sagte? Ich sehe, du tust es nicht (Schluck). Aber das macht nichts (Schluck)! Frag deine Mutter, wenn du nach Hause kommst (Schluck)! Sie weiß es noch. Daß du den ganzen Nachmittag weg warst, hat sie zu Tode erschreckt (mehrere Schluckaufs). Sie dachte, einer von uns habe dich gefressen (Schluck). Frag sie, wenn du nach Hause kommst – und jetzt willkommen in meines Vaters Heim (Schluck). Ich muß jetzt wieder zu meinen Freunden.«

Das Kaninchen war wie vom Boden verschluckt. Ich stand wie angewurzelt im Bann eines Kraftfeldes, den Stein noch in der Hand. Nach all den Erlebnissen der letzten Wochen konnte mich auch dies nicht mehr überraschen. Trotzdem war ich enttäuscht. Es war jemand aufgetaucht, hatte über mein Eindringen in die Höhle mit mir gesprochen, war aber ebenso schnell wieder verschwunden.

Als ich mich wieder rühren konnte, fror ich entsetzlich. Ich mußte gehen, um mich aufzuwärmen. Die eiförmige Höhle war immer noch an die hundert Meter entfernt, droben am Gipfel des Berges. Der Weg wurde so steil, daß ich manchmal auf allen Vieren kriechen mußte, um das Gleichgewicht zu halten. Wie hatten das bloß die Erdmenschen geschafft, als sie vor ein paar Tagen hier heraufkamen? Aber damals war Tag gewesen, und jetzt war Nacht. Die Felsen boten mir gerade genügend Halt, daß ich nicht abstürzte. Und so kam ich doch voran und zog mich von Felsen zu Felsen, bis ich den Eingang zur Zauberhöhle erreichte.

Sie sah ganz wie andere Höhlen aus, ein Unterschlupf für Fledermäuse und kriechendes Getier. Auch stank es nach verrottenden Exkrementen. Unzählige Tiere, zahme und wilde, hatten dort ihre Häufchen hinterlassen, wenn sie sich vor der erbarmungslosen Hitze des Tages zu einem Schläfchen zurückzogen. Der Eingang war von Finsternis dicht versiegelt und wirkte schwärzer als die Nacht. Der Boden davor war so weich wie ein Strand, als wäre die Höhle ein Meer, an dessen Küste Bewohner beider Welten rasteten: der Unterwelt und der oberen Welt.

Es fiel mir ein, jemand hatte mir erzählt – ich glaube, es war Großvater –, daß die Unterweltmenschen unsere Welt ebenfalls Unterwelt nennen. Das hing nur vom Standpunkt ab. Gleichgültig, in welcher Welt man sich befindet – um in die andere zu gelangen, muß man immer hinabsteigen.

Den Gedanken, in die dichte Schwärze der Höhle einzudringen, konnte ich nicht ertragen. Deshalb entschloß ich mich, mir den Weg zu beleuchten. In der Nähe fand sich Stroh, das ich zu einem Bündel zusammenraffte, und eine Unmenge Feuersteine. Ich hob ein paar davon auf und schlug einen Funken, mit dem ich das Stroh entzündete. Ich blies darauf, bis das Stroh gut brannte. Mit dieser Fackel in der Hand betrat ich die Höhle.

Sie war wie ein Bauch, der Boden sandig und staubig. Verwundert stellte ich fest, daß die Wände aus rotem Granit gehauen waren. Überall befanden sich Fußabdrücke von Tieren. An der Decke hing eine Kolonie Fledermäuse. Sie kreischten, als ich das Fackellicht auf sie richtete. Manche flogen taumelnd auf und verließen die Höhle. Die zurückbleibenden blickten mich fragend an: Was willst du hier zu dieser Nachtzeit? Unwillkürlich stellte ich mir vor, eine wie gute Mahlzeit sie abgeben würden.

Wie die Wände der Höhle, war auch die Decke hoch über mir glatt behauen. Das konnte kein natürlicher, geologischer Vorgang gewesen sein. Eine höhere Intelligenz mußte sie absichtlich behauen haben, eben zu dem Zweck, für den ich hierhergeschickt war. Der weiche Boden fühlte sich zuerst wie ein glatter Spiel- oder Ruheplatz an, aber als ich weiter in die Eingeweide vordrang, verengten sich die Wände, und der Boden wurde unebener. Gehen konnte ich jetzt nicht mehr, nicht einmal gebückt. Ich mußte kriechen, spitze Steine stachen mir ins weiche Fleisch wie Nägel in Butter. Ich kroch weiter, mit der brennenden Fackel in der Hand.

Jetzt wurde die Höhle gefährlich eng, so schmal, daß ich mich nicht mehr gegen irgendwelches Getier hätte verteidigen können. Auch umzudrehen und zu fliehen war nicht mehr möglich. Doch ließ mich das kalt. Ich hatte das Gefühl, der ganze Raum sei speziell für mich gemacht. Das Feuer ging aus, es war mir sowieso schon lästig geworden. Ich lag jetzt da, ruhte mich aus und sah zu, wie die Funken verglommen. Die Finsternis schloß sich über mir.

Ich machte die Augen zu, um aufsteigende Schreckensbilder abzuwehren. Was würde geschehen, wenn ich hier wieder umkehren müßte?

Als ich sie wieder aufschlug, sah ich so etwas wie einen Lichtpunkt, nicht weit vor mir. Zuerst dachte ich, es sei ein einäugiges, urzeitliches Tier, das sich für mich interessierte. Dann fiel mir ein, was mir das Kaninchen gesagt hatte. Das Licht magnetisierte mich förmlich. Es bewegte sich nicht, weder flackerte noch blinkte es. Ich entschloß mich, näher heranzukriechen. Es wurde größer und größer, und bald bemerkte ich, daß es nicht ein Auge, sondern der Himmel war. Ich war auf der anderen Seite des Berges herausgekommen! Die Höhle mußte ein Tunnel sein, der geradewegs durch den Berg führte.

Das machte mir Mut, und entschlossen kroch ich weiter. Das also ist die Vorstellung der Ältesten von der Unterwelt, mußte ich bei mir denken. Wieder eine schwere Prüfung, um meinen Mut ein letztes Mal auf die Probe zu stellen! Aber jetzt, das fühlte ich, war ich über die Furcht hinausgelangt. Nur noch kleinere Sorgen beschäftigten mich, besonders wegen meiner Knie, die sich an den scharfen Steinen wundgerieben hatten und heftig bluteten. Aber ich war zuversichtlich, daß ich die Prüfung bestehen und ins Lager zurückkehren würde. Dort konnte ich dann berichten, in der mir zugeteilten Höhle gäbe es überhaupt keine Unterwelt. Auf Händen und Knien rutschte ich weiter zum Ausgang.

Was jetzt geschah, zu beschreiben, ist ein wahres Kunststück. Was ich bisher von der Unterwelt berichtet habe, wirkt gewiß nicht sehr aufregend, manchmal bedeutungslos im Vergleich zu dem, was jetzt passierte. Das eigentliche Problem ist, daß sich ganze Ereignisketten ohne Worte abspielten. Das setzt der Erzählung ihre Grenzen. Versuche ich doch, die sich überstürzenden Ereignisse zu beschreiben, geht es mir wie einem, der barfuß auf einem Dornenpfad wandert. Ich muß nicht nur stets darauf achten, wohin ich meinen Fuß setze, sondern komme auch nur so langsam voran, daß ich für ein winziges Stück ungeheuer lange brauche. Ich weiß, dadurch verfälsche ich das Geschehen. Aber wie sollte ich es Ihnen ohne Worte erzählen? Und während ich versuche, die Ereignisse in Sprache zu übersetzen, mache ich mir keine Illusionen, wie schwach Worte angesichts der überwältigenden Realitäten sind. Ich weiß auch, daß es manchem Leser sehr schwer fallen wird, die berichteten Dinge mit seiner Realität in Einklang zu bringen. Ich tue jedenfalls mein Bestes. Machen Sie es mir nicht schwerer, als es schon ist!

Der Morgen graute schon, als ich aus dem engen Tunnel in eine Welt hineinkroch, die mir zunächst vertraut erschien. Doch als ich in ihre Schwingung hineingezogen wurde, verwandelte sie sich spontan. Zuerst durchfuhr mich ein unbeschreiblicher Schock, wie wenn ein wahrer Hagel von Sinneseindrücken auf mich niederginge. Der Lärm war dermaßen betäubend, daß ich mich nicht mehr beherrschen konnte und schreien mußte: »Aufhören!« Alles war nur ein einziges Gebrüll, das sich auf meine Ohren stürzte. Doch bald wurde mir klar, daß ich es war, der so brüllte.

Die Sonne wollte anscheinend gerade aufgehen. Der

Himmel war klar. Es würde ein sonniger Tag werden. Aber wo befand ich mich? Als ich mir diese Frage, nur in Gedanken, stellte, hörte ich sie dermaßen laut, in mir und um mich herum, daß mir die Tränen aus den Augen schossen. Warum füge ich mir einen solchen Schmerz zu? mußte ich plötzlich denken. Und sofort tat es mir wieder leid, diesen Gedanken gehabt zu haben. Denn zu denken war ungeheuer qualvoll. Aber es gelang mir nicht, die Gedanken anzuhalten, was ich auch versuchte. Schon fühlte ich auch, wie eine gewaltige Kälte auf mich eindrang, so erbarmungslos eisig, daß ich nicht einmal mehr zittern konnte. Nach der Ursache dieser Kälte durfte ich keinesfalls fragen, da Denken eine solche Folter bedeutete. Ich unternahm gigantische Anstrengungen, die mentale Aktivität zu unterbinden. Doch mein Verstand weigerte sich zu gehorchen.

Es war zwar im Moment die kalte Jahreszeit, aber so etwas hatte ich noch nicht erlebt. Der Winter in den Tropen ist eine Mischung aus dem Herbst und Frühsommer des Westens. In der Nacht kühlt es ab, aber niemals bis zu dem Grad, wie es jetzt der Fall war. Da wurde mir erst klar, daß ich mich in der Unterwelt befand. Diese Erkenntnis zerriß mir wieder wie ein Schrei die Ohren. Ich zitterte, nicht wegen der Kälte, sondern vor Furcht – und dabei hatte ich mir eingebildet, in den letzten Wochen den Schrecken bekämpft und besiegt zu haben! Ich mußte dringend etwas gegen mein Denken unternehmen. Es quälte mich über jedes vorstellbare Maß hinaus. Ich spürte etwas Warmes im Gesicht und tastete mit der Hand danach. Es war Blut, das mir aus den Ohren tropfte.

Ich muß zu denken aufhören, rief ich mir selbst zu, und jeder Gedanke war wie ein Stich, der mir tief in die Ohren drang. Ich war in einem riesigen Lautsprecher gefangen, der zu voller, dröhnender Stärke aufgedreht war. Mein Leben hing davon ab, daß ich die Drähte fand und zerschnitt, die diese Töne transportierten. Aber ich war ja selbst diese Drähte! Was sollte ich also machen? Ich setzte mich, schloß die Augen, holte tief Luft und hielt den Atem an. Ich weiß nicht, wie lange ich so dasaß, ohne zu atmen. Ich weiß nur, daß jetzt der Lärmpegel in mir und um mich herum etwas abnahm.

Allmählich wurden die Schreie schwächer, und mit ihnen der Schmerz und die Kälte. Die Schreie verminderten sich weiter zu erträglicher Lautstärke, dann zu einem Geflüster, und schließlich herrschte Schweigen.

Das Schweigen beginnt zu sprechen, wenn sich die Worte, die die Bedeutungen verzerren, endgültig verabschiedet haben. Worte fangen Bedeutungen ein, tun ihnen Gewalt an und reißen sie in Stücke, genau wie ein Metzger das Fleisch eines Schlachttieres mundgerecht zerlegt. Aber die Sprache des Schweigens achtet die Integrität der Bedeutungen. Bedeutungen haben ein Eigenleben, unabhängig von der Sprache. Im Schweigen hörst du Bedeutungen nicht mehr, du spürst sie. Dieses Spüren ist die beste Art zu hören, das beste Instrument, Bedeutungen aufzufassen. Bedeutungen werden dann um ihrer selbst willen aufgenommen und mit Respekt behandelt.

Der Mensch wird selbst zu Bedeutung, wenn er so dicht an sie herankommt wie ich jetzt. Was ich in diesem Stadium empfand, ist unmöglich zu beschreiben. Die unlösbaren Konflikte, die mich beim Eintritt ins Reich der Unterwelt gequält hatten, waren ausgetilgt. Eine andere Schicht meines Wesens wurde freigelegt, die besser mit der Fähigkeit, Bedeutungen aufzufassen, zusammenarbeitete. Diese Schicht rettete mich davor, mich mit dem Mordmesser des inneren Lärms selbst zu töten.

Als mein Bewußtsein aufklarte und ich aus dem inneren Lautsprecher hervortrat, empfand ich einen Frieden ähnlich jenem, den ich bei der grünen Herrin und während meiner Unterwasserreise erlebt hatte: Frieden als endgültige Hingabe, als Entdeckung der Ruhe, der Heimat. Er erfüllte jeden Zoll meines Wesens mit Glück und war mir mehr als willkommen. Er rettete mir das Leben. Ich hatte vergessen, ob ich noch atmete oder nicht, doch zählte das jetzt nicht mehr. Es war mir bewußt, klar und unwidersprechlich, und auch die Erinnerung bestätigte es mir, daß alle Dinge nur auf diese Weise existieren und auf keine andere und daß sie immer so sein sollten. Mittlerweile war ich soweit, daß ich mich auf Erkundungstour begeben konnte.

Die Unterwelt befindet sich nicht unter unserer Welt, höchstwahrscheinlich auch nicht darüber. Es ist nur eine Welt ganz eigenen Charakters. Im Augenblick befand ich mich in einer herrlichen Landschaft, viel schöner als die Welt, die hinter mir lag. Das üppige Grün und der Purpur, die mich umgaben, verliehen dem Himmel eine ganz besondere Stimmung. Er war nicht blau wie unser Himmel, sondern ganz anders. Auch die Bäume sahen anders aus. Sie waren höher und dicker als alles, was ich bis dahin gesehen hatte. Ihre Majestät und ihr Ernst vermittelten einen großartigen Eindruck von der Welt, in der sie wuchsen. Ich hatte das Gefühl, zu Hause angekommen zu sein, und doch auch wieder nicht. Was sich da nicht zu Hause fühlte, war mir unklar. Zum Glück war meine Fähigkeit zum kritischen Denken ausgeschaltet.

Obwohl mir die Bäume den Blick versperrten, konnte ich weit sehen, da ich auf einer Anhöhe stand. In der Ferne lagerten bizarre Bergketten am Horizont. Manche Berge sahen wie Menschen, andere wie Tiere aus. Irgendwie wußte ich zwar, daß jeder Gestalt ein tiefer Sinn innewohnte, aber im Augenblick konnte ich ihn nicht entschlüsseln. Es bestand auch keine Notwendigkeit dazu. Seltsam war immerhin, daß ich mich erinnerte, genau diese Gestalten auch in Guissos Medizinraum gesehen zu haben. Dort waren sie aus Lehm und standen hinter den holzgeschnitzten Tieren und Menschen im Vordergrund. Sie waren mir bei unserer ersten Orakelsitzung aufgefallen.

Das Tal zu meinen Füßen war mit allen Arten von Tieren

bevölkert. Sie weideten am Ufer eines nordwärts strömenden Flusses. Aus dieser Entfernung konnte ich sie nicht genau unterscheiden. Sie sahen wie Tropentiere aus, wiesen aber auch andere Merkmale als die Tiere der Oberwelt auf. Während ich so dasaß und sie betrachtete, empfand ich den Drang, aufzustehen und zu ihnen hinunterzugehen. Keins von ihnen achtete auf mich. Sie grasten, jagten oder liebten einander. Es war, als ob ich Luft für sie wäre.

Vor meinem Marsch zum Fluß hinunter schlenderte ich noch ein bißchen umher, um einen Blick auf die Umgebung zu werfen. Ich wollte sie mir gut einprägen. Ich war gar nicht überrascht, weder eine Höhle noch einen Eingang zu sehen. Die Szene vor mir glich der Landschaft hinter mir: Bäume, Tiere, Berge und Täler ohne Ende. Ich war weder schockiert noch kritisch eingestellt, noch erschreckt.

Ich ließ den Blick nur mehrere Male in alle Richtungen schweifen und überzeugte mich, daß Leben und Landschaft harmonierten. Und als ich das Bedürfnis fühlte, tief in mein Unbewußtes hinabzusteigen, gehorchte ich ohne zu zögern.

Ein Auftrag in der Unterwelt

Der innere Drang nahm nun die Form eines Befehls an, zum Fluß weiterzugehen. Er duldete keinen Widerspruch. Aber ich hatte ohnehin schon vergessen, wie man widerspricht. Beim Gehen überkam mich ein Gefühl der Schwerelosigkeit. Meine Bewegungen waren ungewöhnlich leicht, und meine Füße schienen ganz von selbst zu laufen.

Das klare Wasser des Flusses kam offenbar von den Bergen im Süden. Wie tief es war, konnte ich nicht sagen. Aber an manchen Stellen war das Flußbett deutlich zu sehen. Ich blieb am Ufer stehen und blickte ins Wasser. Mein Spiegelbild hätte mir daraus entgegensehen müssen. Doch aus irgendeinem Grund war es nicht da.

Mein Verstand hatte aufgehört, unaufhörlich Gedanken und Fragen zu produzieren. Verschiedene Dinge ereigneten sich in meiner Umgebung, aber ich konnte mich auf keines einzeln konzentrieren. Zum Beispiel wußte ich, daß sich irgendwer in der Nähe befand, obwohl ich ihn nicht sah. Mich zu fragen, wer er war oder was er von mir wollte, war mir unmöglich. Er machte auch keine Anstalten, es mir zu sagen. Auch konnte ich mich an nichts erinnern, was mir auf dem Weg hierher begegnet war, einschließlich der Botschaft des Kaninchens. Ich lebte ausschließlich in der Gegenwart.

Ein Vogel tauchte auf und kreiste mehrere Male um meinen Kopf, zum Greifen nah. Dann landete er auf dem Wasser und schwamm eine Weile, bevor er flußabwärts wieder davonflog. Kurz darauf fühlte ich mich bewogen, ins Wasser zu gehen, und wußte, jetzt würde etwas passieren. Ich stieg ins Wasser. Das Flußbett war uneben und schlüpfrig. Aber bald stellte ich verwundert fest, daß ich nahezu oben auf dem Wasser ging. Es fühlte sich warm und angenehm an. Es war eine wahre Wonne, und mein ausgekühlter Körper erwärmte sich bald bis auf Flußtemperatur.

Zur Mitte des Flusses gelangt, erkannte ich, daß ich auf einer Art Brücke dicht unter der Wasseroberfläche ging. Unweit des jenseitigen Ufers schaute ich hinunter und sah, daß mein rechter Fuß zwischen zwei große, glotzende Krokodilsaugen trat. Sofort wandte ich den Blick ab und empfand im Rückgrat ein seltsames Gefühl des Versinkens. Als habe es bemerkt, daß ich es gesehen hatte, tauchte das Krokodil unter, und das Wasser stieg mir bis zu den Knien.

Ich wußte mit Sicherheit, daß das seltsame Gefühl im Rückgrat dieses Ereignis ausgelöst hatte. Doch hatte ich keine Angst. Es war etwas Normales, daß Krokodile mir halfen und Brücken bildeten. Ich hatte gesehen, wie sie bei meines Großvaters Begräbnis aufgetaucht waren. Das Krokodil hat immer eine besondere Beziehung zu meinem Clan gehabt. Unsere Zusammenarbeit hat eine lange Geschichte. Und nach meiner Rückkehr aus dem Seminar war ein Krokodil am Fluß vor dem Dorf zu mir gekommen. In der wirklichen Welt sind Krokodile weder intelligent noch besonders reizvoll. Doch ein Totemtier nimmt seine Beziehung zu den Menschen sehr ernst. Drei oder vier Krokodile von ziemlicher Länge waren erforderlich gewesen, um die ganze Breite des Flusses zu überbrücken.

Nach meiner Überquerung des Flusses blickte ich nicht zurück. Ich fühlte den Drang, am Ufer flußabwärts zu gehen, und folgte diesem Befehl ohne Zögern.

Überall genossen Vögel und Tiere die friedliche Heiterkeit der Natur am Fluß. Kein lebendes Wesen schien sich durch mich gestört zu fühlen. Ebenso wenig raubten sie mir den Frieden, obwohl mir einige unter anderen Umständen einen gehörigen Schrecken eingejagt hätten. Zum Beispiel lag da eine riesige Pythonschlange mit Haaren auf dem Kopf, der sich auf zwei kurze, mit mächtigen Klauen bewehrte Beine stützte. Während ich daran vorbeiging, schaute sie mich wachsam an, und die roten Augen rollten in ihren Höhlen.

Einige Tiere, die ich an diesem Tag sah, glichen Tieren aus meiner Welt, andere waren mir doch sehr fremd. Nachdem ich die Pythonschlange passiert hatte, bemerkte ich eine Seejungfrau im Wasser, die parallel zu mir und in gleichem Tempo flußabwärts schwamm. Daß sie zum Teil eine Frau war, war an den Haarzotteln und dem Paar riesiger, schwer herabhängender Brüste zu erkennen. Weiter vorne saß eine Familie großer Affen ruhig am Ufer und beobachtete mich, während ich näherkam. Ein Weibchen hielt ein Kind auf dem Schoß, genau wie eine menschliche Mutter. Ich ging ebenso ruhig an ihnen vorbei wie vorher an den anderen.

Wie lange ich so ging, weiß ich nicht mehr, auch nicht, welche Entfernung ich zurücklegte. Doch plötzlich war es mir, als hörte ich eine Aufforderung, den Fluß zu verlassen und in den Busch zu gehen. Auch jetzt folgte ich ohne Widerspruch.

Auf dem Gelände, auf das ich jetzt zuschritt, standen vereinzelte Bäume. Das Gras war so hoch, daß ich kaum einen Schritt weit sehen konnte. Über mir lag der Himmel, immer noch gefärbt wie kurz vor Morgengrauen, als ich dieses Reich betreten hatte.

Ich sann nicht darüber nach, woher das diffuse Licht kam oder warum die Sonne noch immer nicht aufging. Es war doch ganz normal, daß die Unterwelt ohne direktes Sonnenlicht auskam und die Natur trotzdem gedieh. Ich schwitzte, aber heiß war es mir nicht. Ich mußte also schon sehr lange gewandert sein. Das Gras und die Bäume wurden jetzt immer niedriger. Anscheinend hatte ich die Savannenregion der Unterwelt betreten. Rings um mich wuchsen Schi-Bäume, ähnlich denen in der äußeren Welt. Unverdrossen setzte ich meinen Weg fort.

Endlich erblickte ich einen Baum, der sich von den anderen durch seine ungewöhnliche Größe unterschied. Der hohe Stamm entließ nach allen Richtungen Äste mit großen, glänzenden Blättern. Dunkelheit schlummerte unter dichtem Laub. Die weit ausladende Krone überwölbte kleinere Bäume verschiedener Arten. Sie waren in Gruppen angeordnet, wie nach einem bestimmten Plan. Als ich näherkam, stellte ich fest, daß sie gleichsam paradierend einen Kreis um den dicken Baum bildeten. Schnurstracks ging ich durch die kleineren Bäume hindurch, auf den Stamm des großen zu.

Er erhob sich über riesigen, weit verzweigten Wurzeln. Jedem, der sich näherte, wurde klar, daß der Baum unter dem Boden die gleiche Gestalt aufwies wie darüber. Ich zählte sechs große Wurzeln, die sich in die Erde senkten, und die gleiche Anzahl großer Äste an die fünfzehn Meter darüber. Der Baumstamm war mit gelatineartiger Substanz bedeckt. Sie erinnerte mich an die Flüssigkeit an dem Jungen, der nach seiner Rückkehr durch das Lichttor gestorben war. Es kam mir natürlich nicht in den Sinn, sie anzufassen.

Unter den Wurzeln des Baumes befand sich ein bläulich-violetter Stein, der aufglühte, als ich ihn betrachtete. Sein Inneres war glänzend, und das Licht schwoll an und ab, als ob er atmete. Niemals zuvor hatte ich so etwas gesehen. Hätte er nicht in so seltsamen Farben geglüht, hätte ich ihn für einen weißen Feuerstein gehalten. Er war nicht groß, ich konnte ihn leicht in die Hand nehmen. Und plötzlich verspürte ich den Drang, es zu tun.

Die Baumwurzeln bildeten eine Art Schild um den Stein. Um an ihn heranzukommen, mußte ich niederknien und mich fast um 180 Grad zu einer Öffnung zwischen zwei Wurzeln hinabbeugen. Als ich den Stein ergriff und durch die Öffnung in den Wurzeln heraufholte, glühte er wild auf. Kälte kroch mir in die Glieder. Der Stein war wie ein Eiswürfel. Er haftete an meiner Hand, als hielte ihn eine Kraft aus meinem Inneren fest. Als ich aufstand und die Hand öffnete, fiel er nicht heraus, sondern blieb daran kleben und erzeugte einen stechenden Schmerz.

Unwillkürlich schloß ich die Finger wieder. Meine Hand zitterte, ebenso mein ganzer Körper. Ebensowenig wie ich den Stein loslassen konnte, konnte ich den Blick davon abwenden. Geblendet von dem strahlenden Glanz, der jetzt unerträglich wurde, begannen meine Augen zu tränen. Es war wie ein Kampf. Ich wollte den Stein loswerden, aber er ließ mich nicht los. Ich versuchte, ihn mit der anderen Hand von der Haut zu lösen. Da klebte auch die andere Hand fest.

Erst jetzt wurde mir klar, daß es ganz allein von mir abhing, wie ich mit diesem Problem fertig wurde. Ebenso war ich auf mich selbst angewiesen, als ich dieses Reich betrat und dem unerträglichen Lärm ausgesetzt war. Schon färbte sich meine Hand violett, als wäre die von dem Stein ausgehende Strahlung ansteckend. Und das violette Glühen drang langsam von der Handfläche in die Finger vor. So mächtig war es, daß es sogar durch den Handrücken hindurch leuchtete. Die Kälte jetzt glich der früheren, nur war sie weit schneidender.

Die warmen, mir aus den Augen strömenden Tränen gefroren sofort und verdarben mir die Sicht. Zuerst sah ich wie durch ein Glasfenster, das immer dicker wurde, bis ich wie vom Inneren eines riesigen Kristallpalastes in die Welt hinausblickte. Unterdessen breitete sich die violette Infektion von der Hand im ganzen Körper aus. Entsetzt beobachtete ich, wie ich von den Händen über die Arme bis zum Rumpf allmählich zu Eis erstarrte. Die Fähigkeit, zu denken und mich zu bewegen, die Fähigkeit, zu unterscheiden, zu beobachten und wahrzunehmen, alles, was einem Menschen das Gefühl gibt, sich von Dingen und anderen Menschen zu unterscheiden, war mir geraubt.

Ich fühlte mich wie im Inneren eines gewaltigen violetten Eis ohne Schale. Im Ei befand sich eine ganze Welt, und ich war darinnen. Die Zeit hatte zu bestehen aufgehört, und nirgends gab es Bewegung.

In diesem Moment hatte ich eine Offenbarung. Ich erkannte, daß das Licht, dem wir auf der Straße des Todes begegnen, unser Selbst ist, das sich auf dem Weg zu sich befindet. Ich begriff, daß Licht unser ursprünglicher Zustand ist, aber daß wir Menschen einander helfen müssen, während wir uns auf die Küsten des Lichtes zubewegen. Viele Male müssen wir geboren werden und sterben, bis wir zu diesem Licht gelangen. Und zehntausend Jahre sind dabei wie ein Augenblick. Im Licht zu sein bedeutet zu wissen, daß wir auch andere ins Licht hereinholen müssen. Die erleuchtete Seele kehrt voller Mitleid ins Leben zurück, um anderen Seelen auf deren Lebensreise zu helfen.

Zum Licht gehören wir. Jeder, der nicht im Licht ist, sehnt sich danach, ins Licht zu kommen. Wir verlassen das Licht, wandern und erfahren den Mangel an Licht, um dann wieder zum Licht zurückzukehren.

Jetzt war es mir, als sähe ich eine lange Reihe vergangener Leben, beginnend in einer weit zurückliegenden Zeit. Und plötzlich fühlte ich mich mehr ich selbst denn je zuvor. Die Fähigkeit, zu denken und nachzudenken, war wieder zurückgekehrt. Ich konnte, ohne Schmerz zu empfinden, allem auf den Grund gehen, was vor sich ging. Und der Stein glühte noch, klebte mir aber nicht mehr an den Händen. Auch fühlte er sich nicht mehr kalt an.

Rückkehr aus der Unterwelt

Zum erstenmal konnte ich mich auch fragen, ob all dies wirklich gewesen war. Es war einfach wundervoll, wieder über einen Verstand zu verfügen – einen forschenden Verstand, der das Zukünftige zu wissen wünschte, einen mißtrauischen Verstand, der, sobald er Verdacht schöpfte, auf Hochtouren lief, einen rastlosen Verstand, der sich bei der kleinsten Unregelmäßigkeit sinnlos erregte. Im Moment sagte mir dieser Verstand, es gelte jetzt, sich rasch zu orientieren. Zuerst mußte ich wissen, wo ich mich befand. Ich hatte das dringende Bedürfnis, mich von hier zu entfernen. Etwas in mir wollte es. Nachdem ich meine Erfahrungen in diesem Reich gemacht hatte, wollte ich es schleunigst wieder verlassen. Jetzt hatte ich meinen Verstand wieder, und eines Zusammenhangs war ich mir ganz sicher: des Todesurteils und des Sturzes ins schwarze Loch. Im Dorf gibt es ein Sprichwort: Beim Tod erleidet eine Welt einen Verlust, und eine andere feiert eine Geburt. Ist das die Reinkarnation?

Ich begab mich jetzt von dem Baum an eine Stelle, von wo aus ich den Horizont ringsum sehen konnte. In der Richtung, aus der ich meiner Meinung nach gekommen war, verdeckte mir ein dichter Dschungel die Aussicht. Weiter im Norden lagen einige Berge, die mir bekannt vorkamen, doch waren sie mindestens einen Tagesmarsch entfernt. Das Bedürfnis, zum Initiationslager zurückzukehren, wurde jetzt immer stärker. Es blieb mir schließlich nichts anderes übrig, als im Kreis herumzulaufen und einen Ausweg zu suchen. Der Gedanke, meine Spur zurückzuverfolgen, hatte nichts Anziehendes, vor allem wenn ich an den Fluß und seine Überquerung auf dem Rücken der Krokodile dachte. Außerdem wußte ich nicht mehr, wo das Loch lag, durch das ich aus dem Gebirge hervorgekrochen war. Ich lief weiter im Kreis um den Baum herum und machte immer größere Bögen.

Plötzlich tauchte wie aus dem Nichts ein Mädchen auf, eine »echte Tochter des Dorfes«, wie mein Volk sagen würde. Sie trug einen Lehmkrug mit Wasser auf dem Kopf. Ihr nackter Körper war fast überall naß von dem Wasser, das beim Gehen aus dem Krug schwappte. Um die Hüfte hatte sie eine Unmenge Perlenschnüre geschlungen, eine Schnur nach der anderen, mit schönen bunten Perlen, wie sie Dorfmädchen zu tragen pflegen. Daraus war zu schließen, daß sie sich der Pubertät näherte. Bei ihrem Anblick empfand ich ungeheure Erleichterung. Kein Zweifel, sie wußte, wohin sie ging, und mußte diese Gegend einigermaßen kennen. Ich brauchte sie nicht einmal anzurufen, weil wir einander direkt in die Arme liefen.

Sie blieb stehen, musterte mich kurz auf typische Dörflerart und senkte Kopf und Augen. Ich war so froh, in diesem Reich ein anderes menschliches Wesen anzutreffen, besonders nach allem, was ich erlebt hatte, daß ich ihr fast um den Hals fiel. Zwar war mein erster Impuls, sie über diesen Landstrich hier auszufragen und was sie hier trieb, statt dessen erkundigte ich mich nach dem Weg. Sie schaute umher, in eine Himmelsrichtung nach der anderen, und sagte dann, während sie nach Westen deutete: »Siehst du diese Berge dort?« Drei Berge lagen in einer Reihe. Der eine sah wie eine alte Frau aus, der andere wie ein Hund und der dritte war nur eine formlose Masse.

»Ja.«

»Geh zu dem Hundeberg, dem in der Mitte, und umrunde ihn auf die andere Seite. Dort wirst du eine Höhle finden. Das ist dein Weg nach Hause.«

Mit diesen Worten wandte sie mir den Rücken und ging weiter. Ich schaute ihr verdutzt nach, bis sie hinter einem Wäldchen verschwand. Die Bäume verbargen sie meinen Blicken.

Ich ordnete gerade die Dinge in meinem Kopf und verglich ein Erlebnis mit dem nächstfolgenden, als ich tief in den Eingeweiden eine Warnung verspürte. Es war wie die Ahnung einer plötzlichen Gefahr. Da rannte ich, so schnell mich die Beine trugen, auf den Hundeberg zu. Ich vergaß alles um mich herum – Landschaft, Bäume, Flüsse, Hügel. Der Hundeberg lag wie ein Gemälde am Horizont. Als ich ihn erreichte, wußte ich nicht, wie weit ich gelaufen war.

Von diesem Augenblick an geschah alles Schlag auf Schlag. Ich fand die Höhle, die mir das Mädchen beschrieben hatte, und rannte hinein. Im Inneren war es dunkel. Ich tadelte mich heftig, mir in der Eile keine Fackel gemacht zu haben, doch war ich mir nicht allzu böse. Beim weiteren Eindringen in die Höhle bemerkte ich, daß es nicht dunkler wurde. Dann sagte ich mir, in der Welt, in die ich zurückkehre, müsse Nacht sein, weil vor mir ein paar Sterne funkelten. Ihr Licht war nicht zu verfehlen. Ich ging auf sie zu, blieb aber plötzlich stehen, weil mir einfiel, es könnten unmöglich Sterne sein. Ich war ja noch in der Höhle. Ich blickte auf und stellte fest, daß ich mich tatsächlich noch im Innern befand, aber nahe dem Ausgang. Ich konnte die Steindecke etwa einen Meter über mir sehen. Wie im Nu hatte ich den Berg durchquert und hatte diesmal nicht einmal kriechen müssen. Wie war das möglich? Ich warf einen Blick zurück. Die Höhle war nicht anders als andere Höhlen, so schwarz wie das schwarze Loch in meinem Traum und nirgends mit einer Andeutung von Licht am hinteren Ende. Es gab nicht das geringste Anzeichen für einen Eingang, durch den ich doch gekommen sein mußte.

Inzwischen näherte sich die Nacht in unserer Welt ihrem Ende. Ich konnte den Hirtenstern hoch oben am Himmel sehen, den hellsten unter den Hellen, und mußte denken: Jetzt kommen auch die Tiere von ihren nächtlichen Ausflügen aus der Unterwelt zurück. Hätte ich doch das Kaninchen noch einmal getroffen!

Da stach mich etwas innen an meiner Hand. Ich schaute

hin. Es war der blaue Stein. Mein einziger Beweis, daß alles, was ich erlebt hatte, wirklich war. Diesmal veränderte er sich nicht unter meinen Blicken. Nur sein überirdischer Glanz durchdrang die Dunkelheit der Nacht. Er glühte auch später niemals mehr. Ich schloß die Hand um ihn. Ich hatte nichts bei mir, um ihn hineinzutun, doch seine unmittelbare Berührung war ungeheuer wohltuend. Ich brauchte ihn einfach. Ich bereitete mich jetzt innerlich auf den langen Marsch den Berg hinab vor, wo ich mich von Fels zu Fels hatte ziehen müssen. Da bemerkte ich, daß sich dort, wo ich vorher heraufgekommen war, keine Felsen befanden. Ich musterte die Stelle genauer. Wo war ich hier eigentlich?

Als ich mich umdrehte, um mich der Höhle hinter mir zu vergewissern, erkannte ich, es war nicht die eiförmige Höhle, die ich beim ersten Mal betreten hatte. Wieder hob ich den Blick zum Hirtenstern. Kein Zweifel, ich befand mich östlich des Lagers. Was war hier los? Ich war über fünfzehn Kilometer von der Stelle, an der ich eingedrungen war, aus dem Berg herausgekommen!

Nun wanderte ich westwärts auf das Lager zu. Der Boden war mit feinem Kies und spärlichem Gras bedeckt, ideal fürs Barfußgehen. Ich stürmte hinunter ins Tal und fiel dann in einen gemäßigten Schritt, während ich die jüngsten Ereignisse noch einmal an mir vorüberziehen ließ.

Mein Eintritt in die Unterwelt war zu qualvoll gewesen, als daß ich mich lange dabei hätte aufhalten wollen. Eine Erklärung für den ungeheuren inneren Lärm, der mich so gemartert hatte, fand ich nicht, ebensowenig für die Kälte. Das größte Rätsel war mir das Mädchen, das mir den Weg aus der Höhle gezeigt hatte. Nicht ihr Auftauchen an sich faszinierte mich so, sondern daß sie gerade rechtzeitig erschienen war. Nach all den seltsamen Dingen, die ich erlebt hatte, wirkte sie in Verhalten und Aussehen so normal, daß ich mich in ihrer Nähe sofort heimisch fühlte. Aber warum war es ein Mädchen und nicht ein Junge? Ohne sie wäre ich jetzt noch in der Unterwelt und irrte auf der Suche nach dem Ausgang herum. Ich meinte, ich sei es ihr schuldig, meine Reise um jeden Preis noch vor Sonnenaufgang zu beenden. Wenn mir das gelänge, wäre ich wahrscheinlich der einzige, der die gesetzte Frist einhielt. Beim Gedanken, als erster im Lager anzukommen, freute ich mich. Ich kam mir als etwas Besonderes vor, stolz darauf, dies alles geleistet zu haben.

Trotzdem ließ mich der Gedanke nicht los, ich hätte mich noch länger bei dem Mädchen aufhalten sollen, um sie besser kennenzulernen. Ein Dorfmädchen stellte einem Mann niemals Fragen – das verstieß gegen die Sitten. Es wäre an mir gewesen, sie auszuforschen. Ich hätte sie fragen sollen, was sie in dieser Gegend tat und wohin sie ging, statt mich nur nach dem Weg zu erkundigen. Ich hätte ihr wertvolle Informationen über die Unterwelt entlocken können, besonders darüber, wo ihre Menschen wohnten. Wie wollte ich jetzt den Ältesten erklären, daß alles, was ich ihnen mitbrachte, nur ein Stein war? Was, wenn sie mir sagten, ich hätte meine letzte Gelegenheit, Wissen zu erwerben, versäumt?

Es war alles so schnell gegangen, und ich war so nervös gewesen, weil ich unbedingt einen Ausweg finden wollte... Und dann noch dieser mächtige Drang im Innern! Ich suchte nach Entschuldigungen.

Auch fuhr ich fort, mir meine Erlebnisse zu deuten. Als ich jetzt wieder an die Krokodile dachte, die eine lebende Brücke über den Fluß gebildet hatten, hatte das nichts Schreckliches oder Qualvolles mehr an sich. Ich kam sogar auf die Idee, ob nicht vielleicht der Vater des Kaninchens die Krokodile veranlaßt hatte, mir den Übergang über den Fluß zu erleichtern. Auch konnte ich den Gedanken nicht abweisen, daß ein Leben gerettet worden wäre, wenn sich die Krokodile schon so kooperativ verhalten hätten, als wir das erstemal als Gruppe in die Berge gingen. Der unglückliche Junge, der einen so schrecklichen Tod durch die Ungeheuer unter Wasser erlitten hatte, wäre vielleicht noch am Leben.

Einweihung ist ein rein individueller, auf den einzelnen bezogener Vorgang. Die Kameradschaft, die man für die Ältesten und die anderen Jungen empfindet, verdeckt diese Tatsache vielleicht, aber im Endeffekt wird einem niemand helfen, wenn einem das rettende Mittel nicht selbst einfällt. Kein Freund wird für einen tun, was man selbst tun muß. Bei der Einweihung bildet die Gruppe kein »Dorf«, wo die Menschen einander spontan zu Hilfe kommen. Die Aufgabe ist nicht, einem anderen in der Not beizustehen, sondern zu lernen.

Man läßt bei der Einweihung die reale Dorfgemeinschaft hinter sich. Wer die Prüfung der Einweihung heil übersteht, hat das Vorrecht, als reales Mitglied in diese Gemeinschaft wieder aufgenommen zu werden. Die Gemeinschaft ist ein Organismus, jedes Individuum eine Zelle darin. Eine schädliche oder ungeeignete Zelle darf nicht darin bleiben. Auf die eine oder andere Weise wird sie ausgestoßen. Jeder muß lernen, als gesunde Zelle zu funktionieren, um auch das Privileg zu verdienen, im Körper zu bleiben und ihn am Leben zu erhalten.

So wie wir allein in diese Welt kommen, müssen wir uns auch allein an das Vorher »erinnern«. Die Ältesten ermöglichen uns diesen Akt der Erinnerung nur und kümmern sich nicht darum, an was wir uns erinnern, solange wir uns genau an das halten, was man von uns, in Übereinstimmung mit unserer wahren Natur, verlangt. Insofern sind im tiefsten Grund die Dagara ein unheilbar individualistisches Volk. Wo die Esoterik beginnt, ist die äußere Übertragung von Wissen zu Ende. Während der Rituale der Einweihung und des Alltags ist die Gegenwart der anderen nur Oberfläche. Es kann für einen anderen gefährlich sein zu wissen, was ich weiß, und umgekehrt.

Außerdem würde der Versuch zu erfahren, was der andere weiß, nur davon ablenken, wirklich auf der Basis des eigenen Gedächtnisses zu handeln. Unser Gedächtnis ist nichts Statisches, das wir festlegen und im inneren Museum speichern könnten. Alles, was wir für das Leben brauchen, besitzen wir schon im Innern. Handeln wir nicht auf der Grundlage dieser Erinnerungen, versagen wir in dieser Welt der flüchtigen Erscheinungen. Der eine lebt, um sich zu erinnern, der andere, weil er sich erinnert. Es wurde mir jetzt allmählich klar, daß ich bei allem, was ich während des Monats der Einweihung erlebt hatte, nur lernen sollte, wie man sich an bereits Gewußtes erinnert.

Der aufmerksame Leser fragt sich jetzt wahrscheinlich, warum ich von einem Monat im Busch rede, während ich doch nur sechs oder sieben Tage und Nächte beschrieben habe. Ich mußte den Leser in dieser Hinsicht etwas irreführen, um meiner Erzählung Kontinuität zu geben. Viele Erlebnisse mußte ich mit Stillschweigen übergehen. Ohne dieses Verfahren hätte ich Ihnen überhaupt nichts von meiner Einweihung berichten können. Was ich Ihnen hier mitgeteilt habe, sind sehr spezielle, höchst wirksame Informationen. Bevor ich mich hinsetzte, um dieses Buch zu schreiben, mußte ich erst die Erlaubnis vom Ältestenrat einholen. Die Episoden, die ich Ihnen in diesem Buch unterbreite, sind jene, von denen Guisso glaubte, ich dürfe darüber sprechen. Es gibt viele andere, über die zu schreiben ich nicht befugt bin. Sie bilden den Kern der Einweihungserfahrungen, den geheimsten Teil.

Als ich aufs Lager zumarschierte, kam mir erst die Fähigkeit des Denkens in vollem Umfang zurück. Es war mir jetzt möglich, die Dinge in die richtige Perspektive zu rükken, bis alles Gewaltsame, was ich erlebt hatte, alle Halluzinationen, alle Kontakte mit den Zauberkräften der Natur einen Sinn ergaben. Mit einem Schlag hatten durch den mächtigen Eingriff der Initiation alle Konflikte, die bis dahin in mir getobt hatten, zu bestehen aufgehört. Es hatte sich gelohnt, die innere Leere auszuhalten, die ich vor dreißig Tagen, als ich mich der Gruppe angeschlossen hatte, empfunden hatte. Und auch das Leiden, das ich auf mich genommen hatte, um endlich wirklich heimzukommen, hatte sich gelohnt.

Jetzt war Fülle an die Stelle der Leere getreten. Ich fühlte mich zufrieden, sicher und sorgenfrei. Ich war zu Hause. Doch wußte ich noch nicht genau, warum ich mich so fühlen durfte. Die Härtetests der Einweihung folgten keiner geraden Linie wie die Ausbildung im Seminar. Von außen nahm sich die Initiation wie eine Reihe abstruser Ereignisse aus, die nichts miteinander zu tun hatten. Aber das Ergebnis war ein Zustand absoluter Hingabe, und, zu einem viel späteren Zeitpunkt, des Glücks. Im Seminar hatte ich mich von mir selbst wegentwickelt, in eine Form hinein, die mich zu jemandem ummodeln wollte, der ich gar nicht war. Und dabei suchte ich doch die ganze Zeit mich selbst! Solange wir nicht wir selbst sind, versuchen wir zu sein, was andere sind. Und sind diese anderen ebenfalls nicht sie selbst, gibt es ein heilloses Kuddelmuddel. Im Dagara-Initiationsprozeß entwickelte ich mich zu mir selbst. Meine Probleme lösten sich in dem Maße, wie ich in mein wahres Selbst einging.

Als ich endlich das Initiationsgelände erreichte, war die Nacht fast vorüber. Es wurde hell am östlichen Himmel. Wortlos überreichte ich den Stein dem ersten Ältesten, dem ich begegnete, und wartete auf weitere Instruktionen. Der alte Mann betrachtete ihn sehr genau und nickte zufrieden, während er ihn einem anderen Ältesten weitergab, der ihn genauso sorgfältig musterte und ebenfalls weiterreichte. Ich wartete, bis alle den Zauberstein betrachtet hatten. Dann stand der Älteste, dem ich den Stein als erstem gegeben hatte, auf, trat etwas aus dem Kreis beiseite und winkte mich heran.

Ich mußte an das Mädchen in der Unterwelt denken, mit dem länger zu sprechen ich versäumt hatte. Ängstlich und nervös sah ich ein, daß ich dem Ältesten dieses »Versagen« auf der Stelle beichten mußte, wenn ich die unbehagliche

Empfindung loswerden wollte. Ich trat zu dem Ältesten, und schweigend wanderten wir eine Zeitlang, bis er sich ins Gras setzte. Ich machte es genauso. Eine Weile saßen wir schweigend, schließlich ergriff er das Wort.
»Schau mich an«, sagte er.
Ich schaute ihn an. Er war vom Alter ausgemergelt, sein über und über bemaltes Gesicht schien ohne individuelle Merkmale zu sein. Für mich waren die Ältesten Archetypen. Es waren Symbole, Wege zwischen den Welten, nicht unbedingt Menschen. Warum hätte ich diesen Zustand ändern sollen? Es machte mich etwas betreten, einem Ältesten so unverfroren ins Gesicht zu blicken. So etwas tut man nicht, außer man wird dazu aufgefordert. Das hatte ich nach meiner Rückkehr aus dem Seminar schnell gelernt.
»Was siehst du?« fragte der alte Mann.
Ich überlegte, was er wohl meinte. Ich kannte ihn nicht persönlich, also sah ich in ihm nichts anderes als einen alten Mann.
»Schau genauer hin«, beharrte er. Er schob sein Gesicht an das meine heran.
Ein wenig bange war mir schon vor den dunklen Löchern seiner Augen, die einen so starken Kontrast zu dem extremen Weiß des bemalten Gesichts bildeten. Ich sah nichts in diesen Augen, obgleich ich spürte, der Mensch dahinter war sehr erregt. Aber anscheinend konnte er jetzt nicht länger an sich halten, und er sagte: »Ich bin Guisso – jener Guisso, der zuerst mit dir gearbeitet hat, als du von der Einweihungsstätte des weißen Mannes zurückkehrtest. Jener Guisso, den du und dein Vater seitdem immer um Rat gefragt haben. Erinnerst du dich nicht? Es war erst in der letzten Regenzeit. Erkennst du mich nicht mehr?«
Jetzt erinnerte ich mich an den Mann, den mein Vater und ich eines Morgens besucht hatten. Er saß auf dem Dachsims seiner Zangala. Damals hatte er geäußert, der Fall Malidoma sei die Krönung seiner Laufbahn. Er habe zwei Jahre auf mich gewartet. Ich erinnerte mich auch, daß

er ein paar Wochen später Medizin für uns zubereitet und sie dann getestet hatte, indem er sich uns auf dem Weg nach Hause als weißer Stier entgegenstellte, der mitten in der Nacht auf seinen Hinterbeinen dastand. Damals war es ein Traum gewesen, aber jetzt verstand ich alles. Der weiße Stier ist das Symbol für Glück und Leben. Freier bringen dieses Symbol als Geschenk mit, wenn sie ihre Braut heimholen. Jetzt fiel mir das Bild des weißen Stieres wieder ein, die weiße Kuh auf dem Hügel, und der Mann, der mich an der Hand genommen hatte, als wir uns nach dem Erlebnis unter Wasser den Leuten wieder anschlossen. Alles ergab jetzt einen Sinn.

»Ja, ich bin es«, sagte er befriedigt. »Ich wußte, du würdest mich nicht wiedererkennen. Du konntest es nicht, und es ist gut, daß du es nicht konntest. Ich bin sehr zufrieden mit deinen Leistungen bei dieser letzten Aufgabe. Du bist jetzt einer von uns. Das freut mich ganz besonders für dich. Freust du dich auch, daß du jetzt den Weg deiner Vorfahren kennst?«

»Ja«, antwortete ich mechanisch. Ich wußte nicht, ob ich jetzt den Weg meiner Vorfahren kannte, aber es war wunderbar, neben einem so entzückten Ältesten zu sitzen. Guissos Herz schlug väterlich für mich, voll Liebe und Zufriedenheit mit mir. Er hatte mir seine Identität enthüllt, weil jetzt keine Gefahr mehr bestand. Seine Freude war so groß, daß mir klar wurde, wie sehr er sich nach dem Tag gesehnt haben mußte, an dem ich wieder nach Hause kam. Die ganze Zeit über hatte er mich im Auge behalten, und ich hatte nichts von seiner Hilfe bemerkt!

Ich war so bewegt von seiner Kraft und Weisheit, daß ich nichts anderes wünschte, als schweigend neben ihm zu sitzen. Doch Guisso wollte reden.

»Es ist jetzt alles vorüber. Bald werden wir nach Hause gehen. Es gibt keine weiteren Aufgaben oder Übungen. Du bist jetzt ein Mann, das heißt, du bist deine eigene Aufgabe. Mach dir weiter keine Sorgen. Die letzte Aufgabe war die gefährlichste, und du hast sie gemeistert. Ich freue mich für dich.«

»Einen haben wir unterwegs zum Gebirge verloren«, warf ich ein.

»Das wissen wir. Einer geht immer verloren. Es sind sogar vier, die dieses Mal nicht zurückkehren. Du gehörst nicht zu ihnen. Wenn es jemanden gab, bei dem das Risiko bestand, von diesen Erlebnissen überwältigt zu werden, warst du es. Doch in deinen Adern rinnt das Blut des echten Jägers.«

»Wer ist dieses Mädchen, dem ich in der Unterwelt begegnet bin?« fragte ich.

Guissos Augen verengten sich, er runzelte die Stirn. »Du hast ein Mädchen in der Unterwelt getroffen? Ach, das könnte etwas mit den Ereignissen zu tun haben, als du den Stein fandest. Siehst du, das ist speziell deine Erfahrung. Ich weiß nicht, warum es gerade ein Mädchen sein mußte. Als ich vor langer Zeit diese Dinge erlebte, ging ich ebenfalls in die Unterwelt. Mir zeigte eine Schlange den Weg zurück. Niemand weiß, was einem zustößt, bevor man selbst dorthin geht. Ich freue mich, daß du einen wirklichen Menschen gesehen hast, obwohl es sich um ein anderes Wesen gehandelt haben muß, das sich nur in ein Mädchen verwandelte. Aber das spielt jetzt keine Rolle mehr. Du bist hier. Du brauchst nicht alles zu verstehen. Du kannst es gar nicht. Du kannst jetzt für den Rest deines Lebens darüber nachdenken, was sich während der sechs hier verbrachten Wochen ereignet hat und was es bedeutet. Du brauchst dich also nicht zu beeilen. Freue dich statt dessen, daß du nicht zurückgeblieben bist.«

Damit nahm unser Gespräch eine mir unerwünschte Wendung. In mir sprudelte es von Bildern, die ineinandergefügt werden wollten, doch Guisso hatte offenbar nur die Absicht, unsere Bekanntschaft zu erneuern, bevor wir ins Dorf zurückgingen. Ich begnügte mich daher mit der Rolle des Zuhörers, der keine Fragen stellt.

Als er das bemerkte, sagte er: »Ich sehe, du brauchst Ruhe. Du wirst frisch sein müssen, wenn die Zeit zum Packen gekommen ist. Und da du bis dahin nichts zu tun hast, warum solltest du es dir nicht bequem machen? Auch ich werde meine Sachen zum Abschluß bringen. Wir werden uns noch viele Male begegnen, bevor ich sterbe.«

Mit diesen Worten erhob er sich und ging fort, bevor ich antworten konnte.

Im Schlafquartier fand ich Nyangoli laut schnarchend. Ich legte mich leise neben ihn, um ihn nicht aufzuwecken. Die Sonne stand gerade am Horizont, kein Stern glänzte mehr am hellen Himmel. Ich schlief ein. Als ich erwachte, saß Nyangoli neben mir. Die Sonnenhitze mußte mich geweckt haben, denn ich schwitzte entsetzlich. Nyangoli fragte, ob ich Hunger hätte, und wir gingen in den Busch, um uns etwas zu Essen zu suchen.

Der Nachmittag verlief ruhig. Zum erstenmal seit unserer Ankunft im Lager hatten wir frei. Niemand erteilte uns Befehle, nicht einmal den Befehl, freizumachen. Schweigend genossen wir die Muße. Noch ganz im Bann unserer letzten Aufgabe, verständigten wir uns stumm, als ob Sprechen verboten wäre. Leute schlenderten ziellos durchs Lager, allein oder in Gruppen, die Hände auf dem Rücken verschränkt, wie in Betrachtungen über das jüngst Geschehene versunken.

Die Ältesten hingegen schienen eifrig bei der Arbeit. Gegen Abend hatten sie vor dem Naturheiligtum irgendeinen Vogel und eine schwarze Ziege geopfert, den Geistern der Unterwelt einen Hund, und den Ahnen ebenfalls eine schwarze Ziege. Niemand wußte, woher diese Tiere kamen oder wer sie dem Rat gebracht hatte.

Am nächsten Tag sollten wir nach Hause zurückkehren. Jedoch ein paar von uns fehlten. Sie waren von ihren Aufgaben verschlungen worden und mußten geehrt werden. Dies war es, was die Ältesten taten. Wir konnten an ihren Zeremonien nicht teilnehmen, weil wir noch zu »offen«

waren. Ein gerade initiierter Mensch ist ebenso verletzlich wie ein Kranker, der die Krisis überwunden hat und sich auf dem Weg der Besserung befindet. Niemand brauchte uns zu sagen, daß wir an dem Begräbnisritual für die Dahingegangenen nicht teilnehmen durften. Wir wußten es einfach.

Diese Nacht machten wir nichts Besonderes. Durch die hinter uns liegenden intensiven Tage anspruchslos geworden, gingen wir sehr frühzeitig schlafen. Als ich so dalag und den zunehmenden Mond betrachtete, dachte ich bei mir: »War es vielleicht der Mond, den ich letzte Nacht besucht habe? Die Erde besitzt so viele Kraftwirbel, durch die man fast überall hingelangen kann.« In weiter Entfernung hinter dem Mond blinkten die Sterne rhythmisch und tanzten zur unhörbaren Sphärenmusik. Ich bewunderte im Augenblick diese vollkommene Harmonie weder, noch war sie mir gleichgültig. Ich war einfach da und ließ die Dinge auf mich wirken. Das Geschnarche eines Schläfers klopfte an die Tür meiner Ohren, und meine Gedanken verfolgten das Geräusch zurück bis zu seinem Ursprung.

Ein Schlafender ist wie ein im Schoß der Natur liegendes Kind. Das Kind braucht nicht einmal ein besonderes Vertrauen zu dieser Hingabe, nur die Sehnsucht danach. Gestern ein Junge, heute ein Mann, doch immer der gleiche Mensch. Es ist sehr hart, ein Mann zu sein. Doch wollte ich mein Leben leben. Also überließ ich mich dem Schlaf.

Festliche Heimkehr

Während die Initiierten im Gänsemarsch aufs Dorf zuwanderten, konnten sie sich leicht vorstellen, welchen Empfang man ihnen dort bereiten würde. Die Bäume, das Gras, die Steine und das ganze Dorf schienen nur auf uns zu warten. Ich hatte das Gefühl eines Abschlusses, empfand aber auch die Erregung eines neuen Anfangs. Das Gefühl des Abschlusses war um so echter, als ich in den Prüfungen nicht umgekommen war. Auch von den anderen Initiierten ging etwas Friedliches und Definitives aus. Unsere Jugend war zu Ende, unsere Heimkehr bedeutete ein neues Leben als Mann.

Die Ältesten gelangten als erste zur Grenze zwischen Dorf und Wald. Bereits aus ein paar hundert Metern Entfernung hörten wir Bruchstücke des Heimkehrrituals, das zwischen ihnen und den Führern des Dorfs ablief. Die Ältesten legten hiermit offiziell ihre Ämter im Einweihungsausschuß nieder. Als die rituellen Worte gesprochen waren, überließen sie uns einer jubelnden Menge, die genau wie wir begeistert war.

Wir Initiierten hatten alle die Empfindung, vom Ende der Welt zurückgekommen zu sein. Niemand von uns vermochte noch angemessen auf diesen Freudenrausch zu reagieren. Wir selbst waren die Ursache des Jubels, hatten aber keine Kraft mehr, unseren Sieg zu feiern.

Jemand feuerte einen Freudenschuß als Willkommensgruß ab. Der Lärm zerriß mir das Trommelfell, so wie vor kurzem noch das Geschrei in der Unterwelt. Der Knall stand eine Weile in der Luft und verhallte dann. Doch die Menge, von dem Schuß zu noch größerer Begeisterung angefeuert, stürzte sich geradezu hysterisch auf uns, als wären wir Manna, das Gott mitten im Dorf hatte regnen lassen. Mütter umarmten aufgeregt stammelnd ihre Söhne

– die jetzt Männer geworden waren –, während Schwestern still vor sich hin schluchzten. Meine Mutter eilte auf mich zu und umklammerte meine Arme fest mit den ihren, die feuchten Augen in die meinen getaucht. Der Augenblick war in jeder Hinsicht ohne Grenzen. Ich war nicht mehr zornig auf Mutter. In ihren Augen lag die innigste Liebe, ein Herz, das nichts als Güte kannte. Aber ich hatte nicht die Kraft, darauf zu antworten. Ich konnte ihre Liebe nur entgegennehmen.

Manchmal ist Schweigen beredter als Worte. Meine Schwester Zanta wartete daneben und beobachtete bescheiden, was sich zwischen meiner Mutter und mir abspielte. In einiger Entfernung stand Vater, umgeben von der übrigen Familie, ruhig wartend. Als mich Mutter freigab, trat Zanta zu mir, schüttelte mir die Hand und wünschte mir gute Heimkehr auf Französisch. Das entlockte mir ein Lächeln. Dann gingen wir zu Vater, meinen vier Brüdern und der übrigen Familie hinüber. Mein Vater sprach noch nicht mit mir, doch tauschten wir unterwegs stumme Blicke.

Auch das Haus sah jetzt anders aus. Man hatte einen Anbau bei Vaters Quartier errichtet. Er war mit einer Mischung aus Kuhmist und Asche verputzt und sah elegant und einladend aus. Heiße Freude stieg in mir auf. Ich wußte, was das bedeutete. Jedes Haus, in das ein initiierter Junge zurückkehrte, erhielt eine solche Erweiterung oder einen besonderen Anbau, der weiß, mit der Farbe der Gastfreundschaft, gestrichen war. Sonst hatte sich nichts im Anwesen verändert, doch der innere Hof, auf den die Türen der einzelnen Zimmer hinausgingen, kam mir jetzt besonders einladend vor, weil auch für mich gesorgt war.

Die Tür zu meinem Zimmer war ebenfalls weiß. Mein Vater öffnete sie und winkte mir einzutreten. Der Raum war kühl und dunkel. Durch das einzige kleine, nach Osten gehende Fenster kam nur wenig Licht herein. Der

Kuhmistverputz an den Wänden strömte einen durchdringenden Geruch aus, aber ich gewöhnte mich rasch daran. Ich begab mich an das Lehmbett, das fast direkt an der Wand errichtet war. Es war bedeckt mit einer Strohmatte und einer Decke. Es reizte mich, mich daraufzulegen, aber meine Schwester deutete auf den Hocker neben dem Bett. Mir fiel ein, daß ich erst nach dem vorgeschriebenen Bad das neue Möbel berühren durfte, also setzte ich mich und ruhte auf dem Lehmhocker aus, der sich an meinem nackten Körper schön kühl anfühlte. Auch er war an die Wand gebaut.

Mutter brachte die übliche Willkommenserfrischung, Hirsekuchen und mit Wasser gemischten Tamarindensaft. Ich trank in tiefen Zügen, während die Familie zuschaute. Es schmeckte gut. In diesem Augenblick sprach mein Vater zum erstenmal. Mit unbewegter Stimme rezitierte er ein paar Begrüßungsworte und wünschte mir Glück. Ich wußte nicht, was ich antworten sollte, schwieg also. Dann verkündete meine Schwester, im Waschraum stehe ein Eimer mit Badewasser bereit und man könne notfalls noch mehr bringen.

Ich trat hinaus ins Sonnenlicht. Es erschlug mich fast, als hätte ich tagelang im Dunkeln gelebt. Der Waschraum unter freiem Himmel kam mir wie ein Strand vor, außer daß sich das Wasser in einem Lehmtopf befand. Frauen hatten es vom nahegelegenen Fluß geholt und es in der Küche aufgewärmt. Auch ein Klumpen selbstgemachter Seife lag bereit, bestehend aus Kalium und Asche, vermischt mit unserem Öl. Er war rund und grau und roch nach Ammoniak.

Mein Waschlappen bestand aus einer breitgeschlagenen Baumwurzel. Auch er roch aromatisch. Bei der Berührung mit dem warmen Wasser kehrten mir die Lebensgeister zurück. Während ich die Kalebasse füllte, die in dem Tonkrug schwamm, und mir ihren Inhalt über den Körper goß, mußte ich denken, wie schwierig es in einer Stammesgesellschaft war, ein Mann zu werden. Sechs Wochen gefährlichster Abenteuer hatte es bedurft, bis ich die Unreinheit des früheren Zustandes rituell abwaschen konnte. Erst danach durfte meine Haut die weichen Tücher meines Lehmbettes berühren.

Auch mußte ich wieder an jene denken, die es nicht geschafft hatten. Was taten ihre Familien gerade, da sie doch wußten, ihre Söhne waren zwischen den Welten verlorengegangen? Ich hatte keine Zeit gehabt, festzustellen, ob unter der begrüßenden Menge auch Trauernde waren. Aber jetzt kamen mir diese Familien in den Sinn. Wie sie wohl bei der allgemeinen Feststimmung empfanden? Sicher, es waren mehr Männer zurückgekommen, als man verloren hatte, doch die allgemeine Freude wurde von einem Geheimnis überschattet. Und das wog schwerer als die Ehrung unserer neuerworbenen Mannheit. Ich warf den Kopf hin und her, teils um das Wasser aus dem Haar zu bekommen, da es kein Handtuch gab, teils um die trüben Gedanken abzuschütteln.

Noch nicht ganz trocken, kehrte ich in mein Zimmer zurück, wo mein Vater auf mich wartete und mein erstes Stammesgewand in der Hand hielt. Es begann jetzt das Ankleideritual. Das Gewand bestand aus drei Teilen: Der erste war eine weite Hose, sogenannte Shorts. Sie sah wie ein ovaler Riegel mit zwei kurzen Auswüchsen für die Beine aus. Oben waren die Shorts weit genug, um noch drei weiteren Männern Platz zu bieten. Damit sie einem einzigen paßten, war eine Schnur im Baumwollsaum in Hüfthöhe eingenäht. Man zog sie zusammen, bis die Hose paßte. An den Beinen war der Stoff mit Medizinsymbolen der Familie geschmückt.

Der Hauptteil des Gewandes war ein überdimensionaler Bubu. Seine Ärmel bedeckten die Arme. Vorne und hinten drauf befanden sich Bilder aus der Unterwelt, aus dem Erdheiligtum der Familie, dem Naturheiligtum und dem Ahnenheiligtum. Oben auf dem Naturheiligtum saß ein

Vogel, der Bote der Natur, und spähte über das Panorama der Unterwelt hinweg. Neben dem Ahnenheiligtum befand sich ein Chamäleon, Symbol für Anpassung und Flexibilität, und mehrere Hieroglyphen versinnbildlichten die Traditionen der Familienmedizin, die sich im Lauf der Jahrhunderte angesammelt hatten.

Letzter und dritter Bestandteil des Gewandes war ein Hut, wesentlich einfacher im Design. Er glich einer Krone. Ihre sieben Spitzen repräsentierten die sieben Geheimnisse der Medizin unseres Clans. Auf jeder Seite war ein Chamäleon aufgestickt und vorne ein Stern, Symbol der Führerschaft.

Mein Vater ergriff die Hose, hielt sie in der ausgestreckten Hand und murmelte Gebete. Zuerst wandte er sich nach Norden. »Dieses Gewand wird im Einklang mit dem Weg unserer Ältesten getragen werden, deren Leiber zur Natur zurückgekehrt sind und deren Geister uns Tag und Nacht bewachen. Es soll ein lebendiges Heiligtum für die Medizin unseres Biriforclans sein und ein Beitrag zur Medizin Bakhyes, die ich geerbt habe und die auch seinem Enkel gehört.

Es soll ein Beitrag zur Kontinuität unserer Wege sein und für die Wahrheit leuchten, wohin es auch geht und wann immer es den Körper dieses Mannes bedeckt.«

Er wandte sich dann der Sonne zu, hob ihr das Gewand dreimal entgegen und gab es mir zum Anziehen. Ich stieg mit dem ersten Bein in die ungeheure Hose und suchte nach dem winzigen Ausgang für den Fuß. Ich mußte ein wenig kämpfen, bis mir das Ding schön rund um den Bauch hing. Die Berührung des Baumwollstoffes an der Haut war weich und ungewohnt. Im Lauf von sechs Wochen hatte ich gelernt, ohne Kleider zu leben. Ich brauchte eine Zeit, um mich wieder an Stoffe zu gewöhnen. Den Bubu konnte man leicht anziehen. Mein Körper verschwand darin wie ein Schiff im Nebel.

Mit dem Hut auf dem Kopf fühlte ich mich wie ein

Ältester. Vor über fünfzehn Jahren hatte ich sie zum erstenmal in genau dieser Aufmachung gesehen. Jetzt war ich an der Reihe. Mein Vater trat ein paar Schritte zurück, warf einen langen Blick auf mich und ließ ein »Uun« der Genugtuung vernehmen. Damit lud er mich auch ein, in den Hof hinauszukommen. Als ich mich bewegte, raschelte und rauschte es nur so, als wäre ich ein riesiger Vogel im Flug. Im Hof fühlte ich mich wie ein Schauspieler auf der Bühne. Alle traten aus ihren Zimmern, um einen Blick auf mich zu erhaschen.

Meine Mutter konnte offenbar gar nicht genug von mir bekommen. Wieder und wieder umkreiste sie mich, so daß mir ganz schwindlig wurde. Es war jetzt vorgesehen, daß wir uns zum Dorfplatz begaben, um eine Tanzzeremonie, die letzte vor dem eigentlichen Fest, zu vollziehen. Alle zogen sich an, und inmitten meiner Lieben verließ ich das Haus.

Schon hatte sich eine große Menge dort versammelt. Das Xylophon spielte Töne, die mir fremd waren, den anderen jedoch nicht, und sie sangen laut mit. Vater führte mich in ein Haus, wo die anderen Initiierten schon darauf warteten, daß wir offiziell in unserer Galatracht vorgeführt wurden. Die Kleider hatten uns so verwandelt, daß wir einander kaum noch erkannten. Wir schwiegen. Nur die Musik vom Xylophon draußen drang an unser Ohr, und auch sie hörte bald auf.

Plötzlich wurde das Schweigen von einem Schuß unterbrochen. Das Xylophon begann wieder zu spielen, begleitet von einer Trommel, die rhythmisch dröhnte, als wäre sie zornig auf etwas. Diesmal waren mir Musik und Xylophon vertraut. Es war das Lied der Rückkehr:

> Ich war im Busch verabredet,
> Mit allen Göttern,
> Also ging ich.

Ich war im Busch verabredet,
Mit allen Bäumen,
Also ging ich.

Ich war im Berg verabredet,
Mit den Kontombili,
Und ich ging, weil ich mußte.

Ich mußte gehen, um zu lernen,
Wie man weiß.
Ich mußte gehen, um zu lernen,
Wie man wächst.
Ich mußte gehen, um zu lernen,
Wie man lebt.

Also ging ich und klopfte an Türen,
Geschlossene Türen.
Wie gern wäre ich eingetreten!
Ach, wenig wußte ich davon,
Daß die Türen nicht ins Freie führten.

Es war alles in mir.
Ich war der Raum und die Tür.
Es war alles in mir.
Ich mußte mich nur erinnern.

Und ich lernte, daß ich lebte,
Immer und überall.
Ich lernte, daß ich alles wußte,
Nur hatte ich es vergessen.
Ich lernte, daß ich wuchs,
Nur hatte ich es übersehen.
Jetzt bin ich zurück und erinnere mich.

Ich möchte sein, was ich bin,
Und den Weg einschlagen,
Den wir immer wieder vergessen,

Weil ich den Geruch hörte
Der vergessenen Dinge
Und mein Bauch davon berührt wurde.*

Deshalb war ich mit dem Busch verabredet,
Deshalb war ich mit dem Berg verabredet,
Deshalb war ich verabredet mit der Welt
Unter uns.
Jetzt, Vater, bring ich dich nach Hause.
Ich bin zurückgekehrt.

Die Dörfler begleiteten das Xylophon mit ihrem Gesang, während die Trommel in frenetischem Jubel dröhnte. Der Trainer trat in den Raum, in dem wir warteten. Er trug einen Taktstock und ein Paar kleiner Zimbeln, die eine am Daumen, die andere am Mittelfinger befestigt. Er gab den Takt an, indem er die Zimbeln gegeneinanderschlug. Auch besaß er ein Pfeifchen, auf dem er immer wieder pfiff, wie um uns zu etwas aufzumuntern. Wir stellten uns hinter ihm am Ausgang auf.

Jetzt blies er noch lauter und sprang dann tanzend hinaus. Er tanzte im Kreis und blieb gegenüber der Tür stehen, wo wir warteten. Rhythmisch schreitend, traten wir im Gänsemarsch hinaus und folgten ihm zum Tanzring. Die Menge jubelte, als wieder zwei Schüsse die Luft zerrissen. Wir kamen zum Xylophon und umkreisten es. Die Tanzschritte waren mir kaum vertraut, aber ich hielt mich an den Trainer, der uns mit seiner Pfeife sagte, wann wir uns drehen, stehenbleiben und wieder bewegen mußten.

Als wir das Xylophon und die Trommel umkreisten, im Gleichtakt mit ihnen, wallte eine Kraft aus der Tiefe mei-

---

* In der Dagara-Sprache hört man den Geruch. Man riecht nicht. Was der Geruchssinn aufnimmt, ist Klang, den man auf diese Weise hört. Dasselbe gilt für den Tastsinn. Aber den Geschmack kann man hören und sehen.

nes Bauches herauf, kletterte die Stufen des Rückgrats empor und drang mir ins Herz, das wie wahnsinnig zu klopfen begann. Als der Kraftstrom meine Augen erreichte, strömten Freudentränen hervor. Ich mußte denken: »Was für eine herrliche Abschlußfeier!« Wie war es nur möglich, daß ich mich hier befand, während andere, scheinbar besser vorbereitete Schüler fehlten! Wie hatte ich diese Prüfung überhaupt bestehen können? Kaum konnte ich glauben, daß ich hier an einer Stammesfeier teilnahm und mich niemand mehr als Außenseiter betrachtete.

Die Erinnerung an fünfzehn Jahre Gehirnwäsche im Seminar, wo man behauptete, überlegenes Wissen zu besitzen, stand schüchtern in einer Ecke meines Bewußtseins. Scheute sie sich, mit allem, was ich jetzt wußte, zu konkurrieren? Ein Mensch, der lebt und zugleich sein wahres Wesen verleugnet, muß doch ein schweres Leben haben. Er muß sich ja Sinn und Zweck des Lebens immer erst künstlich zurechtlegen. Doch niemand anderes kann uns sagen, wer wir sind oder wie wir leben müssen. Das kann nur im eigenen Inneren entdeckt werden. Unsere wahre Natur zu verleugnen, führt nur zu entsetzlichen Schmerzen.

Die Sonne wollte gerade untergehen. Ihr schwindendes Licht beschien die Staubwolke, die die festliche Menge einhüllte. Die Leute waren mittlerweile in Ekstase geraten. Ringsum klatschten Hände, wie bei einem magischen Ritual. Ich wußte nicht, ob ich tanzte oder nur, verloren in der Traumwelt, umhersprang. Bei jedem Schritt vor oder zurück spürte ich den Baumwollstoff meiner Kleider auf der Haut. Im übrigen verbargen mich meine Kleider vor der Außenwelt. Es war gut, so im Verborgenen zu sein – ich war glücklich im Unsichtbaren.

Der Tanz trat nun in seinen dritten Abschnitt ein. Der Kreis von über sechzig tanzenden Initiierten sah wie ein gewaltiger, kostbarer Ring aus, der den Bewohnern des Dorfes zum Geschenk gemacht wurde. Da konnte man einmal sehen, was Glück ist. Aus jedem Gesicht strömte

Freude wie ein Perlenstrom für eine Braut. Die Leute sangen jetzt auch nicht mehr nur mit und beobachteten uns beim Tanz, sondern tanzten selbst. Kaum daß der Trainer, der Anführer der Zeremonie, in den roten Staubwolken, die von Hunderten nackter Füße vom trockenen Boden aufgewirbelt wurden, noch zu erkennen war. Sein Pfeifchen ertönte schwächer, aber er benutzte es immer noch als Stimme und signalisierte uns, welche Schritte als nächste dran waren.

Er blies das Pfeifchen, und wir hüpften und drehten uns im Kreis und verwandelten unsere Gewänder in ausgebreitete Schirme, unter denen unsere Glieder in rhythmischen Bewegungen aufblitzten. In vollkommenem Gleichtakt wandten sich alle zugleich nach rechts, dann nach links, dann zur Mitte. Und plötzlich setzte sich der ganze Kreis wie ein Mann. Xylophonspieler, Sänger, Rassler, Pfeifer, alle hörten mit einem Schlag auf. Es herrschte tiefes Schweigen. Nach einer Weile erwachte jeder aus seiner Trance, und unser Kreis formierte sich wieder zum Gänsemarsch, der sich zurück ins Haus begab. Der Initiationstanz war zu Ende.

Aber für die übrigen Dorfbewohner hatte das Fest gerade erst begonnen. Die Musik spielte jetzt nur noch für sie. Sie tanzten bis zum Umfallen. Wir Initiierte aber waren frei. Wie Zugvögel in dem kleinen Medizinraum dicht aneinandergepreßt, faßten wir uns bei den Händen und hielten aus Respekt vor dem Ahnenheiligtum kurz den Atem an. Dann hoben wir langsam die Hände, und unter lautem Geschrei, das zu einem wahren Gebrüll anschwoll, warfen wir sie erleichtert himmelwärts.

Diesmal verließen wir den Raum nicht in geordneter Reihe. Einige von uns schlossen sich den Tänzern an, andere, darunter auch ich, eilten mit ihren Familien nach Hause. Der ereignisreiche Tag war vorbei. Ich war als anerkanntes Mitglied des Dorfes endgültig zurückgekommen. Ich empfand eine unendliche Freude, fand aber keinen Weg, sie meinen Lieben mitzuteilen. Vielleicht war ich einfach zu müde, oder meine Gefühle waren zu groß für Worte, oder vielleicht bedurften sie auch nur des Schweigens. Wie auch immer, ich nahm darauf Rücksicht. Vom Dorfplatz unterwegs nach Hause, war mir, als schaute der Himmel freundlich auf mich herab. Meine Familie, in gehobener Stimmung wegen meiner Rückkehr, diente als Schild, der mich deckte, als wäre ich ein bedrohter Schatz, der um jeden Preis bewahrt werden mußte.

Ich entschloß mich, mein Zimmer aufzusuchen, es mir gemütlich zu machen und ein bißchen für mich zu sein. Vorher hatte ich noch nie ein Zimmer für mich allein gehabt. Ich zog mich um und kleidete mich in die alte Seminartracht, die einer Pfadfinderuniform ähnelt, aber weiß ist. Sie war ziemlich eng, stand mir aber ganz gut. Nach einem anderthalbmonatigen Leben in Nacktheit wußte ich nicht mehr, was modisch oder schicklich war. Meine Brüder kamen herein, wir leerten ein paar Gläser. Die Ruhe bei uns stand im Gegensatz zu dem lärmenden Rummel draußen. Das Trinken hatte den Leuten die Zunge gelöst, sie sangen aus voller Kehle. Es waren die Klänge der Heimkehr, Melodien, die von der Verbundenheit mit lieben Menschen erzählten. Es gefiel mir, was ich da hörte. Es war ein Lied, das ich noch nicht kannte, so friedlich, daß es mich mit unendlicher Freude erfüllte. Ich begriff jetzt: Was aus einem Dorf ein Dorf macht, ist diese unterschwellig immer anwesende, unergründliche Freude, mit allem und jedem verbunden zu sein.

Epilog
Angst vor dem Zurück

Eine Zeitlang wußte ich nicht, wohin ich gehen und was ich mit mir anfangen sollte. Also blieb ich zu Hause und versuchte mich nützlich zu machen. Mutter verlor keine Zeit und schmiedete schon Pläne für mich und die Tochter eines entfernten Verwandten. Ich war dem Mädchen niemals begegnet, aber deshalb war es nicht weniger wirklich. Zwar hatte ich bei solchen arrangierten Heiraten gemischte Gefühle, doch war ich nicht völlig abgeneigt. Ich wollte leben wie alle anderen.

Eines Nachts weckte mich mein Vater. Seit der Rückkehr von der Einweihung war ich es gewohnt, vor Tagesanbruch aus dem Schlaf gerissen zu werden. Denn es war üblich, vor Tau und Tag aufzustehen, um Rituale zu zelebrieren oder ernste Angelegenheiten zu besprechen. Vater sagte, er wolle mit mir über etwas reden, das auf einer mich betreffenden Ratsversammlung erörtert worden war. Meine erste Reaktion war Bestürzung. Was hatte ich jetzt schon wieder falsch gemacht?

Vater erklärte: »Ich weiß nicht recht, wie ich es dir sagen soll. Ich möchte auf keinen Fall einen Fehler machen. Aber erinnerst du dich daran, was der Häuptling über dich und deine unerwartete Rückkehr gesagt hat?«

»Ich weiß nicht mehr viel von diesem Treffen, nur daß mich Fiensu in große Verlegenheit brachte.«

»Der Häuptling sagte, er habe durch Wahrsagekunst herausgefunden, du solltest unser Mund sein. Weißt du das noch?«

»Nicht so richtig, aber es klingt ganz nach unserem Häuptling.«

»Nun also, gestern hat er es wieder gesagt.«

»Wirklich?«

»Ja.«

»Und was bedeutet es?«

»Es bedeutet, sie wollen, daß du ins Reich des weißen Mannes zurückkehrst.«

Ich dachte, ich hätte nicht richtig gehört. Die Erlebnisse im Seminar sprangen wie im Film auf den Bildschirm meines Gedächtnisses. Dann fiel mir das Herz in die Hose, und mein Kopf wurde leer. Müdigkeit überwältigte mich. Ich konnte weder zustimmen noch ablehnen. Plötzlich wurde mir die Vergeblichkeit all dessen, was bis jetzt geschehen war, klar, die Vergeblichkeit all meiner Anstrengungen, den Einflüssen der weißen Welt zu entkommen. Für einen Augenblick fühlte ich die alte Wut in mir aufsteigen. Doch beherrschte ich mich mit Hilfe von Kräften, über deren Besitz ich zugleich überrascht war. Ich fragte nur: »Aber was wollen sie eigentlich? Ich bin doch Mitglied dieses Dorfes.«

»Der Rat glaubt, als Initiierter könntest du uns nützlicher sein, wenn du nicht hier bist.«

»Das klingt ganz nach Fiensu. Er sucht immer noch nach Mitteln und Wegen, mich loszuwerden, trotz allem, was geschehen ist.«

»Nein, nein! Es hat gar nichts damit zu tun. Der Häuptling sagte nur, du bist der Weg, auf dem Hyäne und Ziege lernen könnten, gemeinsam zu wandern. Denn du kennst sowohl die Wege der Dagara als auch die der Weißen.«

»Alles was ich kenne, ist Lesen und Schreiben und die Schrecken der Welt des weißen Mannes. Ich möchte nur in Ruhe gelassen werden.«

»Das verstehe ich! Aber hör mal zu: Als der weiße Mann zum erstenmal in dieses Dorf kam, kostete mich das eine Frau und vier Kinder. Sie liegen alle dort draußen begraben – beim großen Baobab-Baum. Ich begreife also sehr gut, was du meinst. Würdest du hierbleiben, würde ich dich nicht verlieren. Und glaub mir, ich bin es müde, Kinder an den weißen Mann zu verlieren. Aber der Rat sieht die Dinge anders. Die Ältesten sehen in dir einen

Menschen, der den weißen Mann zähmen könnte, weil du etwas weißt, was er nicht weiß – die Medizin eines Initiierten –, und gleichzeitig weißt, was auch er weiß. Der weiße Mann soll wissen, wer wir wirklich sind. Und das muß ihm jemand sagen, der seine Sprache und die unsrige spricht. Geh also, erkläre es ihm!«

»Das kann ich nicht«, rief ich verzweifelt. »Wie sollte ich auch? Niemand, der seine fünf Sinne beisammen hat, würde an ein solches Wagnis auch nur denken. Und wohin sollte ich gehen? Zurück in die Jesuitenschule? In die Stadt?«

Ich sah mich schon als ewigen Wanderer über die Erde ziehen, eine monströse Erscheinung. Ich erschrak zutiefst über all das Unwägbare, das mit dieser Vorstellung verbunden war. Das machte mich ganz schwach. Hier war ich, wurde gerade erst zu einem wirklichen Menschen, verschaffte mir Klarheit über mein Leben, und schon wurde ich wieder ins Chaos zurückgeworfen! Aber wie sollte ich mich gegen diese Empfehlung des Rates wehren? Ich wußte genau, es war zwecklos, es zu versuchen. Und so wurde der Teil in mir, der wußte, ich mußte gehorchen, Herr über den revoltierenden Teil.

Einzelheiten meiner Zukunft konnte ich mir nicht vorstellen. Mein Leben war plötzlich wieder unsicher und unbestimmt geworden wie ein dunkles, grundloses Loch.

Meinen inneren Zwiespalt erkennend, sagte mein Vater: »Ich weiß, wie du dich jetzt fühlst. Und ich möchte nicht in deiner Haut stecken. Aber hat dir nicht schon Großvater, als du noch ganz klein warst, vorausgesagt, du müßtest in die Welt der Weißen gehen und dort leben? Ich glaube, es ist dein Schicksal. Seit du aus dem Initiationslager zurück bist, habe ich einen Wahrsager nach dem anderen aufgesucht. Und im Kern sagten sie alle dasselbe. Du hast die Einweihung überlebt, um uns beim Überleben zu helfen. Und wir können nicht überleben, wenn du hierbleibst.«

»Wie soll ich überleben, damit ihr überleben könnt?«
»Geh einfach! Die Ahnen werden dir schon sagen, was du tun sollst. Sie sorgen für dich!«
Wir saßen stumm da, im Dunkeln einander gegenüber. Lange Zeit schwiegen wir, und ließen das Gesprochene in uns einsinken. Ich war todmüde, todmüde in der Seele, todmüde vor namenloser Erschöpfung. Aber ich verstand, was Vater meinte. Ich verstand, was der Rat meinte. Niemals mehr würde ich eine Heimat besitzen.

Wenige Tage später suchten Vater und ich Guisso auf, um eine Wahrsagesitzung und ein Ritual zu zelebrieren. Es war uns klar, daß es sich hier um etwas handelte, das man nicht aus eigener Kraft bewältigen konnte. Mein Frust richtete sich nicht gegen jemanden im besonderen, nur gegen das ungreifbare Schicksal, das mich als einzigen auserkoren hatte, anders zu sein als die anderen, wo ich doch nichts anderes wollte, als hierzubleiben und Teil meines Stammes zu sein.

Guisso war seit meiner Rückkehr aus dem Seminar mein Mentor gewesen. Mit seiner Hilfe und indem ich eng mit ihm zusammenarbeitete, hatte ich gelernt, meinen Erinnerungen zu trauen. Ich pflegte ganze Tage bei ihm zu verbringen, während er anderen wahrsagte, ihnen erklärte, was bei ihnen falsch gelaufen war und ihnen die Folgen voraussagte, wenn sie bestimmte Dinge nicht beachteten. Er weigerte sich, meine Fragen zu beantworten. Ich wüßte die Antworten schon selbst, meinte er. Er führte mich behutsam in die Wahrsagekunst ein. Nach einem Jahr waren mir die Grundlagen des Wahrsagebuchs vertraut. Ich hatte zwar noch Probleme, wußte aber, ich konnte mich auf meinen Mentor verlassen. Der Mentor lebt in derselben Welt wie der von ihm Betreute und weiß deshalb absichtlich nicht mehr als dieser.

Obwohl er älter war und mehr Erfahrung hatte, verwehrte es mir Guisso daher, mich als seinen Schüler zu betrachten. Zuerst ärgerte mich das. Ich wollte einen Lehrer, er einen Kollegen. Doch sobald ich über dieses Bedürfnis hinweg war, wurde er gesprächiger. Bald verbrachte er mehr Zeit in der Unterhaltung mit mir als in der Arbeit mit den Ratsuchenden. Er nahm meine Vorschläge ernst und verlangte sogar, daß ich welche machte. Und ich gab spontan meine Eindrücke wieder. Manchmal ließ er mich sogar einen Ratsuchenden verarzten. Ohne einen Mentor ist ein junger Mann hilflos.

Daher war es ganz natürlich, daß mich mein Vater jetzt zu Guisso brachte. Guisso sollte mir helfen, mit den Mitteilungen des Rates der Ältesten fertig zu werden.

Nach einer kurzen Befragung seiner Zaubersachen sagte Guisso: »Geh und laß dich verschlucken. Das übrige tun die Ahnen.«

Ich wußte, er war mein Mutter-Mann und wollte mich mit diesen Worten trösten. Trotzdem wußte ich auch, er hatte persönlich keine Erfahrungen mit der Welt außerhalb der Stammesgrenzen. Daher brachten mir seine wohlgemeinten Worte keinen Trost. Statt dessen liefen meine Gedanken im Kreis. Ich war ja gerade erst im Dorf angekommen. Ich hatte gekämpft, dazuzugehören. Meine qualvolle, harte Einweihung hatte mir sehr dabei geholfen. Aber jetzt, gerade an dem Punkt, wo ich endgültig akzeptiert wurde, sollte ich höflich, aber bestimmt wieder ausgestoßen werden?

Ohne auf meinen stummen Protest zu achten, fuhr Guisso fort: »Die Aufgabe eines Mannes besteht darin, im Einklang mit seinen Erinnerungen zu handeln. Du bist nicht so jung, wie du glaubst. Ich sehe in dir einen Ältesten, der die Bürde seiner Vorfahren trägt und in diesem Wissen vom Schicksal aufgefordert wird, als sich erinnernder Mann zu leben. Du bist nicht wirklich du selbst, bevor du deine Erinnerungen in deinem Leben umsetzt.«

Mein Herz hämmerte mir in der Brust, während er so sprach. Jedes Wort war wie ein schwerer Stein, der mir in die Ohren fiel und bis in meine Eingeweide sank, wo die Wahrheit wohnt. Vielleicht hoffte ich aber doch noch auf eine Art Gnadenfrist.

Guisso forschte wieder eine lange Zeit in seiner Medizin, um dann fortzufahren: »Niemand sucht nach etwas, was er schon hat. Es ist wie die Geschichte von dem Mann, der den ganzen Tag seine Machete sucht, obwohl sie ihm über der Schulter hängt. Wäre er nicht durstig geworden und zu einem Bach gegangen, wo ihm die Machete beim Bücken hinunterfiel, hätte er noch lange nach dem verdammten Ding suchen müssen. Und ich sage dir, dieser Mann hatte ein krankes Gedächtnis. Du kannst nicht warten, bis dir das Wissen, das du über deine Bestimmung schon besitzt, vom Rücken fällt. Das würde zu lange dauern. Du mußt dich bewußt erinnern, und dich zu erinnern bedeutet, dich deinem Schicksal zu unterwerfen.

Sobald du gehorchst, können die Ahnen auf alle mögliche Weise positiv eingreifen. Sie werden dir bei allem helfen, was dir in der Wildnis widerfahren wird und was du erst erleben wirst, wenn du dich von ihr verschlucken läßt.

Der Geist dieses Stammes hat dich immer begleitet. Denk daran, du bist ein Waisenkind, das wieder in sein Nest zurückgefunden hat. Vor mehreren Jahreszeiten, als du dem weißen Mann entranntst und wieder zu uns kamst, hatten unsere Ahnen den Heilern deine Rückkehr schon prophezeit. Die Ahnen haben alles, was du als Kind erlebt hast, so arrangiert, und dir auch geholfen, alles zu überstehen. Sie haben dir geholfen, die Einweihungsprüfung zu meistern. Sie werden auch dafür sorgen, daß du in der Wildnis des weißen Mannes am Leben bleibst.

Du begibst dich ja nicht aus Abenteuerlust dorthin – du stehst als Initiierter unter einem Befehl. Vor was solltest du Angst haben? Vertraust du deinen Ahnen immer noch nicht, nach allem, was sie für dich getan haben? Deine Angst ist nur darauf zurückzuführen, daß du immer noch unter den Erfahrungen als Kind in der Welt des weißen

Mannes leidest. Aber diesmal gehst du als vorbereiteter Erwachsener, als Initiierter, und zwar in Begleitung der Ahnen. Deine Sorgen sind menschlich, nicht geistlich.«

Mit diesen Worten forderte er mich auf, meine Medizin in die seine zu schütten. Er wollte mir noch deutlicher beweisen, daß ich allen Grund hatte, die Last meiner unbegründeten Bedenken abzuschütteln. Ich nahm mir meinen Medizinbeutel vom Hals und schüttete ihn in Guissos Medizinkreis aus.

Guisso forschte aufmerksam. Ich ebenfalls. Er fragte: »Siehst du, was ich sehe?«

»Ja!« Ich sah, daß er recht hatte.

Als ich mich schließlich in die Hauptstadt Ouagadougou auf den Weg machte, ging ich mit der Überzeugung, die Ältesten und die Vorfahren unterstützten mich wirklich.

Nach vier Jahren harter Arbeit wurde ich mit drei Diplomen belohnt, einem Freiflug nach Paris und einem Stipendium an der Sorbonne. Nach Frankreich zu gehen bedeutete für mich, mich noch tiefer von der Welt der Weißen verschlucken zu lassen. Während ich mich auf die Reise vorbereitete, hörte ich im Geiste Guissos Stimme, der mich wieder ermahnte: »Geh und laß dich verschlucken.« Aber jetzt vertraute ich ihm. Die Ältesten kümmern sich nicht um Einzelheiten, sie sehen immer nur das Gesamtbild. Ist das Gesamtbild gut, spielen die vielleicht harten Details keine Rolle mehr. Irgendwie hatte ich das Gefühl, ich reiste nicht allein. Guisso war bei mir, ebenso der Geist meines Großvaters Bakhye. Hinter ihm stand das Gewicht seiner Prophezeiung. Ich erfüllte schließlich nur meine Bestimmung, die mir der Name ›Malidoma‹ vorausgesagt hatte: Sei Freund dem Fremden und dem Feind. Eine ganze Kultur ging jetzt ins Ausland, um dort verschluckt zu werden.

Seit der Erstveröffentlichung dieses Buchs in deutscher Übersetzung 1996 haben sich auch im deutschsprachigen Raum Menschen und Gruppen auf den Weg gemacht, ihren Ahnen und dem Heiligen einen richtungweisenden Platz in ihrem Leben zu geben und ihre Lebensaufgabe im Alltag zu leben. Wer diese Arbeit näher kennen lernen möchte, wende sich an:

Institut Bewusstseinsstrategien
Kolpingstr. 8, D-83646 Bad Tölz
oder
Unterweinberg 59, A-5230 Mattighofen

E-Mail: institut@leit-bild.de

Der Autor bittet Zuschriften ebenfalls an diese Adresse oder per E-Mail an malidoma.some@leit-bild.de zu richten.

Informationen über die Arbeit im deutschsprachigen Raum finden Sie im Internet unter www.leit-bild.de, englischsprachige Informationen über die internationale Arbeit unter www.malidoma.org.

Bei Diederichs erschienen von Malidoma Somé außerdem *Die Kraft des Rituals – Afrikanische Traditionen für die westliche Welt* sowie *Die Weisheit Afrikas – Rituale, Natur und der Sinn des Lebens.*